KB093207

제1공화국부터 **제5공화국**까지 체계론적 분석

한국의 정당정치

한국의 정당정치
―제1공화국부터 제5공화국까지 체계론적 분석
ⓒ 호광석, 2005

초판 발행일 2005년 4월 25일

지은이 / 호광석
펴낸이 / 이정원
펴낸곳 / 도서출판 들녘

등록일자 / 1987년 12월 12일
등록번호 / 10-156
주소 / 서울 마포구 서교동 394-14 명성빌딩 2층
전화 / 영업(02)323-7849·편집(02)323-7366
팩시밀리 / (02)338-9640

ISBN 89-7527-481-0 (93340)

한국의 정당정치

제1공화국부터 제5공화국까지 체계론적 분석

정당정치

호광석 지음

들녘

책을 내면서

정당은 현대정치의 생명선(生命線)이라고 불릴 만큼 그 중요성이 매우 크다. 사실 현대의 대의민주정치에 있어서 정당·선거·의회는 핵심적 위치를 차지하고 있다. 그 중에서도 정당은 정치권력의 획득을 추구하는 가장 분명한 결사체로 한 사회의 정치과정에 있어 중추적 역할을 담당하고 있다. 따라서 정당정치에 대한 이해는 그 사회의 정치수준을 가늠하기 위한 가장 기본적인 노력이다.

특히 한국 정치에 있어서 정당의 비중은 더욱 크다. 이론적으로 볼 때 정당이 국가와 시민사회의 매개체로서 기능하기 때문에도 그렇지만, 한국의 정당은 보다 더 중요한 과제를 부여받아 왔기 때문이다. 다시 말해 한국의 정당은 해방 직후 민주적인 국가 건설에서부터 장기독재와 권위주의 통치의 종식을 넘어 이제는 개혁과 혁신을 통한 선진정치의 전개에 이르기까지 참으로 중요한 정치적 역할을 수행해야 할 위치에 있는 것이다.

그렇지만 안타깝게도 한국 정치에서 정당은 주역의 위치보다는 조역의 위치에 머물렀던 경우가 더 많았다. 특히 제1공화국부터 제5공화국까지 40여 년의 세월 대부분이 권위주의 시대였고, 그 기간 내내 민주화의 요구가 끊임없이 제기되어온 상황에서 한국의 정당이 제 역할을 충실히 수행하지 못했다는 사실은 부인의 여지가 없다. 한국의 정당들은 민주화를 선도할 만한 능력도 부족했고, 더욱이 민의를 수렴하고 대변하는 열의도 부족했으며, 대체로 정권에 길들어져 그것의 정통성을 부여해주면서 시대적 변화에 따른 자기 변신에만 급급했던 것이다. 그 결과 이합집산(離合集散)과 합종연횡(合縱連橫), 외생(外生)정당과 위성(衛星)정당, 공당(公黨)이 아닌 사당(私黨) 등의 표현이 한국 정당의 꼬리말처럼 붙어 다니고 있다.

그런데 한국 사회는 제6공화국에 접어 든 이후 비교적 빠른 속도로 변화하고 있다. 특히 정치적인 변화는 '문민(文民)'의 시대로부터 시작하여 '국민(國民)'의 시대를 넘어 '참여(參與)'의 시대를 열어가고 있다. 아울러 개혁과 혁신을 통해 선진정치를 펼쳐나가자는 움직임도 일고 있다. 이러한 상황에서 한국의 정당은 당연히 시대적 변화에 맞는 가히 혁신적인 변모를 요구받고 있다. 아울러 우리의 관심은 앞으로 한국의 정당은 어떻게 변모할 것이며, 정당정치는 어떤 양상으로 변화할 것이고, 과연 한국 정치는 선진화될 수 있을 것인가에 모아진다.

이러한 관심은 자연스럽게 한국 정당에 관한 보다 더 폭넓고 깊이 있는 연구의 필요성으로 이어지게 된다. 정확하게 말하면 한국 정당정치의 과거와 현재 그리고 미래에 대한 명료한 설명이 요구되는 것이다. 물론 그 모든 관심과 요구에 부응하는 일은 쉽지 않다. 특히 한국의 정당정치를 이해하기 위해서는 여러 가지 다양한 관련요인들을 함께 이해하는 것이 필요하기 때문이다.

그러한 이유에서 『한국의 정당정치 -제1공화국부터 제5공화국까지 체계론적 분석-』은 체계론적 분석기법을 활용하여 한국의 정당정치를 전반적으로 설명하고자 하는 의도로 구성되어 있다. 사실 이 책은 한국 정당정치에 관한 몇 가지 집필구상 중 그 첫 번째에 해당한다. 제1공화국부터 제5공화국까지 권위주의 시대의 한국 정당정치를 체계론적으로 분석함으로써 한국 정당정치에 대한 기본적인 이해에 도움을 주고자 했다. 1996년에 펴낸 바 있는 『한국 정당체계 분석』의 내용 가운데 중첩되는 부분들이 많지만, 앞으로 펴낼 『민주화시대 한국의 정당정치』와 짝을 이루었으면 하는 바람이다. 모쪼록 보잘 것 없는 이 책이 한국 정당정치를 이해하는 데 조그마한 보탬이 되기를 바라며, 끊임없는 수정·보완과 더불어 후속 연구에 더욱 매진할 것임을 밝혀둔다.

이 책을 만들기까지 여러 가지 조언을 해주셨던 선생님들과 선·후배 여러분께 감사드리며, 특히 출판을 도맡아 준 이정원 사장님과 도서출판 들녘의 가족들께도 감사의 말씀을 전하고 싶다. 아울러 늘 부처님 전에 108배를 올리며 아들들 걱정에 늙어만 가시는 어머님께 송구스런 마음으로 큰절을 드리고 싶고, 묵묵히 곁을 지켜주는 사랑하는 아내 미경, 어느덧 중학생이 되어 버린 듬직한 태규와 항상 귀여운 지혜를 발휘하는 태훈에게 고마움을 담은 사랑의 말을 이 기회에 전하고 싶다.

2005년 봄의 한가운데에서
저자

1
정당정치의 체계론적 분석

정당정치의 이해

정당의 개념과 기능

현대 민주정치는 대의정치(代議政治)를 특징으로 하고 있고, 대의정치의 기본요소는 바로 정당의 존재에 있다. 다양한 국민의사는 정당을 통해 결집되고 표출되며, 그 정당에 의해 국민의사가 구체적인 정책으로 반영되기 때문에 정당의 매개 역할이 없다면, 국민들이 국가적 현상에 영향을 미칠 수 없고 아울러 자신의 정치적 의사를 구체화시킬 수 없다. 따라서 현대 민주정치의 핵심은 정당에 있다고 해도 과언이 아니다.[1]

이러한 정당의 개념은 학자들에 따라 다양하게 정의된다. 이를 정리해 보면 다음과 같다.

첫째, 이익에 초점을 두는 개념을 들 수 있다.

버크(Edmund Burke)는 정당을 "어떤 특정한 주의에 동의하는 사람들이 공동의 노력을 통해 국가이익을 증진시킬 목적으로 그 주의에 따라 결합한 조직체"라고 정의하여 공동의 노력을 통한 국가이익을 강조하고 있다.[2] 한편 벤틀리(A. F. Bentley)와 트루만(David B. Truman)은 정당을 "특수한 이익을 추구하는 집단"이라고 정의하고 있다.[3] 또한 프리드리히(Carl J. Friedrich)도 정당을 "그 구성원들에게 이상적이고 실질적인 이익을 제공할 목적으로 조직된 단체"라고 정의하고 있어 국가이익보다는 정당 자체의 이익에 중점을 두기도 한다.[4]

둘째, 권력에 초점을 두는 개념 정의도 있다.

베버(Max Weber)는 정당을 "자유로운 결사에 의해 지도자는 권력을, 당원은 물질적 내지 인격적인 목적을 위해 행동하는 단체"라고 정의하여 권력을 추구하는 정당 지도자와 당원간의 유기적인 결합을 강조한다.[5] 이에 비해 옐리네크(G. Jellinek)는 "정당은 국가권력을 추구하는 유일한 단체"라고 주장하여 정권획득을 추구하는 정치기구로서 정당을 정의하고 있다.[6] 잉글(Stephen Ingle)도 "정당이란 원칙적으로 다른 집단으로부터 그들을 구별해 주거나 연결시켜 주는 이익의 이름으로 권력을 추구하는 인간집단이다"라고 하여 권력과 관련지어 정당을 정의하고 있다.[7]

셋째, 정치과정이나 선거에 초점을 맞춰 정당의 개념을 정의하는 학자들도 있다.

게텔(R. Gettel)의 경우는 정당을 "조직화된 일단의 시민들로 구성되어 이 시민들이 정치적 단위로 활동하며, 자기들의 투표권을 행사하고, 정부를 지배하고 또 자기들의 일반정책을 수행한다"고 정의하고 있다.[8]

라스웰(Harold D. Lasswell)도 "정당은 포괄적으로 문제를 만들어내는 동시에 선거에서 후보자를 내세우는 집단"이라고 정의한다.[9] 또한 사르토리(Giovanni Sartori)의 경우도 정당을 "선거에 후보자를 내세우고 선거를 통하여 후보자를 앉힐 수 있는 모든 정치집단"이라고 정의하여 정당과 선거를 연관짓고 있다.[10] 한편 하고피언(Mark N. Hagopian)은 정당을 "직접적으로 권력을 행사하거나 선거에 참여함으로써 어떤 이념의 실현 또는 이익추구에 유리하도록 공공정책의 내용과 집행에 영향을 미치고자 형성된 결사체"로 규정하고 있다.[11]

이와 같이 정당의 개념은 다양하게 정의되고 있는데, 그 기능 또한 다양한 견해들이 제기되고 있다.

정당을 "현대 정치에 있어서 생명선(生命線)"이라고 하여 현대 국가에서 정당이 수행하는 기능의 중요성을 강조한 바 있는 지그문트 노이만(Sigmund Neumann)은 현대국가에 있어 정당이 수행하는 일반적 기능을 ① 혼돈된 대중의식의 조직화기능, ② 개인의 정치교육기능, ③ 정부와 여론간의 매개기능, ④ 지도자의 선출기능 등의 4가지로 든다.[12]

한편 머클(Peter H. Merkle)은 정당의 기본적 기능으로 ① 다양한 관직을 위한 요원의 선출 및 충원기능, ② 강령 및 정책의 산출기능, ③ 정부기관에 대한 조정 및 통제기능, ④ 집단 요구의 충족 및 조정 또는 공통적인 신념체계나 이데올로기에 의한 사회의 통합기능, ⑤ 지지의 동원과 정치사회화에 의한 개인의 사회적 통합기능, ⑥ 반대나 전복에 대한 저항기능 등의 6가지를 지적하고 있다.[13]

또한 하고피언은 정당의 기능을 ① 동원기능, ② 교육기능, ③ 사회화기능, ④ 정책기능, ⑤ 이익결집기능, ⑥ 엘리트충원기능, ⑦ 체계통합과 유지기능, ⑧ 커뮤니케이션기능 등의 8가지 기능으로 요약하고 있다.[14] 이에 비해 라팔롬바라(Joseph Lapalombara)와 웨이너(Myron Weiner)는 정치발전과 관련지어 정당이 수행하는 기능을 ① 정치참여의 촉진기능, ② 정치권력과 체제에 대한 정당성 부여기능, ③ 국민통합의 강화기능, ④ 갈등의 관리기능, ⑤ 정치교육과 정치사회화기능 등의 5가지로 정리한다.[15]

정당정치의 연구

매우 다양한 기능을 수행하고 있는 정당은 비록 의회나 선거제도보다는 약 1세기 정도 뒤늦게 나타났지만, 우리 시대의 위대한 발명 중의 하나[16]이며, 고금(古今)을 막론하고 사람들의 이해관계가 얽혀 있거나 얽힐 수 있는 곳에서는 어디에나 존재하여왔고, 또 존재할 수 있다. 다만 근대 이전의 정당들은 피지배자나 일반시민 또는 국민을 위해서 존재해왔다기보다는 특정한 사람이나 집단 또는 사회계층을 위해서 존재해왔다고 할 수 있다. 대체적으로 근대 이전의 정당은 일정한 지도자의 지도 아래 발생했거나, 특정한 지역에서 종족 및 인간적인 추종관계, 인종집단적인 바탕 또는 종교적인 바탕 위에서 발생하였다.

반면에 근대 이후의 정당은 대의민주주의를 뒷받침하는 여러 제도, 즉 정규적인 선거에 의한 정치지도자들의 충원, 선거권의 확대, 보통·평등·비밀선거운동의 자유, 언론·표현·보도의 자유, 집회·결사의 자유 등 시민들이 다원적인 이익이나 요구를 의회로부터 권력으로 반영하기 위한 제도 등이 정비되어가는 과정에서 그것과 더불어 발전한 결과이다.[17]

그렇기 때문에 정당에 관한 연구를 통해 민주정치의 척도를 측정하는 학자들이 많은데 그들의 공통된 결론은 단지 정당이 존재한다고 해서 민주정치가 실현되고 있다고 보지는 않는다는 것이다. 즉, 민주정치의 실현은 단순히 정당의 존재에 있는 것이 아니라 복수의 정당들이 자유로운 경쟁을 통해 본질적인 기능을 제대로 수행하고 있느냐에 달려 있다는 것이다. 더욱이 정당이 정치과정에서 차지하는 역할과 기능이 부분과 전체의 중간, 또는 매개적인 구조이기 때문에 그 구조를 실체로서 설명할 수 있는 '통합된 전체의 하나', 즉 거시적인 차원에서의 정당연구에 관한 이론과 방법이 절실하게 요청된다. 이러한 요청으로 인해 등장하게 된 것이 바로 정당체계론(政黨體系論)이다.[18]

이에 따라 정당에 관한 연구의 유용성은 개별정당의 연구보다는 정당체계에 관한 연구에 더 크게 부여되고 있고, 정당연구의 최근 동향도 '개별정당으로부터 정당체계'로 옮아가고 있다는 지적도 있다.[19] 결국 민주정치의 척도를 측정하기 위해서는 개별정당보다는 정당체계를 분석하는 것이 더 유용한 것이다.

특히 한국처럼 대의정치가 도입된 지 불과 반세기의 기간동안 무려 200

여개의 정당들이 정치무대에 등장했다가 사라지는, 정당의 부침(浮沈)이 심하여[20] 정당의 역사를 이합집산(離合集散)의 역사로 평가하는 경우에는 개별 정당에 관한 연구보다는 정당체계에 관한 연구가 더욱 필요해진다.

정당체계의 분석

정당체계의 개념

'체제(體制)'와 '체계(體系)'는 흔히 상호 교환적으로 사용되는데, 그 이유는 두 용어가 모두 'system'의 사전적 해석으로 쓰이기 때문이다. 따라서 두 용어를 엄격하게 구별하는 일은 쉽지 않으며, 실제로 많은 사람들이 '체제'와 '체계'를 혼용하여 '정당체제'와 '정당체계'라는 표현을 함께 사용하고 있어 두 용어의 개념 구분이 별 의미가 없을 수도 있다.

그러나 '체제'와 '체계'를 명확히 구분하는 경우를 보면, 체제의 관점에서 정치체제를 국가와 레짐(regime)의 속성(유형과 형태)을 포괄하는 개념으로 규정하는데 반해, 체계의 관점에서 정치체제는 정치구성체의 유기체적 속성, 특히 구조-기능적인 특성을 나타내는 개념으로 규정한다.[21] 즉 투입-전환-산출-환류로 이어지는 정치체의 기능적 순환과정은 '체계'로, 이 과정을 관장하는 조직체(정치체)는 '체제'로 보고 있는 것이다. 이와 같은 관점에서 본다면, '정당체제'는 하나하나의 개별정당에 초점을 맞추는 것인데 반해 '정당체계'는 전체 정당의 기능적 순환과정에 초점을 맞추는 것이라고 할 수 있다.

그런데 하나의 유기체로서 정당은 조직의 형태를 갖고 있으며, 또한 하나의 구조로서 정당은 앞에서 살펴본 바와 같은 여러 기능을 정치과정에서 수행한다. 정당의 기능은 각각의 정당이 환경과의 작용에 의해서 뿐만 아니라 정당간의 상호작용에 의해서도 수행될 수 있다. 정당이 2개 이상 존재하는 정치체계에서 하나의 구성부분인 각 정당은 어떤 유형의 상호의존작용을 계속적으로 질서 있게 전개한다. 이러한 정당들의 현상은 '체계'라는 개념으로 상징될 수 있으며, 이것이 바로 '정당체계'인 것이다.[22]

체계이론을 사회과학에서 개척한 사람은 파슨스(Talcott Parsons)이다.[23] 파슨스는 체계의 가장 일반적이고 근본적인 속성이 부분들, 또는 변인(變因)들의 상호의존이며, 이 상호의존은 임의적인 것이 아니라 결정적인 관계의 존재를 나타내는 것으로 이것은 체계를 구성하는 요소들간의 관계에 있어서 질서를 의미하며, 질서는 자기유지의 경향, 즉 평형(平衡)을 유지하는 것이라고 주장한다.

이러한 체계이론을 도입하여 정치현상을 분석한 이스튼(David Easton)은 체계를 "부분들이 결합하고 있는 상호 관련되는 현상"으로 정의했고,[24] 알몬드(Gabriel A. Almond)는 기능적 측면에서 체계를 "구성부분들간의 상호의존관계", "환경과 상호작용하는 조직" 등으로 정의하고 있다.[25]

셔튼(F. X. Sutton)도 체계를 변수 사이의 질서 있는 관계유형으로 보고, 모든 체계는 어떤 구조를 갖고 있다고 주장한다.[26] 이처럼 체계를 질서 있는 관계유형으로 볼 때 그곳에는 구체적인 경계점, 자기유지의 경향, 상호 관련된 부분들이 합쳐 구성되는 것이므로 정치체계는 정치적 변수 사이의 관계유형이라는 설명[27]이 설득력을 갖는다.

결국 체계는 구성부분 사이의 관계를 전제로 그 관계가 단지 수(數)에 의해서 정의되는 것이 아니라 다른 구성부분들과 상호의존적이고 서로 영향을 주고받는 교호적 조직의 분석단위를 나타내는 추상적 개념인 것이다.

정당체계의 개념은 일반적으로 두 가지 의미로 사용되고 있다. 하나는 '정당 그 자체를 투입−산출의 기능을 갖는 하나의 체계로 파악하는 것'이며, 다른 하나는 '복수의 정당들간에 상호작용이 있음을 주목하여 정당들간의 경쟁적 상호작용을 체계로 파악하는 것'인데, 대다수 학자들은 주로 후자의 개념을 채택하고 있다.

따라서 정당체계가 성립하려면 복수의 정당들의 존재가 기본적인 조건이 되므로 공식적으로 단일 정당만이 존재하는 경우를 정당체계의 범주에 포함할 수 있는가의 문제와, 상호작용이 경쟁적으로 이루어진다고 할 때 경쟁의 의미를 어떻게 규정할 것인가의 문제가 제기될 수 있다.

그럼에도 불구하고 사르토리(Giovanni Sartori)는 선거경쟁과 자유선거에 근거한 다원주의체제에서의 복수정당들 상호간에 경쟁하는 상호작용이 발생함에 주목하여 정당체계를 "정당간의 경쟁에서 발생하는 상호작용의 체계"[28]로 정의한다.

한편 레이(Douglas W. Rae)는 정당체계를 "국가의 통치권을 장악하기 위하여 노력하는 정당간의 경쟁적 관계"[29]로 정의함으로써 정당들간의 권력관계를 강조하고 있다. 또한 정당체계를 "정당간의 경쟁적 상호작용의 패턴"[30]이라고 정의하는 경우도 있는데 이상의 정의가 모두 '경쟁적 상호작용'에 초점을 두고 있다.

특히 구성부분들간의 상호의존관계를 갖고 체계 유지를 위하여 상호작용한다는 체계의 개념은 숫자적으로 복수의 성격을 띠고 있지만, 사회의 크고작은 모든 단위들은 저마다 체계의 성격을 갖고 있기 때문에 단일 정당과 체계는 상호접목이 가능하며, 그런 의미에서 체계의 기본적 전제는 '복수'의 개념이 아니라 바로 '상호작용'인 것이다.[31]

따라서 정당체계도 반드시 두 개 이상의 정당들이 존재하는 복수의 개념을 전제로 하지 않는 것이기 때문에 복수의 전제를 빼고 정당체계를 "정당의 내부적 및 정당간 그리고 정당과 그 환경들과의 질서와 균형 있는 상호의존적 작용"으로 정의할 수도 있다.[32]

이상의 개념정의들을 종합하여 볼 때 정당체계의 개념을 정의하기 위해서는 먼저 정당체계에는 단일정당체계의 유형도 현실적으로 존재하므로 복수의 개념만을 전제해서는 안 된다는 점을 고려해야 한다. 또한 정당체계는 정당간의 경쟁적 상호작용뿐만 아니라 상위체계인 정치체계 내의 다른 변수들, 즉 환경적 요소로서 정부, 의회, 국민(유권자), 이익집단 및 여타의 정치세력들과의 상호작용이 지속된다는 점도 고려해야 한다. 따라서 이 책에서는 정당체계를 '정당과 정당, 정당과 환경간의 상호작용의 체계'로 정의함으로써 가장 포괄적인 개념정의의 입장을 취하고자 한다.

체계론적 분석의 필요성

정당체계를 "정당과 정당, 정당과 환경간의 상호작용의 체계"라고 정의할 때, 정당체계의 분석을 위해서는 복수의 정당들간의 상호작용은 물론 정당과 환경간의 상호작용을 분석해야 할 필요성이 제기된다. 후술하는 바와 같이 여러 학자들이 제시한 정당체계의 유형분류의 기준들을 보면 정당의 수, 이데올로기, 정당의 내부적 특성, 정당간의 경쟁상황과 분극화 정도, 정권획득 방법과 과정, 자율도와 지지의 성격 등 매우 다양한 요소들이 고려되고 있다. 이같은 기준들은 개별정당의 특성뿐만 아니라 내부 및 외부환경의 요소들을 포괄적으로 포함하고 있어 정당체계의 분석을 위해서는 정당체계를 구성하고 있는 제요소를 종합적으로 분석해야 할 필요성이 커진다.

따라서 이 책에서는 이러한 필요성을 충족시키기 위해 체계론적 분석방법을 채택하고자 한다. 일반적으로 체계론적 분석방법의 유용성은 몇 가지가 지적되고 있는데,[33] 그 중에서 체계론적 분석방법이 기술적 개념 및 범주의 포괄성과 풍부성이 있다는 점이 관심을 끈다. 즉 이 방법은 방대한 자료를 분류하고 체계의 제요소를 관련시키고 있는 패턴이나 통일성을 인식하는 데 도움이 된다. 따라서 체계론적 분석방법은 미시적 분석보다 거시적 분석에 유용하다는 특징이 있다.

체계론자들의 주장에 따르면, 체계란 ① 구체적인 경계점을 지닌 단위체이며, ② 자기 유지의 경향을 지닌 단위체이고, ③ 상호연관된 부분들이 합쳐 하나의 전체 체계를 구성하고, ④ 체계를 구성하는 부분들은 상호 연관되어 있을 뿐만 아니라 조화롭게 관련되어 있다고 한다.[34]

이러한 주장은 체계를 일종의 유기체로 보고 있는 것인데 이에 따라 체계론자들은 투입-전환-산출-환류라는 모델을 사용하고 있다. 즉 체계는 투입과정을 통해 외부환경으로부터 어떤 형태의 에너지를 유입하고, 전환과정을 통해 그 에너지를 체계 유지에 사용될 수 있는 에너지로 변환시키며, 산출과정을 통해 어떤 결과를 환경에 배출하고, 환류과정을 통해 투입-전환-산출의 과정을 반복하게 된다는 것이다.[35]

이같은 체계론적 분석방법을 정치학에 본격적으로 도입한 대표적인 학자는 이스튼이다. 이스튼은 사회체계이론을 원용하여 정치체계론을 전개한 데 이어 투입-산출분석을 제시하고 있다.[36] 정치체계를 "구속적 내지 권위적 배분이 결정되고 실행되는 사회에 있어서의 상호작용의 체계"[37]로 정의하고 있는 이스튼은 정치체계와 환경과의 교환 및 침투작용에 비중을 두고 투입-산출분석을 제시하고 있다는 점이 중요하다.

이스튼의 분석방법에 있어 주요개념은 총괄변수(summary variables)라고 불리는데 그것들은 요구와 지지의 형태로 나타나는 환경으로부터의 투입과정, 투입을 산출로 이어주는 전환과정, 정책과 결정의 형태로 나타나는 환경에로의 산출과정, 그리고 이 과정을 자동적으로 반복시켜주는 환류메커니즘이다.

이러한 이스튼의 투입-산출분석을 발전시킨 것이 알몬드의 구조·기능분석이다. 초기에 알몬드는 모든 정치체계를 정치구조의 기능수행양식과 빈도에 따라 비교할 수 있다는 기본가정 하에서 기능의 세트와 구조의 세트라는 두 개의 세트요소를 지정시키고, 정치체계는 그 지정된 구조에 의해 수행되는 특정기능의 확률을 통해 비교할 수 있다고 주장한다.[38] 이와 함께 알몬드는 정치체계의 기능을 투입기능과 산출기능으로 나누고, 투입기능에는 ① 정치사회화와 충원, ② 이익표출, ③ 이익집약, ④ 정치적 커뮤니케이

션 등의 4가지와, 산출기능에는 ① 규칙제정, ② 규칙적용, ③ 규칙판정 등의 3가지를 포함시킨 바 있다.[39]

그 후 알몬드는 초기에 제시한 7가지의 기능을 대폭 수정하여 ① 체계능력, ② 전환기능, ③ 체계유지 및 적응기능으로 정리하고, 정치사회화와 충원기능만을 체계유지 및 적응기능에 포함시키고 나머지 6가지의 기능은 모두 전환기능에 포함시키는데,[40] 초기의 이론을 '기능적 접근'이라고 칭하는 반면 수정된 이론을 이른바 '발전적 접근'이라고 부른다.[41]

이어 알몬드는 체계와 구조 및 기능을 필수개념으로 보는 새로운 구조·기능분석을 시도하는데, 스스로 '생태학적 접근'이라고 부르는 이 분석방법에서는 정치체계와 환경과의 관계를 중시하면서 정치체계의 환경을 먼저 국내환경과 국제환경으로 나누고, 다시 국내환경을 자연적 환경, 사회적 환경, 경제적 환경으로 분류한다. 한편 정치체계의 구조를 이익집단, 정당, 입법부, 행정부, 관료, 법원 등의 6가지로 구분하고, 각 구조들이 수행하는 기능을 연관지어 설명하고 있다.[42]

즉 정치사회화와 충원 그리고 정치적 커뮤니케이션을 체계의 운영에 있어서 기본적인 기능으로 간주하고, 이익표출, 이익집약, 정책작성, 정책집행, 정책판결의 5가지 기능을 각각 이익집단, 정당, 입법부와 행정부, 관료, 법원 등이 수행한다는 것이다.

이렇게 볼 때 투입기능에 속하는 이익표출과 이익집약의 기능을 담당하는 이익집단과 정당은 투입구조, 산출기능에 해당하는 정책작성과 정책판결의 기능을 수행하는 관료와 법원은 산출구조, 이익을 정책으로 변환시키는 정책작성기능을 담당하는 입법부와 행정부는 전환구조라고 할 수 있다.

이와 같은 이스튼과 알몬드의 체계론적 분석방법을 종합해보면, 정치체계는 투입-전환-산출-환류라고 하는 과정을 반복함으로써 자신의 체계를 유지한다. 아울러 정치체계는 투입, 전환, 산출의 구조를 갖고 있으며, 각 구조는 국내 및 국제환경, 즉 체계 내부 및 체계 외부의 환경과 작용하면서

체계유지를 위한 기능을 수행한다.

결국 체계론적 분석은 체계를 구성하고 있는 제요소의 상호작용은 물론이고, 체계에 영향을 미치는 환경과의 상호작용을 종합적으로 분석하는 데 유용하다. 따라서 정당과 정당, 정당과 환경간의 상호작용의 체계인 정당체계를 분석하기 위해서는 당연히 체계론적 분석방법을 채택하는 것이 바람직하다. 이 책에서도 한국의 정당정치를 올바로 이해하기 위하여 정당정치를 체계론적으로 분석하고자 하며 그것은 결국 정당체계 분석으로 이어지게 될 것이다.

2

정당체계의 유형분류 및 분석모형

정당체계의 유형분류

유형분류의 기준

정당체계를 분류하는 기준은 학자들마다 매우 다양한 변수들이 사용된다. 그 가운데 일반적인 기준은 정당의 수라고 할 수 있다. 이처럼 정당의 수를 분류의 기준으로 삼는 이유는, 수라는 변수가 측정이 쉽고 민주적 정치체계의 여부를 파악하는 데 유용하기 때문이다. 즉 단일 정당만 존재하는 정치체계는 비민주적 정치체계이고, 하나 이상의 정당이 존재하는 경우는 민주적 정치체계라고 설명할 수 있는 것이다.

그러나 이러한 분류 방식은 정치체계를 올바르게 설명하기에는 적절하지 못하다는 단점이 있는데, 예를 들어 하나 이상의 정당이 존재한다고 해서 반드시 민주적 정치체계라고 할 수는 없기 때문이다. 더욱이 체계는 구성요소들간의 관계와 상호작용을 포함하고 있는 것이어서 정당체계를 단순히 수만을 기준으로 분류해서는 안 된다는 견해가 지배적이다.[1]

이같은 문제와 관련하여 라이파트(Arend Lijphart)는 정당의 수를 정당체계의 분류기준으로 했을 때, 정당수의 계산규칙과 군소정당[2]을 고려한 '정당의 효과적인 수'의 계산공식을 사용하여야 한다는 점을 강조한다. 라이파트는 정당의 수를 결정하는 데 있어 중요한 문제는 군소정당을 계산에 넣을 것인가의 문제, 즉 어느 정도의 규모를 갖춘 정당을 계산에 포함해야 하는가의 문제라고 지적하면서 다음의 공식을 제시한다.[3]

$$N= \frac{1}{\sum_{i=1}^{n} Pi^2}$$

여기에서 N은 정당의 효과적인 수이고, Pi는 i번째 정당의 의석점유율을 의미한다. 예를 들어 두 정당의 의석점유율이 각각 50%인 경우 정당의 효과적인 수는 정확히 2가 되지만, 각각 80%와 20%인 경우 효과적인 정당의 수는 1.5에 가깝게 된다. 즉 정당의 세력이 균등할수록 정당의 효과적인 수는 원숫자(原數字)가 되는 반면, 정당의 세력이 불균등할수록 효과적인 정당의 수는 실제 정당의 수보다 작아지는 것이다. 이때 제 몫을 차지하지 못하는 정당은 그만큼 정당체계에 미치는 영향력이 적은 군소정당에 불과하기 때문에 정당체계를 존재하는 정당의 수만으로 분류하는 것은 무리가 따른다.

따라서 정당의 수 이외의 다른 변수들을 종합적으로 고려하여 정당체계를 분류할 필요성이 제기되어 학자들은 여러 가지 변수들을 기준으로 정당체계를 다양하게 분류하고 있다.

듀베르제의 분류기준

정당의 수를 기준으로 정당체계를 분류한 가장 대표적인 학자는 듀베르제(Maurice Duverger)이다. 듀베르제는 정당의 수를 정당체계의 중요한 구조적 특성으로 보고 전통적인 분류를 한 후 정당의 성격, 즉 정치지리학적인 배치, 정당의 세력, 정당 상호관계 등을 기준으로 정당체계를 재분류한다.[4]

사르토리의 분류기준

사르토리는 정당의 수와 이데올로기를 기준으로 정당체계를 분류하는데,

특히 이데올로기의 기준은 일당제 국가를 분석할 때에는 이데올로기의 강도를, 일당체계 이외의 정당체계를 설명할 때에는 이데올로기의 간격을 고려한다. 또한 각 당의 상대적 규모, 운동의 방향(구심적 경쟁과 원심적 경쟁), 정당이나 하위그룹의 자율도, 연합정권 축의 극수 등도 정당체계의 유형분류에 있어 사르토리의 기준이 되고 있다.5)

블론델의 분류기준

블론델(Jean Blondel)의 경우는 ① 정당의 수, ② 정당간 상대적인 힘, ③ 이데올로기의 상이성과 공통성, ④ 지지의 자발성과 인위성, ⑤ 정당의 구조 등 5가지 변수를 제시한다. 즉 정당의 수가 중요한 변수이나 각 정당들이 비슷한 힘을 갖고 있는 경우와 그렇지 않은 경우는 구분되어야 한다는 것이며, 또 각 정당이 대부분의 쟁점에서 일치하는 경우와 그렇지 않은 경우를 구분해야 하고, 정당성이 높은 대중정당과 그렇지 못한 정당 사이에는 차이가 크며, 정당 내의 집중화정도, 당내 민주주의, 리더십의 성격 등도 정당체계에 중요한 영향을 준다고 보고 있다.6)

라팔롬바라와 웨이너의 분류기준

라팔롬바라(Joseph Lapalombara)와 웨이너(Myron Weiner)도 기존의 양당제와 다당제간의 전통적인 수에 의한 구별이 충분한 의미를 갖고 있지 않다는 가정 하에서 ① 정당의 내부적 특성, ② 정권획득 방법과 과정, ③ 정당간의 경쟁상황 등에 비중을 두고 정당체계를 정치발전 및 정치적 변화과정과 연결지어 설명한다.7) 즉 정당체계는 국민통합의 달성과 경제체계의 근대화, 기타 긴급한 문제들, 그리고 정치적 근대화에 대한 적합하고 지속적인 요구들이 간직될 때 비경쟁적 체계에서 경쟁적 체계로 발전될 수 있는 가변적인 것으로 파악하는 것이다.

알몬드의 분류기준

알몬드는 기능적 측면에서 ① 정당의 수, ② 정당간의 적대 및 분극화 정도 등을 중심으로 하여 정당의 이익표출과 집약, 사회적 동원의 강제력 정도, 정당 및 정부구조 등에 초점을 맞추면서 정당체계를 분류한다.[8]

이와 같이 학자들마다 다양하게 적용되고 있는 정당체계 유형분류의 기준들을 도표화하면 〈표 2-1〉과 같다.

도표에서 보는 바와 같이 정당체계의 유형은 정당의 수, 이데올로기, 정당의 내부적 특성, 정당간의 경쟁상황과 분극화 정도, 정권획득 방법과 과정

〈표 2-1〉 정당체계 유형분류의 기준

구분 / 학자	분류기준	재분류(또는 추가분류)기준
듀베르제	정당의 수	정당의 성격 - 정치지리학적인 배치 정당의 세력 정당 상호관계
사르토리	정당의 수 이데올로기 각당의 상대적 규모 운동의 방향 자율도 연합정권 축의 극수	이데올로기의 강도 이데올로기의 간격
블론델	정당의 수 정당간 상대적 힘 이데올로기 지지의 성격 정당의 구조	이데올로기의 상이성과 공통성 지지의 자발성과 인위성
라팔롬바라와 웨이너	정당의 내부적 특성 정권획득 방법과 과정 정당간의 경쟁상황	
알몬드	정당의 수 정당간의 적대 및 분극화 정도	정당의 이익표출과 집약 사회적 동원의 강제력 정도 정당 및 정부구조

등 매우 다양한 기준에 따라 분류되고 있다. 따라서 정당체계의 유형분류에 있어서는 복합적인 기준을 사용하는 것이 바람직하다는 결론이 내려진다.

정당체계의 제유형

듀베르제의 분류유형

정당의 수만을 기준으로 일당제·양당제·다당제로 분류하고, 이를 다시 정당의 성격을 기준으로 재분류하는[9] 듀베르제는 먼저 일당제를 전체주의형과 비전체주의형으로 나누고, 전체주의형을 다시 비공산형과 파시스트형으로 분류하는 한편, 양당제는 원리적 양당제와 기술적 양당제로 분류한다. 또한 다당제는 3당제를 의미하는 1900년형과 오스트레일리아형, 4당제를 의미하는 북유럽형으로 재분류한다. 그리고 민족적·인종적 대립과 좌익진영 내의 분열로 인한 소당분립과 같은 다당제가 있을 수 있으나, 4당제 이상의 분류는 불가능하다는 결론을 내린다.[10]

헌팅톤의 분류유형

헌팅톤(Samuel P. Huntington)은 정당체계가 4단계를 거쳐 제도화된다고 보고 있다. 먼저 제1단계는 의회적 파벌주의단계로서 개인적 기반을 갖는 의회 내의 다양한 파벌들이 이합집산을 거듭하면서 사회집단의 이익보다는 개인적인 이해관계를 중심으로 경쟁하는 단계이고, 제2단계는 양극화단계로서 사회적으로 중요한 쟁점이 부각될 때 그동안 다양한 파벌경쟁양상을 보이던 집단들이 점차 그 쟁점에 대해 이념적으로 구분되는 두 개의 축으로 양분된다는 것이다. 제3단계는 확장단계로서 제2단계에서 발생한 두 개의 의회집단이 정당조직을 결성하여 대중 속으로 침투하여 그들의 지지기반을 확대하는 단계인데 이 단계에서 정당이 나타난다. 마지막 제4단계는 제도화 단계로서 정당조직이 가치성과 안정성을 획득해가는 과정이다.[11]

따라서 제도화단계에 이르러서 비로소 정당체계가 확립되는데, 정치참여의 확대방법에 따라 정당체계를 ① 일당우위체계, ② 양당체계, ③ 다당체계 등의 3가지 유형으로 분류한다. 먼저 일당우위체계는 기존의 정치체계가 혁명운동에 의해서나 또는 민주주의운동에 의해 붕괴되었을 때 나타나는 정당체계이며, 양당체계는 기존의 정치체계 내에서 참여를 확대하는 경우에 나타나는 유형이고, 다당체계는 기존의 정치체계 밖에 있던 반체제적 정치세력이 기존의 정치체계 안으로 들어오게 될 때 나타나는 정당체계를 말한다.

블론델의 분류유형

블론델은 정당의 수 외에도 정당간의 상대적 힘, 이데올로기, 지지의 성격, 정당의 구조 등도 정당체계에 중요한 영향을 끼친다고 보고, 이러한 기준에 의해 ① 무정당체계, ② 일당체계, ③ 양당체계, ④ 2.5당체계, ⑤ 일당우위 다당체계, ⑥ 대등적 다당체계(지배정당이 없는 다당체계)로 분류하고 있다.12)

정당이 전혀 존재하지 않는 경우는 무정당체계, 하나의 정당만이 존재하는 경우는 일당체계, 두 개의 정당이 존재하는 경우는 양당체계로 분류한다. 한편 2.5당체계는 세 개의 정당 가운데 두 개의 정당은 세력균형을 이루지만, 나머지 한 정당은 상대적으로 약한 정당체계를 가리키며, 여러 정당 가운데 하나의 정당이 의석의 절대 다수를 차지한 경우를 일당우위 다당체계, 여러 정당이 대등하게 난립한 경우를 대등적 다당체계로 분류한다.

라팔롬바라와 웨이너의 분류유형

라팔롬바라와 웨이너는 비경쟁적 정당체계, 즉 일당체계를 ① 권위주의적 일당체계, ② 다원주의적 일당체계, ③ 전체주의적 일당체계로 세분하는 한편, 경쟁적 정당체계 내에서 전통적으로 분류되던 양당체계와 다당체계의 구별은 무의미하다고 지적하면서 정치권력의 유지방법에 따라 ① 한 정당이 장기간 집권하는 패권형, ② 정권의 교체를 빈번하게 하는 교체형의 변수를 설정하여 정당체계를 분류한다.

여기에 이념형과 실용형의 변수를 결합시켜 ① 이념적 패권정당체계, ② 실용적 패권정당체계, ③ 이념적 교체정당체계, 그리고 ④ 실용적 교체정당체계로 분류하고 있다.[13]

알몬드의 분류유형

알몬드는 콜맨(James S. Coleman)과 함께 ① 권위주의적 정당체계, ② 지배적 비권위주의적 정당체계, ③ 경쟁적 양당체계, 그리고 ④ 경쟁적 다당체계로 분류한 바 있다.[14]

권위주의적 정당체계는 경쟁성이 배제된 정당체계로 고도의 강제적인 정치체계에서 나타나는 전체주의 정당체계와 일부 집단의 이익표출이 허용되는 권위주의 정당체계로 세분한다. 또한 지배적 비권위주의적 정당체계는 민족주의운동이 고조된 정치체계에서 각종 이익집단들이 민족주의정당으로 결집되어 나타나는 정당체계이다. 한편 경쟁적 다당체계는 실용적 다당체계와 극단적 다당체계로 나뉘는데, 전자는 이익집단과 정당의 관계가 교섭적이며 정치문화가 보다 동질적이고, 세속적 · 전통적 요소가 융합된 정치체계에서 나타나는 정당체계인 반면 후자는 이익집단과 정당의 관계가 교섭적이지 못하며 분열적 · 고립적 정치문화 속에서 나타난다.

그 이후 알몬드는 70년대에 와서 포웰(G. Bingham Powell)과 함께 비경쟁적 정당체계를 위계적 지배정당체계와 조합주의적 정당체계로 나누고, 경쟁적 정당체계의 유형을 양당체계 · 다당체계와 합의적 · 갈등적 · 연합적 등의 변수를 종합하여 ① 합의적 양당체계, ② 갈등적 양당체계, ③ 연합적 양당체계, ④ 합의적 다당체계, ⑤ 갈등적 다당체계, ⑥ 연합적 다당체계 등의 6개로 다시 분류한다.[15]

사르토리의 분류유형

사르토리는 정당체계를 크게 경쟁적 정당체계와 비경쟁적 정당체계로 나누고, 경쟁적 정당체계에는 ① 일당우위 정당체계, ② 양당체계, ③ 제한적 다당체계, ④ 극한적 다당체계, ⑤ 원자화 정당체계 등으로 분류하고 있다. 반면에 비경쟁적 정당체계는 정당간에 경쟁이 존재하지 않는 경우로, 이것을 다시 ① 일당체계와 ② 패권정당체계로 분류하여 설명한다.[16)]

일당우위 정당체계는 지배적인 정당 이외의 정당의 존재가 허용될 뿐만 아니라 합법적이고 정당한 경쟁이 가능하지만, 하나의 정당이 장기간에 걸쳐 압도적인 우위를 확보하고 있는 정당체계이다. 또한 양당체계는 두 개의 정당이 절대 다수의석 확보를 목표로 경합하고, 그중 한 정당이 실제로 과반수 의석 획득에 성공하여 단독으로 정권을 담당하며, 정권교체의 가능성이 있는 정당체계이다.

그리고 제한적 다당체계는 3~5개의 정당이 존재하고, 비교적 정당간 이데올로기의 간격이 적으며, 강력한 반체제정당이 존재하지 않는다. 아울러 연합정권의 축이 2극밖에 없어 분극화가 심하지 않고, 정당간의 경합이 구심적이며, 거의 모든 정당이 정권지향형인 정당체계이다. 이에 비해 극한적 다당체계는 6~8개의 정당이 존재하고, 정당간 이데올로기의 간격이 대단히 넓으며, 상당히 강력한 반체제정당이 존재한다. 연합정권의 축이 3극 이상 있어서 분극화가 심하고, 중간정당이 반드시 존재하며, 거의 모든 정당이 이데올로기 지향형인 정당체계이다. 한편 원자화 정당체계는 다른 정당에 비해서 뛰어난 정당이 존재하지 않으면서 수많은 정당들이 난립하고 있는 정당체계로서 이러한 정당체계는 전쟁 직후와 같이 극도의 혼란시기 이외에는 별로 형성되지 않는다.

이와 같은 경쟁적 정당체계와는 달리 비경쟁적 정당체계에 있어서 일당체계는 하나의 정당만이 존재하고 허용되는 정당제나 일당제국가에서처럼 강제적 통제가 작용하는 경우로, 이 체계는 다시 ① 전체주의적 일당체계,

② 권위주의적 일당체계, ③ 실용주의적 일당체계로 구분된다. 한편 패권정당체계는 하나의 강력한 집권정당 이외의 정당이 존재할 수는 있으나 나머지 정당은 위성정당으로서만 허용되며 패권정당에 대한 적대 및 경합은 허용되지 않는 경우로, 이 체계는 다시 ① 이념적 패권정당체계와 ② 실용적 패권정당체계로 나누어진다.

이상에서 살펴본 여러 학자들의 정당체계의 유형분류를 경쟁적 정당체계와 비경쟁적 정당체계로 구분하여 도표화하면 〈표 2-2〉와 같다.

표에서 보는 바와 같이 대부분의 학자들은 일당체계를 비경쟁적 정당체계로 분류하고 있으며, 2개 정당 이상으로 형성되는 정당체계는 경쟁적 정당체계로 분류하고 있음을 알 수 있다. 그러나 비록 2개 정당 이상으로 형성되는 정당체계라고 할지라도 그중 한 정당이 매우 강력한 힘을 보유하는 패권정당으로서 다른 정당들로부터의 적대나 경합 또는 도전을 허용하지 않는 경우는 비경쟁적 정당체계에 포함시키는 것이 일반적이다.

그런데 알몬드의 경우는 일당체계나 패권정당체계를 유형화하지 않으면서 콜맨과의 공동연구에서는 권위주의적 정당체계와 지배적 비권위주의적 정당체계를 비경쟁적 정당체계로 설명하고 있고, 포웰과의 연구에서는 조합주의적 정당체계와 위계적 지배정당체계를 비경쟁적 정당체계로 분류하고 있다. 그러나 두 경우 모두 양당체계와 다당체계를 경쟁적 정당체계에 포함시키고 있다는 점은 다른 학자들과 마찬가지이다.

그러나 라팔롬바라와 웨이너는 양당체계와 다당체계의 분류가 무의미하다고 보면서 한 정당이 장기집권을 하는 경우를 패권형으로, 정권의 교체가 빈번한 경우를 교체형으로 나누고 이를 이념형과 실용형의 변수와 결합시켜 경쟁적 정당체계를 분류하고 있다. 따라서 라팔롬바라와 웨이너의 경우에는 이념적 패권정당체계와 실용적 패권정당체계 등 패권정당체계가 경쟁적 정당체계로 분류되는 예외가 발견되는 것이다.

구분 / 학자	비경쟁적 정당체계			경쟁적 정당체계	
듀베르제	일당제	전체주의형	*비공산형 *파시스트형	양당제	*원리적 양당제 *기술적 양당제
		비전체주의형		다당제	*3당제 *4당제 *소당분립
헌팅톤	일당체계			양당체계 다당체계	
블론델	무정당체계 일당체계			양당체계 2.5당체계 일당우위 다당체계 대등적 다당체계	
라팔롬바라와 웨이너	권위주의적 일당체계 다원주의적 일당체계 전체주의적 일당체계			이념적 패권정당체계 실용적 패권정당체계 이념적 교체정당체계 실용적 교체정당체계	
알몬드와 콜맨	권위주의적 정당체계 지배적 비권위주의적 정당체계			경쟁적 양당체계 경쟁적 다당체계	
알몬드와 포웰	조합주의적 정당체계 위계적 지배정당체계			합의적 양당체계 갈등적 양당체계 연합적 양당체계 합의적 다당체계 갈등적 다당체계 연합적 다당체계	
사르토리	일당체계	*전체주의적 일당체계 *권위주의적 일당체계 *실용주의적 일당체계		일당우위 정당체계 양당체계 제한적 다당체계	
	패권정당체계	*이념적 패권정당체계 *실용적 패권정당체계		극한적 다당체계 원자화 정당체계	

*는 세분된 정당체계임.

정당체계의 분석모형 설정

정당체계의 구성요소

체계론적 관점에서 볼 때 하나의 체계로서의 정당체계도 투입-전환-

산출－환류의 과정을 반복함으로써 자신의 체계를 유지하며, 또한 투입구조와 전환구조 그리고 산출구조를 갖고 있고, 각 구조는 내부 및 외부환경과 작용하면서 주어진 기능을 수행한다고 가정할 수 있다. 이를 도식화하면 〈그림 2-1〉과 같다.

〈그림 2-1〉 정당체계의 구성요소

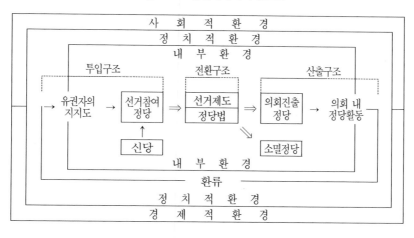

일반적으로 정당은 주기적으로 실시되는 선거에 참여하여 유권자들의 지지를 받아 자기 당의 후보를 당선시킴으로써 의회에 진출하여 정치체계의 투입구조에서 집약한 이익을 정책에 반영시키는 역할을 수행한다. 정당에게 주어진 역할을 제대로 수행했는가는 다음 선거에서 유권자들의 지지 여부로 판정하게 되는데, 이러한 과정은 반복적으로 순환되고 있고 이 과정을 통해 정당체계는 유지된다. 이때 유권자들의 지지도와 선거참여정당은 정당체계의 투입구조를 형성하고, 선거제도는 전환구조를 형성하며, 의회진출정당과 의회에서의 정당활동은 산출구조를 형성한다고 할 수 있다.

그런데 한국의 정당체계에서는 여기에 덧붙여 정당의 존립에 관한 법적 보장장치인 정당법을 전환과정에 포함시켜야 한다. 그 이유는 정당법이 정당의 존폐와 관련된 모든 법적 보장과 규제의 내용들을 담고 있기 때문이다. 특히 1980년 11월 25일 공포된 정당법 이후 현행 정당법에는 선거와 관련된 정당등록취소 조항이 있는데, 군소정당의 난립을 막기 위한 이 조항에 따라 선거 결과 국회에 진출하는 정당과 함께 소멸되는 정당이 발생하는 경우를 배제할 수 없기 때문에[17] 정당법을 정당체계의 전환구조에 포함시켜야 한다.

따라서 한국의 정당체계는 <그림 2-1>과 같이 도식화할 수 있는 것이다. 그림에서 보는 바와 같이 정당체계의 구성요소는 크게 보아 환경과 구조로 나누어질 수 있고, 환경은 다시 외부환경과 내부환경으로, 구조는 투입구조와 전환구조 그리고 산출구조로 나누어질 수 있다. 각 구성요소와 정당체계와의 관계를 좀더 구체적으로 살펴보기로 한다.

정당체계의 외부환경

정당체계의 외부환경은 크게 보아 정치적 환경과 사회·경제적 환경으로 나눌 수 있다. 정치적 환경은 정당체계의 상위체계인 정치체계의 특성과 관련이 있고, 사회·경제적 환경은 정치체계를 둘러싸고 있는 보다 광범위한 사회체계, 경제체계의 특성과 관련이 있다.

사르토리는 정당체계의 분류기준들 가운데 정당의 자율도를 지적한 바 있고, 블론델은 지지의 성격, 즉 지지의 자발성과 인위성을 분류기준에 포함시키고 있다. 또 알몬드는 정당의 이익표출과 집약, 사회적 동원의 강제력 정도, 그리고 정부구조를 재분류 및 추가분류의 기준으로 설정하고 있다. 이러한 기준들은 모두 정당체계의 외부환경, 그 중에서도 정치적 환경과 관련되는 부분들이다.

따라서 정당체계와의 밀접성을 따져본다면, 사회·경제적 환경보다 정치적 환경이 더 밀접한 관계에 있다고 할 수 있으며, 그러한 이유에서 이 책에서는 정치적 환경에 초점을 맞추고 이를 다시 정치체제와 정치문화로 나누어 살펴보고자 한다.

정치체제

알몬드는 정치체제의 구조적 분화와 전문화의 정도에 따라 정치체제의 유형을 원시적 체제, 전통적 체제, 비동원적 근대체제, 동원적 근대체제, 침투적 근대체제 등 5개의 유형으로 크게 나누고, 이를 다시 하부구조의 자율성 정도에 따라 〈표 2-3〉과 같이 세분하고 있다.[18]

〈표 2-3〉 알몬드의 정치체제 유형분류

구조적 분화와 전문화의 정도	하부구조의 자율성 정도		
	저	중	고
원시적 체제	단속적 원시체제	피라밋형 체제	분절적 체제
전통적 체제	세습체제	관료 제국	봉건체제
비동원적 근대체제	비동원적 권위주의체제	비동원적 민주주의체제	
동원적 근대체제	근대적 권위주의체제 보수적 권위주의체제	자율성이 낮은 민주주의체제	
침투적 근대체제	침투적 급진 권위주의체제 침투적 보수 권위주의체제	자율성이 높은 민주주의체제 자율성이 제한된 민주주의체제	

자료 : Gabriel A. Almond and G. Bingham Powell, Jr., *Comparative Politics : System, Process, and Policy, 2nd ed.*(Boston : Little, Brown & Co., 1978), p.72.

알몬드는 비동원적 근대체제를 정치체제가 어느 정도 분화되었으나 통치조직의 사회침투가 상대적으로 빈약한 체제로서 추출(동원)·배분·통제기능이 취약한 체제로 보고 있다. 그중에서도 하부구조의 자율성이 상대적으로 낮은 경우를 비동원적 권위주의체제, 하부구조의 자율성이 상대적으로 높은 경우를 비동원적 민주주의체제라고 규정하고 있다.

또한 동원적 근대체제는 정치체제의 분화와 전문화가 상당수준에 이르고 통치조직의 사회침투가 확산된 체제를 가리키며, 하부구조의 자율성이 거의 인정되지 않는 경우를 근대적 권위주의체제, 개혁성향이 상대적으로 결핍된 경우를 보수적 권위주의체제, 하위구조의 자율성이 어느 정도 인정되는 경우를 자율성이 낮은 민주주의체제로 분류한다.

한편 알몬드는 정치체제의 구조적 분화와 전문화가 고도로 이루어지고 통치조직의 사회침투 또한 널리 확산된 체제를 침투적 근대체제로 규정한다. 침투적 근대체제 중에서도 하부구조의 자율성이 거의 인정되지 않는 경우를 권위주의체제로 분류하는데, 그러면서 이념적으로 급진적인 경우를 침투적 급진 권위주의체제로, 이념적으로 보수적인 경우를 침투적 보수 권위주의체제로 분류하고 있다. 이에 반해 하부구조의 자율성이 인정되는 경우를 민주주의체제로 분류하는데, 그 정도에 따라 자율성이 높은 민주주의체제와 자율성이 제한된 민주주의체제로 세분하고 있다.

이와 같은 알몬드의 정치체제 분류를 볼 때, 정치체제의 구조적 분화와 전문화에 따라 원시적 체제와 전통적 체제 그리고 근대적 체제가 분류되고, 통치조직의 사회침투 정도에 따라 비동원적 체제와 동원적 체제 그리고 침투적 체제가 결정되며, 하부구조의 자율성의 정도에 따라 권위주의체제와 민주주의체제가 나누어지게 된다. 따라서 바람직한 정치체제는 구조적 분화와 전문화가 고도로 이루어지고, 통치조직의 사회침투가 확산되어 있으면서 하부구조의 자율성이 높은 체제라고 할 수 있다.

정치체제의 한 구조를 형성하고 있는 정당과 정치체제를 연관지어 생각하면 이같은 결론은 더욱 명확해진다. 정치체제의 구조적 분화와 전문화가 고도로 이루어질수록, 그리고 하부구조의 자율성이 높을수록 정당은 더욱 활발한 기능을 수행할 수 있다. 다시 말해 정치체제가 자율성이 높은 민주주의체제에 근접할수록 정당의 기능이 활발해지며 이에 따라 정당체계의 형성 여건이 좋아지게 되는 것이다.

한편 정치체제의 유형을 지배엘리트에 대한 반대와 대결이 허용되는 '자유화'와 선거권과 피선거권의 행사로서 '참여'의 정도에 따라 정치체제를 분류한 다알(Robert A. Dahl)도 민주주의의 기본적인 요건으로서 정당체계의 다원성과 자율성을 지적한 바 있다.[19] 다알은 자유화가 억압되고 참여도 배제되는 체제를 폐쇄적 패권체제, 자유화는 억압되어 있지만 참여를 포용하는 체제를 포용적 패권체제, 자유화가 개방되어 있으나 참여가 배제되는 체제를 경쟁적 과두체제, 자유화도 개방되어 있고 참여도 포용하는 체제를 다두체제로 분류한다.

따라서 다알이 지적한 바와 같이 다원성과 자율성이 보장되는 민주주의 정치체제, 즉 다알의 표현에 따르면 다두체제하에서 정당은 더욱 활발한 활동을 전개할 수 있으며, 그 기능의 수행도 원활할 수 있기 때문에 그러한 민주주의 정치체제하에서는 경쟁적인 정당체계의 형성이 가능한 것이다. 반면에 자유화와 참여가 억압되고 배제되는 체제일수록 정당의 활동이 제한되고, 그 기능의 수행도 원활하지 못하기 때문에 정당체계의 경쟁성은 약화되어 결국 비경쟁적인 정당체계를 형성할 수밖에 없다.

그러므로 민주주의 정치체제는 경쟁적인 정당체계의 형성에 적합한 정치적 환경이 되고, 비민주적인 권위주의적 정치체제는 비경쟁적인 정당체계를 만들어내는 정치적 환경이 되므로 정치체제는 분명 정당체계의 외부환경으로서 작용하고 있는 것이다.

정치문화

정치문화란 일반 국민이 정치체제의 속성, 정치과정, 정책내용과 성과, 자기자신의 정치적 위상과 역할에 대해서 갖는 인지적·평가적·감정적 의식정향의 총합이다. 이러한 정치문화의 유형을 알몬드와 버바(Sidney Verba)는 향리형, 신민형, 참여형 등의 3가지로 분류하고 있다.[20]

향리형 정치문화는 자신이 속하고 있는 정치체제에 대한 명확한 주체의식을 갖지 못하고, 정치과정에 대한 이해와 지식도 없으며, 정부의 정책내용에 대해서도 무지하고, 정치과정에 있어서 자신의 역할에 대한 인지의 정도도 낮은 상태를 가리킨다. 신민형 정치문화는 정치체제의 구성원들이 정치체제의 존재를 인식하고 정부정책에 대해 비교적 높은 관심을 보인다는 점에서 향리형과 차이를 보인다. 그러나 정치과정과 자기자신의 정치적 위상과 역할에 대해서는 여전히 무지한 상태여서 정치체제와 정부에 대한 맹종과 순응의 정치정향이 표출된다. 이에 비해 참여형 정치문화는 자신이 속해 있는 정치체제와 정치과정 전반에 대한 명확한 이해와 식견, 그리고 높은 수준의 주체의식과 참여의식을 갖고 있다.

따라서 향리형 정치문화와 신민형 정치문화에서는 자발적인 지지를 찾아볼 수 없고 인위적인 지지만이 나타나고 있다. 오직 참여형 정치문화에서만이 자발적인 지지를 찾아보게 된다.

그러나 어떤 정치체제든 하나의 정치문화로 특징지우는 것은 불가능하며 3가지의 유형들이 혼재하게 되는데, 그 이유는 구성원들의 지적 수준과 가치관이 다양하기 때문이라고 주장하면서 알몬드는 정치문화유형의 구조를 〈그림 2-2〉와 같이 도식화하고 있다.

산업화 이전의 민주주의국가에서는 향리형＞신민형＞참여형의 순으로 정치문화가 혼재하고 있고, 과도기적 권위주의국가에서는 신민형＞향리형＞참여형의 순으로 정치문화가 혼재하고 있다. 이러한 특징은 과도기적 권위주의국가의 국민들이 산업화 이전의 민주주의국가의 국민들보다는 정치체제의 존재에 대한 인식과 정부정책(산출과정)에 대한 관심이 높다는 것을 의미하는 것이다. 그러나 정치과정의 투입과정이나 정치과정에서의 자신의 역할(정치주체)에 대해서는 여전히 인지도가 낮아 자발적인 참여의 수준이 낮은 상태이다.

한편 산업화된 민주주의국가에서는 참여형＞신민형＞향리형의 순으로 정치문화가 혼재하고 있어 정치체제와 산출과정은 물론 투입과정과 정치주체에 대한 인식이 비교적 높게 나타난다. 따라서 산업화된 민주주의국가에

구 분	산업화된 민주주의국가	과도기적 권위주의국가	산업화 이전의 민주주의국가
100%	참여형	참여형	참여형
90			
80			신민형
70		신민형	
60			
50			
40	신민형		
30		향리형	향리형
20			
10	향리형		
0			

자료 : Gabriel A. Almond & G. Bingham Powell, Jr.,(eds.),
Comparative Politics Today : *A World View,* 2nd ed.(Boston : Little, Brown & Company, 1980), p.44에서 발췌.

서는 정치과정 전반이 자발적이고 능동적으로 운영되는 것이다.

이 설명에 따르면, 결국 정치문화는 정치체제의 성격을 규정짓는 한 요소로서 참여형 정치문화의 비율이 높을수록 그 체제는 민주적이라고 말할 수 있다. 그러므로 혼재되어 있는 정치문화 가운데 참여형이 차지하는 비율이 클수록 정당체계의 형성이 용이한 것이다. 물론 정치문화가 참여적이지 못한 정치체제에서도 정당체계의 형성은 가능하다. 그러나 비민주적인 정치체제 내에서의 정당체계는 결국 인위적인 정당체계로서 정당들 상호간뿐만 아니라 정당과 환경간의 상호작용이 매우 부자연스럽게 된다.

따라서 정치체제와 정치문화의 성격에 따라 정당체계의 성격이 규명될 수 있으며, 그러한 의미에서 정당체계의 외부환경으로서 정치체제와 정치문화는 정당체계의 형성에 매우 중요한 영향을 주게 되는 것이다.

정당체계의 내부환경

내부환경은 정당들 스스로가 갖고 있는 기본적인 속성을 의미하는 것으로서 대부분의 학자들이 정당체계의 분류기준으로 삼고 있다. 정당의 수를 기준으로 정당체계를 분류한 듀베르제도 정당의 성격을 재분류의 기준으로 삼았으며, 라팔롬바라와 웨이너도 정당의 내부적 특성을 정당체계의 분류기준으로 강조하고 있다. 또한 사르토리(이데올로기의 강도와 간격)와 블론델(이데올로기의 상이성과 공통성)은 정당의 이데올로기를 정당체계 유형분류의 기준으로 삼고 있고, 블론델(정당의 구조)과 알몬드(정당구조)는 정당의 조직구조를 분류기준으로 삼고 있다. 따라서 이 책에서는 이같은 요소들 가운데 정당의 이데올로기와 정당의 조직구조를 정당체계의 내부환경에 포함시키고자 한다.

정당의 이데올로기

사르토리는 이데올로기를 실용주의와 대비되는 개념으로서 그것을 보다 분석적인 의미로 사용하는데,[21] 이데올로기라는 용어를 '이데올로기의 강도'와 '이데올로기의 거리'의 두 가지 의미로 사용한다.[22] 이데올로기의 강도는 주어진 이데올로기적 환경의 성향과 열기로서 일당제 국가를 이해하기 위한 개념이고, 이데올로기의 거리는 어떤 정치체계에서 전개되고 있는 이데올로기적 스펙트럼의 폭으로서 일당제 국가 이외의 정당체계를 이해할 때 관계되는 개념으로 사용하고 있다. 이러한 이데올로기를 기준으로 사르토리는 좌−우 연속선상에 각 정당을 배열하여 정당체계의 분극화를 판단하면서[23] 이데올로기가 정당체계 분석의 유용한 변수임을 강조한다.

한편 앱터(David E. Apter)는 이데올로기가 첫째, 정치적 행동목표의 설정과 그러한 목표 달성의 수단을 선택하게 하고, 둘째, 정치적 행동자의 사명감을 고취시키며, 셋째, 사회현실과 정치현실을 객관적·과학적으로 인지하고 그러한 기반 위에서 국민을 통합하고 대중을 동원하는 전략 등을 제공하는 정치적 기능을 수행하기 때문에 신생국, 특히 개발도상국에서는 각양각색의 이데올로기가 난무한다고 지적하고 있다.[24] 따라서 그러한 사회 내의 다양한 이익의 취합과 그것의 정책에의 반영을 담당하는 정당들의 이데올로기도 다양해야 할 필요가 있다.

이와 관련하여 사르토리는 정당체계가 확립된 사회에서 정당은 그 사회의 기성의 편입장치가 되며 또 자연스러운 이익집약체계의 역할을 수행하게 되는데, 이 상황에서 정당체계는 두 가지 이유에서 이데올로기적 경로를 육성하려고 한다고 지적한다. 첫째 이유는 많은 정당들이 독립된 정당으로서 인식되고 인정받는다고 해도 그들은 실용적인 측면에서 다른 정당과의 상이성을 명확히 보여주기 어렵기 때문이고, 두 번째 이유는 극단적 다당제 상황에서 비교적 소집단인 대부분의 정당들은 그 추종자들을 교의를 받아들이는 신봉자로 만드는 것이 최선의 생존책이기 때문이라는 것이다.[25] 따라서 정당의 이데올로기는 다른 정당과의 차별성을 부여하고 추종자들에게 확고한 신념을 부여하는 매우 중요한 수단이다.

실제로 정당은 다른 일반적인 집단들과 근본적으로 다른 3가지의 이미지가 있다고 한다.[26] 첫 번째의 이미지는 정당이 선거에서 승리함으로써 정치권력을 장악하려는 노력을 꾸준히 추구하고 있다는 것이고, 두 번째의 이미지는 가장 오래도록 지켜온 정당의 기능상의 이미지로서 이익집단의 요구를 처리하는 집단이라는 것이다. 그리고 마지막 세 번째 이미지는 정당이 이념적 경쟁자라는 것이다. 정당은 결국 이념을 가지고 대중과 대화하며, 적어도 민주주의체제하에서 다른 이념을 가진 정당과 경쟁하는 집단이라는 이미지를 갖고 있다는 것이다. 이같은 정당의 이미지 가운데 세 번째인 이념적 경쟁자로서의 정당의 이미지가 가장 기본적인 이미지로서 정당 사이의 이념적 노선이 분명할수록 정당간의 경쟁은 양극화되는 반면, 이념적 노선이 선명하지 않을수록 정당간의 경쟁은 극화되지 않는다.[27]

따라서 정당의 이데올로기는 정당체계의 유형을 분석하는 데 유용한 변수인 동시에 정당체계의 내부환경을 형성하는 구성요소라고 할 수 있다. 정당들의 이데올로기가 얼마나 다양하며, 또한 그 차별성이 어느 정도 두드러지게 나타나느냐에 따라 정당체계의 이념적 분열과 경쟁성을 평가할 수 있기 때문이다.

정당의 조직구조

정당의 조직구조도 정당체계의 내부환경을 형성하는 구성요소이다. 각 정당들이 어떠한 조직구조를 갖느냐에 따라 그 정당의 성격이 규정되고, 그럼으로써 정당체계의 성격이 규명될 수 있기 때문이다.[28]

현대 정당이 강령이나 구성원의 계급성보다도 조직의 성격에 의해 더욱 뚜렷하게 구별된다고 지적하는 듀베르제는 복잡하고 분화된 조직체를 가진 것이 정당이라고 성격 지은 바 있다.[29] 또한 블론델은 정당체계의 유형분류를 위한 5가지의 기준을 제시하면서 정당의 구조를 강조하는데 특히 집중화 정도, 당내 민주주의, 리더십의 성격 등이 정당체계에 중요한 영향을 끼친다는 것을 지적하고 있다.[30]

듀베르제는 정당의 구조를 직접적 구조와 간접적 구조로 나누는데, 직접적 정당은 신청서에 서명하고 당비를 납부하는 당원으로 구성된 정당이며, 간접적 정당은 하부단위가 조합이나 특별집단으로 구성되어 있는 정당으로 정당을 구성하는 집단의 구성원만 있고 정당 조직의 구성원은 없는 집단들의 결합조직으로 정당이 형성되며, 이 하부단위는 정당의 지도부와 수직적이 아닌 수평적 배열로 이루어진다.[31]

그러나 듀베르제는 정당의 지도부를 중심으로 하는 정당의 구성요소의 수직적 배열을 기초적 요소로 보았는데, 당의 상층부에 소수 명사들로 구성되는 위원회, 각 지역 선거구별로 득표활동을 촉진하는 대중영합적인 지부, 그리고 선거구의 작은 지역단위나 직장 및 직업단위에 소속되어 있으면서 당원인 세포조직, 특정 보스를 중심으로 전위적 활동을 담당하는 잘 훈련된 사조직 등으로 기초적 요소는 구성되며, 이 4가지 부분 중 어느 하나의 상대적인 우월성 정도에 따라 피라밋 형태를 띠게 된다는 것이다.[32]

한편 듀베르제는 당원의 특성을 중심으로 하는 정당의 구조적 특성을 기준으로 정당을 간부정당과 대중정당으로 구분한다. 간부정당은 소수 대자본가의 개인적 기부에 의존하고, 명성이나 특권을 가진 명사들을 중심으로 운영되며, 위원회의 성격을 띠는 위약한 구조의 지방분권화된 정당이다. 이에 비해 대중정당은 대중에게 호소하여 대중으로부터 선거비용을 모금하고, 대중들이 선거전에서 활동하며, 세포조직과 사조직에 바탕을 둔 정당이다.[33]

이렇게 볼 때 정당은 지도부로부터 말단의 사조직에 이르기까지 유기적으로 조직·결합되어 있어야 하며, 소수의 명사들을 중심으로 운영되는 것보다는 대중을 중심으로 운영되는 것이 바람직하다는 결론이 내려진다. 그 이유는 조직화된 정당일수록 다른 정당들과의 경쟁에서 유리할 수 있고, 또한 대중화된 정당일수록 민주적이며 강한 정통성을 갖기 때문이다.

블론델도 정당조직의 이상적인 조건을 첫째, 대조직이어야 하고, 둘째, 통합되어야 하며, 셋째, 동태적이어야 하고, 끝으로 보다 더 논쟁적이어야 한다고 지적한다. 즉 지역적으로 넓은 범위와 광범위한 유권자의 지지를 받는 대규모정당이 소규모정당보다 자율성이 높고, 정통성을 갖고 있다고 보고 있는 것이다.[34]

한편 정당의 조직구조에 있어서는 파벌의 문제를 도외시할 수 없다. 특히 정당이 파벌로부터 출발하였고,[35] 한국 정당에 있어서 파벌문제가 적지 않은 관심거리이기 때문에 정당의 조직구조를 분석함에 있어서 파벌을 결코 빼놓을 수 없는 것이다. 파벌에 대해서는 크게 두 가지 시각이 있는데, 하나는 정당과 비교하여 상대적으로 부정시하는 것이며, 또 하나는 정치체계의 비공식적인 하위체계로 인정하면서 객관적이고 분석적으로 보는 시각이다.

전자의 시각은 키(V. O. Key)와 헌팅톤에서 찾을 수 있다. 키는 파벌을 "어떤 특수한 시기에 후보를 지지하기 위하여 결합된 투표자 또는 정치지도자들의 결합이나 집단화의 상징"으로 보고 있고,[36] 헌팅톤은 "지속성도 구조도 없으며, 이들은 전형적인 개인적 야망의 투영"이라고 파벌을 부정적으로 보면서 "한국·월남·파키스탄 등의 정당은 파벌에 지나지 않으며, 18세기 유럽과 미국의 정치를 지배하였던 정치계파(政治系派), 비밀결사, 또는 족벌집단과 유사하다"고 평가한 바 있다.[37]

한편 후자의 시각은 웨이너, 워드(Robert Ward), 벨러(Dennis C. Beller) 등에서 찾을 수 있다. 웨이너는 파벌을 "일련의 표출된 목표를 가지고 큰 조직체 내에서 운영되고 있으나 준거집단에 의해서 의식적으로 만들어지지는 않는 집단"으로 정의하고 있으며,[38] 워드는 파벌이 "궁극적으로 개인적 혹은 편협적인 충성심이나 가치에 바탕을 두고 상대적으로 비공식적인 정치체계의 하위체계로서 규모가 크고, 외형상으로 단일화된 정치체계 내에서 운영되고 있다"는 주장을 제기하고 있다.[39]

또한 벨러는 파벌이란 "정당과 같은 어떤 다른 집단의 맥락 속에 존재하는 비교적 조직화된 집단으로서, 그것이 속해 있는 보다 큰 규모의 힘의 우위를 찾기 위하여 서로 경쟁하는 집단"으로 보고 있다.[40] 이와 유사하게 자리스키(R. Zariski)도 "어떠한 당내 결합, 도당(徒黨), 또는 집단화로서 이들 구성원들은 공통적인 일치감과 목적감각을 가진다. 그리고 이들은 자신들의 목적을 달성하도록 정당 내의 하나의 특수한 블럭으로서 집단적으로 행동하도록 조직된다"고 파벌을 정의하고 있다.[41]

이와 같이 파벌을 정당과 비교하여 부정적으로 보는 시각과 정치체계 또는 정당 내에 존재하는 하위체계로서 객관적으로 보는 시각으로 나누어지지만, 파벌은 분명 "이해관계, 정치적 견해, 출신계급, 정치자금 등을 중심으로 결성된 정당 내의 사적 집단으로서 강력한 지도력을 행사하는 정치가를 정점으로 정치활동을 하는 집단"으로서 파벌의 결속력이 강력할 때, 경우에 따라서는 정당의 분열이 일어날 수도 있고, 신당의 결성이 이루어질 수도 있는 것이다.[42] 그만큼 정당 내의 파벌은 중요한 요소이다.

정당의 공식적인 조직구조에 비해 파벌은 비공식적이고 잠재적이다. 또 정당 내 파벌 유형은 지도자―추종자 집단으로서의 특성을 갖고 있다.[43] 파벌은 지도자를 중심으로 정향되어 존재하는 집단으로서, 구성원들은 지도자에 의해 개인적으로 충원되며 그에 따라 지도자와 추종자간의 관계도 개인적이다. 추종자들은 의회나 당내 투쟁에서 지도자를 지지하고, 지도자는 추종자들에게 지위와 재정적 지원을 제공함으로써 양자의 관계는 상호 자기 이익의 평가에 기반을 둔다.

결국 정당 내의 파벌은 정당 내의 비공식 집단으로서 대개 1인의 지도자가 충원하는 여러 추종자들로 구성되고, 주로 당권과 정치과정에서의 통제력 획득 또는 확대·강화를 목표로 하며, 보상과 충성관계로 유지되는 구조적 특성을 보인다.[44] 따라서 파벌의 구성원들은 다른 일반 당원들보다 직접적인 이해관계로 결합되어 있기 때문에 정당 내외에서 보다 직접적이고 능동적인 활동을 하게 된다. 그러한 측면에서 보면, 정당 내의 파벌이 공식적인 조직구조보다 그 정당의 특성을 규정하는 더욱 강력한 요소가 되는 것이다.

예를 들어 파벌현상이 현저한 정당은 그렇지 않은 정당보다 결속력이 약할 뿐만 아니라 당 운영이 강력한 파벌에 의해 일방적으로 주도되는 비민주성을 표출하게 되는 것이다. 더욱이 공식적인 조직구조가 아무리 대중정당으로서의 면모를 갖추고 있다고 하더라도 실제적인 당 운영에 있어서 몇몇 파벌들의 이해의 일치가 우선된다고 하면, 그 정당을 대중정당으로 보기는 어렵다. 따라서 정당체계의 내부환경으로서 정당의 조직구조는 공식적인 조직구조뿐만 아니라 비공식적인 조직구조인 파벌구조까지 포함하여 그 특성을 분석할 필요가 있는 것이다.

정당체계의 투입구조

정당체계의 투입구조는 정당체계를 구성하는 원천이라고 할 수 있다. 따라서 기본적으로 일정한 수 이상의 정당들이 존재해야 하고, 이 정당들은 선거에 참여해야 하며, 여기에 유권자들의 지지가 결합되어야 한다.

일반적으로 일당체계, 양당체계, 다당체계라고 할 때 최소한 1개 정당, 2개 정당, 3개 이상의 정당들이 존재해야 한다. 여기에서 중요한 것은 이미 앞에서 밝힌 바와 같이 정당의 존재가 아니라 정당의 활동, 즉 정당 본연의 기능을 수행하는 것이다. 다시 말해 아무리 많은 수의 정당이 존재한다고 해도 그 정당들이 존재하는 것 자체에 만족한다면, 정당체계라는 측면에서 볼 때 그 정당들은 모두 무의미한 존재에 불과하다.

정당 본연의 기능이란 앞에서 살펴본 것처럼 매우 다양하게 정리될 수 있으나, 그 중에서도 정부와 여론간의 매개기능과 지도자의 선출기능을 지적한 노이만이나, 다양한 관직을 위한 요원의 선출 및 충원기능을 지적한 머클, 엘리트충원기능을 지적한 하고피언 외에 정치발전과 관련한 정당의 기능을 5가지로 정리한 라팔롬바라와 웨이너의 주장에서 분명해진다.

즉 정당은 정치참여의 촉진기능, 정치권력과 체제에 대한 정당성 부여기능, 국민통합의 강화기능, 갈등의 관리기능, 그리고 정치교육과 정치사회화의 기능을 수행한다는 것인데,[45] 다섯 번째 기능인 정치교육과 정치사회화의 기능에 있어서 정당은 각종 선거에서의 득표활동과 평소의 동원 및 선전·홍보활동을 통해 정치에 대한 국민의 관심과 시민의식을 고취하고 정치적 참여와 지지를 유도한다는 데 주목할 필요가 있다.

사실상 대의제 민주정치에 있어서 가장 보편적인 정치참여의 형태가 선거이다. 국민의 정치참여의 형태는 매우 다양하지만, 국민의 대부분이 가장 값싼 대가로 가장 중요한 정책결정자들을 선출하는 선거는 민주주의의 확립에 있어서의 기본요건이며, 따라서 선거는 국민의 동의나 대의와 같은 민주주의의 요체를 현실화하는 실제적 도구인 것이다.[46] 이러한 선거과정에 정당이 참여하여 자기 당의 후보자를 내세우고 유권자들의 지지를 얻기 위해 노력하는 것은 정당의 당연한 임무가 아닐 수 없다. 특히 정당의 목적이 정치권력의 획득에 있다면, 더더욱 선거에의 참여와 아울러 선거에서의 승리를 위해 노력해야만 한다. 그 결과 여당 혹은 야당이 되기도 하고, 다수당이나 소수당이 되기도 하며, 어떤 경우는 단 한 명의 후보자도 당선시키지 못하여 의회진출이 좌절되는 경우도 생길 수 있다.

결국 선거는 정당에 대한 국민의 평가기회인데, 그 이유는 정당과 후보자들에 대한 국민의 지지는 선거기간 동안의 선거공약이나 운동에 의해서 결정되기보다는, 선거가 있기까지 국민을 위해 무엇을 해왔는가 하는 그들의 업적에 의해 결정되기 때문이다.[47] 만일 선거에서 단 한 명의 후보자도 당선시키지 못하여 의회 진출이 좌절된 정당은 정당으로서 주어진 다른 기능들, 예를 들어 정당의 본질적인 기능이라고 할 수 있는 국민과 정부를 연결하는 매개기능과 국민대표기능 및 정권창출기능을 수행할 수 없게 되는 것이다.

이처럼 정당으로서의 제 기능을 수행하지 못하는 정당들은 결국 정당체계를 구성하는 주체가 되지 못한다. 따라서 정당체계의 투입구조는 바로 선거참여정당과 그들에 대한 유권자들의 지지도가 결합된 형태를 보인다고 할 수 있다.

정당체계의 전환구조

정당체계의 전환구조는 투입물로부터 최종적인 산출물을 만들어내는 과

정에서 역할을 수행하는 요소들을 포함한다. 따라서 정당체계의 전환구조
에는 선거제도와 정당법이 포함될 수 있다.

선거제도

선거제도와 정당체계의 상관성 문제는 이미 여러 학자들에 의해 논의되
어 왔다. 학자들 중에는 선거제도가 정당체계와 밀접한 관계를 갖고 있다는
적극적 상관론을 주장하는 이들도 있고, 다소 관련이 있다는 소극적 상관론
을 주장하는 학자들도 있으며, 전혀 관련이 없다는 부정론을 제기하는 학자
들도 있다.

적극적 상관론을 주장하는 학자는 샷트슈나이더(E. E. Schattschneider)와 키
이를 들 수 있는데, 이들은 소선거구 다수대표제가 양당체계를 형성한다는
결론을 내리고 있다.[48] 한편 소극적 상관론을 주장하는 학자로는 듀베르제
와 라이커(William H. Riker) 그리고 사르토리를 들 수 있다. 이들은 선거제도
가 반드시 특정한 정당체계를 형성시킨다고 단언할 수 없지만, 다수대표제
는 양당체계에 영향을 주고 비례대표제는 다당체계에 영향을 주는 경향이
있다는 결론을 내린다.

특히 듀베르제는 정당체계가 각 국가의 특수한 요소와 일반적으로 공통
된 세 가지 중요한 요소, 즉 사회·경제적 요소, 이데올로기적 요소, 그리고
기계적인 요소의 결과라고 설명하고, 기계적인 요소 중에서 가장 중요한 것
이 선거제도라고 강조하면서 선거제도의 영향력을 기계적인 효과와 심리적
효과로 나누어 설명한다.[49]

먼저 기계적 효과와 관련하여 다수대표제하에서는 제1당은 제2당에 비해
항상 득표율에 비해 의석률이 높고, 제3당이 존재하는 경우 이 제3당은 제2
당이 제1당에 비해 손해보는 것보다는 훨씬 큰 손해를 보아 제2당에 비해
득표율보다 의석률이 낮게 된다는 것이다. 또한 심리적 효과와 관련하여 다
수대표제하에서 3개의 정당이 경쟁하고 있다면, 유권자들로서는 제3당에게

주어지는 그들의 투표가 사표(死票)가 되는 것을 방지하기 위해서 2개의 대정당 중 덜 싫어하는 정당에 투표하게 된다고 주장한다.

그런데 듀베르제는 비례대표제하에서는 다수대표제하에서 나타나는 기계적 효과 및 심리적 효과가 나타나지 않기 때문에 항상 다당체계와 비례대표제는 병행해서 나타난다고 주장하였다. 그러나 이와 같이 비례대표제가 다당체계를 조성시키는 것과 비례대표제가 현재 정당의 수를 증가시키는 것은 아주 별개의 문제라고 강조한다. 한편 그는 재투표제가 여러가지 이유로 그 영향을 규정짓기 곤란하지만, 실제적으로 재투표제를 실시하고 있는 모든 나라는 역시 다당체계 국가이기 때문에 재투표제는 다당체계와 상관성이 있다고 보았다.

이와 같이 듀베르제는 「단순다수대표제는 양당체계를 조성하는 경향이 있다」라는 명제와 「비례대표제와 재투표제는 다당체계를 조성한다」는 명제를 수립하였는데, 근래에 이르러 그는 자신의 이와 같은 명제들을 「단순다수대표제는 양당체계에 이르게 하는 경향이 있다」, 「비례대표제는 많은 상호독립적인 정당으로 구성된 체계에 이르게 하는 경향이 있다」, 「재투표제는 연합에 의해 온건해진 다당체계에 이르게 하는 경향이 있다」 등으로 수정하였다.[50]

결론적으로 듀베르제는 선거제도와 정당체계의 관계는 기계적이거나 자동적인 것은 아니라고 말한다. 즉 특정 선거제도가 필연적으로 특수한 정당체계를 창출시키는 것이 아니며, 선거제도는 다만 정당체계의 방향에 다소의 영향을 준다고 주장하는 것이다.

한편 라이커는 듀베르제의 단순다수대표제의 기계적인 효과는 결국 제3당의 결성을 저해한다고 설명하나 단순다수대표제하에서의 심리적 효과에 관해서는 듀베르제와 상이한 입장을 취한다. 즉 유권자의 합리적 선택을 부인하는 것은 아니지만 그것은 보편적 현상은 아니며 단순다수대표제의 심리적 효과는 정치자금 기부자들이나 정치지망생에서 찾아야 한다고 주장한다. 라이커에 따르면, 단순다수대표제하에서 제3당이 실패하는 이유는 장래의 영향력을 행사하려는 정치자금 기부자들이 승리할 가능성이 희박한 정당에 기부하는 것을 꺼리며, 정치지망생 또한 경력을 사려는 합리적 구매자로서 패배할 정당에 관심을 갖지 않기 때문이라는 것이다.[51]

또한 라이커는 비례대표제나 재투표제는 단순다수대표제가 갖고 있는 제3당에 대한 기계적 효과나 심리적 효과를 갖고 있지 않기 때문에 정치가들로 하여금 신당을 형성하게 할 가능성은 많이 부여하지만, 그렇다고 이 제도가 다당체계를 장려한다고 확신할 수 없다고 주장한다.

한편 사르토리는 단순다수대표제하에서는 유권자들이 자신들의 표가 사표가 되는 것을 원하지 않기 때문에 그들의 선택은 대단히 자주 선두주자들에게 제한되고, 이것은 바로 선거구 차원에서 양당경쟁을 조작하고 획책한다고 지적한다. 그러나 사르토리는 모든 선거구에서 동일한 두 개의 정당이 경쟁을 벌이지 않는 한 전국적 차원에서 적실성(適實性)있는 정당의 수를 두 개로 감소시킬 수는 없으며, 전국적 차원에서 양당체계가 형성되기 위해서는 정당체계가 구조화되어야 한다고 주장한다.[52]

또한 비례대표제의 경우 순수한 비례대표제는 어떠한 영향력도 미치지 못하지만 순수하지 못한 비례대표제, 즉 소규모의 선거구, 봉쇄조항, 대정당에 대한 프리미엄, 선거방식의 차이 등에 의해 야기되는 과다 및 과소대표 등을 포함하는 비례대표제는 정당체계에 조작적인 효과를 가지게 되는데 이 조작적인 효과는 증수(增數)효과가 아니라 감소(減少)효과라는 것이다. 이런 점에 비추어 볼 때 비례대표제는 보다 정확히 사회세력을 반영할 수 있고 새로운 정당의 출현이나 정당의 분열을 덜 방해하지만, 정당의 수를 증가시키는 원인이 된다고는 말할 수 없다는 것이다.

사르토리는 이러한 논의들을 토대로 단순한 경향법칙을 수립하였는데, 「단순다수대표제는 양당형태를 촉진하고 역으로 다당체계를 방해한다」, 「비례대표제는 다당체계를 촉진하고 역으로 양당체계에는 거의 기여하지 못한

다」라는 명제를 공식화하였다.[53]

이와 같이 선거제도가 정당체계의 형성과 관련성이 있다고 보는 학자들과 달리 선거제도가 정당체계의 형성에 영향을 주는 것이 아니라고 주장하는 부정론적 입장의 학자들도 있기는 하지만,[54] 그럼에도 불구하고 선거제도와 정당체계의 형성은 관련성이 적지 않으며, 그러한 이유에서 선거제도는 정당체계의 전환구조로 포함되는 것이다.

정당법

브라이스(James Bryce)는 정당을 가리켜 "법률상의 정부에 지배권을 행사하는 제2의 비법률적 정부"라고 설명하였고,[55] 샷트슈나이더는 "정당은 현대정치의 단순한 부산물이 아니라 그것은 민주정치의 중심에 위치하여 결정적이고 창조적인 역할을 수행하는 존재"라고 주장하고 있다.[56] 이처럼 현대정치에 있어서 정당의 역할은 매우 중요하며, 특히 민주정치에 있어서는 필수불가결한 존재이다.[57]

이렇게 중요한 의미를 지니고 있는 정당이 헌법에 수용되고, 그것이 제도적으로 보장되기 이전에는 헌법에 대립되는 헌법 외적인 하나의 단순한 사회적 현상에 불과한 정치조직으로 받아들여졌다.[58] 그러나 정당제민주주의(parteienstaatliche Demokratie) 원리가 도입되면서 정당은 헌법상의 제도적 장치로서 보장받기 시작하였다. 정당제민주주의란 국민의 정치적 의사가 의원 개개인에 의해 직접 자유로이 대표되거나 정치적 의사형성과 정책결정이 이루어지는 것이 아니라, 정당과 정당의 당수에 의해 결정·대표되며 당수를 중심으로 정치활동이 이루어지고 국민은 단지 정당을 선택만 하는 정치형식을 의미한다.[59]

따라서 이러한 정당제민주주의 원리가 도입되게 된 이유는 비록 정당이 자유의 지위를 누리는 단체라고 하더라도 일반 결사와는 달리 사실상 중요한 헌법적 기능을 담당한다는 공적인 면을 갖고 있으며, 이러한 측면으로부터 정당의 성격을 간단하게 결정하기 어려운 점이 있기 때문이다. 더욱이 정당에 대한 국가의 방임적 태도와 정당활동의 자유의 무한정 허용이 결국에는 민주주의와 헌법 자체의 파괴를 초래하였다는 나치(Natsi)당의 역사적 경험에 비추어[60] 제2차 대전 후 서독이 정당제도를 헌법에 최초로 수용하면서 정당의 헌법적 보장과 법적 규제는 확산되게 되었다.[61]

그러나 정당에 대한 법적 규제는 정당국가의 현실에서 볼 때 필연적일 수 있으나, 그 규제가 단순한 결사의 자유에 대한 침해뿐만 아니라 다당제에 기초를 둔 의회제에 있어서 위험성을 초래하고 나아가 국민의 정치참여의 기본권에 대한 실질적인 침해 행위가 되어 지나칠 때에는 오히려 정당국가 내지 민주주의 자체를 파괴할 우려가 있다는 점을 간과할 수 없다. 따라서 정당의 법적 규제에 관련하여 몇 가지 문제점을 지적할 수 있다.[62]

첫째, 정당에 대한 법적 규제가 정당의 결성이나 활동의 자유를 침해하는 경향을 가질 수 있다. 둘째, 정당입법은 숙명적으로 기존 정당 및 대정당, 특히 여당에게 유리하고 야당이나 소정당에게는 불리하며 기회균등·평등의 원칙에 위반되는 조치를 취할 가능성이 있다. 셋째, 규제의 반면에 정당에 어느 정도의 특권이 부여되고 국가에 대한 특별한 원조가 제공되는 경우에는, 정당과 공권력과의 밀착을 초래하여 정당이 본래의 자유단체라는 본질을 상실하고 어용(御用)정당 내지 국가기관 유사단체로 전락할 수 있다. 넷째, 정당에 대한 법적 규제는 공권력에 대한 당내 질서에의 간섭을 초래하고 각 정당의 고유한 특색의 소멸과 획일화를 가져 올 가능성이 있다. 다섯째, 규제 여하에 따라서는 정당 지지의 자유가 침해되기 쉽고 직·간접으로 국민의 권리에 부당한 제한을 가할 가능성이 있다.

이와 같은 문제점들을 감안해볼 때 정당의 법적 규제는 정당의 민주적 내부질서의 유지라든가 선거의 공명성 내지 정치자금의 명료성의 확보 등의 한정된 목적에 필요한 범위 내에서 이루어져야 하며, 그 경우에 있어서도 국민의 정치활동의 자유 및 정당의 단체자치에 부당한 간섭을 해서는 안 된다. 따라서 지나친 법적 규제가 이루어진다면 정당의 건전한 발전 자체가 억제되고 자유로운 정당활동이 억압당하며, 그럼으로써 정당체계가 인위적으로 형성될 가능성이 매우 크다. 예를 들어 정당을 헌법상 제도로서 보장하는 상황에서 정당설립요건과 당원자격을 강화할 경우 새로운 정당의 출현이 어려울 것이고, 정당해산과 등록취소요건을 확대할 경우 많은 정당이 자동적 내지 강제적으로 해산당하게 되어 정당체계의 변화는 필연적이기 때문에 정당법은 정당체계의 전환구조에서 중요한 부분이 된다.

정당체계의 산출구조

선거에 참여하는 정당들이 유권자의 지지를 얻고 그것이 선거제도와 정당법의 규정의 적용을 받게 되면, 결국 의회에 진출하는 정당과 그렇지 못한 정당이 생기게 된다. 이때 의회에 진출하는 정당은 원내정당으로서 주어진 기능을 수행할 수 있지만 그렇지 못한 정당은 원외정당이 된다. 그런데 한국의 경우는 앞에서 언급한 것처럼 정당법의 규정에 따라 국회에 진출하지 못하는 정당뿐만 아니라 소멸되는 정당까지 발생하게 된다.

결국 정당의 본질적인 기능인 국민과 정부를 연결하는 매개기능과 국민대표기능 및 정권창출기능 등은 의회에 진출한 정당들에 의해서만 제대로 수행될 수 있다. 특히 선거 결과 나타나는 여당과 야당, 다수당과 소수당의 구분은 곧 원내 의석과 직결되는 것이기 때문에 의회에 진출한 정당들이 어떤 활동을 하느냐가 정당체계의 경쟁성과 비경쟁성을 구별하는 기준이 될 수 있다. 즉 정당들간의 관계가 경쟁적이냐, 비경쟁적이냐는 의회 내에서의 여당과 야당들간의 활동을 통해 분명하게 확인되는 것이다.

일반적으로 의회의 기능은 국민의 다양한 이익을 대변하는 대표기능, 행정부의 법집행과정을 감독하는 기능, 사회 내의 갈등을 처리하고 통합하는 기능, 법률을 제정하는 입법기능 등이 있다. 이중에서 입법기능은 입법부인의회만이 갖고 있는 고유한 기능으로서[63] 여·야간의 경쟁은 이 입법활동을 통해서 나타나게 된다. 또한 정부를 감시하고 통제하는 기능도 의회의 중요한 기능으로서[64] 일반적으로 여당은 정부와 밀접한 관계를 유지하면서 정부의 입장을 옹호하는 행태를 보이기 때문에 정부의 감시 및 통제기능을 중심으로 여·야간의 경쟁이 나타나게 된다. 결국 의회를 주도하는 정당이 여당인가 야당인가, 또한 여당의 독주에 야당이 어느 정도 견제를 하는가에 따라서 정당체계의 경쟁성 여부를 판단할 수 있는 것이다.

따라서 정당체계의 산출구조에는 의회진출정당과 의회 내 정당활동으로 이루어지며, 의회진출정당이 결국 정당체계를 형성하는 주체가 된다는 점에서 정당체계의 유형을 평가하는 중요한 변수가 되는 것이다.

정당체계의 분석방법

환경의 분석방법

정치체제와 정치문화 분석방법

앞서 언급했듯이 알몬드의 정치체제 분류에 입각한다면, 구조적 분화와 전문화가 고도로 이루어지고 통치조직의 사회침투가 확산되어 있으면서 하부구조의 자율성이 높은 정치체제, 즉 민주주의체제에 근접할수록 정당의 기능이 활발해지며 이에 따라 정당체계의 형성 여건이 좋아지게 된다. 따라서 정치체제가 얼마나 민주적인가에 분석의 초점이 맞춰진다.

그러므로 이 책에서는 각 시기별로 정치권력이 정통성을 확보하고 있는가, 정치제도가 합리적인가, 자유로운 정치참여가 보장되어 있는가, 그리고 하부구조의 자율성이 높은가를 중심으로 정치체제의 특성을 분석하고자 한다.

한편 정치문화는 일반 국민이 정치체제의 속성, 정치과정, 정책내용과 성과, 자기 자신의 정치적 위상과 역할에 대해서 갖는 인지적·평가적·감정적 의식정향의 총합이기 때문에 개개인의 의식정향에 대한 분석이 필요하다. 1961년부터 1981년까지의 기간동안에 22인의 학자에 의하여 발표된 한국정치문화에 관한 연구결과 28개를 분석한 결과 다음과 같은 특성이 밝혀졌다.[65]

여러 학자들에 의해 한국정치문화의 특성으로 지적된 내용들을 빈도수별로 정리해보면 권위주의, 공동체성, 분파성(파벌주의), 관료주의, 민주성, 높은 정치의식, 인간주의, 진보성, 높은 정치적 효능감, 소외성, 정치적 무관심성, 저항성, 계층적 관계, 집권주의, 집단적 관계, 인물위주성, 민족주의, 주체성, 강력한 정부기대의식, 낮은 정치참여의식, 정치구조(또는 권위)에 대한 부정의식, 형식주의 등이다. 이러한 정치문화의 특성을 유사성이 높은 것들끼리 통합하여 학자들에 의해 지적된 빈도가 높은 순서에 따라 정리하면, ① 권위주의, ② 시민성, ③ 공동체성, ④ 소외성, ⑤ 분파성, ⑥ 저항성, ⑦ 민족적 주체성, ⑧ 형식주의의 여덟 가지로 한국정치문화의 특성을 요약할 수 있다.

따라서 이 책에서는 이러한 특성을 중심으로 이루어진 기존의 연구 결과를 바탕으로 각 시기별 정치문화의 성격을 분석하고자 하는데,[66] 정치체제의 성격과 정치문화의 성격은 상호 밀접한 관계를 지니고 있어 이 두 가지를 서로 연결지어 분석하기로 한다.

정당의 이데올로기 분석방법

정당의 이데올로기는 정강정책(政綱政策)의 내용으로 분석할 수 있다. 정강은 주로 정당의 성격이나 존재가치를 나타내고 앞으로 나아갈 방향을 제시하는 기본적인 정책을 의미하며, 정책은 정당이 당면한 문제의 해결방안을 나타내는 일시적인 정책을 의미한다.[67]

이러한 정강정책의 내용에는 그 정당의 이념 또는 지도자의 정치관이나

지도이념, 현실 문제를 파악하고 이에 대처하기 위한 정당의 견해, 그리고 정당에 대한 국민들의 요구사항에 대응하기 위한 것들이 포함되기 때문에[68] 정강정책의 내용을 분석하면 정당의 이데올로기를 확인할 수 있다.

그러므로 이 책에서는 역대 국회에 진출한 정당들의 정강정책의 내용을 통해 정당의 이데올로기를 분석하고자 한다. 특히 정강(또는 강령)[69]의 내용과 주요 정책들에서 보여지는 정당의 이념을 종합하여 각 정당의 이데올로기를 분석하고, 각 정당의 이데올로기를 비교함으로써 이데올로기적 차별성의 존재 여부를 확인하고자 한다.

정당의 조직구조 분석방법

한국에 있어서 그동안 생성·소멸했던 수많은 정당들 가운데 대부분은 정당이라기보다 파당(派黨)에 가까웠다.[70]

〈표 2-4〉에서 보는 바와 같이 해방 이후 오늘에 이르기까지 국회의원 선거 때 등록하여 입후보자를 낸 정당은 206개에 달하나, 그 가운데 당선자를 낸 정당은 81개이고, 더욱이 2회 이상 국회에 진출한 정당이 11개에 불과할 만큼 정당의 부침(浮沈)이 심했다. 다시 말해 대부분의 정당들이 선거 직전에 급조되었다가 선거의 패배와 더불어 소멸되거나, 이데올로기나 정치적 노선을 불문하고 당리당략에 의해 또는 지도자의 행보에 따라 이합집산(離合集散)하여 다른 정당으로 흡수되거나 신당을 통합, 창당하는 경우가 흔했던 것이다.

그러한 이유에서 정당이 상설조직을 갖고 상설체제로서 장기적이고 지속적으로 존재하여 국민의 이익을 대변하기 위한 정책을 개발하는 것이 아니라 평상시에는 정당활동이 거의 없다가 선거 때만 되면 철새가 때를 맞춰 나타나듯이 정치를 하겠다는 사람들이 모여들어 신당을 만들거나 기존정당이 활성화되는 양상을 보여왔다. 또한 정당이 조직을 기반으로 하여 존재하는 것이 아니라 소수의 특정한 인물들을 중심으로 운영되어 강력한 인물하에서는 막강한 세력의 정당이 되었다가도 그 인물이 사라져버리면, 정당도 함께 사라져버리는 포말정당(泡沫政黨)의 양상을 보이기까지 한다. 그래서 한국의 정당사를 가리켜 '선거정당, 철새정당, 인물정당의 역사'라고 부르는 것도 과언이 아니다.[71]

더욱이 〈표 2-4〉에서 보는 바와 같이 그나마 지속성을 보인 정당들도 대부분 공화국이 바뀌면서 자취를 감추는 특징이 있다. 특히 제1공화국의 여당인 자유당과 제3, 4공화국의 여당인 민주공화당의 경우는 각각 이승만과 박정희의 정치수명과 그 연륜을 같이 하여 역대 주요 여당들이 집권자가 권좌에 오른 후, 정치적 필요에 의해 하향식으로 조직한 이른바 외생정당이었음을 말해주고 있다. 한편 야당의 경우는 비록 멀리 한국민주당으로부터 민주국민당 → 민주당 → 민중당 → 신민당 → 신한민주당 → 통일민주당 → 민주당 등으로 정당의 이름과 구성상의 변화에도 불구하고 그 명맥이 비교

〈표 2-4〉 한국 정당의 지속성

시기	구분	입후보자를 낸 정당수	당선자를 낸 정당수	2회 이상 국회진출정당		
제1공화국	제 헌	48	16			
	제2대	40	11	대한국민당 (5년)	민주국민당 (5년 10개월)	자유당 (9년 6개월)
	제3대	14	4			
	제4대	14	3	민주당 (5년 8개월)	통일당 (3년 6개월)	
제2공화국	제5대	14	6			
제3공화국	제6대	12	5		신민당 (13년 8개월)	민주공화당 (17년 5개월)
	제7대	11	3			
	제8대	6	4			
제4공화국	제9대	3	3	민주통일당 (7년 9개월)		
	제10대	3	3			
제5공화국	제11대	12	8	민주한국당 (7년 3개월)	한국국민당 (7년 3개월)	민주정의당 (9년)*
	제12대	9	6			
계		206	81	11(2회-7, 3회-2, 4회-1, 5회-1)		

( )안은 정당의 존속기간.
*민주정의당은 제6공화국의 제13대 국회까지 존속함.
자료 : 김호진, 『한국정치체제론』(서울 : 박영사, 1995), 473~475쪽에서 발췌.

적 이어져 왔다고 하지만,[72) 공화국의 변천과 여당의 생성·소멸에 따라 운명을 같이해 왔다는 점에서 결코 여당에 비해 오랜 지속성을 갖고 있다고 할 수 없다.

이와 같이 지속성이 결여되어 있는 한국의 정당들을 정당이라기보다 파당으로 부르기도 하는데, 그러한 이유에서 한국 정당은 대중정당으로서의 공식적인 조직구조보다는 지도자 개인을 중심으로 한 파벌의 결집체로서의 비공식적 조직구조에 더 크게 의존하고 있다는 특징을 보이게 된다.

따라서 이 책에서는 역대 국회에 2회 이상 진출한 정당들을 중심으로 하여 각 시기별 한국 정당들의 조직구조를 공식 조직구조와 비공식 조직구조, 즉 파벌구조의 양 측면을 함께 분석해보고자 한다.[73) 공식 조직구조는 당헌(黨憲) 및 각 정당이 제시한 자료들을 중심으로 분석하고, 비공식 조직구조인 파벌구조는 당인(黨人)들의 정치적 행보에 관한 자료들을 중심으로 분석하기로 한다.

구조의 분석방법

선거참여정당과 유권자의 지지도 분석방법

〈표 2-5〉에서 보는 바와 같이 1948년 5월 10일 헌법을 제정하기 위한 제헌국회의원선거가 있은 후 1992년 3월 24일에 제14대 국회의원선거가 실시될 때까지 한국에서는 모두 14차례의 국회의원선거가 실시되었다.

제1공화국 시기에는 4차례, 제2공화국 시기에는 단 한 차례, 제3공화국 시기에는 3차례의 국회의원선거가 실시되었고, 제4공화국 시기에는 제9대와 제10대 국회의원선거가, 제5공화국 시기에는 제11대와 제12대 국회의원선거가 실시되었다.

이와 같이 모두 14차례 실시된 역대 국회의원선거에 참여한 정당들이 어떠한 정책과 공약을 내걸고 선거에 임했으며 선거상황이 어떠했는가

시기 \ 구분		공고일	선거일	선거운동기간
제1공화국	제헌	48. 3.30(화)	48. 5.10(월)	41일
	제2대	50. 4.12(수)	50. 5.30(화)	49일
	제3대	54. 4. 7(수)	54. 5.20(목)	44일
	제4대	58. 3.31(월)	58. 5. 2(금)	32일
제2공화국	제5대	60. 6.27(월)	60. 7.29(금)	32일
제3공화국	제6대	63.10.26(토)	63.11.26(화)	31일
	제7대	67. 5. 8(월)	67. 6. 8(목)	31일
	제8대	71. 5. 1(토)	71. 5.25(화)	24일
제4공화국	제9대	73. 2. 9(금)	73. 2.27(화)	18일
	제10대	78.11.24(금)	78.12.12(화)	18일
제5공화국	제11대	81. 3. 5(목)	81. 3.25(화)	20일
	제12대	85. 1.23(수)	85. 2.12(화)	20일

자료 : 중앙선거관리위원회 제공자료.

등을 살펴보고, 또한 각 선거에서 유권자들의 투표참여율과 각 정당에 대한
지지도를 중심으로 선거참여정당과 유권자의 지지도를 분석하기로 한다.

선거제도의 분석방법

1947년 4월 17일 미 군정법령 제175호를 모체로 제헌 국회를 구성한 이후
선거법은 1994년 3월 16일 공직선거 및 선거부정방지법이 법률 제4739호로
공포될 때까지 무려 20차례의 개폐를 거듭하였다. 이전 법률의 폐지 및 신규
제정만도 1950년, 1958년, 1960년, 1963년, 1972년, 1981년 등 모두 6차례에
이르고 있다.[74]

이러한 선거법의 개폐에 따라 역대 국회의원선거제도는 크게 4가지 유형
으로 분류할 수 있다.

첫 번째 유형은 소선거구제(소선거구 단순다수 1차투표제)로서 제헌 국회부
터 제5대 국회의 민의원선거에 사용된 바 있다. 두 번째 유형은 첫 번째 유
형에 비례대표제를 가미한 혼합선거제도로서 지역구와 전국구를 병용한 선

거제도인데, 이는 제6대 국회부터 제8대 국회까지 사용되었다. 세 번째 유형은 유신헌법하의 선거제도로서 중선거구제(1구 2인)의 지역구 출신의원을 전체 3분의 2만큼 선출하고, 나머지 3분의 1은 대통령이 추천하여 통일주체국민회의에서 선출하는 직·간접선거의 혼용제도이다. 네 번째 유형은 제5공화국 시기의 선거제도로서 중선거구제(1구 2인)와 비례대표제인 전국구제도를 혼합한 유형이다.[75)]

이같이 국회의원 선거제도는 선거법의 개폐에 따라 많은 변화를 보이게 된다. 우선 선거구제의 변화, 정당공천제의 법적 요건화, 무소속의 출마금지와 허용, 전국구의석의 배분방식의 변화 등을 찾아볼 수 있다. 따라서 이 책에서는 개폐된 선거법의 주요 내용들을 중심으로 선거제도의 변화를 분석하기로 한다.

정당법의 분석방법

1946년 2월 23일 미 군정법령 제55호로 공포된 「정당에 관한 규칙」이 한국 최초의 정당관련 규정이었다. 이 규칙은 정당의 등록(등록의무자·등록장소·등록사항·등록일시), 정당관리규정(정당사무소·당자금회계), 당원(무자격자·제출일시), 민사·형사책임과 부칙사항(2개 조항) 등 총 6개 조항으로 이루어져 있다. 그러나 이 규칙은 국가권력현상에서 정당의 공공성을 인정하기 위하여 특별한 법적 권리와 의무를 부여하는 본래 의미의 정당법제와는 전혀 다른 의도에서 제정된 것이었는데, 즉 당시 3인 이상의 정치집단을 통제하기 위한 포고령이었던 것이다.[76)]

한국에서 정당이 헌법에 편입된 시기는 제2공화국부터이고, 정당이 국민의 정치적 의사형성에 참여하는 데 필요한 조직을 확보하고 정당의 민주적 조직과 활동을 보장함을 목적으로 하는 단일법 형태의 정당법이 제정된 것은 정당국가를 지향하였던 제3공화국에 들어와서였다. 1962년 12월 31일 법률 제1246호로 공포된 정당법[77)]은 제5공화국에 이르기까지 1969년, 1973년,

1980년 등 모두 3차례의 개정이 있었다.[78]

정당법의 개정방향은 대체로 정당의 성립요건을 점차적으로 완화하여 국민의 정치참여 기회를 확대하고 정당활동의 폭을 넓히는 것이었다. 따라서 이 책에서는 개정된 정당법의 주요 내용들을 중심으로 정당법의 변화를 살펴보고, 그것이 정당체계 형성에 어떤 영향을 주었는가를 분석해보기로 한다.

국회진출정당과 국회 내 정당활동의 분석방법

역대 국회의원선거에서 당선자를 내어 국회에 진출한 정당들의 의석수와 의석점유율을 중심으로 국회진출정당을 분석하고, 역대 국회에서의 법률안 처리현황, 국정감사 및 국정조사활동[79] 등을 중심으로 국회 내 정당활동을 분석하기로 한다.

법률안 처리현황에서는 의원발의 법률안과 정부제출 법률안의 처리현황을 대비하여 국회의 입법기능이 얼마나 수행되고 있는가를 분석하고, 또한 여당제출 법률안과 야당제출 법률안의 처리현황을 비교하여 여·야간의 경쟁관계를 분석하고자 한다.

한편 1948년 제헌 국회부터 제5대 국회까지의 기간에는 국정감사 및 국정조사활동이 매우 활발하게 이루어졌으나, 제6대 국회부터 제8대 국회까지의 기간에는 그 활동이 매우 위축되었다. 결국 1972년 12월 27일 공포된 유신헌법에 의해 국정감사권과 국정조사권이 폐지됨으로써 제9대 국회부터 제12대 국회에 이르는 기간동안에는 국정감사가 불가능하게 되었고, 국정조사권은 1975년에 부활되었으나 제9대 국회부터 제12대 국회까지는 발의만 30건에 이르렀을 뿐 모두 부결 내지 폐지되었다. 이러한 국정감사권과 국정조사권은 1988년에 이르러서야 본격적으로 부활되는데,[80] 국정감사 및 국정조사활동은 국회 고유의 행정부 통제기능을 수행하는 것으로서 국정감사 및 국정조사활동이 활발하게 이루어졌는가의 여부에 따라 국회 내에서의 여·야 정당들간의 경쟁성 유무를 평가할 수 있기 때문에 국정감사 및 국정조사의 실시상황도 함께 분석하고자 한다.

유형의 분석방법

앞에서 살펴본 바와 같이 학자들마다 다양한 기준에 의해 다양하게 분류되어지는 정당체계의 유형은 대체로 비경쟁적 정당체계와 경쟁적 정당체계로 정리될 수 있다. 그중에서도 사르토리가 상대적으로 세분화된 정당체계의 유형을 제시하고 있어 이 책에서는 사르토리의 정당체계 유형분류방식을 적용시키고자 한다.

사르토리는 정당체계를 우선 비경쟁적 정당체계와 경쟁적 정당체계로 나누고, 비경쟁적 정당체계에는 일당체계와 패권정당체계를 포함시키고 있으며, 경쟁적 정당체계에는 일당우위 정당체계와 양당체계, 제한적 다당체계, 원자화 정당체계를 포함시키고 있다. 나아가 사르토리는 일당체계를 전체주의적 일당체계, 권위주의적 일당체계, 실용주의적 일당체계로 세분하고 있으며, 패권정당체계도 이념적 패권정당체계와 실용적 패권정당체계로 세분하고 있다.[81]

따라서 정당체계의 유형을 분석함에 있어서는 먼저 정당들간의 경쟁성이 허용되고 있는지의 여부를 판단하는 것이 중요하며, 그 다음으로는 각 정당들이 추구하는 이데올로기의 영향이 있느냐의 여부와, 정당체계를 형성하는 정당의 수 및 그 정당들의 상대적 규모를 판단할 필요가 있다. 그런데 정당체계의 유형 분류를 위해서는 복합적인 기준을 사용하는 것이 바람직하다는 인식에서 정당체계를 구성하고 있는 요소들을 환경과 구조로 정리·분류하여 분석하고 있는 이 책에서는, 각 요소들의 분석내용을 종합하여 경쟁성의 여부를 판단하는 것이 보다 객관적이라고 할 수 있다.

먼저 정당체계의 외부환경으로서의 정치체제와 정치문화에 있어서는 정치체제가 민주적이며, 정치문화가 민주주의 정치체제에서 발견되는 참여형의 정치문화인가의 여부에 초점을 맞추고자 한다. 구조적 분화와 전문화가 충분히 이루어지고 하부구조의 자율성의 정도가 높은 민주주의 정치체제에서는 정당들간의 경쟁이 매우 자유롭게 이루어질 것이다. 또한 정치체제와 정치과정 전반에 대한 명확한 이해와 식견, 그리고 높은 수준의 주체의식과 참여의식을 충분히 갖추고 있는 참여형 정치문화에서는 자발적인 지지가 가능하기 때문에 정당들간의 경쟁성이 충분히 허용될 것이다. 그러나 그렇지 못한 경우, 즉 정치체제와 정치문화가 권위주의적인 성격이 강할 때에는 정당들 간의 경쟁이 자유롭지 못할 것이다. 따라서 정치체제와 정치문화의 성격을 분석함으로써 정당체계의 경쟁성 여부를 판단할 수 있는 것이다.

한편 정당체계의 투입구조로서의 선거참여정당과 유권자의 지지도에 있어서는, 선거참여정당의 수가 많고 적음에 따라, 또 유권자들의 정당선호도가 높고 낮음에 따라 경쟁성을 판단할 수 있다. 우선 선거참여정당의 수가 많고 적음에 따라 경쟁성을 판단할 수 있는데, 선거에 참여하는 정당의 수가 적은 경우는 상대적으로 선거참여정당의 수가 많은 경우보다 덜 경쟁적일 것이다. 또한 유권자의 지지도의 경우는 정당소속 후보자들에 대한 유권자들의 지지도가 무소속 후보자들에 대해서보다 높을 때 경쟁성이 크다고 할 수 있다. 예를 들어 유권자들이 국회의원선거에 출마한 후보자들 가운데 정당소속 후보자들보다 무소속 후보자들에게 더 많은 지지표를 보낸다면 그것은 지지할 만한 정당이 없다는 사실을 반영하는 것이며 나아가 정당에 대한 불신을 반영하는 것이라고 할 수 있다. 따라서 무소속 후보자들이 정당소속 후보자들보다 더 많은 득표를 하거나 더 많이 당선될 경우는 결국 정당체계의 경쟁성이 원천적으로 나약하다는 것을 의미하기 때문에, 유권자들의 정당선호도의 높고 낮음을 통해 정당체계의 경쟁성 여부를 판단할 수 있는 것이다.

또한 정당체계의 전환구조로서의 선거제도와 정당법에 있어서는, 선거제도가 합리적인가의 여부와 정당의 설립 및 존속이 용이한가의 여부에 따라 정당체계의 경쟁성 여부를 판단할 수 있다. 먼저 선거제도가 합리적이고 공정한 선거가 보장될 경우 경쟁적인 정당체계의 형성이 가능하지만, 반면에 선거제도가 비합리적이고 불공정한 선거가 실시될 때에는 경쟁적인 정당체계의 형성이 불가능해진다. 정당법의 경우도 마찬가지인데, 정당 설립요건이 강화되고 등록취소요건이 강화될수록 정당활동의 자유는 억압되며, 그럼으로써 정당체계의 경쟁성은 억압받게 된다. 따라서 선거제도의 합리성과 정당법에서의 규제 정도에 따라 정당체계의 경쟁성 여부를 판단할 수 있는 것이다.

한편 정당체계의 산출구조로서의 국회진출정당과 국회 내 정당활동에 있어서는, 국회진출정당의 수가 많고 적음에 따라, 또 상대적 규모가 크고 작음에 따라, 그리고 국회 내에서의 여·야간의 경쟁이 강하냐 약하냐에 따라 정당체계의 경쟁성 여부를 판단할 수 있다. 우선 선거참여정당의 경우와 마찬가지로 국회진출정당의 수가 많을 경우는 상대적으로 적을 경우보다 훨씬 더 경쟁성이 있다는 판단을 할 수 있기 때문에, 국회진출정당의 수도 정당체계의 경쟁성 여부를 판단하는 기준이 된다. 또한 국회 내에서의 여·야간의 경쟁이 충분히 가능한 경우는 정당체계의 경쟁성이 허용되는 것이고, 여당의 일방적인 독주로 국회가 운영될 때에는 경쟁성이 허용되지 않는 것을 의미한다. 따라서 국회 내에서의 여·야 정당들의 활동을 통해 정당체계의 경쟁성 여부를 판단할 수 있는 것이다.

결국 이 책에서는 정당체계의 외부환경으로서 정치체제와 정치문화, 정당체계의 투입구조로서 선거참여정당과 유권자의 지지도, 정당체계의 전환구조로서의 선거제도와 정당법, 정당체계의 산출구조로서 국회진출정당과 국회 내 정당활동을 분석·종합함으로써 정당체계의 경쟁성 여부를 판단하고자 한다.

한편 정당체계의 내부환경으로서 정당의 이데올로기는 정당들간의 이데올로기적 분열도와 정당체계에 대한 이데올로기가 주는 영향을 판단하기 위한 근거가 된다. 정당들의 이데올로기적 분열도가 크다는 것은 이데올로기의 간격이 크다는 것을 의미하며, 정당체계에 대한 이데올로기의 영향이 존재하느냐의 여부는 정당체계가 이념적이냐 실용적이냐를 판단하는 기준이 되기 때문이다. 정당의 이데올로기와 마찬가지로 정당체계의 내부환경에 속하는 정당의 조직구조는 각 정당이 대중정당으로서의 전국적인 조직을 어느 정도 갖추고 있으며, 민주적으로 운영되고 있는가의 여부를 판단하는 기준이 된다. 전국적인 대중정당으로서의 조직을 갖추고 민주적인 당 운영이 가능한 정당은 그렇지 못한 정당에 비해 보다 강한 결속력과 경쟁력을 갖고 있다고 볼 수 있다. 결국 정당의 조직구조에 있어서 차별성 여부에 따라 정당체계에 미치는 영향이 결정될 수 있는데, 모든 정당이 유사한 조직구조를 갖추고 있는 경우에는 정당의 조직구조가 정당체계에 별다른 영향을 줄 수 없는 것이다.

끝으로 국회에 진출한 각 정당들의 상대적 규모에 따라 실제적인 의미의 정당의 수가 평가되기 때문에 각 정당이 확보한 의석수와 의석점유율도 정당체계의 유형을 판단하는 기준이 된다. 물론 이 책에서는 정당의 효과적인 수를 측정하여 정당체계의 유형을 논하고자 하는데, 이때 중요한 자료가 각 정당의 의석점유율이다.

따라서 이 책에서는 정당체계의 환경과 구조를 구성하고 있는 각 요소들의 분석 결과를 종합하여 정당체계의 경쟁성 여부와 이데올로기의 영향, 그리고 정당체계를 형성하는 정당의 수 및 상대적 규모를 판단하여 한국 정당체계가 사르토리가 분류한 정당체계의 유형 가운데 어느 유형에 속하는지에 초점을 맞춰 정당체계의 유형을 분석하고, 그 변화를 확인하고자 한다.

3

제1공화국의 정당정치

정치체제와 정치문화

1947년 9월 한국문제가 유엔에 상정되고 여기에서 유엔감시하의 남북한 총선거실시가 결의되었으나, 당시 소련 당국은 북한에 대한 유엔 결의를 거부하였다. 그후 총선거는 1948년 5월 10일 남한에서만 실시되어 제헌 국회가 구성되었으며, 미국의 대통령제와 영국의 의회제를 혼합한 민주제도를 수립하는 헌법이 제정되었다.[1] 당시 대통령은 국회에서 선출하도록 되어 있었고, 행정부의 대표로서 대통령은 국무총리와 대법원장의 임명 및 해임권을 가졌다. 입법기관인 국회는 대통령선출권과 대통령이 임명하는 국무총리와 대법원장의 승인권이 있었으나, 행정부에 대한 불신임권이 없었고 마찬가지로 행정부도 국회해산권이 없었다.[2] 국회에 대한 행정부의 우위를 확보하는 이러한 헌법을 바탕으로 1948년 8월 15일 대한민국 정부는 공식으로 수립되었고, 이승만을 초대 대통령으로 선출함으로써 제1공화국이 출범하게 된다. 이후 이승만은 1960년 3·15부정선거가 도화선이 되어 발발한 4·19혁명으로 4월 26일 하야(下野)성명을 발표할 때까지 약 12년간의 장기집권을 통해 제1공화국 정부를 이끌게 된다.

1952년 7월의 제1차 개헌(발췌개헌)으로 정부형태는 의원내각제의 색채를 더욱 띠게 되었다. 대통령은 국무총리를 국회에 제청하여 국회의 승인을 얻도록 하였고, 대통령의 국무위원 임면에 대한 국무총리의 제청권이 부여되었다. 국무총리·국무위원은 국회에 대하여 연대책임을 지며, 국회는 정부 불신임권을 갖고 있는데 반해 정부는 국회해산권이 없었기 때문에 헌법상으로는 강한 국회, 약한 정부와 같은 구조를 보였다. 그러나 이러한 개정 헌법은 무엇보다도 국회에서의 간선(間選)을 통한 대통령 당선이 어렵게 되었다는 판단 아래 대통령직선제를 채택하기 위한 정략적 산물이었다. 따라서 국무총리와 국무위원의 불신임 규정은 야당측의 요청에 의한 허실적·정치적 타협의 형식적 규정이었다.[3]

그후 1954년 11월 제2차 개헌(사사오입개헌)으로 정부형태는 의원내각제적 요소를 거의 청산한 대통령제가 되었다. 우선 국무총리제를 폐지하였고, 국회는 국무위원에 대해 개별적인 책임을 물을 수 있도록 하였다. 이 점에서 의원내각제적 잔재는 다소 남아있었으나, 현실적으로 대통령의 궐위시에는 부통령이 그 직위를 승계하도록 하였다. 또한 초대 대통령에 한해서 3선제한을 철폐함으로써 무제한 입후보를 가능하게 하였는데, 이 부분이 사사오입개헌의 핵심이었다. 따라서 사사오입개헌 이후의 정부형태는 신대통령제로 부르는 것이 타당성이 있다.[4]

이처럼 두 차례의 헌법 개정을 통해 이승만이 12년간의 장기집권을 유지한 제1공화국은 미 군정기에 대세를 장악한 보수주의세력이 정부라는 형태로 공식화된 것으로 이해할 수 있다. 즉, 정부 수립을 위해서 1948년 5월 10일 실시된 제헌 국회의원선거에서 극우파를 제외한 다른 네 정치세력은 지도자를 잃었거나 허리가 잘린 '남한 단독정부의 수립'은 반대한다는 이유로 불참하였기 때문에 제1공화국은 출범 당시부터 보수색을 띠게 되었다.[5]

이승만은 자신의 통치를 강화하기 위해서 이념적인 호소에서부터 정당조작에 이르기까지 가능한 모든 수단을 동원하였으며, 반공이라는 이념과 행정기구도 정권유지에 이용하였다. 특히 전쟁수행이라는 명분하에 점차 반공을 정치적 무기로 사용하는 빈도가 많아졌다. 이미 1948년 12월 1일 국가보안법을 공포하여 공산주의를 불법이라고 선언하고, 공산주의자 혹은 좌익을 국가의 안정을 교란시키는 배반자로 규정한 바 있다.[6] 이후 수차례에 걸쳐 개정된 이 법은 공산주의자들을 제거하는 데, 그리고 정치적으로 반대하는 정치세력을 억압하는 데 매우 유용한 수단이 되었고, 이를 적정히 사용함으로써 이승만은 자신의 권력기반을 확충해나갈 수 있었다.

개정된 헌법에 따라 1956년 5월 15일에 실시된 제3대 정·부통령선거에서 대통령과 부통령에 각각 이승만과 민주당의 장면이 당선되었다. 그러나 1958년 5월 2일의 제4대 국회의원선거에서 민주당의 약진은 국회 내에서의 자유당에 대한 위협일 뿐만 아니라 다가오는 1960년의 대통령선거에 있어 이승만의 지위에 대한 위협으로 인식되었다. 이에 자유당은 선거 직후 국가보안법의 범위를 확대하였고 벌칙도 강화하였는데, 그 첫 번째 희생물이 법통과 4개월 후에 폐간된 경향신문이었고, 그로부터 2개월 뒤인 1959년 6월 진보당의 불법화와 당수 조봉암의 처형으로 이어졌다.[7]

더욱이 이승만 정권은 역대 국회의원선거와 대통령선거에서 관권과 부정을 일삼았으며, 1960년의 3·15부정선거[8]는 결과적으로 제1공화국의 정치체제를 붕괴시키는 결정적인 원인을 제공하고 말았다.[9] 이 과정에서 관료와 경찰조직이 중요한 역할을 수행했는데, 제1공화국 시기의 관료와 경찰조직은 취약한 사회구조 속에서 물리력을 포함한 실질적 자원을 동원할 수 있는 가장 효율적인 수단이 되었으며, 이승만과 관료·경찰은 기득권의 보호와 정치적 지지, 혹은 도구화가 교환되는 후원—수혜관계로 상호 밀착되었다. 따라서 관료와 경찰조직은 각종 선거과정뿐만 아니라 선거 결과까지도 책임지는 집권 유지의 버팀목이었다.[10]

특히 제1공화국 시기에는 반공과 북진통일이 체제 유지와 정권의 정통성을 확보해주는 중요한 도구로 활용되었는데, 그것은 분단국가의 성립과 한국전쟁, 지속적인 남북한간의 군사적 대치상태의 경험을 통해 안보나 반공 그리고 통일의 가치가 합의적 가치로 널리 수용됨으로써[11] 그 효용성이 있었던 것이다. 따라서 안보와 반공을 위해서 국가의 권위를 공고히 하여야 한다는 여론조작이 성과를 거둘 수 있었고,[12] 그러한 이유로 이 시기는 이승만의 카리스마적인 권위주의가 두드러지게 나타나게 되었다.

제1공화국 시기의 정치체제가 권위주의화할 수밖에 없었던 것은 신생국 정부의 정치적 불안정을 해소하기 위한 방안으로서 이해할 수도 있다. 즉 신생국 정부는 대개 지도력의 부족과 관료조직의 비효율성이 일반적이고, 설사 그들이 기적적인 정책업적을 올린다 하더라도 대중의 과도한 기대수준을 충족시키기에는 대체적으로 부족하다. 일반적으로 정부는 약하고 또 그렇기 때문에 잠재적 경쟁자의 항구적 유혹의 대상이 되었다. 다시 말하면 내우외환을 겪을 가능성이 많은 상황 속에서 정부여당이 반대당에 대한 관용적 태도를 갖기는 어렵기 때문이다.[13]

그럼에도 불구하고 제1공화국 시기의 정치체제는 비록 이승만 개인의 카리스마에 의한 지배와 장기집권 기도로 훼손되기는 했지만 대체로 정치적 경쟁원리에 따라 운영되었고, 지방자치제도 폭넓게 실시되었으며, 권력구조 또한 삼권분립의 원칙에 비교적 충실하려고 노력했다는 점에서 제3공화국 이후의 시기와 비교해볼 때 민주적이라는 평가도 있다.[14]

그러나 제1공화국 시기의 정치체제를 민주적이라고 평가하는 것은 잘못된 일이다. 그 이유는 무엇보다도 이 시기의 반의회주의적 성격에서 찾을 수 있다. 즉 의회주의의 기본원리가 무시됨으로써 정권이 주장했던 자유민주주의는 민주적 절차가 실제화되지 못한 형식적인 이념에 지나지 않았기 때문에 제1공화국 시기의 정치체제의 비민주성은 사실상 상당부분 반의회주의적 정치과정으로 특징지을 수 있는 것이다.[15]

국회에서의 간선을 통해 대통령으로 피선된 이승만은 지배력의 완전한 독점을 위하여 국회 내에서의 확고한 기반을 구축하고자 시도했으나, 이같은 시도는 제2대 국회까지도 성공하지 못했다. 오히려 국회가 행정부보다 우위를 점하는 형태로 전개되어 갔으며, 이 과정에서 이승만의 반의회주적 사고는 굳어져갔다.[16] 그리하여 1952년에 이른바 부산정치파동을 통해 의회주의를 파기하여 형식화시킴으로써 의회를 무력하게 만들었는데, 이 과정에서 국가긴급권의 남용, 관제조직의 동원, 경찰·헌병 등 억압기구의 활용, 각종 테러단체의 운용 및 용공조작의 수법이 동원되었던 것이다.[17] 이 후 대중적 지원과 선거동원을 조직할 정당의 필요성을 실감하고 자유당을 창당하여 국회를 장악하도록 함으로써 사실상 국회를 정권에 종속된 무용지물로 만들고자 했는데,[18] 이 과정에서 경찰과 관료조직의 조직적인 선거 개입이 이루어졌고, 각종 관제조직과 막대한 자금이 동원되었던 것이다.[19]

이와 같이 반의회주의적인 정치체제를 민주적이라고 할 수는 없으며, 오히려 권위주의적이라고 평가하는 것이 타당하다. 따라서 이후 제3, 4공화국 시기에 등장한 군부 권위주의와의 구별을 위해 제1공화국 시기의 정치체제를 사적 권위주의 또는 가부장적 권위주의로 규정할 수 있다.[20]

이러한 정치체제를 유지하고 있던 제1공화국 시기의 정치문화는 한마디로 말해 향리형 정치문화와 신민형 정치문화의 혼합된 형태라고 할 수 있다. 그것은 조선조의 유교적인 정치전통과 일제점령기에 형성된 정치의식, 그리고 해방 후의 서구문화와의 비융화에서 오는 결과이기도 하다. 즉 조선조 500년의 유산과 일제 36년간의 식민지 통치 그리고 서구 문화의 괴리는 민주주의 수용을 위한 정치문화적 장애요인이 되었던 것이다.

조선사회에서는 지배층의 절대적 통치와 피지배층의 무조건적 복종에 의한 상하의 주종관계를 강요하는 유교의 영향으로 인해 장악적 지배와 예속적 복종관계가 형성됨으로써 권위에 대한 무반항의 복종을 해왔다. 또한 일방적인 억압과 수탈만을 강요했던 일제의 식민통치는 그나마 조선조의 윤리적 권위주의에서 윤리성을 제거해 버리고 착취성만을 남겨놓은 식민지적 권위주의였다.[21]

따라서 정치의 자율적 주체가 되기보다는 통치과정의 타율적 객체로 전락함으로써 정치의식은 심각하게 타율화되어 참여적이기보다는 저항적이고, 개방적이기보다는 폐쇄적이고, 진취적이기보다는 퇴영적이고, 긍정적이기보다는 부정적인 식민시대의 정치·행정문화의 자취가 남게 된 것이다.[22]

그러므로 제1공화국 시기의 정치문화의 특징으로는 일제의 식민통치의 정치문화적 유산인 ① 민족주의, ② 불신과 소원, ③ 관료적 권위주의, ④ 학생들의 행동주의, ⑤ 폭력, ⑥ 파벌주의 등 6개 요인과, 한국의 전통적이며 기본적인 정치문화 요인인 권위주의의 영향과 이로 인한 파생적인 부분적 요인으로 ① 권력의 집중성, ② 권력행사의 불균형성, ③ 정치행정의 이중성, ④ 준봉(遵奉)적 투표행태 등이 표출된다.[23] 이러한 특징은 이념적 단순성, 대중과 엘리트 사이의 넓은 간격, 불안정한 정당소속의식 및 인물본위의 정치적 경쟁을 낳게 되는데, 이같은 정치적 정향은 일시적인 상황의 단순한 반영이 아니라 뿌리깊은 문화적 기반 위에서 나타나는 것이다.[24]

따라서 제1공화국 시기의 정치문화에는 한국의 전통사상과 유교사상이 그대로 전수되어옴으로써 엄격한 신분의식이 팽배하여 인간으로서의 자각이나 평등의식이 싹틀 수 없었다. 그러한 이유에서 인간관계는 지배·복종의 관계로만 규정지어졌고, 반대되는 의견에 대해서는 일방적으로 억압하는 배타적인 성격이 길러졌다. 이같은 정치문화적 배경으로 정치지도자들은 자기와 반대 의견을 가진 정적(政敵)에 대해 온갖 규제를 자행했고, 정당들은 반대당의 의견을 무시하거나 적대시하였으며, 의회에서는 관용과 타협의 정치보다는 강행과 극렬한 반대만을 능사로 일삼았던 것이다.[25]

이러한 정치문화적 특성은 국민들에게 능동적인 참여의식보다는 수동적인 참여의식, 자발적인 참여의식보다는 동원적인 참여의식, 비판과 저항의식보다는 지지와 복종의식을 심어줌으로써 정치체제의 권위주의화에 대한 방관적 자세를 취하게 하였다. 따라서 이러한 정치문화 속에서 민주적인 정치체제의 제도화를 기대하기에는 근본적인 한계가 있었던 것이다.

정당의 이데올로기

제1공화국 시기는 제헌 국회로부터 제4대 국회까지를 포함한다. 제헌 국회에는 무려 16개의 정당·사회단체들이 진출하였고, 제2대 국회에는 11개의 정당·사회단체들이 진출하였으며, 제3대 국회에는 4개의 정당·사회단체들이, 그리고 제4대 국회에는 3개 정당이 진출하였다.[26] 이들 가운데 정강정책을 확인할 수 있는 정당은 제헌 국회 때의 한국민주당과 한국독립당 그리고 조선민주당, 제2대와 제3대 국회의 대한국민당과 민주국민당, 제2대 국회의 대한여자국민당, 제3대와 제4대 국회의 자유당, 그리고 제4대 국회의 민주당과 통일당 등이다.

해방과 더불어 시작된 미군정 기간동안 군정당국은 정치적 자유와 결사를 가능한 한 허용했는데, 그 결과 당시 군정당국에 신고된 정당·사회단체의 수가 무려 425개나 되었다. 그 중에서 정치적 영향력을 갖고 제헌 국회에 진출한 정당이 한국민주당과 한국독립당이다.[27]

한국민주당이 제시한 정강은 ① 조선민족의 자주, 독립국가 완성, ② 민주주의 정체 수립, ③ 근로대중의 복리 증진, ④ 민족문화를 앙양하여 세계문화에 공헌, ⑤ 국제헌장을 준수하여 세계평화의 확립 등 5개항이다. 또한 정책에서는 ① 국민 기본생활의 확립, ② 호혜평등의 외교정책 수립, ③ 언론, 출판, 집회, 결사, 신앙의 자유, ④ 교육 및 보건의 기회균등, ⑤ 중공업주의의 경제정책 수립, ⑥ 주요산업의 국영 또는 관제관리, ⑦ 토지제도의 합리적 편성, ⑧ 국방군의 창설 등 8개항을 제시하고 있다.[28]

이러한 정강정책으로 볼 때 한국민주당은 진보적이고 민주적인 정당으로 보인다. 그러나 창당과정이나 인적 구성 그리고 활동에 있어서 한국민주당은 우익보수정당의 원류라는 평가를 받는다.[29] 특히 한국민주당이 그 당시 좌경세력의 대표였던 건국준비위원회(建國準備委員會)에 대항하기 위한 우익세력의 총결집체로서 창당되었다는 사실은 한국민주당의 보수성을 확연하

게 해준다.[30]

　더욱이 한국민주당은 창당 이후의 활동에 있어서 정강정책의 성격과는 달리 군정당국과 밀착함으로써 사대주의라는 비판을 받기도 했고, 농지개혁법 심의과정에서는 지주층의 대변자라는 소리를 듣기도 했으며, 반민족행위처벌 특별법 처리과정에서의 미온적인 태도로 친일집단이라는 비난을 받기도 했다.[31] 따라서 이러한 한국민주당의 이데올로기를 진보적이라고 할 수는 없으며 오히려 반공우익 보수정당이라는 평가[32]가 올바르다.

　한편 한국독립당은 ① 국가의 독립을 보위하며 민족의 문화를 발양할 것, ② 계획경제제도를 확립하여서 균등사회의 행복생활을 보장할 것, ③ 전민(全民) 정치기구를 건립하여서 민주공화의 국가체제를 완성할 것, ④ 국비교육시설을 완비하여서 기본지식과 필수기능을 보급할 것, ⑤ 평등호조(平等好助)를 원칙으로 한 세계일가(世界一家)를 실현하도록 노력할 것 등 5개항의 당강(黨綱)을 기본강령으로 밝히고 있다.[33]

　또한 한국독립당은 ① 유구한 독립국가의 진체(眞諦)를 천명하고 독특한 문화민족의 실적(實績)을 발휘할 것, ② 국가민족의 건전한 생존발전과 평화로운 세계대가정(世界大家庭)을 건립하기 위하여 일반 국민에게 민주단결의 정신을 적극 배양할 것, ③ 계급, 성별, 교육 등의 차별이 없는 보통선거제를 실시하여 국민의 참정권을 반드시 평등화할 것, ④ 노동, 교육, 선거, 파면, 입법, 보험, 구제 등 각종 기본권을 향유할 것, ⑤ 신체, 거주, 집회, 결사, 언론, 출판, 신앙, 통신 등의 자유를 확보할 것 등으로 시작되는 모두 27개항을 정책으로 제시하고 있다.[34]

　전반적으로 보아 한국독립당의 정강정책은 한국민주당보다는 포괄적이고 구체적이라는 점에서 차별성을 부여할 수 있으며, 정책내용의 일부는 사회주의적인 요소를 포함하고 있기까지 하다. 특히 정책 가운데 '토지는 국유를 원칙으로 하되 토지법, 토지사용법, 지가세법 등의 법률을 규정하여 기간을 두고 실시할 것'(제7항), '토지는 인민에게 분급하여 경작케 하되 극빈한

농민에게 우선권이 있게 할 것'(제8항), '국민의 각종 교육비는 일률로 국가에서 부담할 것'(제11항), '공장법과 노동자 보호법을 제정하여 노동자생활을 보장할 것'(제20항) 등은 한국민주당에 비해 진보적인 색채를 띠는 것이다.

한국독립당은 1930년 상해에서 결성되어 임시정부의 주축을 형성하여 활동해오다 해방되던 해 11월에 귀국하였는데[35] 단독정부 수립을 추진하는 한국민주당과 정치적 노선을 달리하였고,[36] 더욱이 혁명적 항일세력으로까지 평가받는 한국독립당은 일제하에 사회·경제적 지위와 부를 누린 친일세력들이 주축이 된 한국민주당과는 이데올로기적으로 다를 수밖에 없었다.

그러나 한국독립당은 한국민주당 등의 우익세력들과 함께 반탁운동을 주도하는 등의 중도적 우파노선을 걸어 한국민주당이 보수적인 이데올로기를 갖고 있었다면, 한국독립당은 그보다는 진보적인 온건한 민주사회주의의 이데올로기를 갖고 있었다고 할 수 있다.[37]

한편 제헌 국회에 1석을 차지한 조선민주당은 1945년 11월 3일 평양에서 조만식을 당수로 하여 결성된 정당으로서 1946년 2월 부당수인 이윤영 등 중요간부들이 월남하여 활동한 정당이다. 조선민주당은 정강에서 ① 대한민국의 발전을 도모하고 국민기본권리의 보장을 기함, ② 정치적·경제적 균등제도를 수립하여 민족 전체의 복리를 도모함, ③ 민족문화를 앙양하여 세계문화에 공헌함, ④ 민주주의 제국가와 친선을 도모하여 국제평화의 수립을 기함 등 4개항을 제시하고 있다. 또한 정책에서는 ① 남북통일의 강력 추진, ② 방어본위의 국군확충, ③ 언론·출판·집회·결사 및 신앙의 자유 등으로 시작되는 16개항을 제시하고 있는데, '근로대중의 생활확보'(제6항), '농민본위의 토지개혁 조속단행'(제7항), '계획성있는 경제정책을 수립하여 생산분배의 합리화'(제8항) 등 진보적인 내용들도 포함되어 있다.[38]

한편 제2대 국회의 민주국민당은 한국민주당의 후신이다. 해방 이후부터 정부 수립까지의 기간동안 눈부신 활동을 한 한국민주당이 정부 수립과정에서 소외된 것에 대한 반발과, 원내 소장파와의 대립으로 인한 인기 저하를 만회하기 위해 당을 해체하고, 대한국민회의 신익희 세력과 대동청년단의 지청천 세력을 규합하여 1949년 2월 10일 결성한 정당이 바로 민주국민당이다.[39]

따라서 민주국민당의 이데올로기는 그 인적 구성으로 볼 때 한국민주당과 별다른 차이를 가질 수가 없었는데, 정강정책을 보면 이 점을 분명히 알 수 있다. 민주국민당의 강령[40]은 ① 대한민국 국민의 발전을 도모하여 민족의 권리확보를 기함, ② 특수계급의 독재를 부인하고 만민평등의 민주정치 실현을 기함, ③ 경제적 기회균등을 원칙으로 자유경제의 수립을 기함, ④ 민족문화를 앙양하여 세계문화에 공헌함, ⑤ 인류의 자유와 행복을 기초로 한 세계평화의 수립을 기함 등이다.

이러한 강령으로 볼 때 민주국민당은 계급독재의 반대와 민주주의 그리고 자유경제 및 인류의 자유와 행복 등을 강조하고 있어 자유민주주의를 이데올로기로 갖고 있다고 볼 수 있다. 정책에서도 '국민 기본자유의 확보'와 '국민 기본생활의 확보'를 서두에 밝히고 있어[41] 자유민주주의 이데올로기적 편향성이 더욱 뚜렷해진다.

이러한 민주국민당과 정치적으로 대립적 노선을 걸었던 정당이 대한국민당이다. 대한국민당은 민주국민당이 이승만의 독주를 견제하기 위해 내각책임제 개헌안을 제출·통과시키려 하자, 이승만을 지지하는 세력들이 이를 반대하며 1949년 11월 12일 결성한 정당으로[42] 이승만의 사당(私黨)과 같은 정당이었기 때문에 당연히 보수적인 이데올로기를 가질 수밖에 없었다.

대한국민당은 창당선언에서 "……철저한 민주주의를 기초로 한 국가 기본정책 수립에서만이 완전 자주독립과 국권이 완전히 신장·보존될 것을 확신한다. 우리는 일민주의(一民主義) 정치이념에 입각한 전민족의 화복안위의 공동운명을 기할 수 있는 국민생활운동체제의 확신을 주장하며 이 목적을 달성하기 위하여 우리는 일대 민족정당으로 또 민족국가 만대번영을 수호할 간성으로……"라고 밝히고 있다.[43] 여기에서 관심을 끄는 것은 일민주의인데, 일민주의는 해방 직후 우익단체였던 민족청년단계 이론가 안호상 등이 제창한 이념으로서 당시 공산주의세력의 계급투쟁이론에 대항하기 위하여 민족지상·국가지상을 내건 민족청년단의 공식이론이었다.[44] 따라서 대한국민당은 민족주의를 앞세운 극우보수주의를 이념적 밑바탕으로 삼고 있다고 볼 수 있다.

정책에 있어서도 대한국민당은 ① 계급·지역·성별을 초월하여 민족 완성통일로 자주독립의 국가신장을 기함, ② 정치, 경제, 교육 등 각 방면에 있어서 국민균등의 복리증진을 기함, ③ 민족의 정의와 문화를 계속 발양함으로써 세계평화와 세계문화에 공헌함 등의 3개항만을 제시하고 있는데,[45] 민족 완성통일을 바탕으로 한 자주독립의 국가신장과 민족의 정의를 강조한 이같은 정책은 민족지상·국가지상을 중시하는 일민주의 이념을 바탕으로 하는 것임을 알 수 있다.

따라서 대한국민당은 민주국민당과 권력구조에 관해서만 대립적 입장에 있었을 뿐 이데올로기적으로는 보수주의 성향이 더 강한 정당이라고 할 수 있는데, 그것은 제1공화국의 여당인 자유당이 창당되기 전까지 이승만을 후원하는 세력으로서 대한국민당이 후에 자유당의 모태가 되었다는 사실에서도 분명해진다.

한편 제2대 국회에서 주목할 만한 정당은 비록 1석을 차지하여 국회에 진출한 정당이지만, 여성들만으로 결성된 대한여자국민당이다. 정부 수립 직후인 1945년 8월 18일 임영신을 위원장으로 결성된 대한여자국민당은 강령에서 ① 전국민의 요구에 의하여 실현된 정부를 지지함, ② 우리는 남녀평등 권리를 주장함 등 2개항을 제시하고 있고, 정강에서는 ① 여성의 힘을 모아 남성으로써만이 이루어질 수 없는 진정한 민주사회건설을 기하자, ② 자본주의가 가지고 있는 그릇됨을 배제하고 노동자 및 여성의 생활을 향상하는 건전한 민주경제확립을 기하자, ③ 자주독립민족으로서 민족문화의 향상으로 진정한 세계평화와 인류의 번영을 기하자 등 3개항을 제시하고 있다.

이러한 강령과 정강으로 볼 때 대한여자국민당은 여성의 권리와 정치참여 그리고 남녀평등의 사상을 강조하여 당시로서는 매우 진보적인 정당이라고 할 수 있다. 그러나 대한여자국민당은 당책에서 "……해외에 망명하여 직접·간접으로 우리의 위대한 지도자가 되신 이승만 박사를 모셔다가 초대 대통령으로 추대할 것과, 반공투쟁을 당시(黨是)로 삼고……"라고 밝히고 있어 근본적으로는 당시 여타의 정당들과 이데올로기적으로 차별성을 갖고 있지 않은 보수정당이라고 보는 것이 타당하다.[46]

그런데 제2대 국회는 제헌 국회와 달리 보수와 혁신의 정책적·이념적 분열현상이 보인다는 특징이 있다. 즉 대한국민당과 민주국민당이 보수정당임에 반해 각각 2석과 1석을 차지한 사회당과 민족자주연맹 등이 혁신적 성격을 보인 것이다. 이들 혁신세력들은 민주사회주의와 남북협상을 통한 평화적인 조국통일의 기치를 들고 나왔으며, 근로대중의 사회적·정치적·경제적 이익의 확보와 기회균등, 계획경제의 실현에 의한 복지사회건설, 주요 산업의 국유화 등을 내세움으로써 혁신적인 성격을 분명히 하고 있다.[47]

한편 정부 수립 초까지만 해도 정당의 불필요성을 역설하던 이승만은 야당의 세력이 강한 국회로부터 강력한 도전을 끊임없이 받게 되어 국회에서의 간선을 통한 대통령 재선이 어렵게 되자 대통령직선제 개헌을 추진하는 한편, 18개의 사회단체들을 주축으로 정당을 만들게 되었는데, 그것이 바로 제3대 국회와 제4대 국회의 제1당인 자유당이다.[48] 이러한 자유당은 6개항목의 기본강령(정강)과 9개항목의 행동요강(정책)을 제시하고 있는데, 그 내용으로만 보면 지향하는 이데올로기가 매우 진보적인 것으로 보인다.

자유당의 기본강령은 ① 압제시대의 잔재와 관료주의를 배제하여 상하귀천의 계급을 타파하고 진정한 민주주의 정치체제의 확립으로 민족협동적 사회건설을 기함, ② 독점경제 패자들의 억압과 착취를 물리치고 노동자·농민·소시민·양심적인 기업가 및 기술 있는 자의 권익을 도모하며 빈부차등의 원인과 그 습성을 거부하고 호조호제(好助好濟)의 주의로써 국민생활의 안전과 향상을 기함, ③ 지방 파벌로 권위쟁탈을 위하여 중상모략하는 폐습을 배제하고 정치의 도의를 배양할 것을 기함, ④ 남녀동등을 실천하고 인권옹호로써 국가의 화복, 안정의 책임, 의무를 전국민이 동일히 분담케 할 것을 기함, ⑤ 문화의 향상 보급과 과학기술의 진흥으로 신시대·신생활을 지향하여 도시문화 급(及) 농촌문화의 교류병진과 재건으로 국민생활의 변혁개선을 기함, ⑥ 민주우방과 국교를 돈독히 하며 독재 공산주의 및 '파시즘' 군국주의, 일체의 반동주의를 타도하고 자유와 평화를 신조로 하는 협동세계를 건설함으로써 항구적 세계평화에 공헌을 기함 등으로 되어 있다.[49]

기본강령에서 보는 바와 같이 자유당은 민족협동적 사회건설, 독점경제 패자들의 억압과 착취의 배격, 빈부차등의 원인과 그 습성 거부 등을 서두에 밝히고 있는데, 이같은 내용은 사회주의적 이념을 내포하고 있는 것으로 볼 수 있다. 그러면서도 독재 공산주의 및 '파시즘' 군국주의 일체를 타도하고 자유와 평화를 신조로 하는 협동세계의 건설을 강조하고 있는 것을 보면, 자유당의 이데올로기는 사회민주주의인 것처럼 보인다.

이러한 느낌은 행동요강에 의해 더욱 강해진다. 자유당은 행동요강에서 ① 상하계급·빈부 등차(等差)를 타파하고 지방파벌을 배격하며 남녀동등·만민평등의 정신 밑에서 민족통일과 국토통일을 달성한다, ② 노동자, 농민, 근로대중이 민주국가의 주인이므로 대중의 복리와 권위를 존중하고 주장해서 금력이나 권세로써 이를 좌우하는 일이 없도록 한다, ③ 노동자와 농민 등 근로대중의 자유와 권리를 주장해서 과거 근로대중에 대한 부당한 대우를 일소한다 등을 서두에 밝히고 있다.

계급과 빈부의 등차 타파와 평등의 강조, 민주국가의 주인인 노동자·농민 등 근로대중의 복리와 권위 그리고 자유와 권리를 강조하는 것은 역시 사회주의적 색채를 보이는 것이다. 그러면서도 '반민족적 공산파괴분자는 용납할 수 없는 것이니 이를 철저히 발본색원한다'(제8항)는 것과 '만민평등의 자유와 인권을 무시하는 관료독선주의를 배격하고 부패한 관기(官紀)를 숙청한다'(제9항)는 것을 끝으로 밝히고 있는 것을 보면, 자유당의 이데올로기는 그 어떤 형태의 독재도 거부하는 사회민주주의라고 할 수도 있다.

그런데 이러한 분석은 자유당의 창당배경이나 인적 구성 그리고 활동을 볼 때 잘못된 것이다. 자유당의 정강정책에 사회주의적 요소들이 포함된 것은 자유당의 창당이 18개의 다양한 사회단체들을 근간으로 이루어졌기 때문에 이들을 포용하기 위한 정강정책이 필요했던 데에 원인이 있다. 따라서 자유당의 정강정책은 한낱 겉치레에 불과할 뿐 허위의식으로 가득 찬 것이어서 정강정책의 내용만으로는 자유당의 이데올로기를 정확하게 파악할 수 없다.

자유당의 정강정책의 허구성은 우선 자유당의 창당과정에서 주도적인 역할을 한 인물이 민족청년단을 이끌어온 이범석이라는 점50)과 제4대 국회에서 신국가보안법의 제정을 자유당이 주도하여 불법적으로 통과시켰다는 점,51) 그리고 1959년 6월에 개최된 제9차 전국대의원대회에서 '자유민주주의의 육성발전'을 정강으로 내세운 점52) 등을 종합해보면 더욱 더 뚜렷해진다.

오히려 철저한 반공주의와 자유민주주의를 신봉하는 정당인 자유당의 정강정책에서 발견되는 매우 진보적인 요소들은 자유당이 여러 사회단체들을 결집한 대중정당임을 선전하기 위한 허구이며, 오히려 자유당의 이데올로기적 성향은 그와는 정반대의 극우 보수주의인 것이다.

한편 제3대 국회에서 자유당이 이른바 사사오입(四捨五入)개헌53)과 같은 전횡을 일삼자 이에 대항할 강력한 야당의 존재가 필요하다는 인식이 싹트게 되어 당시 제1야당이던 민주국민당을 중심으로 결성된 정당이 민주당이다.54) 이러한 민주당은 자유당의 독주와 이승만의 독재를 견제하는 것에 주력하였을 뿐 이데올로기적인 차별성을 갖고 있지는 않았기 때문에 역시 보수정당의 범주를 벗어나지는 못했다.

민주당의 정강55)은 ① 일체의 독재주의를 배격하고 민주주의의 발전을 기함, ② 공정한 자유선거에 의한 대의정치와 내각책임제의 구현을 기함, ③ 자유경제 원칙하에 생산을 증강하고 사회주의에 입각하여 공정한 분배로서 건전한 국민경제의 발전을 기하며, 특히 농민 노동자 기타 근로대중의 복리 향상을 기함, ④ 민족문화를 육성하며 문화교류를 촉진하여 세계문화의 진전에 공헌함을 기함, ⑤ 국력신장과 민주우방과의 제휴로 국토통일과 국제주의의 확립을 기함 등 5개항이다.

정강의 내용에서 보는 바와 같이 민주당은 일체의 독재를 배격하고 민주주의의 발전을 강조하면서 대의정치와 내각책임제의 구현을 내세워 자유당과의 차별성을 보여준다. 그러나 이데올로기적으로 진보적인 요소는 찾아볼 수 없는데, 이러한 점은 정책[56]에서도 마찬가지이다.

민주당의 정책은 모두 25개항으로 되어 있는데, 그중에서 ① 호헌·준법정신의 구현, ② 국민의 기본 인권, 특히 언론·출판·집회의 자유 보장, ③ 선거에 대한 관권 간섭의 배제, ④ 정당·사회·근로단체 및 경제단체의 관제화 배격, ⑤ 행정쇄신과 인재 등용, ⑥ 공무원의 생활 및 신분보장과 그 정치화 방지 등의 처음 6개항목이 정치분야의 정책이라는 점 이외에 이데올로기적으로 뚜렷한 특징을 발견할 수 없는데, 민주국민당의 후신[57]으로서 민주당은 당연히 이념적으로 보수정당일 수밖에 없었다.

이처럼 제1당인 자유당과 제2당인 민주당이 모두 보수정당이던 제4대 국회에 1석을 차지하여 진출한 통일당도 보수정당의 범주를 벗어나지 못했다. 통일당은 민주당에서 제명된 김준연이 민주당을 이탈한 세력을 결집하여 설립한 정당으로 4개항의 정강과 12개항의 정책을 제시하고 있다.[58]

통일당의 정강은 ① 개인의 존엄성에 입각한 민주적 교육으로써 인류문화의 발전을 기함, ② 국민도의를 앙양하고 책임정치의 구현을 기함, ③ 자립경제를 확립하여 국민생활의 향상·발전을 기함, ④ 자유를 수호하여 공산주의를 배격하고 국토의 통일을 기함 등으로 되어 있고, 정책에 있어서 "평화시와 전시를 통하여 우방과 제휴하여 인류의 자유를 영원히 보장할 원칙하에 통일을 추진한다"(제1항), "정병주의(精兵主義)에 의하여 국방을 강화하고 자유진영을 공동방위한다"(제11항) 등의 내용으로 보아 통일당의 이데올로기도 자유당과 같은 반공주의와 자유민주주의라는 보수성[59]을 그대로 나타내고 있다.

이렇게 볼 때 제헌 국회로부터 시작되어 제4대 국회까지 이어지는 제1공화국 시기에 국회에 진출한 정당들은 거의 대부분이 정강정책에 있어서 뚜렷한 이념상의 차이를 발견할 수 없다. 물론 한국독립당과 같이 온건한 민주사회주의의 색채를 띠는 정당도 있고, 자유당처럼 더욱 진보적인 정강정책을 제시한 정당도 있으나, 그들의 창당배경이나 인적 구성 그리고 활동을 통해 볼 때 이러한 정당들을 진보적인 정당으로 분류할 수 없다. 다만, 제2대 국회의 사회당과 민족자주연맹 등 혁신세력들이 등장함으로써 보수·혁신간의 분열이 보여진다는 점에서 제2대 국회를 제외한 제1공화국 시기에 국회에 진출한 정당들간의 이데올로기적 분열현상은 별로 없다는 결론을 내릴 수 있다.

주요 정당의 조직구조

제1공화국 시기에 대표적인 정당으로는 보수야당의 원류인 한국민주당, 민주국민당, 자유당, 민주당[60] 등을 들 수 있는데, 이 시기에 정당들은 대체로 이렇다 할 대중조직을 갖추지 못한 전형적인 간부정당이었고,[61] 정당 운영은 몇몇 지도자들과 그 파벌들에 의해 이루어지는 양상을 보인다.

한국민주당

1948년 5월 10일 제헌 국회의 구성을 위한 총선거 이후 조직면에서나 의회 내 세력분포면에서 정당의 면모를 갖춘 정당은 헌법제정이나 대통령선거까지 이승만을 지지했던 한국민주당뿐이다. 1945년 9월 16일에 창당한 한국민주당은 해방과 더불어 표면화한 좌익세력과 우익진영의 대립 속에서 우익측 인사들로 결성된 '보수반공연합체' 성격의 정당이었다.[62]

<그림 3-1> 한국민주당의 중앙기구

(1945년 9월)

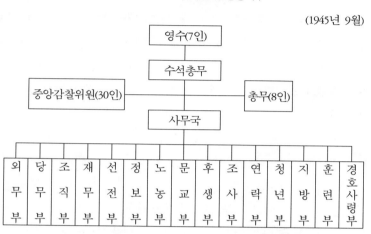

자료 : 중앙선거관리위원회, 『대한민국정당사 제1집』(서울 : 중앙선거관리위원회, 1981), 135~136쪽에서 발췌.

그러나 한국민주당은 <그림 3-1>에서 보는 바와 같이 공식 조직구조에 있어서는 집단지도체제의 특징을 지니고 있고, 더욱이 지방조직이 정비되지 않은 상태에서 중앙당부만을 결성하여 창당함으로써 대중정당으로서의 조직구조를 갖추지는 못했다.

한국민주당은 창당대회에서 300명의 중앙집행위원을 선출하고, 이승만·김　구·이시영·문창범·서재필·권동진·오세창 등 7인의 영수(領袖)를 추대한 데 이어 총회의 위임을 받아 9월 21일과 22일에 송진우를 수석총무로 하는 9인의 총무를 선출하고, 사무국과 15개부의 부장과 부원 및 중앙감찰위원 30인을 선출함으로써 당의 체제를 갖추었다.[63]

이러한 중앙의 조직구조와는 달리 지방조직은 창당 이후에나 갖추기 시작했는데, 한국민주당은 창당 후 중앙과 지방의 조직확대에 주력한 결과 창당된 지 3개월만인 1945년 12월 5일 부산시당을 결성한 데[64] 이어 12월 14일에는 서울에 시내·경서·경동·경성·영등포 등 5개 지부당의 조직을 완료하고, 21일에 서울시당부를 결성하였다.[65] 이듬해 5월에는 지방조직의 강화를 위해 유세대(遊說隊)를 조직, 지방에 파견하기도 했는데 그 결과 5월 29일에 천안지부, 6월 7일에 청주지부, 9일에 대구지부, 7월 13일에 시흥지부가 각각 결성되고, 7월에는 충북도당, 10월에는 전북도당, 11월에는 경북도당이 각각 결성되었다. 이로써 한국민주당은 1946년말에는 전국적으로 53개의 당지부가 결성되었고, 27개가 결성중이었으며, 창당 당시 5만명으로 신고된 당원수는 23만명으로 증가되어 1947년말에는 86만 5천 706명이 되었다.[66] 이렇게 볼 때 한국민주당은 공식적인 조직구조면에서 대중정당으로서의 면모를 갖추는 데 상당한 시간이 필요했는데, 그것은 한국민주당이 여러 세력이 결집된 명사(名士)정당으로서 출범했기 때문이다.

이러한 특징은 한국민주당의 결성과정과 활동에서 발견되는 파벌적 행태에서 더욱 분명해진다. 한국민주당의 주요 인맥은 송진우·김성수를 정점으로 하고 장덕수를 참모로 하여 그 주위에 형성된 집단이다. 특히 한국민주당의 주요 간부 및 발기인들은 당시 재벌이던 김성수 소유의 동아일보사·보성전문학교·경성방직 가운데 어느 한 기관에 소속되어 있어 이른바 '보성그룹' 또는 '호남그룹'이 한국민주당의 주도세력이었는데, 창당 당시 송진우-김성수 라인이 송진우가 피살된 후에는 김성수-장덕수 라인으로 재편되기도 했다.[67]

보수야당의 원류인 한국민주당의 결성은 민족진영에 속하는 명사들의 사랑채를 중심으로 이루어졌다. 원서동 송진우 집과 계동 김성수 집에는 장덕수, 김준연, 서상일, 장택상 등이, 안국동 윤보선의 사랑채에는 허 정, 김도연, 백남훈, 윤치영 등 구미유학파가 모였고, 계동 한학수 집에는 원세훈, 김병노, 조병옥, 전진한이 모였는데, 조병옥은 이 인의 사랑채에서, 김병노는 나용균, 김용성 등과 원서동 백관수 집에서도 모임을 가졌다.[68]

이처럼 한국민주당은 사랑방 중심의 개인적 교분을 바탕으로 결성된 명사정당으로 이들 명사들 상호간에는 명성, 연령, 경력 등에 따라 약간의 서열적 관계가 형성되었으나, 동료 내지 동지적 입장이 훨씬 강했다.

그러나 한국민주당은 〈표 3-1〉에서 보는 바와 같이 한국국민당, 고려민주당이 발전적으로 흡수된 조선민족당,[69] 그리고 국민대회준비회[70] 등이 가세하여 결집된 정당으로서 집단지도체제를 택할 수밖에 없었고, 각 파의 입장을 고려하여 당직을 배분하기까지 했다. 특히 총무의 경우 9인을 국민대회준비회측(송진우·서상일·김동원)과 한국국민당측(허 정·김도연·백남훈), 조선민족당측(백관수·조병옥·원세훈)에 각각 균등 배분했던 것이다.[71] 따라

〈표 3-1〉 한국민주당의 파벌

| 한국국민당계 | 조선민족당계 | | | | | 국민대회준비회계 |
	고려민주당계	김병노계	홍명희계	이 인계	전향인사	
백남훈 김도연 허 정 최윤동 *이 운 *장덕수 **홍성하 이순탁 구자옥 유억겸 윤치영 윤보선 *최승만 외	원세훈 이병헌 현동완 박명환 한학수 유흥산 송남헌 외	김병노 *백관수 *김용무 나용균 정광호 외	홍명희 조헌영 이원혁 박의양 김무삼 외	이 인 조병옥 *박찬희 *함상훈 신윤국 외	김약수 유진희	*송진우 김성수 *서상일 김준연 장택상 김병규 이경희 안동원 강병순 설의식 김동원 외

*는 동아일보사와 관련된 인사.   **는 보성전문과 관련된 인사.
자료 : 송남헌, 『한국현대정치사 제1권』(서울 : 성문각, 1986), 123~126쪽과
중앙선거관리위원회, 『대한민국정당사 제1집』, 앞의 책, 134쪽과
심지연, "보수야당의 뿌리, 한민당의 공과," 한국일보사,
『한국의 정당』(서울 : 한국일보사, 1987), 151~158쪽에서 발췌.

서 비록 한국민주당 내에는 <표 3-1>과 같은 3개의 파벌이 있었지만, 대부분의 구성원들이 김성수가 소유하고 있던 기관과 관련이 있었기 때문에 하나로 결집될 수 있었던 것이다.

다시 말해 개인적 교분을 중심으로 결성된 한국민주당은 개념상 파당(派黨) 또는 파벌과의 구분이 명확할 수 없었고, 정부 수립과정에서 한국민주당은 실권을 장악하기 위해 당론이었던 의원내각제를 포기하고 이승만이 의도하는 대통령중심제를 골자로 하는 헌법제정에 협조하지만, 정부 조각과정에서 이승만으로부터 소외당하면서 반이승만노선을 걷게 되고, 이후 김준연 중심의 노장파와 국회교섭단체의 연합세인 소장파간의 갈등이 노정되기도 한다.[72) 한국민주당은 결국 자당 중심의 내각책임제 개헌을 구상하여 대한국민회의 신익희와 대동청년단의 지청천 세력을 규합하여 1949년 2월 10일 당을 해체하고 민주국민당을 창당한다.[73)

민주국민당

민주국민당은 창당 당시 한국민주당 출신의 김성수, 백남훈과 비한민당 출신의 신익희, 지청천을 최고위원으로 하는 집단지도체제로 출발하였으나, 크게 보아 한국민주당, 대한국민회, 대동청년단의 3파가 결집된 민주국민당은 내부적으로 각 정파들간의 갈등을 처음부터 안고 있었다.

민주국민당 내에는 주류인 김준연 등을 중심으로 한 한국민주당 정통파(김성수·조병옥·김준연·서상일·백남훈 등)와 신익희를 중심으로 한 비주류의 갈등이 두드러졌는데, 정통파와 영입세력 신익희 사이에 주류 대 비주류의 대립은 발췌개헌에 따라 1952년 8월 5일 실시되는 정·부통령선거에 후보 옹립문제로 심각한 의견대립을 불러일으켰다.

신익희의 대통령 출마를 막기 위해 조병옥이 이시영을 내세운 처사에 불만을 품은 비주류는 정·부통령선거에서 민주국민당이 패배한 이후 대거 탈당하여 신당을 만들 움직임을 보였고, 당내에서는 당해체론까지 제기되자 지도체제를 위원장제로 개편하고 당의 주도권을 신익희계로 넘기기로 하였다. 이에 따라 위원장에는 신익희가, 부위원장에는 김도연, 이영준이 선출되었으며, 정통파인 조병옥, 서상일, 백남훈 등은 고문으로 후퇴하게 되었던 것이다.[74]

민주국민당의 조직구조는 〈그림 3-2〉와 같은 중앙부서 외에 각 구·시·군에는 당헌에 의한 비율로서 선출된 대표자로 구성되는 대의원회가 있고, 중앙집행위원회는 소속 국회의원 및 국회의원이 없는 선거구에서는 각 1명씩 대의원회에서 선출된 자와 일반 당원 중 대의원대회에서 선임된 약간명 등으로 구성하였다. 감찰기관으로서는 대의원회에서 선출되는 중앙감찰위원회를 두고 있었다.[75]

민주국민당은 최고위원 중심의 집단지도체제에서 위원장 중심의 단일지도체제로 정비하는 대신 2인의 부위원장을 두었고, 3인의 고문과 정책위원회를 설치했다. 그러나 부서에 있어서는 한국민주당이 15개부였던 것에 비

〈그림 3-2〉 민주국민당의 중앙기구

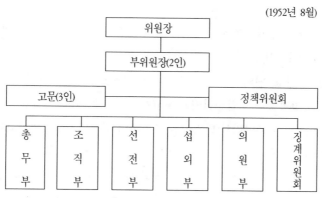

자료 : 중앙선거관리위원회, 『대한민국정당사 제1집』, 앞의 책, 203쪽에서 발췌 재작성.

해 5개부만을 두어 중앙부서의 조직이 축소되어 있음을 알 수 있다. 이러한 조직구조를 갖고 있던 민주국민당은 제2대 국회 내내 강력한 야당으로서 이 승만정부에 대한 반대로 일관하게 되지만, 자유당이 사사오입개헌을 단행한 이후 호헌동지회를 결성하여 야당세력의 총결집을 추진, 민주당이 출범하게 되자 발전적으로 해체한다.

자유당

정당무용론을 주장하여 온 이승만은 강력한 야당인 민주국민당의 정치공세를 막아줄 만한 여당이 없었던 것에 위협을 느끼고 1951년 8월 15일 광복절 기념사를 통해 신당조직의 필요성을 밝힌 데 이어 25일에는 「신당조직에 관한 담화」를 발표하였다. 이 담화에서 이승만은 신당은 일민주의의 기초 위에 노동자·농민을 기반으로 지방조직까지 갖춘 전국적인 규모의 대중정당이어야 한다고 천명한다. 이에 원내에서는 공화민정회(共和民政會)[76]가 주축이 되어 신당운동에 박차를 가하게 되고, 원외에서는 원외대로 국민회·대한청년단·대한노동조합총연맹·농민조합총연맹·대한부인회 등이 주축이 되어 신당운동이 일어나게 된다.[77]

원내에서는 공화민정회의 양우정·조경규·이재형·엄상섭·태완선·김영선·김용우·박정근·오위영·지연해·홍창섭·김정실·박만원 등 15명이 주동이 되고, 원외에서는 국민회의 이 활을 중심으로 대한노동조합총연맹의 주종필과 농민조합총연맹의 채규항이 주동이 되어 신당운동을 벌였는데, 이들은 각각 95명씩의 발기인을 추천하여 신당발기준비위원회를 구성한다. 그러나 원내와 원외 양측은 당략 및 정책문제로 대립하였고, 특히 1951년 11월 30일 이승만이 제출한 양원제와 대통령직선제를 골자로 하는 헌법개정안을 놓고 분명한 입장 차이를 보이게 된다.[78] 원외측은 이 개정안을 즉각 지지하고 나선 데 반해 기득권의 상실을 우려한 원내측의 보수파의원

들은 이에 대해 반대의사를 표명하였던 것이다.[79]

결국 양측은 완전 분열하여 원외는 1951년 12월 17일 발기인대회를 개최한 데 이어 12월 23일 이승만을 당수로, 이범석을 부당수로 추대하고 자유당을 창당한다. 원내도 12월 23일 이승만을 중앙위원회의장으로 추대하고, 이갑성·김동성을 부위원장으로 선출하는 한편 역시 자유당이라는 당명을 내걸고 창당한다. 이로써 이승만을 최고책임자로 하는 자유당이라는 이름의 두 정당이 동시에 출범하게 되는 것이다.

두 자유당은 각각 개별적인 비통합적 조직체로서 각기 활동과 조직을 강화해갔으나, 이승만은 기존의 사회단체들을 기반으로 결성된 원외자유당에 비중을 더 두어 원외자유당의 발당식에만 선언문을 보냈으며, 당의 실권도 자연히 원외가 장악하게 되었다.[80] 1952년 3월까지 원외자유당은 원내자유당과의 통합을 시도하여 정규조직을 유보시키고 임시 소위원회를 설치하여 운영하다가 결국 정식 통합정당체제로 발전시켜 당수에 이승만, 부당수에 이범석으로 하는 단일정당조직을 완성하게 된다.

따라서 자유당은 〈그림 3-3〉과 같은 중앙조직을 갖추고 출범하지만, 창당 과정에서 노정된 원내파와 원외파간의 근본적인 갈등은 여전히 상존해 있었다고 보는 것이 타당하다.[81] 그럼에도 불구하고 자유당은 창당한 지 불과 3개월만에 당원수가 260만명이라고 발표한 바 있는데, 이는 자유당이 자발적인 결사에 의한 정당조직이 아니라 동원에 의한 관제정당임을 입증하고 있는 것이다. 이같은 사실은 또한 자유당이 사회단체의 기존조직과 막대한 수의 회원을 그대로 흡수했다는 것을 말해주고 있다.[82]

자유당은 서울에 중앙당부를 두고 각 지방에 지방당부를 두었는데, 지역별 조직체계로서 서울특별시, 각 도·시·군·구·읍·면·동·리동(里洞)에까지 지방당부를 두고 최하급 리동당부에는 9인조, 6인조, 및 3인조의 조반을 형성하여 조장이 세포조직의 전위대가 되는 일선지휘자의 세포조직을 완료하였던 것이다. 당원은 남녀를 불문하고 20세 이상의 성인은 소정절차

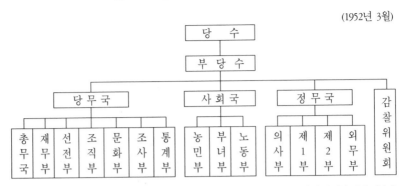

〈그림 3-3〉 창당 당시 자유당의 중앙기구

(1952년 3월)

자료 : 중앙선거관리위원회, 『대한민국정당사 제1집』, 앞의 책, 212쪽과 219쪽에서 발췌 재작성.

에 의해서 가입되며, 평당원과 비밀당원으로 구성되어 있고, 특수조직체로서 산하에 많은 보조단체를 조직하였다는 것이 특징이다.[83]

그런데 자유당이 출범과 동시에 지방당부까지 갖춘 전국적인 조직으로 부상할 수 있었던 첫 번 째 이유는 족청(族青, 조선민족청년단)의 영향력이 상당히 컸기 때문이다.[84] 이범석은 기존의 족청조직을 일거에 자유당 조직으로 전환해나갔으며, 당원을 충원하는 과정에서도 자유당의 이념과 정강정책에 동조하는 사람들을 입당시키기보다는 족청의 이념으로 잘 훈련된 족청의 조직원을 동원·흡수하였다. 두 번째 이유는 각종 사회단체의 적극적인 가담 때문이다. 전술한 바와 같이 자유당은 대한국민회, 대한청년단, 대한노동조합총연맹, 농민조합총연맹, 대한부인회 등 기존의 5개 단체를 기반으로 결성된 정당이었기 때문에[85] 각 단체의 조직과 구성원들이 그대로 자유당의 구성요소들이 되었던 것이다.

이같은 조직구조상의 특징을 지니고 출범한 자유당은 1953년 9월까지 이승만―이범석의 체제가 유지되지만, 1953년 9월 이후 1957년 3월까지는 이승만 1인체제로 개편된다. 한마디로 말해 1953년 9월을 기해 이범석을 중심으로 한 족청계가 제거되고 비족청계가 당을 장악하게 되는 것이다.

족청계의 제거는 1952년 8월 5일에 실시된 정·부통령선거를 계기로 본격화되기 시작했다. 정·부통령선거법이 공포된 다음날인 1952년 7월 19일 자유당은 대전에서 임시 전당대회를 열어 이의 없이 이승만을 대통령후보로 지명하였으나, 부통령후보 지명문제는 진통을 겪게 되었다. 부통령후보 지명문제를 놓고 중앙 및 지방위원들간에 의견차이로 당내 영도권을 쥐고 있는 족청계 대 비족청계로 분파되어 결국 폭력행사까지 전개된 나머지 족청계의 승리로 끝이 나 이범석이 부통령후보에 지명되었다.[86] 사실 이승만은 자유당 전당대회에서 자신을 후보로 지명하지 말 것과 자유당에서 당수·부당수 이름을 제거해줄 것을 요청했고, 특히 내심으로는 이범석 대신 함태영을 부통령후보로 생각하고 있었으나,[87] 자유당은 전당원의 의사를 꺾을 수 없다는 이유로 그대로 후보지명을 강행키로 결의함으로써 족청계의 주도로 이승만의 의사는 관철되지 못했다.

당시 나날이 당세가 확장되어 가던 자유당의 공천을 받은 두 후보의 당선은 거의 확정적이었으나 선거 결과는 의외로 나타났다. 대통령에는 이승만이 무난히 당선되었으나, 부통령에는 예상외로 이범석이 낙선하고 무소속으로 출마한 함태영이 당선되었던 것이다. 이같은 결과의 원인은 당수인 이승만이 당의 공천을 무시하고 선거운동기간 중 함태영을 지지한 데 있었다. 특히 이승만의 의사를 알게 된 당시의 국무총리인 장택상은 전국의 지방행정조직을 포함한 전경찰조직을 동원하여 이승만의 뜻을 받듦으로써 이범석의 낙선을 초래케 한 것이다.[88] 그 결과 자유당 내에서는 족청계가 중심이 되어 반대세력 제거운동이 일어나는 한편, 밖으로는 장택상 국무총리와 김태선 내무장관을 경질시켰다. 특히 반족청계 숙청을 위한 전당대회가 이듬해인 1953년 5월에 개최되어 중앙당부는 물론 지방당부까지 족청계 인사들로 완전히 교체해버림으로써 자유당의 족청화가 이루어졌다.[89]

그러나 이처럼 자유당이 족청계 대 비족청계로 분열되어 결국 자유당이 족청화된 데 불만을 품은 이승만은 이범석을 위시한 족청계의 제거를 위해 정·부당수제를 총재제로 바꿈으로써 이범석을 평당원으로 내려앉히고, 1953년 9월 12일에는 "자유당에서 족청파를 제거하고 당을 정화 재건하라" 는 특별선언을 발표하는 한편 11월에는 이를 위한 전권을 위임받은 9인의 부장을 임명하여 중앙으로부터 최하급 지방당부의 세포조직에 이르기까지 족청계를 완전히 축출하고 당조직을 개편한다. 이로써 자유당은 이승만-이범석체제가 막을 내리고 이승만 1인체제가 확고히 구축된다.

특히 당의 재건을 위해 총무·정무·훈련·조사·재정·조직·감찰·청년·선전 등 9부를 설치, 운영해온 자유당은 이승만 1인체제가 출범하게 되고 1954년 5월 20일 국회의원선거를 앞두고 〈그림 3-4〉와 같이 중앙기구를 정비, 강화하게 된다.

〈그림 3-4〉 족청계 제거 이후 자유당의 중앙기구

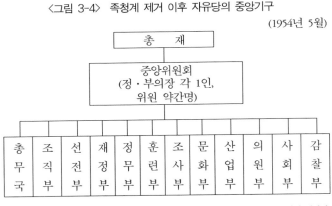

(1954년 5월)

자료 : 중앙선거관리위원회, 『대한민국정당사 제1집』, 앞의 책, 219쪽에서 발췌 재작성.

이같은 과정을 거친 자유당의 조직구조에는 전당대의원대회, 중앙대표자대회, 중앙위원회, 중앙정책위원회, 중앙당 부·차장회 등이 있다. 전당대의원대회는 당규로 정한 비율에 의해 선출한 지역조직 대의원과 동당 소속 국회의원, 중앙위원 및 당규로 정한 동당(同黨) 기간단체대표, 특별당부대표인 대의원으로 구성되어 총재 추대, 선전·강령·정책 및 당헌 개정, 중앙대표자대회 위원수 결정 및 선정, 예산 및 결산 승인과 기타 사항 등을 논의하게 되어 있다. 중앙대표자대회는 전당대의원대회의 휴회 중 그 권한을 대행하며, 중앙위원회의 위원수 및 선출방법 결정, 중앙위원회를 구성할 부·차장 선출 및 중앙위원회 부의장 선출 또는 전당대회에서 위임한 사항의 의결 기타 중앙위원회의 보고사항 접수 및 제의안건 결의 등을 하게 되어 있다. 중앙위원회는 중앙대표자회의에서 위임한 사항의 심의·결정 및 당규의 제정 또는 개정이나 기타 사항 등을 의결하고, 중앙정책위원회에서는 중앙위원회에서 위임한 특수한 당책 또는 지정기간 중 당 최고정책을 심의·결정하도록 되어 있다. 끝으로 중앙당 부·차장회에서는 각 부에 관련된 사항의 조정, 의원수의 결정 및 그 임면, 총재에게 당에 관한 중요한 안건의 보고 등등의 직무를 행하도록 되어 있다.[90]

결국 자유당의 지도체제는 초기의 당수·부당수체제와는 달리 족청계 제거 이후 총재인 이승만 1인을 중심으로 하고 있으며, 다음으로는 중앙위원회 의장이 강력한 권한을 갖도록 되어 있어, 이후 즉 1957년 3월 이후부터 자유당은 중앙위원회 의장인 이기붕 중심의 과두체제를 형성하게 된다.

이처럼 족청계 대 비족청계의 대립은 족청계의 제거로 끝이 나고, 족청계를 제거한 이후부터 실질적인 당권이 이승만에게 집중화되는 가운데 사사오입개헌 파동은 자유당 내에도 심각한 내부 동요를 일으켜 14명의 소장파 의원들이 탈당하였고,[91] 전직 관료출신의원들이 자유당의 새로운 주류파로 등장하게 됨으로써 이후 원내 주류파와 원외 비주류파의 갈등이 시작된다. 한희석·장경근·인태식·이익흥·최인규 등 이들 관료출신 의원들은 초선(初選)으로서 당을 통한 조직생활을 경험하지 않은 신진세력에 속했으나 이들은 사사오입개헌 파동을 전후하여 이기붕을 등에 업고 당의 새로운 주류를 형성해갔던 것이다.

이기붕을 중심으로 당의 새로운 주류로 등장한 신진관료 출신의원들은 이때까지는 특별한 영향력을 발휘하지 못했지만 후기에 들어가면서 당의 과두체제를 형성하여 실권을 장악하게 된다. 1956년 5월 15일 정·부통령선거에서 이승만의 3선(三選)에는 성공했으나 이기붕이 부통령에 낙선함으로써 당으로서는 치명적인 타격을 입게 되자 당내 소장파의원들은 혁신정치 지향운동을 전개하게 되었으며 비주류측에서는 조경규를 국회의장후보로 내세워 이기붕에게 정면으로 도전하였다. 뒤이어 1956년 6월 20일 당체제의 정비를 위한 자유당 전국대표자회의에서 제3대 민의원선거 이후 당에서 물러나 있던 원외인사들이 이기붕의 부통령 낙선을 기회로 삼아 당권회복운동을 전개했다. 이들은 불법으로 당조직을 차지한 이기붕과 그 휘하의 원내의원들을 징계처분하고 당조직을 과거의 당간부들에게 환원시킬 것을 요구하는 동의안을 제출하였다. 그러나 이 동의안은 부결되었고, 당권은 다시 이기붕파에게 돌아가 이기붕은 중앙위원회 의장으로 피선되었고, 부의장에는 이재학이 선임되는 한편 각 부·차장들 역시 이기붕의 측근들로 채워져 원외비주류파는 완전히 물러나고 원내주류파가 당을 장악하게 된다.[92]

이어 1957년 3월 28일 자유당은 제8차 전당대회를 열어 당헌을 개정하고 당기구 개편을 단행하여 지금까지 부·차장 중심으로 운영되던 당조직을 소수의 당무위원이 운영하는 당무회로 개편하였다. 이기붕을 정점으로 해서 원내인사 중심으로 선임된 이 당무회는 3·15부정선거까지 자유당의 실질적인 권력기관으로 막강한 권한을 행사하게 되는데, 당무회가 조직되면서부터 자유당은 그때까지 이승만의 개인정당에서 서서히 당 핵심인사를 중심으로 하는 간부정당제와 과두화과정으로 옮겨가게 된다.[93] 이로써 당내에는 새로운 파벌 갈등이 나타나게 되는데, 그것이 강경파와 온건파의 갈등으로 당무회 내에서 강경파와 온건파는 다수와 소수의 위치를 바꿔가며 갈등하게 된다.

제8차 전당대회에서 임흥순 등 야당에서 전향했던 일파가 밀려나자 당무회 내에는 이재학—강성태파와, 임철호—장경근파의 새로운 세력이 형성되었다. 이들의 불화원인은 처음에는 전자가 온화하고 후자가 강경한 편이라는 성격 차에서 유래되는 사소한 것이었으나, 그후 경남도당 분규가 발생하여 이재학-강성태파의 동정을 받던 정해영이 출당되고, 임철호-장경근의 후원을 받은 이용범이 일단 승리하게 된 것을 계기로 알력이 확대되었다.[94] 이후 강경파와 온건파간의 갈등은 제4대 국회의원선거, 내각제개헌론 시비, 신국가보안법 통과 등을 거치면서부터 보다 심각한 양상을 띠게 되었다.

특히 제4대 국회의원선거에서 저하된 국민의 지지를 만회하기 위한 고육책으로서, 또 신국가보안법의 국회제출로 정국이 혼란해지자 그 해결책으로서 내각제개헌론이 대두되었다. 이재학, 김진만 등 온건파가 주축이 되어 민주당과 협상을 벌이던 중 협상내용이 보도되자 강경파들은 "개헌공작은 야당과의 사이가 긴밀한 이재학이 정권을 잡기 위해 꾸미는 음흉한 정치술수"라고 몰아붙였고, 처음에는 내각제개헌에 동조하던 이기붕도 이승만의 강경한 반대입장을 보고 강경파의 입장을 지지하여 제9차 전당대회를 계기로 당내의 세력판도가 달라지게 되었다. 즉 <표 3-2>와 같이 그때까지 당권을 장악해온 온건파가 물러나고 강경파들이 재기에 성공한 것이다. 재기에

<표 3-2> 자유당 당무회의 세력교체

시기 / 당직	1957년 3월 28일 (제8차 전당대회)	1958년 6월 21일	1959년 6월 29일
중앙위원회 의 장	이 기 붕	이 기 붕	이 기 붕
중앙위원회 부의장	이 재 학 ○	―	한 희 석 ●
총 무 위 원 장	강 성 태 ○	인 태 식 ○	박 용 익 ○
조 직 위 원 장	임 철 호 ●	이 근 식	이 존 화 ●
정 책 위 원 장	장 경 근 ●	박 만 원 ●	장 경 근 ●
선 전 위 원 장	김 의 준 ●	정 운 갑 ○	조 순 ○
감 찰 위 원 장	정 존 수 ●	정 문 흠	정 존 수 ●
선거대책위원장	이 홍 직	이 홍 직	정 기 섭
원 내 총 무	김 법 린	조 순 ○	―

○ 온건파. ● 강경파.
자료 : 김운태, 『한국현대정치사 제2권』(서울 : 성문각, 1986), 164쪽과 166쪽에서 발췌 재작성.

성공한 강경파들은 신국가보안법을 통과시켰고, 1960년 3월 15일에 실시되는 정·부통령선거에 대비하여 당내 비주류인 온건파들을 자유당에서 추방하거나 박해를 가하는 한편 이른바 3·15부정선거를 강행함으로써 끝내 4·19혁명에 의해 자유당의 몰락을 가져오고 만다.[95]

민주당

자유당이 사사오입으로 3선개헌안을 억지 통과시키자 민주국민당은 자유당에서 탈당한 소장파 의원 14명 및 무소속 의원들과 함께 호헌동지회라는 원내교섭단체를 결성하여 이를 기반으로 대여투쟁을 전개하는 한편 원내외의 총야당세력을 규합, 단일야당 결성을 추진하였다. 그 결과 탄생한 정당이 민주당으로 이 민주당은 결국 반이승만세력의 결집체였다.[96]

이처럼 범야세력의 규합으로 결성된 민주당은 그러나 창당과정에서부터 단합의 범위를 놓고 심각한 대립을 보이게 되는데, 특히 혁신계의 조봉암의 포섭문제를 놓고 이를 반대하는 자유민주파와 찬성하는 민주대동파로 분열되기에 이르렀다. 정치노선을 같이 해온 범민주세력의 규합으로 보수정당을 결성하고자 한 자유민주파는 민주국민당 내 보수파인 신익희, 조병옥, 곽상훈 등과 원내자유계인 현석호, 그리고 흥사단계인 장 면, 정일형 등이 중심이었다. 이들은 혁신계의 조봉암은 물론 족청계의 영수인 이범석 및 장택상 등의 신당참여를 반대하는 입장이었다. 이에 반해 조봉암 등을 포함하여 대야당을 구성하자는 민주대동파에는 김성수, 서상일, 신도성 등 민주국민당계 인사들과 무소속의 장택상 등이 포함되어 있었다.

자유민주파에서는 정통적인 민주국민당계열의 지방조직을 중심으로 신당조직을 획책하였고, 민주대동파에서는 신당조직에 민주국민당계열을 주동체로 인정하지만, 차후 닥쳐올 대통령후보는 물론이고 당의 영도권을 위해서도 조봉암의 지지세력과 이범석을 중심으로 한 족청계의 과거조직을 기반으로 당조직을 전개함으로써[97] 양파(兩派) 간의 경쟁이 팽팽하게 맞서 있었다. 약 7개월 동안의 진통을 겪은 끝에 양파는 결국 상호협조와 타협으로 외관상이나마 분열과 좌절의 위기를 극복하고 1955년 7월 17일 신당발기위원회를 구성하는 데 성공하였다.[98]

그러나 이상과 같은 과정을 밟은 발기위원회는 조봉암 등의 민주대동파와의 유대를 포기하고 자유민주파만이 독자적으로 정당조직을 추진하게 됨으로써 이에 불만을 품은 세력들의 이탈을 가져왔다. 즉 민주국민당의 3 고문 중 1인인 서상일을 위시하여 여러 원외인사와 장택상, 임흥순을 중심으로 하는 무소속동지회 등이었다.[99] 결국 자유민주파와 민주대동파의 갈등에서 자유민주파가 신당창당을 주도함으로써 민주대동파의 핵심세력들이 이탈하고 만 것이다.

이후 민주국민당이 당을 해체하고 가세함에 따라 1955년 9월 18일 신익희를 대표최고위원으로 하고 조병옥, 장 면, 곽상훈, 백남훈 등 4인을 최고위원으로 하는 집단지도체제의 민주당을 창당하게 된다. 이로써 민주당은 민주국민당계, 장 면·정일형 등의 흥사단계, 조선민주당의 현석호, 이태용 등의 자유당 탈당의원, 그리고 제2대 국회 말기의 무소속구락부계가 규합한 야당세력의 결집체가 되는 것이다.[100]

창당 이후 민주당은 지방조직에 착수하여 1955년 10월 30일 대전에서 충남도당부를 결성한 데 이어 19일에는 경남도당부를, 11월 21일에는 경북도당부를, 28일에는 전남도당부를 결성하였다. 이어 12월 15일에는 충북도당부를, 19일에는 전북도당부를, 28일에는 경기도당부의 조직을 마치고, 29일에는 서울특별시당부를 결성하였으며, 이듬해 강원도당부와 제주도당부를 비롯하여 시·군당 등 최하급 조직체의 조직을 완료한다. 민주당은 평당원인 정당원(正黨員)과 일종의 비밀당원인 특별당원의 두 종류를 두고, 본인의 요구에 따라 특별당원이 될 수 있도록 하였다.

민주당은 〈그림 3-5〉와 같은 중앙당부를 설치하고 각 지방에 지방당부를 두되 핵심조직을 민의원의원 선거구를 단위로 조직하였으며, 당을 운영하는 전당대의원회가 있어 당규로 정한 비율에 의해 선출된 대의원과 중앙위원으로서 조직하였다. 최고위원, 당소속 국회의원이나 핵심조직당부의 대표자와 일반 당원 중 전당대의원회에서 선출된 약간명으로 구성되는 중앙상무위원회를 두었고, 중앙위원으로 조직되는 중앙감찰위원회와 최고위원회를 두었으며, 최고위원회는 전당대의원 대회에서 선출토록 하였다. 또한 중앙상무위원회에는 정책위원회, 선거대책위원회, 인권옹호위원회 등 3 분과위원회를 두었으며, 산하에 16개부를 두고 각부에 부·차장 1인씩을 두었다.[101]

이와 같이 집단지도체제를 채택한 민주당은 한국민주당 이래 정통보수야

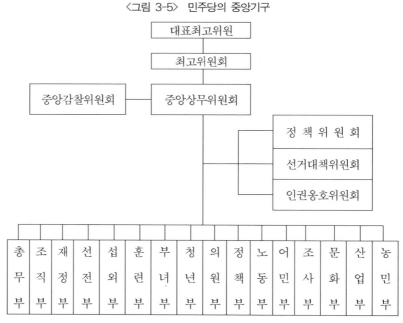

〈그림 3-5〉 민주당의 중앙기구

자료 : 중앙선거관리위원회, 『대한민국정당사 제1집』, 앞의 책, 226쪽에서 발췌 재작성.

당의 맥을 이어 온다고 자부하는 민주국민당계와 새로 참여하는 비민주국민당계(흥사단계·조선민주당계·원내자유당계) 간의 분열 조짐을 보였는데, 창당 이후 당의 주도권 장악과 정·부통령후보의 추대문제를 놓고 양대 세력 간의 대립이 극심하게 나타난다. 이러한 민주당 내의 양대 세력을 가리켜 전자를 구파(舊派), 후자를 신파(新派)라고 불렀다.

〈표 3-3〉에서 보는 바와 같이 구파 인사들은 주로 정치인 출신이 많지만, 신파 인사들은 관료·법조인 출신들이 많은데 이들은 일본의 고등문관시험에 합격하여 관료나 법조계로 진출한 사람들이었다. 이러한 출신배경 때문에 신파를 '관료파' 또는 '고문파(高文派)'라 부르기도 했다.[102] 이 외에도 구파에는 백남훈, 김의택, 조승만, 김주묵, 김영삼, 정헌주, 고흥문, 양일동, 민관식, 유옥우, 김천수 등이 포함되며, 신파에는 곽상훈, 김대중, 김용진, 우희창, 김천영, 한동석, 이상철, 홍익표 등이 포함되었다.[103]

이러한 신·구파간의 갈등이 표면화된 것은 1956년 5·15 정·부통령선거 후보 지명대회부터였다.[104] 민주당은 제3대 대통령과 제4대 부통령선거가 임박해오자 어느 쪽이 대통령후보를 내어 당의 주도권을 잡느냐 하는 문제로 신·구파의 암투가 표면화된다. 당시 민주당의 지도부는 구파에서 신익희·조병옥, 신파에서 장 면·곽상훈·박순천이 최고위원이어서 신파가 우세한 듯했으나, 신익희가 대표최고위원이었으므로 세력균형을 유지할 수 있었다.

대통령후보문제에 대해서는 구파 가운데서도 신익희를 추대하자는 측과 조병옥을 옹립하자는 의견이 갈려져 있었으며, 신파측에서는 장 면을 옹립하려는 움직임을 보였는데, 결국 대통령후보로는 신익희를, 부통령후보로는 장 면으로 합의를 보았다. 선거유세 도중 신익희의 급서(急逝)로 대표최고위원에 조병옥이 선출되고 대표위원은 양측에서 각각 2명씩으로 배분하여 어느 한 쪽이 당권을 일방적으로 장악하지 못하도록 타협을 보았다.[105]

그러나 5·15 정·부통령선거에서 장 면이 부통령으로 당선되자 신파측

<표 3-3> 민주당의 신파와 구파

구파 인사들의 사회적 배경				신파 인사들의 사회적 배경			
이름(연령)	출생지	교육	경력	이름(연령)	출생지	교육	경력
김우평(58)	전 남	일·미	언론·관료	김영선(36)	충 남	한 국	법 조 인
이정내(57)	전 남	일 본	정 치 인	정일형(51)	경 남	미 국	관 료
조영규(43)	전 남	중 국	정 치 인	송원경(61)	충 남	일 본	언 론 인
김준연(61)	전 남	일·독	정 치 인	최희성(61)	평 남	미 국	관 료
정재완(55)	전 남	일 본	관 료	이석기(45)	충 남	한 국	법 조 인
소선규(52)	전 북	일 본	관 료	한건조(60)	평 남	일 본	법 조 인
이원홍(52)	경 남	미 상	정 치 인	현석호(48)	경 북	한 국	법 조 인
김도연(61)	서 울	미·일	정 치 인	홍익표(44)	경 기	한 국	정 치 인
손각규(59)	충 북	중 국	정 치 인	한통석(46)	함 북	한 국	관 료
변광호(35)	전 북	일 본	정 치 인	이철승(32)	전 북	한 국	정 치 인
조한백(43)	전 북	한 국	정 치 인	오위영(53)	경 남	일 본	은 행 가
구철회(40)	경 기	일 본	정 치 인	김채선(32)	평 남	한 국	정 치 인
정성태(40)	전 남	한 국	정 치 인	엄상섭(47)	전 남	한 국	법 조 인
최 천(55)	경 남	미 상	정 치 인	김용선(31)	서 울	한 국	언 론 인
이천기(48)	전 북	한 국	관 료	장 면(56)	서 울	미 국	관 료
조병옥(61)	충 남	미 국	정 치 인	김선태(43)	전 남	일 본	법 조 인
이상돈(43)	충 남	일 본	정 치 인	조재천(43)	전 남	일 본	법 조 인
유진산(50)	전 북	일 본	정 치 인	김상돈(54)	황 해	일 본	정 치 인
윤보선(58)	서 울	영 국	정 치 인	박순천(57)	경 북	일 본	정 치 인
서범석(51)	서 울	중 국	정 치 인	주요한(55)	평 남	중 국	언 론 인

* 연령은 1955년 기준.
자료 : 한승주, 『제2공화국과 한국의 민주주의』(서울 : 종로서적, 1983), 42~43쪽과
양무목, 『한국정당정치론』(서울 : 법문사, 1983), 145~146쪽.

은 기세가 올랐고, 9월 28일 새로운 지도체제를 구축하기 위한 제2차 전당대
회에서 이전의 합의와는 달리 최고위원에 구파에서는 백남훈만이 당선되고,
나머지 3석을 신파측(장 면·곽상훈·박순천)이 차지함으로써 신파가 분명한
우세를 보이게 되었다. 이에 구파측은 패배원인을 규명하여 부정선거가 있
었다는 결론을 내렸고, 대표위원선거에서 낙선한 김준연 등이 시정을 요구
하며 강력히 항의하였으나 오히려 김준연과 박영종이 제명되어 탈당하게
되었다. 이어 전국적으로 구파 당원들의 대거 탈당이 벌어졌으며, 민주당 탈

당동지회가 조직되어 계속적인 이탈공작을 벌였고, 김준연은 통일당 창당에 나서게 된다.[106]

민주당의 신·구파대립은 그후 더욱 격화되어 1957년의 선거법 개정협상과 1958년의 보안법파동,[107] 그리고 1959년의 내각책임제개헌에 관한 협상과정[108] 등에서 양 파는 각기 다른 의견을 갖고 있었다. 자유당정권에 대한 정치적 입장에서 볼 때 대체로 구파는 신파에 비해 비교적 온건한 편이었으나, 신파는 상대적으로 과격하고 호전적인 강경입장을 취했다.[109] 이어 1960년 3·15 정·부통령선거를 앞두고 조병옥과 장 면이 대통령후보 경합을 벌이게 됨으로써 심각한 파쟁(派爭)을 재연한다. 신파의 장 면을 누르고 대통령후보로 지명된 구파의 조병옥이 미국에서 급서하자 구파측은 갈피를 잡지 못하다가 부통령선거에 협조했다. 그러나 1960년 3·15 정·부통령선거가 부정으로 치러진 직후에도 민주당의 대여투쟁은 의원직 총사퇴를 주장하는 구파에 반해, 신파는 이를 거부했다.

선거참여정당과 유권자의 지지도

제헌 국회의원선거(1948년 5월 10일)

1948년 2월 6일 유엔 소총회에서 「가능지역 내의 선거실시에 관한 권한」을 유엔 한국위원단에 부여하는 결의의 채택에 따라, 5월 1일부터 5월 10일 이내에 가능지역인 남한에서 총선거를 실시한다는 선언문을 발표함으로써 제헌 국회의원선거의 기틀이 마련되었다.[110] 이에 유엔 한국위원단은 5월 10일을 선거일로 정하고 선거의 자유로운 분위기를 보장하기 위하여 부당한 법령의 폐지와 정치범 석방을 점령군 당국에 건의하였다.[111]

이와 같이 대한민국의 정부 수립을 위하여 유엔의 결의를 얻어 3분의 2의

인구가 거주하고 또 선거가 가능한 남한지역에서 우선 총선거를 실시하게 된 이면에는 이승만의 눈부신 대내외 활동의 영향이 컸다. 그러나 한편으로는 좌익계는 물론이고 중립계와 일부 민족진영의 불참운동도 만만치 않은 긴장된 분위기하에서 선거는 진행되었다.

즉 좌익계의 파괴적 방해공작과 남북협상파 및 중립계 정치인의 공식적인 불참 아래 선거가 진행되었고, 결국 제주도가 투표방해로 제외된 가운데 선거가 치러졌다.[112]

이승만을 중심으로 한 대한독립촉성국민회와 172개의 정당·사회단체들로 구성된 중앙협의회 등 민족진영의 제단체가 유엔의 결정을 적극 지지하는 가운데 한편에서는 한국독립당의 김 구를 중심으로 이른바 남북협상이 기도되었다. 1948년 4월 19일부터 김 구와 김규식은 민족자결주의원칙에 입각한 북한공산주의자들과의 협상을 통한 통일방안을 모색하였으나, 그들의 전술에 이용당함으로써 완전 실패로 돌아갔다.[113]

이러한 남북협상과는 관계없이 1948년 3월 17일 미 군정법령 제175조로 공포된 전문 57조의 총선거법에 의하여 미 군정당국이 순조롭게 선거의 준비와 진행을 담당하였다. 제헌 국회의원선거는 확실히 한국에 있어서 민주주의적 방식에 의한 자율적 정부 수립을 위한 것으로 이것은 역사상 처음 경험하는 일이었다.

아울러 제헌 국회의 구성을 위한 총선거는 국민적 의사를 자율적 방식에 의하여 표현하고 거기에 기초하여 민주주의적 정치질서를 건설할 수 있느냐를 결정하는 계기가 되었고, 특히 이러한 과제의 실현 여부는 한국민에게 국가적 독립과 민족적 자유를 좌우하는 문제이었기 때문에 그 의의는 매우 큰 것이었다.[114]

의원정수 200명을 선출하는 제헌 국회의원선거에는 〈표 3-4〉에서 보는 바와 같이 모두 948명이 입후보하여 평균경쟁률은 4.7 : 1로 나타났다. 대한독립촉성국민회에서 235명이 입후보한 것을 비롯하여 한국민주당이 91명,

정당·단체명	후보자수	비율	정당·단체명	후보자수	비율	정당·단체명	후보자수	비율
무　소　속	417	44.0	대 한 정 의 단	2	0.2	조선변호사협회	1	0.1
대 한 독 립 촉 성 국 민 회	235	24.9	대 한 독 립 촉 성 국 민 총 연 맹	2	0.2	대 한 민 국 총 동 원 본 부	1	0.1
한 국 민 주 당	91	9.6	기 독 교 도 연 맹	2	0.2	청　년　당	1	0.1
대 동 청 년 단	87	9.2	유　도　회	2	0.2	조 선 법 학 회	1	0.1
조 선 민 족 청 년 단	20	2.1	단　민　당	2	0.2	청년조선총연맹	1	0.1
대 한 노 동 총 연 맹	12	1.3	조선여자국민당	2	0.2	상　무　사	1	0.1
대 한 독 립 촉 성 농 민 총 연 맹	10	1.1	교 육 협 회	2	0.2	조 선 불 교 중 앙 총 무 원	1	0.1
대 한 독 립 촉 성 애 국 부 인 회	7	0.7	전　도　회	1	0.1	대 한 독 립 서 북 학 회	1	0.1
조 선 민 주 당	5	0.5	민 족 통 일 본 부	1	0.1	민　중　당	1	0.1
대 한 청 년 단	4	0.4	조 선 공 화 당	1	0.1	청　우　당	1	0.1
조선불교교무원	4	0.4	부산일오구락부	1	0.1	애국부인동지회	1	0.1
대 한 독 립 청 년 단	3	0.3	여성단체총연맹	1	0.1	고 려 진 보 당	1	0.1
조 선 예 수 교 장 로 회	3	0.3	한 국 기 독 교 연 합 회	1	0.1	이 재 민 동 포 자 치 회	1	0.1
한 국 독 립 정 부 수 립 대 책 위 원 회	3	0.3	민 주 주 의 자 유 독 립 당	1	0.1	민 족 통 일 건 국 전 선	1	0.1
한 국 독 립 당	3	0.3	조 선 건 국 청 년 회	1	0.1	민 주 의 원	1	0.1
대 한 부 인 회	3	0.3	민 족 사 회 당	1	0.1	합계	948	100
기 독 교 청 년 회	2	0.2	대　성　회	1	0.1	평균경쟁률	4.7 : 1	

자료 : 중앙선거관리위원회, 『역대국회의원선거상황(제1~11대)』 (서울 : 중앙선거관리위원회, 1989), 69~71쪽에서 발췌 재작성.

대동청년단이 87명, 대한노동총연맹이 12명, 대한독립촉성농민총연맹이 10명의 입후보자를 내는 등 모두 48개의 정당·사회단체가 선거에 참여하였다.115)

　그러나 위의 5개 정당·사회단체들을 제외한 나머지 43개 정당·사회단체들이 10명 이하의 입후보자를 냈는데, 그나마 7명을 입후보시킨 대한독립촉성애국부인회, 5명을 입후보시킨 조선민주당, 4명을 입후보시킨 대한청년단과 조선불교교무원을 제외하고는 모두가 3명 이하의 입후보자를 냈고, 1명의 입후보자만을 낸 정당·사회단체들도 무려 26개나 되었다. 이에 반해 무소속 입후보자가 전체의 44%인 417명이나 되었다.

정당·사회단체 가운데 가장 많은 입후보자를 낸 대한독립촉성국민회는 본래 조직 자체가 정당이 아니었기 때문에 뚜렷한 정강·정책을 내세우지도 않았고, 다만 이승만의 지도력과 정치노선을 가장 충실하게 지지하여 온 것뿐이었지만, 실제에 있어서는 5·10선거에 가장 많은 입후보자와 당선자를 낸 정치세력으로서 대한민국 정부 수립의 주체적 세력이 되었다. 그런데 당초 개인 자격으로 출마키로 한 대한독립촉성국민회의 후보자들은 대부분 자신의 소속을 밝혔는데, 그것은 반탁(反託)운동에서 비롯된 이 조직의 민족주의적 전통성과 특히 한국에 있어서 최고의 독립운동지도자라고 알려진 이승만의 명성을 후광으로 삼으려 했기 때문이다.[116]

대한독립촉성국민회 외에 다른 단체들도 이승만의 노선을 지지하는 세력들이었는데, 특히 5·10선거와 관련하여 각 정당 및 정파들의 집결상황은 선거를 권력투쟁의 계기로 생각하기보다는 오히려 독립정부 수립운동의 성격으로 이해했기 때문에, 적어도 민족주의 내지 반공산주의적 정치세력간에는 초당적 입장이 취해진 것이 사실이다. 그러나 제정당이나 단체들이 집권가능성이 많은 개인이나 또는 그 단체를 중심으로 집결되었다는 점에서 한국정당의 발전과정에서의 인물 중심주의적 특성이 나타난다. 즉 그것은 여러 정치적인 사회단체나 정당들은 한결같이 정책정당이 아니라 전근대적인 명사정당의 성격을 띠었다는 데 그 특징을 찾아볼 수 있다.[117]

이러한 제헌 국회의원선거에 있어서 선거구수는 200개, 투표구수는 13,272개였으며, 선거인수는 자진등록제를 채택한 관계로 1946년 8월 30일 현재 조사인구인 1천 919만 877명의 40.9%에 해당하는 784만 871명으로서

선거인의 인구에 대한 평균율 48% 내지 50%에 비하여 그다지 좋은 등재율
은 아니었으나, <표 3-5>에서 보는 바와 같이 투표자는 선거인 총수의 95.5%
에 해당하는 748만 7천 649명이었다.

<표 3-5> 제헌 국회의원선거 투표상황

시도 \ 구분	선거인수	투표자수	투표율
서 울	568,291	530,325	93.3
경 기	1,088,515	1,050,392	96.5
강 원	467,554	459,038	98.2
충 북	462,090	444,634	96.2
충 남	794,392	760,694	95.8
전 북	801,988	776,694	96.9
전 남	1,601,397	1,044,171	94.4
경 북	1,227,597	1,146,791	93.4
경 남	1,287,007	1,242,709	96.6
제 주	37,040	32,062	86.6
계	7,840,871	7,487,649	95.5

자료 : 중앙선거관리위원회, 『역대국회의원선거상황(제1~11대)』, 앞의 책, 69쪽에서 발췌 재작성.

투표율이 가장 높은 지역은 강원도로 98.2%였고, 전라북도가 96.9%, 경상
남도가 96.6%, 경기도가 96.5%, 충청북도가 96.2% 등의 순으로 투표율이 높
았다. 가장 낮은 지역은 제주도로 86.6%였는데, 당시 제주도의 치안이 회복
된 직후에 선거를 실시한 데 그 이유가 있었다.[118]

그럼에도 불구하고 선거를 감시하였던 유엔한국위원단의 보고서는 "주
한미군 및 남한임시정부는 선거절차에 대한 위원단의 제건의를 준수하였다.
선거관리는 대체적으로 선거법 및 제규칙에 따랐다"고 결론을 내리고 "선거
를 위한 준비기간 중 그리고 선거 당일에 있어서 여론, 출판 및 집회의 민주
주의적 자유권이 인정되고 존중되는 상당한 정도의 자유분위기가 존재하였
다"[119]고 논평하였다.

이러한 제헌 국회의원선거에서 각 정당 및 사회단체들이 얻은 득표현황

은 〈표 3-6〉과 같은데, 정당이나 사회단체들보다 무소속에 대한 지지도가 40.3%로 가장 높게 나타났다.

〈표 3-6〉 제헌 국회의원선거시 정당·사회단체별 득표현황

구분 시도	무소속	대한독립 촉성 국민회	한국 민주당	대동 청년단	조선 민족 청년단	대한 노동 총연맹	대한독립 촉성농민 총연맹	기타	계
서울	138,472	60,876	111,174	66,826		11,887		70,643	459,878
경기	479,128	222,512	85,059	109,190	11,031	22,145	6,583	30,906	966,554
충북	235,002	120,378	22,601	54,624					432,605
충남	360,680	199,870	42,077	76,341	8,366	5,979	1,657	41,879	736,849
전북	177,595	195,837	182,534	63,355	45,382		19,164	16,663	700,530
전남	257,918	155,631	324,178	25,120	25,578	2,503	14,677	55,392	860,997
경북	364,775	267,022	75,523	97,594		43,557	10,431	71,412	939,314
경남	586,687	297,932	73,176	74,478	60,686	5,126		100,005	1,198,090
강원	137,036	210,219		81,693		15,432		6,814	451,194
제주	8,190	36,266		6,432				7,840	58,728
계	2,745,483	1,775,543	916,322	655,653	151,043	106,629	52.512	401,554	6,804,739
비율	40.3	26.1	13.5	9.6	2.2	1.6	0.8	5.9	100

자료 : 중앙선거관리위원회, 『역대국회의원선거상황(제1~11대)』, 앞의 책, 71쪽에서 발췌 재작성.

정당 및 사회단체들 가운데는 대한독립촉성국민회가 26.1%의 득표율을 보여 유권자들의 가장 높은 지지를 받은 것으로 나타났고, 다음으로는 한국민주당이 13.5%였으며, 대동청년단이 9.6%, 조선민족청년단이 2.1%, 대한노동총연맹이 1.6% 등으로 나타났다. 이어 대한독립촉성농민총연맹이 0.8%로 정당·사회단체들 중에는 다섯 번째의 지지를 얻었으나, 나머지 43개 정당·사회단체들이 얻은 득표율의 합이 불과 5.9%밖에 되지 않아 이 선거에 얼마나 많은 군소정파들이 참여했었는가를 간접적으로 증명해주고 있다.

이러한 제헌 국회의원선거는 ① 민족진영의 정치엘리트들이 38선 이북의 소련점령하에 있는 지역을 분리한 채 남한 인민들에게 단독정부 수립에 대한 찬부(贊否)를 물었다는 점, ② 한국 정치사상 처음으로 민주공화국의 헌법

을 제정하고 공포(1948년 7월 17일)하여 대한민국의 독립을 국내외에 선포하는 출발점이었다는 데 의의를 부여할 수 있을 것이다.

제2대 국회의원선거(1950년 5월 30일)

1950년 1월 이전 정계는 내각책임제 개헌안과 차기 의원선거를 둘러싸고 파쟁이 격화되고 미국정부의 "만약 한국정부의 인플레경제의 안정책과 5월 총선거를 단행하지 않으면 미국의 대한군사경제원조는 재고려하지 않을 수 없다"는 경고에 의하여 비로소 5월 30일에 제2대 국회의원선거가 실시되었는데, 제헌 국회의원선거와는 달리 제2대 국회의원선거에는 공산주의세력을 제외한 모든 정당·사회단체 및 정치인들이 적극 참여하였다.

각 정당의 선거정책과 선거양상을 보면 이전과 같이 부일협력자(附日協力者)를 차별함이 없이 피선거권자를 차별하지 않는 가운데 특히 남북협상파와 중간파를 비롯한 다수의 무소속 등 39개 정당·사회단체가 참가하여 의원정수 210명에 대하여 입후보자가 2,209명으로 10.5 : 1이라는 역대 선거 중 가장 높은 경쟁률을 보였다.[120]

입후보 상황을 보면, <표 3-7>과 같이 여당인 대한국민당의 165명과 야당인 민주국민당의 154명을 필두로 39개 정당·사회단체가 선거에 참가하였으나 10명 이내의 후보자를 낸 정당·사회단체가 30개였고, 1인 후보자를 낸 정당·사회단체도 무려 18개로 난립현상을 드러내고 있다.

제헌 국회의원선거시에 비하여는 정당·사회단체들의 참여는 전체적으로 9개가 감소하였고, 1인 후보자를 낸 정당·사회단체의 수도 8개가 줄어들었다. 그러나 무소속이 입후보자 총수의 68.5%에 해당하는 1,513명으로서 무소속 후보자만 하더라도 의원정수의 7.2배라는 경이적인 난립현상을 보였다.

<표 3-7>　제2대 국회의원선거 입후보상황

정당·단체명	후보자수	비율	정당·단체명	후보자수	비율	정당·단체명	후보자수	비율
무 소 속	1,513	68.5	대한농민총연맹	3	0.1	삼일혁명동지회	1	0.04
대 한 국 민 당	165	7.5	불 교	3	0.1	천 주 교 총 연 맹	1	0.04
민 주 국 민 당	154	7.0	독 노 당	3	0.1	신 문 기 자 협 회	1	0.04
국 민 회	115	5.2	여 자 국 민 당	2	0.1	농 민 회	1	0.04
대 한 청 년 당	60	2.7	대 한 민 동 당	2	0.1	대 한 의 열 단	1	0.04
대한노동총연맹	41	1.9	재일동포거류민단	2	0.1	대한기독교침례회	1	0.04
사 회 당	28	1.3	정 경 연 구 회	2	0.1	노 농 청 년 연 맹	1	0.04
대 한 노 농 당	20	0.9	신 생 회	1	0.04	기 독 교 청 년 회	1	0.04
일 민 구 락 부	19	0.9	삼 노 당	1	0.04	민 보 단	1	0.04
한 국 독 립 당	13	0.6	신 강 회	1	0.04	애 국 단 체 연 맹	1	0.04
민 족 자 주 연 맹	10	0.5	우 국 노 인 회	1	0.04	신 사 회	1	0.04
유 도 회	9	0.4	반 공 연 맹	1	0.04	선 량 동 지 회	1	0.04
조 선 민 주 당	8	0.4	대 동 청 년 단	1	0.04	미상(未詳)	1	0.04
대 한 부 인 회	5	0.2	천 도 교	1	0.04	합계	2,209	100
						평균경쟁률	10.5 : 1	

자료 : 중앙선거관리위원회, 『역대국회의원선거상황(제1~11대)』, 앞의 책, 173~174쪽에서 발췌 재작성.

그러나 5·30선거는 보수·혁신의 정책적 이념적 대결이 있었다는 점과 대한국민당, 민주국민당 등 주요 정당에서 공인후보자를 채택하였다는 점은 민주정치를 지향하는 정당정치의 시발점이 되었다는 의미를 갖게 한다. 즉 대한국민당과 민주국민당이 보수적 성격임에 비해서 사회당과 민족자주연맹 등은 혁신적 성격을 띠었는데, 이 양대 세력은 특히 통일문제와 경제정책에 현저한 차이를 보였던 것이다.121)

대한국민당과 민주국민당에서는 한때 단일후보자를 강력히 추진하였으나 성과를 보지 못했는데 그것은 양당이 여당적 지위를 향해 경쟁적인 관계에 있었기 때문이다. 당시의 여당인 대한국민당은 선거에 임하여 당시(黨是)를 이승만이 제창한 일민주의(一民主義)에 두고 ① 내각책임제 개헌 반대, ② 단원제와 대통령직선제 개헌 지지, ③ 정국의 안정을 통한 국민의 복지사회 건설을 주장하였다. 한편 민주국민당은 중요한 기본산업의 국유화 또는 통제관리와 노동대중 본위의 사회입법 등을 당의 정책으로 내세웠다. 또한 내각책임제 개헌으로 책임정치구현과 독재정치배격을 주장하였다.

이러한 보수정당의 정책에 대항하여 사회당 및 민족자주연맹 등 혁신계 인사들은 민주사회주의와 남북협상을 통한 평화적인 조국통일의 기치를 들고 나왔다. 민주사회주의적 정책으로서 그들은 근로대중의 사회적, 정치적, 경제적 이익의 확보와 기회균등, 계획경제의 실현에 의한 복지사회 건설, 주요산업의 국유화 등을 내세웠으며 남북협상론으로서는 민족자력에 의한 평화적 통일성취를 주장하였다.

제2대 국회의원선거에 있어서는 지난 2년간 정부의 업적과 시책이 비판되었는데, 특히 무소속 입후자들은 기성정당의 무정견과 부패를 지적하였다. 이 시기의 정당들은 구체적인 정강·정책에 충실하였다고 볼 수 없으며, 특히 가장 중요한 국가권력의 구조에 대한 문제에도 확고한 신념이 없었다. 이것은 당시 정치인들의 정치경험이 일천(日淺)하였기 때문에 나타난 결과라고 볼 수 있다.

더욱이 유권자와 입후보자들도 실질적인 정치, 경제, 사회문제에 대한 구체적인 대책 수정보다 정치적 이념과 총체적인 의견에 관심이 있었으며, 정당도 구체적인 정책의 실행에 관해서보다 정치세력에 대한 지지와 반대에 집중하고 있어 지도세력과의 관계와 인물을 본위로 선거가 이루어졌다. 이러한 제2대 국회의원선거는 종합적인 결과를 집계하지 못한 채 6·25한국전쟁이 발발함으로써 관계자료가 소실 또는 분실되어 투표상황에 대한 자료가 없다.[122]

<표 3-8>　제2대 국회의원선거시 정당·사회단체별 득표현황

구분 시도	무소속	대한 국민당	민주 국민당	국민회	대한 청년단	대한 노동 총연맹	사회당	일민 구락부	기 타	계
서울	220,560	47,936	10,262	23,851	19,039	25,438	34,315		53,207	527,967
경기	465,751	95,632	66,850	33,611	20,428	8,291	8,464	12,827	7,124	718,978
충북	386,696	68,137	36,910	8,683	14,435	8,530	11,398		3,733	438,522
충남	392,344	79,475	43,644	58,178	22,718			17,646	16,044	630,049
전북	488,930	43,798	84,459	42,763	1,376	28,752	3,930		31,869	725,877
전남	580,515	105,514	208,755	71,611	26,398	15,943	4,810	2,377	28,356	1,044,279
경북	779,049	74,952	91,499	45,831	84,296	15,203	1,976	18,297	71,791	1,182,894
경남	926,118	34,164	37,016	113,354	20,450	15,762	24,280	20,092	24,850	1,216,106
강원	209,236	123,686			53,805	18,399			5,256	410,382
제주	48,088	3,879	12,166	21,466			240		6,147	91,986
계	4,397,287	677,173	683,910	473,153	227,537	117,939	89,413	71,239	249,387	6,987,040
비율	62.9	9.7	9.8	6.8	3.3	1.7	1.3	1.0	3.7	100

자료 : 중앙선거관리위원회, 『역대국회의원선거상황(제1~11대)』, 앞의 책, 174~175쪽에서 발췌 재작성.

　다만 선거에 참여했던 정당·사회단체들은 <표 3-8>과 같은 유권자들의 지지를 받은 것으로 나타났다. 제헌 국회의원선거에서와 마찬가지로 무소속에 대한 지지도가 상당히 높아 62.9%를 보이고 있다는 것이 두드러진 특징이다.

　이에 비해 선거에 참여했던 정당·사회단체들은 한결같이 10% 미만의 지지를 얻는데 그쳤는데, 그중에 대한국민당은 9.7%, 민주국민당은 9.8%의 지지를 얻었고, 이어 국민회가 6.8%, 대한청년단이 3.3%의 지지를 얻었으며, 대한노동총연맹과 사회당, 일민구락부는 각각 1.7%, 1.3%, 1.0%의 지지를 얻었다. 이외에 나머지 정당·사회단체들이 얻은 득표율은 총 3.7%에 불과했다.

　따라서 제2대 국회의원선거에서도 유권자들의 지지도는 정당·사회단체들보다는 무소속 입후보자들에 대해 상대적으로 높게 나타났음을 알 수 있는데, 이러한 선거 결과는 정당에 대한 유권자들의 인식이 여전히 낮았다는 사실과 함께 정당정치가 제도화되지 않았다는 사실을 의미한다.

제3대 국회의원선거(1954년 5월 20일)

1954년 5월의 선거를 앞두고 원내에서는 국회의원선거법 중에서 연고지제를 채택하고 정당 아닌 사회단체 명의하에 선거운동을 불가능하게 하는 내용의 개정안을 통과시켰으나, 정부에서는 대체로 현의원의 재선에 유리하도록 된 개정 선거법의 공포를 거부하였다. 더욱이 제3대 민의원 의원선거의 실시를 위한 국회의원(민의원)선거법과 선거일 선정문제를 중심으로 한동안 정부와 국회, 특히 야당세력간에는 상당한 논란이 제기되었으나, 동 선거법의 새로운 제정이나 개정이 없이 기존 법률로 실시하기로 타협됨으로써 정부는 그해 4월 7일 선거일자를 5월 20일로 공고하게 되었다.

5·20선거에 대비하여 자유당과 민주국민당은 당체제의 개편운동을 전개하였는데 선거일 공고일 전까지 자유당은 휴전으로 인하여 미수복지역에 편입된 개성, 연백 등 7개 선거구를 제외한 203개의 시·도지부를 개편, 완료하였는 데 반해 민주국민당은 불과 30~40개의 시·도지부를 재조직하는 데 불과했다. 따라서 자유당의 조직력은 민주국민당의 조직에 비해서 압도적으로 우세하였을 뿐만 아니라 공인후보제를 처음으로 채택하여 당의 조직과 지도력을 충분히 발휘할 태세를 갖추었다. 이에 민주국민당은 전국 선거구 중 77개에 한하여 공인후보자를 출마시키고 여타 지구에 있어서는 무소속을 지원하는 연합전선 내지 양면전략을 기도했다.[123)]

자유당은 이 선거에서 승리함으로써 개헌을 통한 양당정치체제의 확립을 기도하였으므로 공인후보자 선정의 전제조건으로서 국민투표제 등의 개헌을 지지하여야 한다는 원칙을 수립하였다. 또한 1954년 3월 10일의 전당대회에서 정강·정책을 관철할 수 있는 인물 본위로 공천후보자를 엄선할 것 등을 내용으로 하는 5·20선거대책 기본요강 7개항을 책정하였다. 이 요강에 의해서 선거대책위원회를 설치하여 인물·당성·당선율의 3대 기준에서 181명의 공인후보자를 선정·지원하고 61명의 무공인후보자를 내세웠다.[124] 특히 정당정치의 실현을 확약한 자유당은 무소속 진출의 억제를 국민에게 호소하였으며 국민이 민주주의적 권리신장과 대통령중심제의 개헌 지지를 공약하고 제사회단체를 총동원하여 주로 농촌과 소도시에 침투하면서 개헌선의 확보에 필사적인 노력을 경주하였다.[125]

이에 대항하여 민주국민당은 12개조의 선거강령을 내세우고 과거와는 달리 청신한 당면 3대 정책을 발표하여 주로 도시의 지식층과 소도시 및 중소기업자들의 지지를 호소하였다. 특히 ① 의원내각제 수립을 통한 국권의 쇄신, ② 자유경제체제의 확립에 입각한 경제적 부흥, ③ 민족·민주주의 세력의 통합을 추진하는 민주대동의 모색과 문호개방 등이 골자였다. 한편 무소속후보자들은 민주국민당이나 자유당이 과거 집권세력으로서 범한 정치적 과오와 부패, 무능을 비판하면서 그들 개인의 인격, 역량 및 업적을 내세워 지지를 호소하였다.

이같은 경쟁 속에서 제3대 국회의원선거에는 국회의원정수 203명에 입후보자수는 1,207명으로서 평균 5.9 : 1의 경쟁률을 보였고, 〈표 3-9〉에서 보는 바와 같이 여당인 자유당과 야당인 민주국민당을 위시하여 14개 정당·사회단체들이 참여하였다.

그러나 10명 이상의 입후보자를 낸 정당·사회단체들은 242명이 입후보한 자유당과 77명이 입후보한 민주국민당, 48명이 입후보한 국민회, 15명이 입후보한 대한국민당 등 4개에 불과하고 나머지 10개의 정당·사회단체들은 모두 9명 이하의 입후보자를 냈는데, 그중에서 6개 정당·사회단체들은 단 1명의 입후보자를 내는 데 그쳤다. 그나마 제헌 국회의원선거와 제2대 국회의원선거에 비해 보면 정당·사회단체들의 난립현상이 현저히 감소되었다고 할 수 있는데, 이는 정당정치의 기틀이 서서히 잡혀가는 징조이며, 그 사이 유명무실한 군소정당·사회단체들이 대폭 정리된 결과라고 할 수 있다.[126]

<표 3-9> 제3대 국회의원선거 입후보상황

정당·단체명	후보자수	비율	정당·단체명	후보자수	비율
무 소 속	797	66.0	민 중 자 결 단	2	0.2
자 유 당	242	20.1	제헌국회의원동지회	1	0.1
민 주 국 민 당	77	6.4	여 자 국 민 당	1	0.1
국 민 회	48	4.0	어 민 회	1	0.1
대 한 국 민 당	15	1.2	유 도 회	1	0.1
농 민 회	9	0.7	불 교	1	0.1
조 선 민 주 당	6	0.5	독 립 노 농 당	1	0.1
대 한 노 동 총 연 맹	5	0.4	합계	1,207	100
			평균경쟁률	5.9 : 1	

자료 : 중앙선거관리위원회, 『역대국회의원선거상황(제1~11대)』, 앞의 책, 251~252쪽에서 발췌 재작성.

<표 3-10> 제3대 국회의원선거 투표상황

시도 \ 구분	선거인수	투표자수	투표율
서 울	458,735	405,222	88.3
경 기	902,018	815,731	90.4
강 원	468,915	435,288	92.8
충 북	493,725	455,466	92.2
충 남	886,133	803,272	90.6
전 북	870,132	808,012	92.8
전 남	1,263,480	1,168,597	92.5
경 북	1,400,337	1,292,332	92.2
경 남	1,564,962	1,407,456	89.9
제 주	138,072	107,034	77.5
계	8,446,509	7,698,309	91.1

자료 : 중앙선거관리위원회, 『역대국회의원선거상황(제1~11대)』, 앞의 책, 251쪽에서 발췌 재작성.

선거의 양상은 자유당과 민주국민당, 그리고 무소속간의 치열한 3파전이 전개되었고, 선거분위기에 대해서 자유당은 공명선거였다고 주장하는 데 반하여 민주국민당 등 야당측에서는 관권과 금력에 지배된 부정선거였다고 서로 상반된 반응을 보였다. 사실 제3대 국회의원선거는 자유당 후보자들에게는 초법률적 자유분위기였고 야당측 후보자들에게는 초상식적 공포분위기였다.[127]

유권자들은 전국적 지방조직을 갖춘 관제정당의 당원과 경찰에 의해 휴전반대운동 때와 같은 조종에 따라 투표장에 나가 자유당에 투표하였기 때문에 〈표 3-10〉에서처럼 투표율이 91.1%나 되었는데, 이는 자발적 투표참여가 아닌 동원된 투표참여의 특징을 보여주는 증거이다.[128]

유권자들의 지지도를 보면, 〈표 3-11〉과 같이 여전히 무소속에 대한 지지율이 47.9%로 높게 나타났으나, 이는 이전의 두 선거와 비교해볼 때 현저히 감소한 수치이다. 그 이유는 관제정당이요 집권정당인 자유당이 등장한 결과이기도 한데, 실제로 자유당은 36.8%의 득표율을 보여 무소속 후보자들이 획득한 득표율과 불과 11.1% 차에 육박하고 있다. 그러나 야당측인 민주국민당은 7.9%, 국민회는 2.6%, 대한국민당은 1.0%의 득표율을 보이고 있어

〈표 3-11〉 제3대 국회의원선거시 정당·사회단체별 득표현황

구분 시도	무소속	자유당	민주 국민당	국민회	대한 국민당	기 타	계
서 울	206,122	103,801	49,430	5,736	20,330	9,765	395,184
경 기	240,097	347,427	41,853			165,850	795,227
충 북	223,798	177,886	19,075		15,658	10,117	446,534
충 남	388,578	343,938	20,882	19,587	6,898	4,733	784,616
전 북	422,865	220,970	91,493	26,754		23,239	785,321
전 남	542,769	334,787	181,527	40,709		31,524	1,131,316
경 북	611,377	455,767	109,704	53,726	5,986	20,917	1,257,477
경 남	733,528	502,436	79,535	21,485	14,050	13,884	1,364,918
강 원	153,399	237,601		24,112	6,988	6,068	428,168
제 주	69,064	31,468			3,015		103,547
계	3,591,617	2,756,061	593,499	192,109	72,925	286,097	7,492,308
비 율	47.9	36.8	7.9	2.6	1.0	3.8	100

자료 : 중앙선거관리위원회, 『역대국회의원선거상황(제1~11대)』, 앞의 책, 252쪽에서 발췌 재작성.

야당들에 대한 지지도는 너무나 현격한 차이를 보여주고 있다.

이러한 제3대 국회의원선거의 특징은 ① 자유당과 민주국민당 양당이 단일공천후보자를 채택함으로써 정당정치 내지 양당정치를 지향하였다는 점, ② 종래의 선거시에 비해서 정책적 대결을 시도하였다는 점, ③ 입후보자들의 대부분이 자유민주주의적 정치노선에 귀일했다는 점 등이다.129)

제4대 국회의원선거(1958년 5월 2일)

1957년부터 각각 선거법 개정을 추진하여 온 자유당과 민주당은 1957년 12월 30일 원내 간부들 사이에 예산안과 선거법을 일괄처리하는 비밀거래가 이루어져 1958년 1월 1일 협상선거법을 전격적으로 통과시키고 1958년 1월 25일 공포하였다.130)

협상선거법에 따라 자유당정부는 3월 31일 제4대 민의원 의원선거일을 공고하고, 5월 2일로 선거일을 확정시켜 4월 1일부터 10일까지 입후보등록을 실시하였다. 그 결과 〈표 3-12〉에서 보는 바와 같이 의원정수 233명에 입후보자수는 844명으로 평균경쟁률 3.2 : 1을 보였다.

이같은 경쟁률은 이전에 실시된 3차례의 국회의원선거 때의 경쟁률보다 낮은 것이어서 다소 입후보자의 난립현상이 줄어든 것으로 해석할 수 있다. 제4대 국회의원선거에는 여당인 자유당과 야당인 민주당을 비롯하여 모두 14개의 정당·사회단체들이 참가하였는데, 자유당이 전체 입후보자 가운데 28.1%인 236명, 민주당이 23.7%인 199명의 후보자를 낸 반면 나머지 정당·사회단체들은 불과 1%대의 후보자를 내세우는 데 그쳤다. 그나마 통일당과 국민회가 각각 13명과 11명의 후보자를 냈으나, 나머지 10개 정당·사회단체들은 모두 10명 미만의 입후보자를 냈으며, 그중 5개 정당·사회단체들은 단 1명의 입후보자로 선거에 참여하였다. 이에 비해 여전히 무소속 후보자들의 비율이 높았는데, 전체 42.4%인 357명이 무소속으로 출마하여 아직까

정당·단체명	후보자수	비율	정당·단체명	후보자수	비율
무 소 속	357	42.4	국 민 당	2	0.2
자 유 당	236	28.1	농 민 당	2	0.2
민 주 당	199	23.7	대 한 반 공 청 년 단	1	0.1
통 일 당	13	1.5	대 한 농 민 회	1	0.1
국 민 회	11	1.3	민 족 자 주 연 맹	1	0.1
노 농 당	7	0.8	대 한 상 이 용 사 회	1	0.1
민 주 혁 신 당	6	0.7	대 한 반 공 단	1	0.1
독 립 노 농 당	3	0.4	합계	841	100
			평균경쟁률	3.2 : 1	

자료 : 중앙선거관리위원회, 『역대국회의원선거상황(제1~11대)』, 앞의 책, 327~328쪽에서 발췌 재작성.

지도 정당정치가 제도화되지 못하다는 것을 알 수 있다. 제4대 국회의원선거는 선진국과 같이 양당정치의 실현여부를 타진하는 동시에 여·야당이 서로 정강정책을 정면으로 내걸고 대결하는 선거전의 양상을 보였으며, 국민들은 자유당이 민심수습을 확보할 수 있을 만큼 진출할 수 있을 것인가에 관심이 있었다. 따라서 민주당은 3월 22일의 당공천자대회에서 ① 내각책임제 구현, ② 경찰의 정치적 중립화, ③ 특권층의 경제적 독점배제, ④ 인정과세 폐지와 토지수득세금납제, ⑤ 국군의 정병화와 사병의 처우개선 등의 5개항을 정견으로 채택하고 "썩은 정치 갈아보자"를 선거구호로 내걸고 자유당정부의 부패를 비판하면서 내각책임제에 의한 국정쇄신을 제창하였다.

한편 자유당은 3월 25일 공천자대회를 개최하여 4개 정강 46개 당정책과 "부흥과 통일은 정국의 안정에 있다", "일하는 여당, 욕하는 야당"을 선거구호로 내걸었으나 선거일 1주일을 앞둔 4월 25일에는 다시 ① 선거 후 1년 내에 농어촌고리채 정리, ② 3개월 내에 공무원 처우개선, ③ 1년 내에 소득인정과세의 전폐 등의 선거공약 3장을 내걸었다.

이에 비하여 군소정당은 자유·민주 양당의 선거대비와 정책대결에 눌려 활발한 움직임을 보이지 못했으며, 선거양상은 자유·민주 양당의 대결로 집약되었고 선거분위기는 자유당의 권력조종으로 인한 관권이용에 의하여 음성적인 선거부정을 속출케 하였으며 특히 투표일을 전후한 각 지방의 폭력사태, 유령투표인의 투표참가, 그로 인한 개표중단, 부정개표 등 일련의 사태가 진행되는 부정선거였다.[131]

그럼에도 불구하고 제4대 국회의원선거에는 〈표 3-13〉에서 보는 바와 같이 전체 유권자 중 91.1%가 참여하는 높은 투표율을 보였다. 시도별로 보면, 서울이 가장 낮은 80.1%의 투표율을 보였고, 그 다음이 경남으로 89.8%의 투표율을 보였다. 반면에 제주도가 가장 높은 94.9%, 강원도가 두 번째로 높은 93.0%의 투표율을 보였다.

〈표 3-13〉 제4대 국회의원선거 투표상황

구분 시도	선거인수	투표자수	투표율
서 울	797,389	643,282	80.1
경 기	1,188,695	1,048,722	91.6
강 원	803,663	642,049	93.0
충 북	556,596	516,035	92.7
충 남	1,000,434	919,575	91.9
전 북	978,486	905,569	92.5
전 남	1,411,060	1,292,775	91.6
경 북	1,593,091	1,352,050	91.4
경 남	1,713,354	1,492,301	89.8
제 주	121,660	106,658	94.9
계	10,164,428	8,923,905	91.1

자료 : 중앙선거관리위원회, 『역대국회의원선거상황(제1~11대)』, 앞의 책, 327쪽에서 발췌 재작성.

한편 〈표 3-14〉의 각 정당·사회단체들의 득표현황을 보면, 자유당이 42.1%로 가장 높은 지지를 얻었으며, 그 다음이 민주당으로 34.0%의 득표율을 보이고 있다. 그외에 통일당과 국민회가 각각 0.6%의 득표율을 보이고,

구분 시도	무소속	자유당	민주당	통일당	국민회	기 타	계
서 울	99,801	133,810	366,263	2,306		23,545	625,725
경 기	211,270	443,603	355,179			4,898	1,014,797
충 북	96,782	245,009	154,910				496,701
충 남	113,648	417,881	338,751	2,081	5,449	7,839	885,649
전 북	192,697	354,849	311,830	6,023		10,739	895,399
전 남	207,337	574,617	404,501	36,261	9,451	27,804	1,242,906
경 북	330,025	532,501	387,007	2,003	4,344	15,335	1,283,684
경 남	330,182	595,945	466,776	5,042	18,512		1,431,792
강 원	219,775	276,393	111.001		12,812		619,981
제 주	56,343	32,484	17,831				106,658
계	1,857,707	3,607,092	2,914,457	53,716	50,160	90,160	8,573,292
비 율	21.7	42.1	34.0	0.6	0.6	1.1	100

자료 : 중앙선거관리위원회, 『역대국회의원선거상황(제1~11대)』, 앞의 책, 328쪽에서 발췌 재작성.

나머지 정당·사회단체들이 얻은 득표율은 모두 합쳐 1.1%에 불과하다.

그러나 이전의 선거 때보다 매우 저하되기는 했지만, 여전히 무소속에 대한 지지율이 21.7%에 이르고 있는 점을 볼 때 제4대 국회의원선거에 참여한 대부분의 정당·사회단체들이 얼마나 소규모였는가를 알 수 있다. 또한 무소속에 대한 지지 현상은 결국 점차적으로 정당정치의 제도화가 이루어져 가고 있으면서도 아직까지 완전한 정당정치의 제도화가 이루어지기에는 다소 미약한 상황이었음을 말해주고 있다.

선거제도와 정당법

제헌 국회의원선거제도

최초의 국회의원선거법은 1948년 3월 17일 미 군정법령 제175호로 공포되었다.132) 유엔 소총회의의 결의에 따라 실시된 제헌 국회의원선거는 대한 민국 국회에서 국회의원선거법이 제정될 때까지의 잠정적인 군정법령에 의해 미 군정당국이 그 준비와 집행을 담당하였으나, 이 선거법은 미 군정하의 남조선 과도입법의원에 의하여 기초·제정되어 1947년 9월 3일에 공포된 남조선과도정부 법률 제5호인 「입법의원 의원선거법」을 골자로 해서 제정되었다. 전문 57조로 되어 있는 이 선거법의 주요내용을 보면 다음과 같다.133)

먼저 선거권은 국민으로서 만 21세 이상으로서 금치산, 준금치산 선고를 받은 자, 형의 선고를 받고 집행중에 있거나 집행을 받지 않기로 확정되지 아니한 자, 일본정부로부터 작위을 받은 자, 일본의회의 의원이었던 자를 제외하고는 성별, 재산, 교육, 종교의 차별 없이 부여되었다(제1조와 제2조). 또한 피선거권은 만 25세 이상의 국민으로서 선거권이 없는 자, 형의 선고를 받고 집행종료 후 3년을 경과하지 아니한 자, 일제시 판임관 이상, 경찰·헌병직 등에 재직했거나 또는 고급관리로 일제에 협력했던 자를 제외하고는 이를 인정하였다(제1조와 제3조).

선거구는 각 선거구에서 1인의 국회의원을 선출하는 소선거구제도를 채택하였고(제8조), 선거구의 획정은 부(府), 군 및 서울시의 구를 단위로 인구 15만명 미만의 부는 1개구, 15만명 이상 25만명 미만은 비등한 인구로 2개구로 나누고, 35만명 미만은 3개구, 35만명 이상 45만명 미만의 부는 4개구로 하되 동 법 부표 제1호에 의하여 약 200개의 선거구를 획정함으로써 법정선거구 획정주의에 의하였으며, 투표구는 읍·면 또는 동을 단위로 하여 인구 2,000명 이하로 획정토록 하였다(제12조).

그리고 선거인 명부는 선거구 선거위원회 위원장이 지정한 선거인 등록소에서 선거인의 자진 등록에 의하여 작성함으로써 신고작성제도를 채택했으며(제15조), 선거관리기관은 중앙에 국회의원선거위원회를 위원 15인으로 구성하며, 대법관이 위원장이 되고(제18조), 각 도와 서울시 선거위원회를 구성하되(제19조), 각급 위원회는 동일 정당 소속자가 위원 또는 후보위원의 3분의 1을 초과하지 못하도록 하였다. 한편 의원후보자는 선거인 명부에 등록한 자 200인 이상이 서명·날인한 추천장을 첨부하여 선거구 선거위원회에 등록하게 함으로써(제27조) 매명(賣名)·포말(泡沫) 후보 등에 의한 입후보 난립을 예방하는 제도를 두었으며, 선거운동은 각급 선거위원 및 선거사무에 관련된 공무원과 그 밖의 일반 공무원을 제외하고는 누구에게나 선거운동의 자유를 인정하였다(제29조). 그리고 당선인은 다수대표제의 무투표 당선을 인정하였으며(제43조), 국회의원의 임기는 2년으로 하였다(제47조).

이러한 제헌 국회의원선거법의 특징은 비록 일부에 한정된 것이기는 하지만, 친일부역세력에 대하여 선거권과 피선거권을 제한하고 있다는 점과 선거구 획정을 구역단위로 함으로써 이후 선거법에 계속적인 영향을 주었다는 점, 그리고 인구 15만을 초과하지 아니한 행정구역은 모두 1개의 선거구를 구성하기 때문에 선거구별 인구 편차가 대단히 크게 나타난다는 점이다.[134]

제2대와 제3대 국회의원선거제도

·

제2대와 제3대 국회의원선거제도는 시한법으로서 제정되었던 군정법령인 종전의 국회의원선거법이 폐지되고, 제헌 국회에서 새로이 제정되어 1950년 4월 12일에 법률 제121호로 공포된 국회의원선거법으로 성문화되었다. 과정(過政)시대의 선거법령을 새 국가이념에 입각해서 개정하고자 하는 것으로 민주선거의 공정성을 유지·육성하여 선거의 명랑화를 기하고 선거비용을 최소로 축소시키며, 선거기반이 없는 월남동포의 민의를 최대한 반영시키고자 하는 취지[135]에서 제정된 선거법의 달라진 내용들은 다음과 같다.[136]

우선 반민족 행위자에 대한 공소시효가 대략 만료되었으므로 이에 대한 선거권 제한을 해제하였고, 피선거권은 현역 군인, 법관, 검찰관, 심계관(審計官), 감찰관, 경찰관에 대해서 제한을 두고 반민족 행위자에 대한 제한 규정을 철폐하였다(제7조). 그러나 일본정부의 녹을 받은 자, 일본제국의 의원·중추원 고문·부의장·참의, 일제시대 도의원, 고등관 3등 이상, 일제시대 경찰 및 헌병보 이상의 지위에 있었던 자는 여전히 피선거권을 제한하였다.

선거구는 소선거구제로 하고, 선거구 획정은 전과 동일했으나, 선거구 수를 200개구에서 210개구로 증설하고, 투표구 설치를 선거구 선거위원회의 의견을 들어 결정토록 하였다(제10조). 선거인 명부는 선거인의 자진신고 등록제를 철폐하고 직권작성제도를 채택했으며 명부의 성립효력 요건으로서 열람기간 및 이의신고제를 신설 또는 강화하였다(제13조와 제14조).

또한 선거관리기관으로서 중앙선거위원회 위원 9인은 대통령이 위촉하고 서울특별시, 도 선거위원회위원 7인을 서울특별시장, 도지사의 추천으로 중앙선거위원회가 위촉하며, 선거구 선거위원회 위원 7인과 투표구 선거위원회위원 5인도 같은 방법으로 위촉하였다(제18조와 제19조). 선거운동에 있어서는 그 운동의 자율을 제한하여 운동기회의 균등화를 위한 조치를 취하고 일부 공영선거운동제를 실시하였다(제32조와 제33조 그리고 제37조).

제4대 국회의원선거제도

제1차 개헌(발췌개헌)에 따라 국회는 민의원과 참의원으로 구성하게 되어 정부는 수차 양원의원 선거에 적용할 국회의원선거법안을 제의하였으나, 여·야의 의견 대립으로 통과를 보지 못하였다. 그러던 중 1957년 9월부터 11월까지 80여 차례의 협상을 거듭한 결과 1958년 1월 1일 이른바 협상선거법이 국회를 통과하여 1월 25일 공포되었다. 이 협상선거법에는 「참의원 의원선거법」(법률 제469호)과 「민의원 의원선거법」(법률 제470호)이 포함되어 있다.137) 이 협상선거법에 제4대 국회의원선거제도는 명문화되었다. 제4대 국회의원선거제도에 이르기까지 제1공화국 시기의 국회의원선거제도의 변화를 비교해보면 〈표 3-15〉와 같다.

〈표 3-15〉 제1공화국 시기 국회의원선거제도

구분＼시기	제헌 국회	제2대 국회	제3대 국회	제4대 국회
국회의원임기	2년	4년		
선거제도	1구 1인 소선거구제			
선거구 수 국회의원정수	200 200	210 210	203 203	233 233
선출방법	직선			
후보등록	선거인 추천제 200인 이상	선거인 추천제 100~200인		선거인 추천제 100~200인 기탁금 : 1인당 50만환 (유효투표의 1/6 득표 미달시 몰수)
선거권	만 20세 이상	만 21세 이상		
피선거권	만 25세 이상			
선거인 명부	신고 작성제	자진신고등록제 정기직권작성제 이의신청제 (60일이상 거주자)		후보자에게 선거인 명부 사본 1부 교부
선거운동	자유선거운동 (각급 선거구위원 및 선거사무소 관계 공무원과 기타 공무원 제외)	일부 공영선거운동제도		선거사무장 1인 선거사무소 1개 연락쇼(읍·면·동 1개) 인구 1,500명당 1인 비율로 선거운동
당선결정	다수대표제, 무투표당선 인정			다수대표제
선거관리기관	중앙국회선거위원회 (위원 15인)	중앙선거위원회 (위원 9인)		중앙선거위원회 (위원 9인,여·야 각1인)

자료 : 중앙선거관리위원회, 『국회의원선거법 변천상황』(서울 : 중앙선거관리위원회, 1983)에서 발췌.

여·야간의 선거법 개정협상은 제3대 국회회기 중에 이루어졌다. 1957년 4월 24일 자유당은 원내외 간부회의를 개최하고 선거의 철저한 공영제, 입후보의 난립 방지, 선거사범의 형량 가중 등의 3개 원칙을 중심으로 한 선거법개정을 논의하였다. 또 민주당은 5월 22일 각급 선거위원회의 공정한 구성, 입후보자 등록절차, 참관인 권한의 확대, 선거의 공명성 확보를 주안으로 하는 선거법개정안을 정식으로 국회에 제출하였으나 국회의 공전으로 심의조차 하지 못했다. 이어 자유당도 9월 24일 선거운동의 대폭제한, 선거 공영제와 입후보기탁금제의 실시, 선거자금의 제한, 선거사범의 벌칙강화 등을 주요골자로 하는 선거법개정안을 국회에 제출함으로써 법안 단일화를 위한 여·야간의 협상이 시작된 것이다.[138]

당시 민주당은 요구사항 미관철시 선거 거부도 불사하겠다는 강경한 입장을 취하였으나, 결국 기탁금제 채택, 선거운동 제한 등 여당의 요구사항을 전적으로 수용한 법안이 최종 통과되기에 이르렀으며, 야당은 선거위원회에의 참여 및 투표참관만을 확보하는 데 그쳤다.[139]

이 협상선거법과 개정 전의 선거법과의 차이점은 우선 선거구를 233개구로 증설하였고, 선거관리기관인 각급 선거위원회에는 여·야 정당에서 추천하는 위원 각 1인을 참가시켰으며(제27조와 제30조), 입후보의 난립을 방지하기 위하여 기탁금제를 실시하였다는 점과, 또한 선거운동을 제한하여 사전운동과 호별방문을 금지하였고, 선거의 공영제를 실시하여 선거비용을 제한하였다(제90조)는 점에 있다.

제1공화국 시기 정당법

제1공화국 시기에는 정당법이 존재하지 않았다. 단일법 형태의 정당법이 제정된 것은 제3공화국 시기 이후의 일이며, 다만 미 군정당국이 제정한 「정당에 관한 규칙」만이 존재하였다.

제1차 미·소공동위원회가 실패로 돌아가고 또 국내의 좌익계 정당들이 미 군정에 반대하여 파괴행위를 계속함으로써 사회 정치질서가 혼란하게 되자 1946년 11월 23일 미 군정당국은 군정법령 제55호로 다음과 같이 4개 조로 되어 있는 「정당에 관한 규칙」을 발포하였다.[140]

제1조는 '정당의 등록'에 관한 것인데, "정치적 활동을 행할 목적으로 단체 또는 협회를 조직하여 어떤 형식으로나 정치활동에 종사하는 자로써 된 3인 이상의 각 단체는 이전에 등록보고한 이외에 정당으로서 등록을 해야할" 등록의무자로 규정하고, "단체 또는 협회가 행한 활동이 공론, 서면 혹은 구두(口頭)형식의 일반 선전 또는 일반적 행동을 포함하여 그것이 법률·정체·기구, 역직원(役職員)의 선발·추천·선임·임면, 시정 제반절차, 법률의 제정·집행·시행을 포함한 정부의 정책, 대외관계와 국민의 권리·의무·자유특권에 대하여 통치와 관련하여 영향을 미치는 경향이 있을 때는 정치적 활동이 된다"고 정치적 활동의 범위를 설정하였다. 또한 "이러한 정치적 영향을 미치기 쉬운 활동을 은밀히 행하는 단체 또는 협회는 금한다"고 밝혀 은밀한 정치적 활동은 규제한다는 것을 명백히 하고 있다.

제2조는 '정당관리 규정'으로서 여기에는 ㈎ 정당사무소와 ㈏ 당자금회계의 두 규정이 포함된다. 먼저 정당사무소의 규정에서는 "……신본부 사무소에는 정확한 주소와 제반 기재사항이 등기우편을 통하여 등록될 때까지 등록부에 기록한 본부를 이전하지 못한다"고 규정하고, 이를 위반할 때에는 "정당의 해체를 명할 수 있다"고 분명히 밝히고 있다.

한편 당자금회계의 규정에서는 모든 정당이 전 자금과 재산에 대한 정확한 회계를 장부에 기입하고, 이 회계부는 당사무소에 완전히 보관하여 서명·날인하도록 하였으며, "검열권 위임장을 소지한 관리가 공보국 권한을 대행하여 검열할 때는 집무시간 중 언제든지 이용할 수 있게 할 것"과 "당은 재산과 수입, 지출에 관한 정확한 보고서를 당년(當年) 각기(各期) 최종일 이전에 등기우편으로 소할(所轄) 등록관서에 제출할 것"을 의무화하였다. 또한 이 보고서에는 정당에 자금 또는 가치 있는 물자를 기부한 각인의 성명과 주소(또는 기부의 기타 출처)와 기부금액을 기입하도록 하여 정치자금의 기부 내역의 공개를 규정하고 있다.

제3조는 '당원'에 관한 규정으로서 법률상 공직에 처할 자격을 상실한 자

는 누구든지 당원이 될 수 없으며, 은밀한 입당은 위법이고, 나아가 당원 이외 타 출처에서 오는 기부 또는 직접·간접의 재정상 원조는 일체 불법이라고 명문화하고 있다. 또한 각 도지사에게 해당도 거주당원의 정확한 주소를 기입한 명부를 등기우편으로 제출하도록 하였다.

마지막 제4조는 '민·형사책임'에 관한 규정으로 보통당원 이상의 직무를 처리하거나 다른 권능, 세력을 행사하는 당원은 이 법령에 위반하는 행위에 대하여 연대책임을 져야 하고, 등기 또는 당 보고에 고의로 허위진술을 하는 것은 법령위반이 된다는 것을 밝히고 있다.

이와 같은 미 군정법령 제55호 「정당에 관한 규칙」은 정치적 활동의 공개라는 원칙하에서 은밀한 정치활동을 하는 단체 및 세력들에 대한 규제조항이었다. 더욱이 이 법령은 정당의 인적·물적 기초를 정확하게 보고하도록함으로써 정치적 비밀활동을 제한하려는 의도가 강하게 내포되어 있었던것이다.[141] 군정업무를 원활하게 수행하기 위하여 미 군정당국이 만든 이법령은 파괴적인 정당의 반(反)군정적 활동을 제한하는 데 목적이 있었으므로 특히 좌익계 정당들은 「정당에 관한 규칙」에 대한 대대적인 반대운동을전개하였으나, 미 군정당국은 이 법령을 완강하게 고수하였다.[142]

그런데 미 군정당국에 의해 제정된 「정당에 관한 규칙」은 3인 이상의 정치집단은 모두 정당으로 등록할 수 있도록 함으로써 정당의 난립을 유도하여 한국 정당의 다당화현상을 인도하는 요인이 되었다.[143] 실제로 1946년당시 이 규정에 따라 등록된 정당의 수는 107개에 달했고, 1947년에는 무려344개의 정당이 존재하였던 것이다.[144]

이러한 미 군정법령 제55호인 「정당에 관한 규칙」 이후 정당에 관련된 법률은 제1공화국과 제2공화국 시기에 들어서까지도 별도로 제정되지 않았다. 다만, 제2공화국 시기의 헌법 제13조 2항에 "정당은 법률이 정하는 바에 의하여 국가의 보호를 받는다. 단, 정당의 활동이나 목적이 민주적 기본질서에위배될 때에는 정부가 대통령의 승인을 얻어 소추하고 헌법재판소가 판결로써 그 정당의 해산을 명한다"고 규정한 것이 고작이었다. 그 이전인 제1공화국 시기에는 그나마 정당에 관한 헌법상의 보호규정마저도 존재하지 않았고, 정당은 오직 국회법에 따른 교섭단체의 대우를 받는 정도였다.[145]

따라서 제1공화국 시기에는 정당의 법적 보호규정이 마련되어 있지 않았고, 정당에 관한 규제조항도 제1공화국 시기에는 존재하지 않아 비교적 정당의 활동이 자유로웠으며, 이로 인해 정당의 설립에 특별한 제한을 받지 않고 정당이 난립되는 다당화현상이 심화되었다. 심지어 정당과 사회단체와의 구분조차 불분명하여 이 시기에 치러진 국회의원선거에는 정당과 많은 사회단체가 함께 참여하는 현상을 보였던 것이다.

국회진출정당과 국회 내 정당활동

제헌 국회(1948년 5월 31일 개원)

제헌 국회의원선거 결과, 제헌 국회에는 〈표 3-16〉과 같이 무소속과 16개의 정당·사회단체들이 진출하게 되었다. 무소속이 전체 의석 200석 중 42.5%인 85석으로 압도적인 우위를 점한 가운데 대한독립촉성국민회가 27.5%인 55석을 획득하여 정당·사회단체들 중에는 수위를 지켰고, 그 다음으로는 한국민주당이 14.5%인 29석을 차지하였다. 그러나 대한독립촉성국민회의 경우는 전국 각 시도에서 당선자를 냈으나, 한국민주당의 경우는 충청남도와 강원도 그리고 제주도에서 단 한 명의 당선자도 내지 못했다.

한국민주당에 이어 대동청년단이 6.0%인 12석을 얻었고, 조선민족청년단이 3.0%인 6석을 얻었으며, 대한독립촉성농민총연맹이 1.0%인 2석을 차지한 것외에 11개 단체가 1석씩을 얻었을 뿐 나머지 32개 정당·사회단체들은 단 1명의 당선자도 배출하지 못했다.

〈표 3-16〉 제헌 국회 진출정당

구분 시도	무소속	대한독립촉성국민회	한국민주당	대동청년단	조선민족청년단	대한노동총연맹	대한독립촉성농민총연맹	조선민주당	대한청년단	한국독립당	교육협회	단민당	대성회	전도회	민족통일본부	조선공화당	부산일오구락부	계
서울	2	1	4	2				1										10
경기	16	7	2	3					1									29
충북	8	2	1	1														12
충남	8	10		1														19
전북	8	6	4	1	2		1											22
전남	9	5	10	1	1		1					1	1					29
경북	11	11	5	2		1					1			1	1			33
경남	17	6	3		3											1	1	31
강원	5	6		1														12
제주	1	1								1								3
계	85	55	29	12	6	1	2	1	1	1	1	1	1	1	1	1	1	200
비율	42.5	27.5	14.5	6.0	3.0	0.5	1.0	0.5	0.5	0.5	0.5	0.5	0.5	0.5	0.5	0.5	0.5	100

자료 : 중앙선거관리위원회, 『역대국회의원선거상황(제1~11대)』, 앞의 책, 69~71쪽에서 발췌 재작성.

무소속의 국회 진출이 두드러진 것은 아직 정당정치의 요원성과 당시 정치사회의 분위기가 복잡하였다는 것을 반영한다. 한편 이승만을 중심으로 한 대한독립촉성국민회는 당시 후보자를 내세웠던 정당·사회단체들 가운데 가장 독립정부 수립운동의 선두에 섰던 단체였음에도 235명의 후보자 중 55명의 당선자를 내는 데 그쳤다.[146]

이와 같이 무소속이 대거 진출하고 16개 정당·사회단체들이 진출한 가운데 임기 2년의 제헌 국회는 1948년 5월 31일 개원하였다. 개원식에서 의장에는 대한독립촉성국민회 소속인 이승만을 선출하고, 부의장에는 역시 대한독립촉성국민회 소속인 신익희와 한국민주당 소속인 김동원을 선출함으로써[147] 독립정부 수립을 위한 헌법 제정의 중대한 임무를 지닌 제헌 국회는 정식으로 출범하게 되었다.

이렇게 출범한 제헌 국회에서는 대한민국 정부 수립을 위한 헌법을 제정한 것 외에 〈표 3-17〉에서 보는 바와 같이 모두 234건의 법률안이 발의되었고, 그중 63.4%인 149건의 법률안이 통과되었다.

〈표 3-17〉 제헌 국회 시기 법률안 처리 결과

구 분	발의수	가결	가결률	부결	폐기	철회	보류	임기종료 폐기
전체	234	149	63.7	1	31	1	9	43
의원발의	89 38.0	43 28.9	48.3	1	23	0	6	16
정부제출	145 62.0	106 71.1	73.0	0	8	1	3	27

자료 : 국회사무처, 『국회사(제헌~제6대)』(서울 : 국회사무처, 1971)에서 발췌.

그러나 발의된 법률안 중 62.0%인 145건이 정부제출 법률안이었고, 38.0%인 89건만이 의원발의 법률안이었다. 더욱이 73.0%의 가결률을 보인 정부제출 법률안에 비해 의원발의 법률안은 전체 발의건수 중 48.3%만이 가결 통과됨으로써 국회의 입법기능이 약했다는 것을 알 수 있다.

그러나 입법활동에서의 약세에도 불구하고 국정감사권과 국정조사권의 발동을 통해 행정부에 대한 통제를 활발히 하고자 했다. 국정감사는 1949년 12월 2일 본회의에서 의결한 「국정감사에 관한 계획안」에 의하여 시작되었는데, 최초의 국정조사는 정부 수립 직후 시내 곳곳에 살포된 불온문서를 조사하기 위한 안건이 1948년 8월 26일 가결됨으로써 시작되었다.[148] 제헌 국회 기간동안 일반감사 1회를 포함하여 모두 16차례의 국정감사와 국정조사가 실시되었다. 한편 이 시기에는 여당이 존재하지 않았기 때문에 구체적인 여·야 정당들간의 국회 내에서의 활동이 경쟁적이었는가에 대해서는 분석의 근거가 없다.

제2대 국회(1950년 6월 19일 개원)

제2대 국회의원선거 결과는 〈표 3-18〉에서 보는 바와 같이 무소속의 대거 진출과 기성정당의 약화로 나타났다.

〈표 3-18〉 제2대 국회 진출정당

구분 / 시도	무소속	대한국민당	민주국민당	국민회	대한청년단	대한노동총연맹	사회당	일민구락부	민족자주연맹	대한부인회	불교	대한여자국민당	계
서 울	7	2	2	1		1	1		1	1			16
경 기	19	6	3				1	1					30
충 북	7	3	2										12
충 남	11	3	1	3				1					19
전 북	15	1	3	1		1						1	22
전 남	12	2	9	3	3	1							30
경 북	22	3	2	1	4			1			1		34
경 남	26		2	2	2								32
강 원	5	4		2	1								12
제 주	2			1									3
계	126	24	24	14	10	3	2	3	1	1	1	1	210
비 율	60.0	11.4	11.4	6.7	4.8	1.4	1.0	1.4	0.5	0.5	0.5	0.5	100

자료 : 중앙선거관리위원회, 『역대국회의원선거상황(제1~11대)』, 앞의 책, 173~174쪽에서 발췌 재작성.

선거 결과 무소속의 의석은 총의석수 210석의 약 3분의 2에 육박하는 60.0%인 120석을 차지하였고, 이에 대하여 여당적 입장에 섰던 대한국민당이 11.4%인 24석을 획득하였으며, 민주국민당 역시 11.4%인 24석을 차지하였다. 또한 국민회가 6.7%인 14석, 대한청년단이 4.8%인 10석, 일민구락부와 대한노동총연맹이 각각 1.4%인 3석씩을 획득하였고, 사회당이 1.0%인 2석을 차지하였으며, 민족자주연맹, 대한부인회, 불교, 대한여자국민당이 각각 1석씩을 획득하여 국회에 진출하게 되었다.

결국 무소속이 60%를 점유한 상태에서 나머지 40%의 의석을 11개 정당·사회단체들이 나누어 차지하면서 국회에 진출하였으나, 선거에 참여했던 나머지 29개 정당·사회단체들은 단 1명의 당선자도 배출하지 못했음을 알 수 있다.

특히 이러한 선거 결과를 제헌 국회의원선거와 비교하여 보면, 여당격인 대한국민당이 71석에서 24석으로, 야당인 민주국민당이 68석에서 24석으로 감소된 반면 무소속이 29석에서 126석으로 급증하였다는 사실은 당시 정당들에 대한 유권자들의 기대가 어떠했는가를 알 수 있다.

1950년 6월 19일 개원식에서 민주국민당의 신익희를 의장으로 선출하고 출범하였으나,[149] 6·25한국전쟁으로 35명의 의원을 상실하고,[150] 9·28 서울수복 이후 원내 각파의 세력 결속이 이루어져 민주국민당이 40명, 대한국민당과 대한청년단을 배경으로 한 민정동지회가 40명, 국민회계 의원의 결집체인 국민구락부가 20명, 무소속구락부가 50명으로 형성되었다. 그후 이합집산을 계속하여 1951년 3월 4일 교섭단체가 정식으로 구성되었을 때에는 민정동지회와 국민구락부가 통합하여 발족한 신정동지회가 70석, 무소속구락부가 개칭한 공화구락부가 40석, 민정동지회와 무소속구락부의 이탈파가 구성한 민우회가 20석을 점하게 되어 잔류 무소속은 5석에 불과하게 되었다.[151]

이렇게 출범한 제2대 국회에서는 〈표 3-19〉에서 보는 바와 같이 모두 398건의 법률안이 발의되었고, 그중 54.3%인 216건의 법률안이 통과되었는데 이러한 수치는 제헌 국회에 비해 증가된 것이다. 그러나 의원발의 법률안의 가결률에 있어서는 42.9%로 오히려 저하되었을 뿐만 아니라 더욱이 의원발의 법률안 중 37.9%에 달하는 69건의 법률안을 폐기함으로써 무분별하게 발의만 한 것이 아닌가 하는 생각이 든다.

이러한 입법활동은 국회의 권능을 스스로 약화시키는 것이라고 할 수 있는데, 실제로 제2대 국회에서는 야당인 민주국민당이 세력확대를 도모하자

구 분	발의수	가결	가결률	부결	폐기	철회	보류	임기종료 폐기
전체	398	216	54.3	2	102	7	11	62
의원발의	182 45.7	78 36.1	42.9	1	69	2	8	25
정부제출	216 54.3	138 63.9	63.9	1	33	5	3	37

자료 : 국회사무처, 『국회사(제헌~제6대)』, 앞의 책에서 발췌.

국회를 통한 간선제로는 대통령으로 재선될 수 없다고 판단한 이승만이 대통령직선제를 주요내용으로 하는 헌법개정을 위해 경찰력을 동원하여 의원들을 의사당에 강제로 연금시키고 1952년 7월 4일 발췌개헌안을 심야 국회에서 통과시키는 일이 벌어진 바 있다. 이른바 발췌개헌파동이라고 불리는 것이 바로 그것인데, 발췌개헌안은 헌법이 정한 공고절차를 무시하였기 때문에 위헌이라는 지적152)까지 있었다.

그러나 제2대 국회에서는 제헌 국회 때보다 더욱 활발한 국정감사와 국정조사가 실시되었는데, 일반감사 4회와 특별감사 2회를 포함하여 모두 47회의 국정감사와 국정조사가 이루어졌다. 이러한 수치는 제헌 국회의 16회에 비해 무려 3배 가량 증가된 것으로서 국회가 행정부에 대한 통제를 한층 더 강화하고자 했던 결과라고 할 수 있다.

제3대 국회(1954년 6월 9일 개원)

제3대 국회의원선거 결과 〈표 3-20〉에서 보는 바와 같이 자유당이 의원정수의 56.2%에 해당하는 114석을 얻어 원내 제1세력이 되었으며, 무소속이 33.5%인 68석, 민주국민당이 7.4%인 15석을 차지하였고, 국민회와 대한국민당이 각각 1.5%인 3석을 차지함으로써 국회에 진출하게 된 정당·사회단체는 자유당을 위시한 4개뿐이며, 여타 10개 정당·사회단체는 단 1석도 얻지

못해 유권자들의 정당 선택의 경향을 두드러지게 반영하고 있다.[153]

즉 정당배경이 없는 무소속 입후보자의 경우는 797명의 입후보자 중 8.5%인 68명의 당선자를 낸 데 반해 공인후보제의 채택과 재편성·강화된 조직력과 관권을 이용한 자유당은 47.1%, 민주국민당은 19.5%의 당선율을 보인 것이다.[154]

<표 3-20> 제3대 국회 진출정당

구분 시도	무소속	자유당	민주 국민당	국민회	대한 국민당	계
서 울	6	5	3		2	16
경 기	6	11	1			23
충 북	3	8	1			12
충 남	2	17				19
전 북	10	10	2			22
전 남	12	15	3	1		30
경 북	13	17	3	1		34
경 남	11	17	2	1	1	32
강 원	3	8				12
제 주	2	1				3
계	68	114	15	3	3	203
비 율	33.5	56.2	7.4	1.5	1.5	100

자료 : 중앙선거관리위원회, 『역대국회의원선거상황(제1~11대)』, 앞의 책, 251~252쪽에서 발췌 재작성.

민주국민당을 비롯한 야당세력을 압도하고 승리를 거둔 자유당은 목표했던 3분의 2선과는 차이가 있었지만, 과반수 이상의 의석을 확보하여 원내안정세력을 구축하는 데 성공하였다. 이같은 결과는 야당으로 하여금 여당의 독주를 억제키 위한 범야적 대동단결을 촉진케 하는 자극이 되었으며, 특히 민주국민당의 치명적 패배는 동당으로 하여금 종래의 수구적 체제를 완전히 청산하여 이러한 움직임에 선도적 역할을 담당케 하는 계기가 되었고, 또한 자유당의 개헌강행을 억제키 위한 야당연합으로서 다시 민주당 발족을 촉구하게 된 동기가 되었다.[155]

이러한 제3대 국회에서는 〈표 3-21〉에서 보는 바와 같이 모두 410건의 법률안이 발의되었는데, 그중 41.2%인 169건이 의원발의 법률안으로서 지난 제2대 국회보다 약간 증가한 것으로 나타났다. 전체 법률안의 가결률에 있어서는 전체 법률안 가운데 38.3%인 157건만이 가결되어 크게 감소되었고, 특히 정부제출 법률안의 가결률이 35.5%로 크게 감소되었다. 그러나 이에 비해 의원발의 법률안의 가결률은 169건 중 72건이 통과되어 42.6%로 나타나 상대적인 우위를 점함으로써 이전의 국회보다 더욱 활발한 활동을 한 것으로 보여진다.

〈표 3-21〉 제3대 국회 시기 법률안 처리 결과

구 분	발의수	가결	가결률	부결	폐기	철회	보류	임기종료 폐기
전체	410	157	38.3	1	40	18	0	194
의원발의	169 41.2	72 45.9	42.6	1	27	1	0	68
정부제출	241 58.8	85 54.1	35.5	0	13	17	0	126

구 분	발의수		가결수		가결률	
여당발의	52		22		42.3	
야당발의	64		10		15.6	

자료 : 국회사무처, 『국회사(제헌~제6대)』, 앞의 책에서 발췌.

이러한 사실은 국정감사와 국정조사에서 있어서도 분명하게 알 수 있는데, 이 시기 동안 무려 77회의 국정감사와 국정조사가 실시되었다. 이러한 수치는 제헌 국회 때보다는 약 4.8배, 제2대 국회 때보다는 약 1.6배 증가된 것으로서 그만큼 제3대 국회는 행정부에 대한 통제를 강화했다고 볼 수 있는데, 이같은 국회의 위상강화는 결코 국회 내 활동에서 야당의 비중이 증대되었다는 것을 의미하지 않는다.

실제로 제3대 국회에서는 자유당이 원내 절대다수의석을 차지하고 있었기 때문에 자유당소속 의원들은 이승만의 3선을 가능하게 하기 위해 개헌안을 국회에 제출하였다. 초대 대통령에 대한 중임제한 철폐를 내용으로 하는 개헌안은 1954년 11월 27일 표결 결과 재적의원 203명 중 가(可) 135표로서 헌법개정에 필요한 3분의 2에 1표가 부족하여 부결을 선포하였다. 그러나 자유당은 11월 29일 사사오입론을 적용하여 헌법개정안을 가결된 것으로 번복하여 선포하였는데, 이를 가리켜 이른바 사사오입개헌이라고 부른다. 이러한 사사오입개헌은 그 자체로서도 절차상 정족수에 미달한 위헌적인 개정이며, 실질상으로도 초대 대통령에 한하여 중임제한을 철폐하는 것은 평등의 원칙에도 위반되는 것이었다.[156]

그럼에도 불구하고 자유당이 사사오입개헌을 실행할 수 있었던 것은 당시 국회의석 중 과반수 이상을 점유하고 있었기 때문에 가능했는데, 이러한 상황은 야당에 대한 여당의 우위를 입증해주는 증거이기도 하다. 실제로 입법활동에 있어서 여·야간의 경쟁을 보면, 여당발의 법률안은 52건에 22건이 가결되어 42.3%의 가결률을 보이지만, 야당발의 법률안은 64건 발의에 10건 통과로서 15.6%의 가결률을 보임으로써 여당 주도의 국회였다는 사실을 알 수 있다.

제4대 국회(1958년 6월 7일 개원)

제4대 국회의원선거 결과 〈표 3-22〉에서 보는 바와 같이 자유당은 의원 정수의 54.1%에 해당하는 126명이 당선되어 절대다수의 의석을 갖게 되었다.이에 비해 민주당은 33.9%인 79석, 통일당은 0.4%인 1석을 차지하여 제4대 국회에 진출하게 되었고, 나머지 11.6%인 27석은 무소속이 차지하게 되었다.

당선율에서 보면, 자유당이 53%인 데 비해 민주당은 39.3%였고, 무소속은 7.0%의 저조한 당선율을 보였다. 여당인 자유당은 농촌과 소도시에서 대거 승리한 데 반해 야당, 특히 민주당은 서울, 부산, 대구 등의 대도시에서

〈표 3-22〉 제4대 국회 진출정당

구분 시도	무소속	자유당	민주당	통일당	계
서 울	1	1	14		16
경 기	3	14	8		25
충 북	1	8	4		13
충 남	1	25	6		22
전 북	3	10	11		24
전 남	3	18	10	1	32
경 북	6	24	8		38
경 남	5	20	15		40
강 원	3	15	2		20
제 주	1	1	1		3
계	27	126	79	1	233
비 율	11.6	54.1	33.9	0.4	100

자료 : 중앙선거관리위원회, 『역대국회의원선거상황(제1~11대)』, 앞의 책, 327~328쪽에서 발췌 재작성.

압승하였다. 그리고 자유당과 민주당의 진출에 비하여 무소속이 부진하였으며, 특히 혁신계를 비롯한 군소정당이 거의 전멸상태였고, 더욱이 통일당을 제외한 여타 군소정당은 그 지도적 인물마저 낙선되었는데, 민주혁신당의 서상일, 노농당의 전진한, 국민당의 윤치영 등의 낙선이 그것이다.

결국 제4대 국회는 자유당과 민주당 그리고 1석의 통일당 등이 진출한 가운데 출범하게 되는데, 1958년 6월 7일 개원 당일의 세력분포는 총선 직후부터 무소속의 포섭공작에 주력한 자유당이 137석, 민주당이 79석, 무소속이 17석으로 나타났다.[157]

이처럼 여당이 절대의석을 점한 제4대 국회에서는 이른바 국가보안법파동이 일어났다. 1958년 자유당은 국가보안법을 강화하고자 이 법의 개정안을 상정했는데, 당시 국가보안법 개정안은 여론과 야당의 심한 반대를 받았다. 이에 자유당은 법제사법위원회에서의 심의 도중 점심식사를 위해 위원장이 정회를 선포한 후 야당의원들이 자리를 뜬 사이 여당의원만으로 회의를 속개하여 단 3분만에 개정안을 통과시켰다.[158]

이에 반발한 야당의원들은 본회의에서의 통과를 저지시키기 위해 본회의장에서 농성에 들어갔으나 의장은 경호권을 발동, 무술경찰들을 동원하여 야당의원들을 구내식당과 휴게실에 감금하고 여당의원 단독으로 본회의에서 통과시켰다.

제4대 국회에서는 〈표 3-23〉에서 보는 바와 같이 모두 322건의 법률안이 발의되었는데, 그중 62.8%인 202건이 정부제출 법률안이었고, 37.2%인 120건이 의원발의 법률안이었다. 이전의 국회와 비교해볼 때 전체 발의된 법률안 중 정부제출 법률안이 차지하는 비중이 가장 컸다.

〈표 3-23〉 제4대 국회 시기 법률안 처리 결과

구 분	발의수	가결	가결률	부결	폐기	철회	보류	임기종료 폐기
전체	322	75	23.3	0	31	1	1	214
의원발의	120 37.2	31 41.3	25.8	0	18	0	0	71
정부제출	202 62.8	44 58.7	21.8	0	13	1	1	143

구 분	발의수	가결수	가결률
여당발의	40	2	5.0
야당발의	48	5	10.4

자료 : 국회사무처, 『국회사(제헌~제6대)』, 앞의 책에서 발췌.

그러나 전체 322건의 법률안 중 75건만이 통과되어 가결률은 23.3%로 제1공화국 시기 중 가장 낮은 수치를 보였다. 특히 의원발의 법률안의 가결률이 25.8%인 데 비해 정부제출 법률안은 21.8%의 저조한 가결률을 보이는 가운데 정부제출 법률안보다 의원발의 법률안의 가결률이 처음으로 높게 나타나는 현상을 보였다.

이러한 현상은 제4대 국회가 4·19혁명으로 1960년 7월 25일에 자진해산됨에 따라 정부제출 법률안 중 무려 70.8%인 143건이 폐기된 결과였다고 할 수 있다. 한편 여·야간의 입법활동을 보면, 여당은 40건의 법률안을 발의하여 그중 2건만이 통과됨으로써 5.0%의 가결률을 보였으며, 야당은 48건의 법률안을 발의하여 단 5건만이 통과됨으로써 10.4%의 가결률을 보였다. 발의건수면에서는 야당이 여당보다 8건 많았으며, 가결된 건수에서는 3건이 많았는데, 가결률 면에서 보면 야당이 여당의 2배가 넘는 것으로 나타나 그나마 여당보다 야당의 입법활동이 활발했던 것으로 볼 수 있다.

당시에는 여당이 전체 의석의 3분의 2를 넘게 차지하고 있었는데도 이러한 결과가 나타난 것은 4·19혁명 전후의 사회적 분위기가 국회 내에 유입된 결과라고 할 수 있다. 비록 제3대 국회보다는 크게 줄었지만, 국정감사와 국정조사가 모두 17회 실시될 수 있었던 것도 그러한 영향 때문이라고 볼 수 있다.

4
제2공화국의 정당정치

정치체제와 정치문화

4·19혁명으로 제1공화국의 정치체제가 붕괴되고 이승만이 1960년 4월 27일 국회에 대통령직 사임원을 제출하자 당시 외무부장관이었던 허 정이 2개월간의 과도정부의 책임을 맡게 되었다. 허 정 과도정부의 주도하에 개정된 헌법에 따라 내각책임제의 정부형태로 1960년 8월 19일 제2공화국이 출범하게 되었다. 이러한 제2공화국의 정치체제는 1961년 5월 16일 군사쿠데타에 의해서 붕괴될 때까지 불과 약 9개월간의 단명을 기록하게 된다. 그러나 야당인 민주당이 정권을 쟁취하여 국정을 담당했다는 점에서 그 의미는 매우 크다고 할 수 있다.

4·19혁명의 원인은 ① 집권당인 자유당의 독선, ② 사회질서 혼란, ③ 국민여론 무시, ④ 사법부 탄압, ⑤ 경제질서 혼란 등의 심화에 있었는데, 혁명의 직접적인 계기는 바로 3·15부정선거에 있었다. 이승만의 장기독재에 종지부를 찍는 4·19혁명은 학생들과 이에 호응한 지식인과 시민들에 의해 이루어졌다.

그런데 이들 혁명주체세력은 혁명 이후 정치사회를 조직하고 정치권력을 담당할 수 없는 사회적 신분집단이었기 때문에 정권담당의 주체가 될 수 없었다.[1] 그리하여 "기성세대는 물러가라"는 구호 밑에 전개되었던 4·19혁명은 혁명주체세력이 기성정치인들에게 혁명과업의 수행을 일임하였기 때문에 결국 기성권력질서는 그대로 존속한 채 과도내각을 거쳐 제2공화국이 수립됨으로써 다원적인 민주주의가 기능할 수 있는 구조적 조건들의 마련을 위한 근본적인 사회적 개혁으로 발전할 수 없었다는 한계가 있다.[2]

4월 26일 이승만이 하야성명을 발표하는 것을 계기로 4·19혁명의 불길이 누그러지는 가운데 국회는 허 정에게 과도정부 구성을 요청하고, 27일에는 대통령직 권한대행에 위촉하였다. 이렇게 출범한 과도정부의 임무는 4·19혁명의 이념을 구체적인 개혁으로 실현시키는 것이었는데, 그 첫 번째가 5월 29일 정당, 언론, 출판에 관한 민주화 입법, 집회 및 시위에 관한 법률 제정이었다.[3] 이에 따라 정당의 설립이 자유로워지자 진보당사건 이후 위축되었던 혁신정당들이 정계에 등장하였는데, 민주사회당, 사회대중당, 사회당, 통일사회당 등이 그것이었다. 또한 자유로운 의사표현이 법률로 보장되자 국민들은 모든 문제를 제도와 절차에 의해 해결하기보다는 시위를 통해 해결하려고 하였는데,[4] 처음에는 정치적 변동을 요구하는 학생시위가 주를 이루다가 시간이 지남에 따라 여타 집단에 의한 정치적 시위가 학생세력과 합세하는 양상을 보였다. 한 통계에 따르면 제2공화국 시기 11개월동안 약 2,000회의 시위가 있었고, 90만명 이상이 참여하였다고 되어 있다.[5]

그러나 과도정부의 보다 중요한 임무는 헌법개정에 있었다. 개헌문제에 관해서는 '선(先) 선거 후(後) 개헌'의 입장과 '선 개헌 후 선거'의 입장이 대립하였는데, 결국 기성권력질서의 민주적 개혁을 두려워한 까닭에 자연히 국회의 지배적인 견해는 '선 개헌 후 선거'의 경향으로 기울어져 1960년 6월 15일 의원내각제를 골자로 하는 제2공화국의 헌법이 제정되었다.[6] 당시 정치적 분위기는 대통령제는 독재적 경향이 있고, 의원내각제는 자유적 경향이 있는 것으로 이해되었기 때문에 의원내각제는 국회의 개헌기초위원회에서의 결단에 의해서가 아니라 이미 4·19혁명과 동시에 결단된 국민적 합의로 받아들여졌다.[7]

제2공화국 헌법의 주요내용을 보면, 우선 국민의 기본권보장을 위해 '법률유보조항'을 삭제하였고(헌법 제2장), 제1공화국에서와 같은 자의적인 정당해산을 막기 위해 정당조항을 신설하였다(제13조 2항). 또한 사법부의 행정부 예속을 방지하기 위해 법관의 임용을 선출제로 하였으며(제78조), 헌법질서의 위협에 대한 사법부 통제를 강화하기 위해 상설기관으로서의 헌법재판소를 신설하였고(제8장), 기타 공무원의 정치적 중립성과 신분의 보장(제27조), 경찰의 중립성(제75조), 중앙선거관리위원회의 헌법기관화(6항) 등이 규정되었다.

제2공화국 헌법상의 정부형태는 의원내각제의 이념형으로 간주되는 고전적 또는 영국형 의원내각제에 해당하는 것이었다. 이때의 의원내각제는 의회에 대한 내각의 연대책임과 내각의 국회해산권을 규정함은 물론, 집행부의 이원적 구조, 입법부와 집행부의 권력적 균형, 입법부와 집행부의 밀접한 협조관계를 특징으로 하는 것이었다. 첫째, 집행부는 대통령과 국무위원으로 구성되는 이원적 구조를 골간으로 하였으며(제4장과 제5장), 둘째, 집행부(국무원)의 존립을 국회의 신임에 의존하게 하여(제69조) 국회가 집행부를 불신임할 수 있게 하였고(제71조 3항과 4항), 셋째, 국무총리와 국무위원의 반수 이상은 반드시 국회의원이어야 한다(제69조 6항)고 하였다.

이로써 자유민주주의를 실현하기 위한 제도적 장치는 헌법상 확보된 것처럼 보였다. 특히 1960년 7월 1일 「신문 및 정당 등의 등록에 관한 법률」이 공포되어 언론의 자유화가 급격히 이루어졌는데, 4·19혁명 이전에 41개였던 일간지가 115개로 증가했으며, 일간통신은 14개에서 198개로, 주간은 136개에서 475개로 늘어나 언론에 종사하는 기자 수가 무려 16만명에 달했다.[8]

또한 민주주의라는 이름하에 국민은 이데올로기로부터 보다 자유로울 수가 있었기 때문에 제1공화국 시기에는 체제유지의 유용한 수단이었던 '반공'과 '통일'이 이제는 대학생들간의 공개적인 토론의 주제가 되었고, 1961년 5월 5일에는 민족통일전국학생연맹의 결성으로까지 발전하였으며, 한반도 통일의 중립화방안과 평화적 통일의 원칙이 제기되었는가 하면, 북한 학

생들과의 통일회담을 제안하기까지 하였다.9)

그러나 자유민주주의를 위한 제도적인 변화와 사회적인 변화는 사실상 제2공화국 시기의 정권을 담당하게 된 민주당의 근본적인 한계로 인해 결실을 맺을 수가 없었다. 민주당은 이승만체제에 대한 오랜 동안의 반독재, 반부패, 권력투쟁의 결과로 인해 이미 신파와 구파로 분열되어 있었는데, 이러한 한계가 정부 주도의 민주적인 개혁을 추진하는 힘을 약화시키는 주된 요인이 되었다.

물론 ① 부정선거원흉 및 민족반역자 처리법, ② 부정축재처벌법, ③ 반민주행위자공민권제한법, ④ 특별재판소 및 특별검찰부 설치법 등 4개 특별법이 제정되기는 했지만, 이러한 특별법의 입법과정을 보면, 정당의 자율성에 의한 것보다도 정치 외적 압력—데모, 여론, 학생언론 등—에 수동적으로 순응한 경향이 많았다. 더욱이 이러한 정치 외적 압력을 정당의 자율적 기능을 통하여 조정하는 데 거의 실패했을 뿐만 아니라 내부통제기능마저도 상실하는 경향이 컸던 것이다.10) 또한 민주당은 혁명주체세력이 아니었고, 게다가 기본적으로 보수정당이었기 때문에 이데올로기적으로 민주화과정에 반대하는 기본 사회질서의 현상유지라는 보수적 기능 또는 반동적 기능으로 환원하게 되는 구조적인 한계를 안고 있었다.11)

이러한 한계를 안고 있던 민주당정권은 그럼에도 불구하고 그동안 반독재호헌투쟁을 전개해왔기 때문에 민주주의에 반하는 강권통치를 할 수 없었으며, 이에 따라 급속하게 변동하는 사회에 적절한 대응도 하지 못했고, 국민적 통합을 이루어내지도 못하였는가 하면, 경제 제일주의를 표방하여 일부는 성과를 거두기도 했으나,12) 결국 군사쿠데타로 붕괴되고 만다.

민주주의를 지향해가는 과정이었던 제2공화국 시기는 혼란으로 인식되어 제2공화국 시기의 정치체제는 5·16군사쿠데타에 의하여 몰락하게 된다. 군사쿠데타는 그 당시 정치관측자들이나 참여자들이 명백하게 감지하고 있던 '실패'를 결정적인 것으로, 그리고 뚜렷하게 만들어버린 데 불과하였다.

1961년 5월 그 무렵 한국은 심각한 정치적 와해를 경험하고 있었다. 한국사회의 많은 부문에서 정부체계와 정치지도자들에 대한 신뢰감이 상실되고 있었으며, 정부의 권위는 심각한 위기에 처해 있었던 것이다.[13]

이러한 위기의식을 가장 절실하게 느낀 세력이 바로 군부였으며, 무능한 정부와 특히 공산주의 침투우려가 높은 사회적 불안정은 군부로 하여금 "반공을 국시의 제1의로 삼고 지금까지 형식적이고, 구호에만 그친 반공체제를 재정비·강화한다"는 명분을 내걸고 정치일선으로 뛰쳐나오게 만들었던 것이다. 이로써 민주적인 정치체제가 수립되고 이를 유지하고자 했던 제2공화국은 마감되기에 이른다.

제2공화국 시기의 정치문화는 일시적이나마 다른 시기와 비교할 때 비권위주의적 참여형 정치문화가 형성될 계기가 마련되었다는 데에서 그 의의를 찾을 수 있다. 그렇다고 해서 이 시기의 정치문화가 참여형 정치문화로 정착되었다고까지는 단정지을 수 없는데, 그 이유는 제2공화국 시기가 불과 1년여밖에 안 되는 매우 짧은 기간이었고, 그 짧은 시간 내에 정치문화의 속성이 변화될 수는 없었기 때문이다.

그렇지만, 4·19혁명 이후 집권층과 학생 및 지식층은 가능한 한 정치참여의 기회를 확대하고자 했고, 이를 위한 법적·제도적 장치를 뒷받침하고자 했다는 점에서 참여적인 정치문화의 특성마저 배제할 수는 없다. 법과 제도도 이를 뒷받침할 수 있도록 장치되어 있었다. 그러나 불행히도 대다수 국민들은 민주적인 정치정향을 갖고 있지 못했고, 정치적 태도에 있어서도 자율적 의사결정능력과 책임의식을 결여하였다는 것이 한계였다.[14]

실제로 민주적인 참여형 정치문화하에서의 정치참여는 자유가 마음껏 허용되는 반면에 자제력을 갖고 있기 때문에 폭발적인 정치참여는 발생하지 않는다. 그러나 제2공화국 정치체제에서는 정치문화가 참여형으로 정착된 것이 아니기 때문에 정치참여가 자제력을 잃고 폭발적인 참여형태로 돌변하여 정치사회의 불안을 야기시켰던 것이다.

따라서 제2공화국 시기의 정치문화는 권위주의 바탕 위에 외형적인 측면에서만 참여형 정치문화가 혼합된 과도적인 정치문화의 형태를 보였다고 할 수 있다. 이러한 정치문화하에서는 정치체제가 권위를 확보하기 힘들고 능률적으로 가동하기 어려워 불안정하게 될 수밖에 없다. 더욱이 집권세력의 통치능력이 미흡하고 내부적으로 분열상태를 보이는 상황에서는 정치체제가 쉽게 붕괴위기를 맞게 되는 것이다.

정당의 이데올로기

4·19혁명으로 자유당정권이 붕괴되고 수립된 제2공화국 시기에는 제5대 국회만이 열렸고, 그것도 5·16군사쿠데타로 불과 9개월 17일(1960. 7. 29~1961. 5. 16)이라는 단명에 그쳤다. 제5대 국회는 자유당정권 말기에 제1야당이었던 민주당이 압도적으로 석권한 가운데 자유당과 통일당이 각각 2석과 1석을 차지하고, 새로이 사회대중당과 한국사회당이 각각 4석과 1석을 차지하여 모두 5개의 정당이 진출하였다.[15] 주목할 만한 것은 제5대 국회에 진출한 정당들이 제1공화국 시기에 찾아볼 수 없는 이데올로기적 분열현상을 보인다는 것이다. 그 원인은 사회대중당과 한국사회당이 사회민주주의를 지향하는 혁신정당[16]이기 때문이다.

제2공화국 시기에 정당의 정강정책은 일률적으로 ㈎ 통일 및 외교, ㈏ 4월혁명 완수, ㈐ 농어촌 진흥, ㈑ 재정금융 및 경제건설 등 4개 분야로 되어 있다.

먼저 민주당의 정강정책을 보면,[17] 「통일 및 외교」에서 7개항, 「4월혁명 완수」에서 10개항, 「농어촌 진흥」에서 13개항, 「재정금융 및 경제건설」에서 10개항인데 반해 자유당은 「통일 및 외교」에서 5개항, 「농어촌 진흥」에서 7개항, 「재정금융 및 경제건설」에서 6개항만을 제시하고 있어 여·야의 입장이 바뀐 민주당과 자유당이 정강정책에서도 차이를 보이고 있음을 알 수 있다. 특히 자유당의 정강정책[18]에서는 「4월혁명 완수」 분야가 언급되지 않고 있는데, 이는 당연한 것이라고 할 수 있다.

그렇지만 이데올로기의 측면에서는 민주당과 자유당이 모두 보수정당이라는 앞에서의 분석을 다시 한번 확인시켜준다. 양당이 모두 반공을 가장 강조하고 있다는 사실이 그것인데, 이러한 특징은 「통일 및 외교」 분야의 정강정책에서 확인할 수 있다.

민주당은 「통일 및 외교」 분야의 제1항에서 "「유엔」의 감시하에 자유선거를 실시하여 반공통일을 완수토록 거족적으로 추진하며……"라고 밝히고 있고, 자유당도 "「유엔」의 협조를 얻어 중공군을 철수시키고 대한민국의 주권하에 북한에 자유총선거를 실시하여 국토통일 과업을 달성시킨다"(제1항), "공산주구(共産走狗)의 평화통일론을 배격한다"(제2항), '대공투쟁의 공동전선 형성'(제3항) 등을 「통일 및 외교」 분야에서 제시하고 있다.

이러한 정강정책의 내용으로 보아 민주당과 자유당은 모두 자유선거에 의한 반공통일의 입장을 밝히고 있어 반공노선을 분명히 하는 정당들임을 알 수 있다. 특히 자유당은 '공산주구', '대공투쟁' 등 보다 격한 표현까지 사용하고 있어 민주당보다 더욱 우편향적인 이데올로기를 갖고 있다는 사실을 다시 한번 확인할 수 있다.

이처럼 민주당과 자유당이 보수정당인 것에 반해 새로이 등장한 사회대중당과 한국사회당은 정강정책에서 진보적인 사회민주주의 이데올로기를 표방하는 혁신정당이다.

사회대중당[19]은 「재정금융 및 경제건설」에서 계획경제와 자립경제를 합리적으로 혼합한 계획성 있는 경제체제, 즉 혼합경제체제를 지향하고 있고, 소득의 재분배와 조세부담의 공평을 강조하는 한편 협동조합법의 제정·시행과 협동조합화의 촉구 등을 정책으로 내세우고 있는데,[20] 이러한 정책들은 사회주의적 요소를 담고 있는 것이라고 볼 수 있다. 그러면서도 사회대중당은 김일성 일당의 구축(驅逐)·배제를 강조하여 공산주의와는 차별성이 있음을 분명히 하고 있다.[21] 따라서 사회대중당의 이데올로기는 사회민주주의라고 할 수 있다. 특히 사회대중당은 사상적 기초 내지 이론적 지도원리로서 최고형태의 민주주의인 민주적 사회주의의 실현을 강조하면서 보수 대 혁신의 양당제도의 확립을 통한 내각책임제의 지지를 밝힌 바 있다.[22] 이러한 사실은 사회대중당이 사회민주주의를 지향하는 혁신정당임을 알 수 있게 하는 증거이다.

한편 한국사회당도 기간산업과 중요산업의 공유화, 중소기업의 산업별 협동화, 농민의 착취일소 등 사회주의적 요소들을 정강정책의 내용에 담고 있으면서 한편으로는 민주주의의 헌법질서를 견지하는 조국의 통일을 강조하고 있다.[23] 또한 보수와 혁신의 견제세력을 기초로 하는 내각책임제를 강조하고 있는 점도 사회대중당과 동일하여 한국사회당도 사회대중당과 마찬가지로 사회민주주의를 지향하는 혁신정당임을 알 수 있다.[24]

이처럼 사회민주주의를 지향하는 혁신정당들이 국회에 진출함으로써 제2공화국 시기는 제1공화국과는 달리 국회에 진출한 정당들간에 이데올로기적 분열현상이 뚜렷하게 나타나는 특징을 보이고 있다.

주요 정당의 조직구조

제2공화국 시기의 주요 정당은 집권정당의 지위로 올라선 민주당이다. 민주당의 조직구조에 대해서는 제3장에서 이미 상술한 바 있는데, 신파와 구파간의 대립은 집권정당의 내부분열 현상까지 이어지게 된다. 특히 4·19혁명 이후의 정국수습방안에 있어서도 신파는 '선(先)선거, 후(後)개헌'을 주장했으며, 구파는 '선개헌, 후선거'를 주장했고, 또한 권력구조에 있어서도 신파는 대통령중심 직선제를, 구파는 내각책임제를 주장했다.[25]

결국 과도정부하에서 내각책임제 개헌안이 통과되고 국회의원선거일이 7월 29일로 결정되자, 민주당의 신·구파는 단 한 사람이라도 자파의 의석을 늘리기 위해 극심한 경쟁을 벌이게 된다. 그 결과 이들은 정당이 아닌 파벌의 단위로 선거를 치르게 되어 선거유세에서 입후보자들은 공공연히 '구파', '신파'라는 이름을 사용했을 뿐 아니라 공천을 얻지 못한 후보들은 해당 지역구에서 당의 공천후보와 대항하여 출마할 것을 선언하였다.26)

7·29 국회의원선거에서 구파(민의원 83명, 참의원 12명)는 신파(민의원 75명, 참의원 10명)보다 더 많은 의원을 당선시켰으나 대결의 초점은 대권을 좌우하는 국무총리의 지명권을 가진 대통령선거에 집중되었는데,27) 여기서 결국 양 파의 조정에 의해 구파의 윤보선이 대통령에 당선되었다.28) 윤보선은 당선 후 구파의 김도연을 국무총리로 지명하였으나 무소속과 신파의 반대로 김도연이 3표 차이로 인준을 받지 못하자 윤보선은 2차로 신파가 추천한 장 면을 지명하여 인준을 받게 되었다.

이로써 신·구파의 집권경쟁은 신파의 승리로 끝났다. 그것은 대부분의 무소속의원들이 신파를 지지했기 때문이다. 이에 구파는 8월 20일 탈당하여 구파민주당으로 원내교섭단체를 구성·등록할 것과 장 면 내각에 입각을 거부할 것을 결의한 데 이어 31일에는 원내총무에 유진산, 부총무에 이민우·김영삼으로 하여 구파동지회라는 교섭단체로 등록하게 된다. 이같은 분당사태에 직면한 신파측은 구파의 교섭단체를 인정하고 연립정부를 구성하지만, 결국 1960년 10월 12일 구파측은 구파동지회를 신민당으로 발족할 것을 선언하게 된다.

이어 1961년 2월 20일 신민당은 창당대회를 가짐으로써 민주당 신파와 완전히 결별 제1야당으로써 출범하게 되고, 신파만의 민주당 내에서도 노장파, 소장파, 합작파의 파쟁이 나타났으며, 특히 이철승을 중심으로 한 소장파들이 신풍회를 결성하여29) 노장파와 행정부에 커다란 위협을 주었다. 결국 장 면은 당내파벌의 당요직 인선에 대한 불만을 무마하기 위해 불과 9개월 동안에 4차례나 조각을 단행하나, 마지막 개각 후 12일만에 5·16군사쿠데타로 민주당은 집권정당의 자리를 내놓고 만다.

선거참여정당과 유권자의 지지도

제5대 국회의원선거(1960년 7월 29일)

4·19혁명으로 제1공화국이 붕괴되고 과도정부는 1960년 6월 27일 민·참의원 동시선거를 7월 29일에 실시한다고 공고하였다.[30] 이에 따라 6월 28일부터 7월 2일까지의 기간동안 입후보등록을 받은 결과 의원정수 233명에 1,562명이 입후보하여 평균 6.7 : 1의 높은 경쟁률을 보였다.

〈표 4-1〉 제5대 국회의원선거 입후보상황

정당·단체명	후보자수	비율	정당·단체명	후보자수	비율
무　소　속	1,009	64.5	한　　　청	2	0.1
민　주　당	305	19.5	통　일　당	1	0.1
사 회 대 중 당	129	8.2	헌 정 동 지 회	1	0.1
자　유　당	55	3.5	노　농　당	1	0.1
한 국 사 회 당	19	1.2	사 회 혁 신 당	1	0.1
혁 신 동 지 총 연 맹	13	0.8	재 향 군 인 회	1	0.1
한 국 독 립 당	12	0.8	기　　　타	5	0.3
자 유 법 조 단	8	0.5	합계	1,562	100
			평균경쟁률	6.7 : 1	

자료 : 이정식, 『한국현대정치사 제3권』(서울 : 성문각, 1986), 103～104쪽에서 발췌 재작성.

〈표 4-1〉에서 보는 바와 같이 무소속 입후보자가 전체의 64.5%인 1,009명이나 되었고, 제2공화국 수립에 주도적인 정치세력이었던 민주당이 19.5%인 305명의 입후보자를 냈으며, 혁신정당인 사회대중당이 8.2%인 129명의 입후보자를 내는 등, 모두 15개의 정당·사회단체들이 선거에 참여하였다. 그중에 55명의 입후보자를 낸 자유당과 19명의 입후보자를 낸 한국사회당, 13명의 입후보자를 낸 혁신동지연맹, 12명의 입후보자를 낸 한국독립당을 제외한 나머지 정당·사회단체들은 모두 10명 미만의 입후보자를 내는 데 불과했다.

이러한 제5대 국회의원선거의 가장 두드러진 특징은 보수정당과 혁신정당간의 대결이었다는 점을 들 수 있는데, 사회대중당, 한국사회당, 혁신동지연맹 등이 혁신정당진영을 형성하였다. 제1공화국 시기동안 제대로 정착할 수 없었던 것과는 달리 4·19혁명 이래 정국의 재편성이 불가피하게 되고 특히 이승만정권의 붕괴로 인해 혁신세력의 부활과 활발한 정치적 활동을 가능하게 하였으며, 실제에 있어서 혁신세력은 보수주의적 민주당보다는 더욱 강력하게 4월혁명의 완수를 주장하였다. 특히 선거전에서는 보수진영에 대해 한국정치 현실을 4월혁명의 발생에 이르도록 한 보수정치를 신랄하게 공격함으로써 혁명의 계승권을 획득하고자 노력하였다.

이들 가운데서도 전 진보당의 박기출, 김달호, 윤길중과 전 근로인민당의 김성숙, 유병묵 그리고 전 민주혁신당의 서상일, 이동화 등 3파 합작으로 조직된 사회대중당은 혁신정당으로서는 가장 강력한 정당이었으며, 그 다음으로 한국사회당은 전 민족주의민주사회당의 전진한, 김무진, 전 민주혁신당의 김성수, 안정용, 김 철 그리고 사회당의 성낙훈, 박재하, 박부산, 양우조 등으로 조직되어 두 당은 혁신정당의 주류를 이루었으며 전자가 혁신좌파노선의 성격을 띤 데 반해 후자는 혁신우파노선의 성격을 띤 정당으로 볼 수 있다.[31] 이러한 혁신정당들과 민주당을 비롯한 보수정당들간의 대결이 제5대 국회의원선거의 양상이었다.

혁신정당들은 총선거에 대비하여 민주당과 자유당 등의 보수세력에 대항하기 위한 혁신세력선거대책위원회를 구성하여 연합공천제를 추진한 바도 있으나, 사회대중당이 독자적으로 민의원 후보에 129명, 참의원 후보에 6명을 공천함으로써 결국 실패하고, 다만 혁신동지총연맹과 한국사회당만이 공천을 하였을 뿐 대부분 출마를 철폐함으로써 사실상 분열되었다.

그러나 제5대 국회의원선거는 과거 온갖 수단과 방법으로서 자신의 기반을 확보했던 자유당원들과 그 동조세력이 도처에서 출마하게 되자 4·19혁명의 주체세력으로 자처하는 일반 학생과 시민들이 자유당 관계자의 출마를 반대하여 선거사무소와 가옥을 공격하는 폭력사태가 도처에서 발발하였다.

그 결과 7·29총선거는 관권의 간섭과 압력은 없었으나 그 대신 자유당 세력의 출마제지를 위한 행동대의 자행으로 사상 초유의 폭력과 난동의 선거가 되고 말았다. 전국에서 300여개의 투표함이 방화·파괴되고 선거소송은 무려 1,371건에 달했으며, 이중 민주당 당선자 1명을 포함하여 336건이 제소되었다.[32]

이러한 상황에서 제5대 국회의원선거에는 〈표 4-2〉에서 보는 바와 같이 1천 159만 3천 432명의 유권자 중 84.3%인 977만 8천 921명이 참여하여 이전의 국회의원선거에 비해 매우 낮은 투표율을 보였다.

시도별로는 서울이 가장 낮은 75.4%의 투표율을 보였고, 경남이 83.7%로 두 번째로 낮은 투표율을 보였다. 가장 높은 투표율을 보인 지역은 강원도로 88.9%였고, 그 다음으로 제주도가 88.6%의 투표율을 보였다. 전반적으로 제5대 국회의원선거의 투표율은 제1공화국 시기와는 달리 서울의 75.4%를 제외하고는 80%대의 낮은 투표율을 보였는데, 이같은 상황은 동원된 투표참여가 아닌 자발적 투표참여로 인한 결과라고 해석할 수 있다.

전반적인 선거양상은 민주당과 자유당을 주축으로 하는 보수세력과 사회대중당과 한국사회당 등을 중심으로 하는 혁신세력 및 무소속의 대결로 이루어지는 3파전의 성격을 띠고 있었으나, 실제 선거전은 민주당 내의 신·구

<표 4-2> 제5대 국회의원선거 투표상황

시도\구분	선거인수	투표자수	투표율
서 울	1,109,569	836,419	75.4
경 기	1,298,896	1,108,502	85.4
충 북	646,631	562,470	87.0
충 남	1,169,383	987,359	84.4
전 북	1,105,114	949,687	85.9
전 남	1,616,626	1,376,319	85.1
경 북	1,801,826	1,529,537	84.1
경 남	1,940,109	1,623,682	83.7
강 원	769,474	684,181	88.9
제 주	136,804	121,181	88.6
계	11,593,432	9,778,921	84.3

자료 : 중앙선거관리위원회, 『역대국회의원선거상황(제1~11대)』, 앞의 책, 443쪽에서 발췌 재작성.

파간의 권력투쟁전의 성격을 지니고 있었다. 더욱이 정당간의 정책적인 근본적 차이가 별로 없었을 뿐만 아니라 오히려 보수당인 민주당과 자유당이 혁신계 못지 않는 개혁정책을 내세웠기 때문에 제5대 국회의원선거는 정당간의 정책대결보다는 정파간의 세력투쟁 및 조직싸움이었다.[33]

선거의 결과는 <표 4-3>에서 보는 바와 같이 무소속이 46.8%의 득표율을 얻었고, 민주당이 41.7%의 득표율을 얻음으로써 전체 유권자의 88.5%가 무소속이나 민주당에 대한 지지를 보인 데 비해 불과 11.5%만이 다른 정당·사회단체들을 지지한 것으로 나타났다. 그중에서 사회대중당이 6.0%의 지지를 얻었고, 한국사회당이 0.6%, 통일당이 0.2%의 지지를 얻은 것에 비해 자유당이 2.7%의 지지를 얻은 것은 그나마 기존의 조직이 가동된 결과라고 해석된다. 사실 제5대 국회의원선거는 단순한 의례적인 정치행사의 성격만을 지니고 있었던 것이 아니라 그것은 독재와 부패를 청산하려는 국민의 결의와 요망에 따라 선택된 기회였기 때문에 민주당에 대한 지지도가 높았던 것이다.

구분 시도	민주당	자유당	무소속	사회 대중당	한국 사회당	통일당	기타 단체	계
서 울	475,711	10,471	219,412	23,417	22,394		35,979	787,384
경 기	343,092	52,591	577,365	15,129	4,416		24,664	1,017,257
충 북	178,145	12,500	304,396	13,137	2,398		16,516	527,092
충 남	406,346	29,564	460,351	10,500			5,134	911,895
전 북	373,566	40,934	399,218	36,427	1,753		20,877	872,775
전 남	585,030	41,109	519,027	103,731		14,878	7,630	1,271,405
경 북	585,236	11,174	625,948	177,163	2,020		24,498	1,426,039
경 남	603,163	23,264	681,534	146,771	11,870	2,415	37,113	1,506,130
강 원	217,884	28,353	380,478	14,746			2,684	644,146
제 주	18,228		81,451		13,114		919	113,712
계	3,786,401	249,960	4,249,180	541,021	57,965	17,293	176,015	9,077,835
비 율	41.7	2.7	46.8	6.0	0.6	0.2	1.9	100

자료 : 중앙선거관리위원회, 『역대국회의원선거상황(제1~11대)』, 앞의 책, 448~449쪽에서 발췌 재작성.

선거제도와 정당법

제5대 국회의원선거제도

4·19혁명 이후 국회에서는 대통령 이승만의 즉시 하야(下野)와 내각책임제 개헌, 개헌 후의 민의원 해산 등 당면문제에 대한 결의안을 채택하였다. 그 결의에 따라 1960년 6월 15일 내각책임제에 입각한 개정헌법의 공포와 이 헌법에 따라 국민의 자유의사에 의하여 국회의원을 공정히 선거함으로써 민주정치의 발전을 기한다는 취지[34]에서 국회의원선거법을 제정하여 6월 23일 법률 제551호로써 공포하였다.

〈표 4-4〉에서 보는 바와 같이 새로 제정된 국회의원선거법의 달라진 점은 다음과 같은데,[35] 먼저 선거권을 만 20세로 인하하였고(제10조), 선거인 명부는 정기 직권작성제에 의한 기본선거인명부와 수시 직권작성제에 의한 보

<表 4-4> 제5대 국회의원선거제도

구 분	내 용
국회의원임기	4년(참의원 : 6년, 3년마다 1/2 개선)
선거제도	1구 1인 소선거구제(참의원 : 1구 2~8인, 대선거구제)
선거구 수 국회의원정수	233 233
선출방법	직선
후보등록	추천제 폐지 기탁금 : 30만환(유효투표의 1/5 득표 미달시 몰수) (참의원 : 50만환, 1/7)
선거권	만 20세 이상
피선거권	만 25세 이상(참의원 : 만 30세 이상)
선거인 명부	기본선거인명부와 보충선거인명부 병용 부재자 선거인 명부제
선거운동	인구 1,000명당 1인비율(참의원 : 10,000명당 1인)
당선결정	다수대표제(참의원 : 제한연기제)
선거관리기관	헌법상 독립기관화(위원 : 대법관 중 3인, 정당 추천 6인)

자료 : 중앙선거관리위원회, 『국회의원선거법 변천상황』, 앞의 책에서 발췌.

충선거인명부를 병용토록 하고, 부재자투표를 인정하였으며(제17조), 의원후보자 등록에 있어서는 선거권자의 추천장제도를 폐지하였다(제24조).

또한 선거관리기관인 선거위원회는 헌법에 독립기관으로 규정되었으며(헌법 제75조의 2), 선거위원회법으로서 그 조직 및 기능이 마련되었고, 기탁금은 민의원 후보자는 30만환, 참의원 후보자는 50만환으로 했으며(제29조), 민의원선거의 경우는 당해 선거구의 유효투표의 5분의 1, 참의원선거의 경우는 당해 선거구의 유효투표의 총수를 의원정수로 제하여 얻은 수의 7분의 1에 미달할 때는 국고에 귀속토록 했다(제30조).

아울러 선거구는 시·군·구 단위로 하되 각 선거구의 인구가 비등하게 획정되도록 하였고, 공무원의 선거운동을 금지하였으며, 후보자·사무장·선거운동원은 자유로이 개인 정견발표회나 연설회를 개최할 수 있게 하였다. 또한 제2대 국회의원선거부터 제4대 국회의원선거까지는 기표 후 면전에서 번호지와 투표지를 절취하여 투함토록 되어 있었으나, 새로 제정된 선

거법에는 기표 전에 번호지를 먼저 절취하여 넣고 기표 후에 투함하도록 하였다.[36]

제2공화국 시기 정당법

제2공화국 시기에도 제1공화국과 마찬가지로 단일법 형태의 정당법은 존재하지 않았다. 단일법 형태의 정당법이 제정된 것은 제3공화국에 가서야 일이다. 따라서 제2공화국 시기에도 여전히 미 군정당국이 제정한 「정당에 관한 규칙」만이 존재하였는데, 이에 관해서는 이미 제3장에서 상술한 바 있다.

다만, 제2공화국 시기의 헌법 제13조 2항에 "정당은 법률이 정하는 바에 의하여 국가의 보호를 받는다. 단, 정당의 활동이나 목적이 민주적 기본질서에 위배될 때에는 정부가 대통령의 승인을 얻어 소추하고 헌법재판소가 판결로써 그 정당의 해산을 명한다"고 규정한 것이 고작이었다.

따라서 제2공화국 시기에 와서 헌법상의 보호를 받게 됨에 따라 정당의 활동은 비교적 자유로웠으며, 이로 인해 정당의 설립에 특별한 제한을 받지 않고 정당이 난립되는 다당화현상이 심화되었다. 심지어 정당과 사회단체와의 구분조차 불분명하여 이 시기에 치러진 국회의원선거에는 정당과 많은 사회단체가 함께 참여하는 현상을 보였다.

국회진출정당과 국회 내 정당활동

제5대 국회(1960년 8월 8일 개원)

7·29선거 결과 <표 4-5>와 같이 민주당이 전체 의석의 3분의 2가 넘는 75.1%인 175석을 차지하는 압도적인 승리를 거두었다.[37]

<표 4-5> 제5대 국회 진출정당

구분 시도	민주당	자유당	무소속	사회 대중당	한국 사회당	통일당	기타 단체	계
서 울	15		1					16
경 기	14		11					25
충 북	9		3				1	13
충 남	18		4					22
전 북	18		5	1				24
전 남	29		2			1		32
경 북	28		9	1				38
경 남	31	1	7	1				40
강 원	12	1	6	1				20
제 주	1		1		1			3
계	175	2	49	4	1	1	1	233
비 율	75.1	0.9	21.1	1.7	0.4	0.4	0.4	100

자료 : 중앙선거관리위원회, 『역대국회의원선거상황(제1~11대)』, 앞의 책, 446쪽에서 발췌 재작성.

또한 혁신정당인 사회대중당이 4석, 한국사회당이 1석을 얻었으며, 자유 당이 2석, 통일당과 기타 단체가 각각 1석씩을 얻어 국회에 진출하였다. 그 러나 이들 정당·사회단체들의 의석점유율은 불과 3.8%에 지나지 않았으며, 나머지 21.1%인 49석은 무소속 후보자들에게 돌아갔다.

민주당이 제5대 국회의원선거에서 예상 이상으로 압승한 반면, 혁신세력 의 국회 진출은 부진하였다. 민주당의 압승은 그들의 조직기반의 활용과 더 불어 "독재와 싸운 정당 마음놓고 찍어주자"라는 선거구호와 같이 장기간 야당으로서 자유당독재와 투쟁해온 대가라고도 할 수 있으며, 반면에 혁신 정당이 진출하지 못한 것은 혁신정당이 성장할 수 없었던 당시의 정치적 토 양을 반영하는 것이라고 할 수 있다. 한편 선거의 결과 갑자기 비대해진 민 주당은 대통령 및 내각 구성과 같은 신정부의 권력안배 문제를 둘러싸고 종 래의 신·구파 대립이 격화되어 결국 분당의 과정을 밟게 되었고 이로 인한 정국의 불안정은 경제적 위기와 함께 고조되었다.[38]

1960년 8월 8일 개원식에서 의장단 선출을 놓고 신·구파간의 경쟁은 치

열하게 전개되어 신파측은 의장에 자파의 곽상훈, 부의장에 구파의 이영준, 무소속의 이재형을 내정하고 그들의 당선을 위해 노력했으나, 결국 구파측의 정략이 주효하여 이재형 대신에 구파에 가까운 무소속의 서민호가 부의장으로 선출되어 제5대 국회가 출범하게 되었다.

<표 4-6> 제5대 국회 시기 법률안 처리 결과

구 분	발의수	가결	가결률	부결	폐기	철회	보류	임기종료 폐기
전체	296	70	23.6	0	32	1	0	193
의원발의	137 46.2	30 42.9	21.9	0	30	0	0	77
정부제출	159 53.8	40 57.1	25.2	0	2	1	0	116

구 분	발의수	가결수	가결률
여당발의	51	10	19.6
야당발의	49	2	4.1

자료 : 국회사무처, 『국회사(제헌~제6대)』, 앞의 책에서 발췌.

<표 4-6>에서 보는 바와 같이 제5대 국회에서는 모두 296건의 법률안이 발의되었는데, 그중 의원발의 법률안은 137건(46.2%)이었고, 정부제출 법률안은 159건(53.8%)이었다. 그러나 전체 법률안 중 70건만이 통과되어 가결률은 23.6%로 저조한 것으로 나타났다.

이처럼 가결률이 낮은 것은 제2공화국 정부가 1961년 5·16군사쿠데타로 붕괴됨에 따라 제5대 국회가 불과 9개월만에 해산되었기 때문에 임기종료로 인한 폐기건수가 매우 많았던 데 이유가 있는 것으로 보여진다. 즉 의원발의 법률안 가운데 56.2%인 77건이 임기종료로 폐기되었으며, 정부제출 법률안의 경우는 72.9%인 116건이 임기종료로 폐기되었던 것이다.

제5대 국회의 경우는 양원제로 구성되었다. 따라서 국정감사와 국정조사가 민의원과 참의원에서 별개로 실시되었는데, 민의원의 경우는 모두 13회를 실시했으며, 참의원의 경우는 7회를 실시하였다. 이러한 사실을 볼 때 비록 9개월간의 짧은 기간동안이었지만, 제5대 국회는 의원내각책임제의 정부에 대한 통제기능을 충실히 수행하였다고 할 수 있다.

여·야 정당들간의 입법활동을 통한 경쟁에 있어서는 여당이 51건의 법률안을 발의하여 그중 19.6%인 10건의 법률안을 가결시킨 데 비해, 야당은 49건의 법률안을 발의하였으나 불과 4.1%인 2건의 법률안만을 가결시킴으로써 여당의 활동이 야당에 비해 매우 활발했었음을 알 수 있다. 이러한 결과는 당시 여당인 민주당이 전체 의석의 75.1%를 차지하고 있었기 때문에 나타나는 당연한 결과였다고 할 수 있다.

5
제3공화국의 정당정치

정치체제와 정치문화

1961년 5월 16일 일단의 군장교들에 의해 주도된 쿠데타로 제2공화국은 붕괴되고 박정희가 이끄는 군사혁명위원회는 정권을 장악하자마자 6개항의 혁명공약을 선언하였다. 즉 반공을 국시로 삼고, 미국 및 자유세계 국가와의 우호적 유대를 강화하며, 부패와 구악을 일소하고, 국가경제의 발전을 도모하며, 승공을 통한 국가통일을 유도하며 민정이양 준비를 한다는 내용으로 되어 있는 혁명공약은 제2공화국 시기 동안 문란해진 사회적·경제적·정치적 질서를 회복한다는 데 초점을 맞추었다.[1]

정권을 장악한 쿠데타세력은 비상계엄을 선포한 후 대통령의 사후 승인을 얻었고, 국무총리와 전각료는 사직했으며 국회도 해산되었고 군사혁명위원회가 명칭을 바꾼 국가재건최고회의에 모든 권력이 집중되었다. 기존의 헌법은 효력이 중지되고 그것을 대체하는 국가재건비상조치법이 1961년 6월 6일 제정되었는데, 이 법 제24조에 따르면, "헌법규정 중 이 국가재건비상조치법과 저촉되는 규정은 이 국가재건비상조치법의 규정에 의한다"고 규정되어 있고, 제3조에서는 "국가재건최고회의는 ……국회가 구성되고 정부가 수립될 때까지 대한민국 최고통치기관으로서의 지위를 가진다"고 규정하고 있다.[2] 이어 6월 9일에는 전문 34개조의 국가재건최고회의법이 제정되었으며, 7월 3일에는 최고회의 의장에 박정희가 취임하였다.

1962년 3월 16일 구 정치인의 정치활동적부를 심사하기 위하여 정치활동정화법을 만들어 4,374명에 달하는 인사들의 정치활동을 금지시켰다.[3] 군정이 실시된 지 1년여만에 정권이양을 위한 헌법개정작업이 착수되었는데, 1962년 7월 11일 국가재건최고회의의 특별위원회로서 헌법심의위원회가 발족되어 헌법의 기초작업이 이루어져 11월 5일 국가재건최고회의에 헌법개정안이 상정, 발의되고 그날 공고된 후 12월 17일 국민투표를 거쳐 26일 공포되어 제3공화국의 헌법이 탄생하였다.

제3공화국 시기의 헌법은 전면 개헌으로서 의원내각제의 반동에 의한 대통령제 정부형태를 채택하였다. 대통령은 행정부 수반으로서 국민에 의하여 직접 선출되고(제64조), 4년의 임기동안 탄핵소추를 당하는 경우를 제외하고는 어떤 정치적 책임도 지지 않는다고 하였다. 그러나 1962년의 헌법에 있어 의원내각제의 유산은 완전히 청산되지 못하였다. 즉 국무회의를 단순한 심의기관에 머물게 함으로써(제83조) 의원내각제의 색채를 완화하였으나, 부통령제를 두지 않는 대신에 의원내각제의 상징이라 할 수 있는 국무총리제를 채택하였으며(제84조), 대통령의 국무위원 임명도 국무총리의 제청에 의하게 하였고, 국회는 국무총리 또는 국무위원의 해임을 대통령에게 건의할 수 있도록 하였고(제59조), 국무총리·국무위원은 국회에 출석하여 발언할 수 있도록 하는(제58조) 등 의원내각제적 요소가 남아있었던 것이다.

따라서 제3공화국의 정부형태는 일종의 이원정부로서의 특징을 갖고 있는데, 즉 대통령제의 채택과 더불어 의원내각제적인 요소를 가미하고 있었다. 그러나 대통령은 절대적으로 우월한 지위를 차지하고 있었으며, 정당의 당원으로서 당수를 겸하고 있었으므로 강력한 권한을 행사할 수 있었다. 결국 입법부와 행정부에 대한 권력균형관계에 있어서 행정부쪽으로 기울게 되는 불균형의 정부형태였기 때문에 일종의 신대통령제 요소가 가미된 절충형의 정부형태라고 할 수 있다.[4]

이러한 제3공화국 시기의 헌법에는 정당국가적 조항과 왜곡된 비례대표제를 채택하고 있는데, 이는 의회주의에 대한 회의에서 수용되었다는 점에 문제가 있다.[5] 즉 민주화가 아니라 사회적 현상유지 위에서 사회와 국가에 있어서의 기존 권력질서를 안정화시키려는 정치적 목적에서 도입되었던 것이다.[6]

이러한 조항들에 힘입어 혁명주체세력들이 1963년초에 창당한 민주공화당은 1963년 10월 15일 제5대 대통령선거를 맞아 박정희를 대통령후보로 지명하여 당선시키고, 이어 11월 26일에 실시된 제6대 국회의원선거에서 승리하여 여당의 지위를 얻게 되었다. 그러나 민주공화당의 역할은 시간이 흐를수록 약화되어갔다. 창당과정에서부터 박정희의 정치적 지배하에 있었던 민주공화당은 급속한 조국근대화, 즉 경제성장을 추진하는 과정에서 박정희는 기술관료들에게 크게 의존했으며, 이를 위해 정치적 고려보다는 행정적 효율성을 앞세웠기 때문에 민주공화당이 제3공화국 시기동안 정치를 주도할 가능성은 처음부터 제한되어 있었다. 따라서 민주공화당은 시간이 흐를수록 권력의 원천이 되기보다는 정부의 하수인으로 전락해갔으며, 박정희 개인의 권력확대를 위한 도구로 사용되었던 것이다.[7]

그러한 이유에서 의회주의에 대한 거부감을 갖고 있었던 제3공화국 시기의 집권세력들은 반의회주의적인 경향을 더욱 강하게 띠게 되었다. 실제로 단호한 반공정책하에서 사회의 파괴적 요소를 조사하고 민중에 대한 정부체제를 강화한다는 이유로[8] 설치된 중앙정보부는 정치권 전체를 영향력하에 묶어놓고 야당은 물론 여당에 대한 정치공작도 강화하였다. 특히 박정희에 대한 잠재적 경쟁자의 선두에 서 있던 김종필의 세력이 민주공화당 내에 다수를 차지하자 이를 견제하기 위하여 대통령 비서실장 이후락과 김형욱 중앙정보부장을 활용한 것이 이를 잘 설명해준다.[9]

이러한 과정을 거쳐 권력은 점차 박정희 개인에게 집중되어갔으며, 이에 따라 제3공화국 시기의 정치체제는 권위주의가 강화되는 방향으로 변화하기 시작했다. 더욱이 1962년부터 추진하기 시작한 제1차 경제개발 5개년계획이 끝난 1966년의 시점에서 볼 때 연평균 8.3%의 경제성장률을 기록하였고, 제2차 기간에도 연평균 11.3%의 높은 경제성장률을 보임으로써 국민의 경제적 욕구가 어느 정도 충족되어 이른바 조국근대화의 국가목표를 달성해가고 있다는 평가와 함께, 조국근대화작업의 완성이라는 지상명령을 수행하기 위한 강력한 리더십의 필요성이 역설되었고, 이와 함께 3선개헌문제가 거론되기에 이르렀다.[10]

이에 박정희는 1969년 7월 25일 "개헌문제를 통해 나와 정부에 대한 신임을 묻겠다"는 특별담화를 발표하였고, 민주공화당 내에서는 3선개헌에 대한 당론조정작업에 들어가 반대의 입장에 있던 김종필 세력을 제어하고 122명의 민주공화당 의원의 이름으로 8월 7일 3선개헌안을 국회에 제출하였다. 이 개헌안의 골자는 대통령의 계속 재임은 3기에 한한다고 규정하였으며(제69조 3항), 국회의원의 수는 150인 이상 250인 이하의 범위 안에서 법률로 정한다고 하였고(제36조 2항), 국회의원은 국무총리·국무위원의 겸직이 가능하도록 법률에 위임하고(제39조), 대통령에 대한 탄핵요건을 강화함으로써(제61조 2항) 사실상 국회의 견제를 무력화하였다.[11]

이러한 3선개헌안은 1969년 9월 14일 새벽에 국회 별관 특별회의실에서 기습통과되었고, 9월 15일에 정부로 이송되어 10월 17일 국민투표를 거쳐 10월 21일 공포되었다. 이로써 그나마 외형적인 가능성을 보여주었던 정당정치나 민주주의의 소멸을 가져왔으며, 박정희 일인 지배체제가 구축되었다.[12]

이후 1971년 제7대 대통령선거를 통해 박정희는 다시 한번 집권에 성공하지만, 국민의 지지는 4년 전에 비해 크게 약화되었고 신민당 후보로 나온 김대중이 '향토예비군제도의 무조건 폐지'와 '대통령중임제한' 등을 주장하여 불과 100만표 미만의 표차로 패함에 따라 박정희는 심각한 위협을 느끼게 되었다. 이어 실시된 제8대 국회의원선거에서도 민주공화당이 48.7%의 득표율을 보인 데 반해 신민당이 44.3%의 득표율을 보임으로써 장기집권 가능성이 더욱 희박해지고 있음을 실감하게 되었다.

이에 박정희는 "현 시점에서 우리 민족의 지상과제인 조국의 평화통일을 위한 남북대화를 뒷받침하기 위하여 북한을 능가하는 국력을 배양할 수 있도록 우리 정치체제를 비상적 방법으로 혁신하여 국력의 조직화를 기한다"는 명분하에서 1972년 10월유신을 단행함으로써 제3공화국 시기의 정치체제를 스스로 붕괴시키고 더욱 권위주의화된 체제인 이른바 유신체제로 불리는 제4공화국을 출범시키게 된다.[13]

이러한 제3공화국 시기의 정치문화도 제1, 2공화국 시기의 정치문화와 비교해볼 때 근본적으로는 큰 차이가 없었고, 그 밑바탕에는 역시 유교의 영향과 그로 인한 권위주의, 가족주의, 연고주의 인습이 남아있다고 볼 수 있다.[14] 특히 제3공화국 초기에는 전통적이고 권위주의적인 성격이 강하였고, 이러한 권위주의는 가족주의 및 연고주의와도 상통되는 것이었다.

한국의 정치가와 관료들은 혈연집단, 출신지, 출신학교 등 제1차적 집단을 중심으로 한 패쇄적 가치관에서 완전히 벗어나지 못하였고, 특히 전통적인 가족 중심의 생활방식을 고수하려 하였다. 이러한 사회에서는 조직의 장은 그 조직을 가부장적으로 운영하기 쉬우며, 정부관료들은 공직을 사유물로 생각하는 경향이 강하다. 그럼으로써 공사(公私)의 구별이 없이 혼돈되는 현상이 나타나게 된다. 더욱이 조직의 책임자는 부하들의 전인격적 복종을 강요하게 되어 양자의 관계는 전인격 대 전인격의 관계가 된다.[15]

그러나 제3공화국 후기에 들어와서는 경제적, 사회적 발전에 따라 정치문화도 변화의 조짐을 보이게 된다. 특히 제3공화국 시기동안 추진된 경제개발 5개년계획의 성과와 더불어 자연히 교육보급률도 증가되고 신문, 텔레비전, 라디오 등의 매스미디어의 역할도 대폭 증가되었으며 도시화도 급속히 추진되었다. 또한 사회집단의 조직과 기능이 근대화과정에서 많은 변화를 겪고, 그 변화는 집단형성의 주요한 전통이었던 혈연성과 지연성의 영향력을 점차 감소시키는 반면, 이익성과 조직성의 영향력을 증대시킴으로써 집단조직의 전문화와 제도화 경향이 현저히 나타나고 있다. 특히 혈연집단인 가족의 변화가 가장 현저하게 나타나고 있는데, 대가족제는 핵가족 또는 소가족제로 변모하고 있다. 지역집단도 거주의 근접성, 인접성 및 이웃성이라는 특색이 점차 소멸되고 보다 넓은 지역에로의 집단화가 일어나고 있다.[16]

따라서 사회, 경제개발의 추진과 함께 정치문화도 소위 향리형 정치문화에서 신민형 정치문화로, 신민형 정치문화에서 참여형 정치문화로 이행되기 시작했다고 볼 수 있으며, 비록 정치활성화는 별로 안되었음에도 불구하고 정치문화는 상대적으로 근대화되었다고 할 수 있다.[17]

그러나 이 시기에 서베이(survey)방법을 사용하여 이루어진 조사 결과를 보면, 여전히 정치문화는 참여적이지 못하다는 결론이 내려진다.[18] 조사 결과 한국인의 상당수가 향리형에 포함되며, 신민형적 행태를 보여주는 사람도 다수 나타나는데 반하여 참여형에 속하는 사람의 비율은 상대적으로 낮게 나타났고, 신민형과 향리형에 속하는 사람들의 비율은 비슷하게 나타났다.

따라서 제3공화국 시기의 정치문화도 이전의 시기와 마찬가지로 신민형과 향리형이 주류를 이루며 혼합된 정치문화의 특성을 보인다고 할 수 있다. 이 제3공화국 시기의 정치문화의 특징은 ① 비교적 권위추종성, ② 자발적인 참여성향의 미약성, ③ 적극적 정부의 기대경향, ④ 인물위주적인 정치정향, ⑤ 상호신뢰 전통의 미약성 등으로 요약할 수 있다.

정당의 이데올로기

제3공화국 시기에는 제6대 국회부터 제8대 국회까지가 포함되며, 이 기간 동안 줄곧 민주공화당이 여당의 위치를 지키는 가운데 야당의 이합집산이 계속 이어지는데, 먼저 민주공화당의 정강정책[19]을 살펴보기로 한다.

5·16군사쿠데타의 주체들이 중심이 되어 결성한 민주공화당[20]은 강령에서 ① 3·1정신을 받들어 4·19 및 5·16혁명의 이념을 계승하고 민족적 주체성을 확립하여 자유민주주의 정치체제의 확립을 기함, ② 자유경제체제의 원칙 아래 합리적인 경제계획으로 조속히 후진성을 극복하고 민생고를 해결하여 국민생활수준의 향상을 기함, ③ 민주적 인간성을 함양하고 사회복지제도를 확충함으로써 청신하고 명랑한 사회건설을 기함, ④ 교육의 발전, 언론의 창달 및 민족문화의 보호육성과 과학기술의 진흥으로써 문화수준의 향상을 기함, ⑤ 모든 영역에 걸쳐 승공(勝共)을 위한 국력을 함양하여 민족적 숙원인 국토통일을 기함, ⑥ 유엔헌장을 비롯한 국제협약을 준수하며 국제사회와의 유대를 강화하여 항구적인 세계평화와 안전에 기여함 등을 밝히고 있다.

강령에서 밝히고 있는 바와 같이 민주공화당은 자유민주주의 정치체제의 확립, 자유경제체제의 원칙과 승공을 표방하는 보수정당임이 확연하다. 민주공화당이 자유민주주의를 신봉하는 정당이라는 사실은 기본정책에서 그 성격이 더욱 분명해진다.

민주공화당의 기본정책[21]은 「1. 민주정치의 실현」(4개항), 「2. 자립경제의 확립」(13개항), 「3. 사회안정 및 복지의 증진」(8개항), 「4. 교육문화의 향상」(8개항), 「5. 적극외교의 추진」(6개항), 「6. 국방력의 강화」(6개항), 「7. 국토통일의 촉진」(7개항) 등 모두 7개 분야로 되어 있다. 그중에서도 「자립경제의 확립」 분야에 다른 분야보다 많은 항목의 정책들이 제시되어 있는 것으로 볼 때 민주공화당의 정책은 경제의 자립화[22]에 중점을 두고 있음을 알 수 있다.

이러한 기본정책에서 민주공화당은 "헌법을 존중하고 국민의 기본권을 보장한다"로 시작되는 「민주정치의 실현」을 위한 정책을 제시한 데 이어 「사회안정 및 복지의 증진」 분야에서도 "민주적 인간성을 함양하고 국민도의의 앙양을 기한다"(제1항)고 밝히고 있으며, 「교육문화의 향상」 분야에서는 "민주국민의 자질 향상과 자유인으로서의 인간성 함양을 도모한다"(제1항)를 비롯해 학문의 자유 보장(제5항)과 언론의 자유 보장(제8항) 등을 표방하고 있다. 이러한 정책들은 명목상 기본권 및 자유의 보장이라는 민주주의에 충실한 정책들이라고 할 수 있다.

아울러 민주공화당은 「국방력의 강화」 분야에서 "자유우방과의 군사적 유대를 공고히 한다"(제1항)는 것을 분명히 하면서 「국토통일의 촉진」 분야에서는 "정치, 경제, 사회, 문화 등 모든 영역에 걸쳐 승공(勝共)태세를 강화한다"(제1항)와 "승공통일을 위한 민족의 정신적 무장을 강화한다"(제3항)를 명시하여 승공을 강조하고 있다. 이러한 정책들을 볼 때, 과거의 정당들이 반공을 표방한 것에 반해 민주공화당은 반공에서 한걸음 더 나아가 승공을 표방하고 있다는 점이 눈에 띈다.

이와 같은 정강정책의 내용으로 보아 민주공화당은 승공을 바탕으로 한 자유민주주의 이데올로기를 신봉하는 보수정당이며, 이러한 자유민주주의 이데올로기는 제3공화국 시기에 국회에 진출한 모든 정당에서 확인된다.

먼저 제6대 국회에 진출한 야당들로는 민정당(民政黨), 민주당, 자유민주당 그리고 국민의 당을 들 수 있는데[23], 이러한 정당들도 한결같이 자유민주주의를 신봉하는 보수정당들이다.

민정당의 정강정책을 보면,[24] 먼저 7개항으로 되어 있는 정강의 제1항에서 "진정한 자유민주주의에 입각한 새 시대 창조의 선구자가 된다"고 하고, 제3항에서는 "국민자본주의에 입각한 자유경제체제를 확립하고 안정기조 위에 경제성장의 증대를 도모하고 자립경제의 터전을 마련한다"고 하여 자유민주주의를 지향하는 정당임을 분명히 밝히고 있다.

또한 「의회 및 행정정책」, 「경제정책」, 「사회정책」, 「문교정책」, 「외교 및 국방정책」 등 5개 분야로 나누어 제시한 정책에 있어서도 민정당의 이데올로기가 자유민주주의임을 확인할 수 있다. 특히 민정당은 「경제정책」 분야의 '1. 자주민주 경제체제 확립'에서 '국영기업체의 점차적 민영화'(제1항),

'기간산업에의 민간투자의 유치'(제2항), '물가통제의 원칙적 배격, 자유시장을 통한 가격조절'(제3항) 등을 제시하고 있어 자본주의경제체제의 지향을 강력히 표방하고 있다.

한편 민주당도 "일체의 독재와 독선을 반대하고 진정한 자유민주주의의 기수가 된다"(제1항)와 "창의와 자유를 기저로 하는 자유경제체제하에 안정과 성장으로 현대적 복지사회를 이룬다"(제3항)는 내용을 담은 5개항의 정강을 제시하고 있다.25) 이같은 정강은 민정당과 유사한 것으로서 자유민주주의 이데올로기의 표현이라고 할 수 있다.

이러한 민주당은 정강에서 통일과 관련하여 "국력을 배양하고「유엔」과 민주우방과의 유대를 강화하여 자유사회의 기본질서하에 국토통일을 촉진시킨다"(제5항)고 함으로써 자유민주주의에 대한 분명한 신념을 밝히고 있는데, 이것은 정책26)의「외교국방정책」분야에서 '승공을 위한 거국적 태도를 확립하고「유엔」을 위시한 외교강화에 의한 국토통일'을 마지막으로 제시하고 있는 것으로 다시 한번 확인된다.

자유민주당의 정강정책도 다른 정당들과 마찬가지로 자유민주주의 이데올로기를 바탕으로 하고 있다. 먼저 정강에서 "조국의 빛나는 전통을 영원히 계승하고 자유민주주의 정치제도를 확립하여 자유평등의 사회를 건설한다"(제1항), "개인의 인권, 재산권을 극력 보호하여 모든 경제활동을 자유롭게 함으로써 국가의 산업발전에 원동력이 되게 하여 부강한 조국을 중건한다"(제2항)고 밝혀 자유민주주의를 지향하고 있음을 강조하고 있다. 또한 정책의「산업경제정책」분야의 '일반 정책'에서 "근검절약의 미풍을 진작하여 개인자본의 축적을 적극 장려한다"(제1항)는 것을 서두에 밝혀 자본주의경제의 발전을 추진하겠다는 의지를 보여주고 있다.27)

한편 국민의 당 역시 5개항으로 되어 있는 정강의 제1항에서 "폭력혁명과 독재정치를 물리치고 자유민주주의의 터전에서 민주정치 제도를 바로 세워 맑고도 바른 정치의 기강을 세운다"고 하였고, 제2항에서는 "개인의 창의와 기업의 자유를 바탕으로 자유경제체제하에 온 국민이 고루고루 잘 살 수 있는 자립경제의 달성으로 복지사회를 마련한다"고 하여 다른 정당들과 대동소이(大同小異)함을 보이고 있다.[28]

또한 기본정책[29]에 있어서도 국민의 당은 다른 정당들과 마찬가지로 자유민주주의 이데올로기를 지향하고 있다. 특히 「정치」 분야의 정책의 경우 "진정한 민주적 대의정치체제를 확립하고 호헌, 준법정신의 구현을 기한다"(제1항), "평화적 정권교체의 정치공도(政治公道)를 확립하고 일체의 폭력혁명과 독재정치는 이를 배격한다"(제2항), "국민의 기본인권의 옹호는 물론특히 언론, 출판, 집회, 결사의 자유를 보장한다"(제3항)고 하였으며, 「산업경제」 분야의 정책에서도 "국민생활의 향상과 기본수요의 충족을 기하기 위하여 자유경제원칙하에 자립경제의 달성을 기한다"(제1항)고 밝히고 있다.

이렇듯 정강정책상 제6대 국회에 진출한 정당들은 모두 자유민주주의 이데올로기를 지향하는 보수정당들임을 알 수 있다. 따라서 이들 정당들간의 이데올로기적 분열현상을 찾아볼 수 없다.

제7대 국회에서도 민주공화당이 여당의 위치를 지키는 가운데 제1야당으로 신민당이 등장하게 된다.[30] 통합야당인 신민당은 통합 당시 통합선언문 및 통합결의문과 함께 ① 의회민주주의의 실현, ② 공명선거의 확립, ③ 선명야당의 구현, ④ 보복행위의 배제, ⑤ 국제신의의 엄수, ⑥ 자유경제체제의 확립, ⑦ 민족국가의 완성 등으로 되어 있는 공약7장을 발표한 바 있는데,[31] 여기에서 알 수 있는 것처럼 신민당은 의회민주주의의 실현을 최우선의 과제로 제시하는 한편 자유경제체제의 확립을 주장하는 보수정당임이 분명하다. 이러한 신민당의 이데올로기의 보수성은 1968년 5월 20일에 개정발표한 강령과 정강 그리고 당면정책을 통해 더욱 분명해진다.[32]

신민당의 강령을 보면, 다음과 같이 5개항으로 되어 있다.[33]

1. 우리 당은 자유와 인권을 존중하는 민주주의의 기초 위에서 모든 독재를

배제하고 제도와 기구를 쇄신하여 민주국가의 완성을 기한다.

1. 우리 당은 사회정의에 입각한 대중경제를 지향하여 독점을 방지하고 자유와 계획을 조정함으로써 민생의 안정을 기한다.
1. 우리 당은 국민 누구나의 생존을 보장하며 그 노력에 따라 적정한 보수가 분배되는 사회제도의 확립을 기한다.
1. 우리 당은 모든 사회악을 제거하고 전통에 입각한 신문화 창조를 선도하여 새로운 민족정신의 진작을 기한다.
1. 우리 당은 자유우방과의 유대를 공고히 하며 자유역량의 배양으로 민족주체성에 입각한 민주적 평화통일을 기한다.

또한 정강에서는 ① 국토통일의 실력태세 확립, ② 민주주의의 구축과 국정개혁, ③ 대중경제의 질서확립, ④ 복지사회의 건설, ⑤ 도의확립과 교육의 쇄신, ⑥ 국방태세의 정비강화, ⑦ 자주실리외교의 적극적 전개 등 7개항을 밝히고 있다.[34]

한편 신민당은 「제1장 국토통일의 방침」, 「제2장 정치」, 「제3장 경제」, 「제4장 사회」, 「제5장 교육문화」, 「제6장 국방」, 「제7장 외교」 등 모두 7개 장으로 되어 있는 장문(長文)의 당면정책을 제시하고 있다.[35] 그중 「제2장 정치」는 '1. 민주정치 질서의 확립', '2. 민주사법 질서의 확립', '3. 민주행정 질서의 확립' 등 3개 분야로, 「제3장 경제」는 '1. 경제개발과 대중경제의 질서확립', '2. 조세정책의 개혁', '3. 건전재정의 확립과 금융의 민주화', '4. 외자도입과 무역정책', '5. 공업화체제와 지하자원개발', '6. 농업정책의 혁신', '7. 수산업과 산림정책', '8. 통신과 교통경제' 등 8개 분야로 세분하여 구체적인 정책을 제시하고 있다.

이렇듯 신민당은 자유와 인권을 존중하는 민주주의의 기초 위에서 민주국가를 건설하는 것을 강조하고 있는데, 이것은 신민당이 자유민주주의를 신봉하는 정당이라는 증거이다. 실제로 신민당은 당의 성격에서 "우리 당은 자유민주주의를 수호하는 정당이다"(제1항)라고 스스로 밝히고 있어 이러한 평가를 더욱 뒷받침하고 있다.36)

그런데 한 가지 주목할 만한 것은 신민당이 대중경제(大衆經濟)를 강조하고 있다는 점이다. 강령의 두 번째에서 '사회정의에 입각한 대중경제를 지향하여……'라고 밝히고 있고, 정강의 3항에서는 '대중경제의 질서확립'을 설명하고 있을 뿐만 아니라 당의 성격 3항에서도 "우리 당은 대중경제체제의 확립을 지향하는 정당이다"라고 규정하는가 하면, 당면정책 「제3장 경제」에서도 '1. 경제개발과 대중경제의 질서확립'을 제시하고 있다.

이처럼 신민당이 강조하는 대중경제는 그 내용을 살펴보면 한마디로 말해 혼합경제라고 할 수 있다. 강령에서 신민당은 "사회정의에 입각한 대중경제를 지향하여 독점을 방지하고 자유와 계획을 조정함으로써 민생의 안정을 기한다"고 하여 대중경제의 지향이 독점의 방지와 자유와 계획의 조정을 통해 민생을 안정시키는 것으로 설명하고 있는데 이것은 정강에서 더욱 분명해진다. 정강의 '3. 대중경제의 질서확립'에서 "……모든 반민주적 경제질서를 일소하고 민주질서에 입각한 대중경제체제를 확립할 것이며…… 개인의 창의와 기업의 자유를 경제의 기저로 하되 경제의 독점화, 부의 편재는 가치평등의 원칙에서 이를 조정한다"라고 밝히고 있어 대중경제체제란 개인의 창의와 기업의 자유를 기저로 하되 경제의 독점화와 부의 편재를 가치평등의 원칙에서 조정하는 체제임을 설명하고 있는 것이다.

또한 당의 성격에서도 "우리 당은 현하(現下)의 경제체제가 농민·노동자에 대한 무자비한 수탈과 중소기업의 희생 위에 관료 특권재벌들의 독점적 치부를 위하여 봉사하는 반민주적이고 반대중적인 것임을 명백히 한다. 우리 당은 합리와 시장기능에 의한 자유경제의 원칙을 존중하는 동시에 우리나라의 경제건설의 방향을 무엇보다도 농민경제의 발전의 기초 위에 건전한 공업화를 추진할 것이며 민주주의의 기초부대인 중산계층의 이익을 중점적으로 대변하며 노동자의 권익을 보호하여 절대 다수의 국민이익을 발전시키는 대중경제체제의 확립을 기할 것을 다짐한다"고 밝혔다. 결국 신민당이 강조하는 대중경제는 관료 특권재벌의 독점적 치부를 초래한 반민주적이고 반대중적인 경제를 자유경제의 원칙하에, 농민경제의 발전의 기초 위에서 건전한 공업화를 추진하고, 중산계층의 이익을 중점 대변하면서 노동자의 권익을 보호함으로써 절대 다수의 국민이익을 발전시키겠다는 경제정책인 것이다.[37)]

그러나 이처럼 독특한 경제정책을 제시했음에도 불구하고 신민당의 이데올로기는 자유민주주의에 경도된 보수성에서 결코 벗어나지 못하고 있음은 부인의 여지가 없다.

이에 반해 제7대 국회에서 1석을 차지한 대중당은 민주공화당이나 신민당과는 달리 민주사회주의를 표방하는 혁신정당이다.[38)] 대중당은 '1. 우리 당의 이념', '2. 우리 당의 성격', '3. 우리 당의 노선' 등 3부분으로 되어 있는 강령에서 민주적 사회주의를 당의 이념으로 분명히 밝히고 있다. 대중당은 "인도주의에 근거를 두고 있으며 민주적 독립과 시민의 자유와 평등 사회정의라는 기본적 가치의 실현을 추구하는 사상이요, 운동"으로 민주사회주의를 규정한다.[39)]

이러한 이념에 따라 대중당은 '3. 우리 당의 노선'에서 자유와 평등을 이상으로 하는 민주적 사회주의 정치체제의 확립과, 일당독재를 일삼는 공산주의와 기타 모든 독재세력을 배제하고 참다운 민주정치의 실현을 목표로 하는 한편, 사적 이윤추구를 기본법칙으로 하는 자유자본주의적 경제체제를 시정하고 공익우선과 자유경쟁을 조화한 민주적인 사회경제체제의 확립을 추구하며, 완전고용의 달성, 사회보장의 충실, 국민소득의 인상 균등화를 통하여 점진적으로 복지국가건설을 기할 것임을 밝히고 있다.

이처럼 민주사회주의를 지향하는 대중당은 정책에 있어서도 당의 이념과 노선을 재확인하고 있다. 특히 「2. 경제」 분야의 정책 제1항에서 "모든 사적 이윤추구는 공익에 우선할 수 없으며 불순자본의 형성이나 독점재벌의 횡포는 이를 단호히 배격한다"고 하였고, 「3. 사회」 분야의 정책에서도 "근로대중은 일할 권리와 사회적으로 자주생활할 수 있는 보수를 받을 권리와 또는 그 기업경영과 이익분배에 참여할 권리를 부여하도록 적극 노력한다"(제1항), "노동운동을 완전 자주화하고 노동단체의 정치참여를 자유화하며 국제노동운동기구의 가입을 적극 추진한다"(제2항) 등의 진보적인 정책들을 제시하고 있다.[40] 이러한 대중당이 진출함으로써 제7대 국회는 2개의 보수정당과 1개의 혁신정당으로 출범하게 되지만, 대중당의 세력이 워낙 열악하여 이데올로기의 분열현상이 두드러지지는 않는다.[41]

한편 제8대 국회에는 역시 집권여당인 민주공화당과 3선개헌에 대한 반대투쟁으로 1969년 9월 7일 해산했다가 13일만인 1969년 9월 20일에 재창당한 신민당[42]이 각각 원내 1, 2위를 점한 상태에서 국민당과 민중당이 1석씩을 차지하여 진출하게 된다.

재창당한 신민당은 처음 창당시의 강령을 그대로 제시했고, 다만 정책에 있어서는 기본정책과 당면정책으로 나누어 구체적인 정책들을 제시하고 있으나,[43] 내용상 이전과 마찬가지로 보수정당의 색채를 버린 것은 아니었다.

"우리 신민당은 자유와 평등 그리고 인간다운 생활의 실현을 위해 투쟁하는 진정한 민주주의정당이다……"라고 시작되는 전문과 함께 신민당은 '자유민주질서의 확립', '대중경제체제의 확립', '민주통일·자주외교의 실현', '국방태세의 완비', '복지사회의 구현', '인간의 완성·민족문화의 창달' 등을 기본정책으로 제시하고 있다. 이러한 기본정책에서도 알 수 있는 바와 같이 재창당한 신민당 역시 언론·집회·결사·신앙의 자유를 국민의 기본적인 권리로 규정하고 자유와 권리를 침범할 수 없도록 헌법적인 보장을 확립하는 것에 중점을 두고 있는 자유민주주의를 지향하는 보수정당이다.

한편 국민당[44]과 민중당[45]도 다른 정당들과 마찬가지로 자유민주주의를 지향하는 정강정책을 제시하고 있어 제8대 국회의 정당들간에 이데올로기의 분열현상은 찾아볼 수 없다. 먼저 국민당은 7개항으로 되어 있는 강령의

제1항에서 "인간의 존엄과 자유·평등을 이념적 내용으로 하는 진정한 민주주의를 모든 국가활동과 국민생활의 기본원리로 삼고 독재정권의 타도와 사회정의의 실현을 위하여 투쟁한다"라고 밝히고 있다.[46] 민중당도 정강정책에서 자유민주주의를 신봉하고 있음을 분명히 하고 있다.

이렇게 볼 때 제3공화국 시기에 국회에 진출한 정당들은 제7대 국회의 대중당만을 제외하고 모든 정당들이 자유민주주의를 지향하는 보수정당들이며, 민주사회주의를 표방했던 대중당마저도 신민당에로의 흡수통합이 이루어지는 것을 볼 때 제2공화국 시기와는 달리 이데올로기의 분열현상이 두드러지지 않았다는 결론을 내릴 수 있다.

주요 정당의 조직구조

민주공화당

5·16군사쿠데타로 정권을 장악한 군사정부는 김종필을 중심으로 정치활동 재개에 1년 앞서 민주공화당을 사전조직[47]한 후 1963년부터 근대적 정당을 표방하며 사무국[48]을 중심으로 하는 강력한 원외정당체제를 구축하였다. 이른바 이원조직(二元組織)으로 불리는 민주공화당의 조직원리는 사무국조직과 원내대표기구를 전혀 다른 차원의 조직으로 분리하여 후자에 대해 전자의 우위를 확보하려던 것으로 일종의 '사무국집권적' 조직원리였다.[49]

〈그림 5-1〉에서 보는 바와 같이 사무국조직은 중앙을 정점으로 시·도의 지구당으로 뻗치며, 특히 도의 저변조직인 기간핵심조직은 점조직 원리에 따라 리, 동 및 자연부락까지 침투하고 있다. 또한 사무국을 중심으로 하는 집행기관과 각급 위원회를 중심으로 하는 의결기관을 별개로 두고 있으면서 각 단계에서 상호병렬적·대칭적 관계를 갖도록 하고 있다. 집행기관의

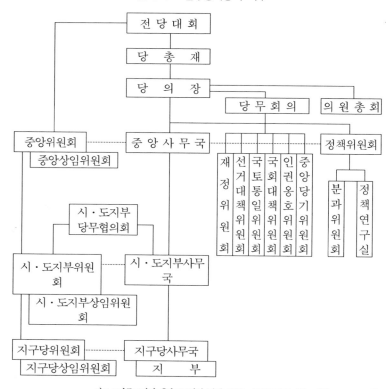

<그림 5-1> 민주공화당의 기구

전 당 대 회

당 총 재

당 의 장

당 무 회 의 　 의 원 총 회

중앙위원회

중앙상임위원회

중 앙 사 무 국

재정위원회　선거대책위원회　국토통일위원회　국회대책위원회　인권옹호위원회　중앙당기위원회

정책위원회

분과위원회　정책연구실

시·도지부
당무협의회

시·도지부위원회

시·도지부상임위원회

시·도지부사무국

지구당위원회

지구당상임위원회

지구당사무국

지 부

자료 : 민주공화당, 『민주공화당4년사』(서울 : 민주공화당기획조사부, 1967), 679쪽.

경우는 당총재로부터 지구당사무국에 이르기까지 단일한 수직적 명령계통을 유지하고 있고, 의결기관의 경우도 별개의 명령계통으로 이어져 있다. 그러면서 중앙위원회와 중앙사무국, 시·도지부위원회와 시·도지부사무국, 지구당위원회와 지구당사무국이 상호 대등적으로 설치되어 있는 것이다.

이같은 조직으로 출발한 민주공화당은 1963년 8월말 현재 70만 6천 11명 당원을 확보하였으나, 3년 뒤인 1966년 11월 21일 중앙연수원 준공 당시에는 150만명의 당원을 확보하였으며,[50] 한때는 1,500명의 대규모 사무당원을 두어 전국의 여론을 수렴하게 하고 이를 바탕으로 정책을 수립하려는 의욕을 보여[51] 자못 대중정당으로서의 면모를 갖추고자 노력하였다. 무엇보다도 '당에 의한, 당을 통한 정치'를 표방했던 이원조직은 원내 및 국회의원이 중심이 되었던 종래의 정치구조에서 볼 때 가히 혁명적이었다.[52]

이처럼 조직원리에 있어서는 국민의 정당을 지향하고 당내 파벌이나 계파의 존립을 허용하지 않았지만, 현실적으로는 창당과정에서부터 파벌의 소지를 안고 출발함으로써 민주공화당도 다른 정당들과 마찬가지로 파벌간의 대립·갈등이 나타나게 된다. 특히 사무국이 전국적인 당조직을 주도하는 이원조직에서부터 이질성이 내포되었던 것이다.

민주공화당은 〈표 5-1〉에서 보는 바와 같이 각기 출신배경을 달리하는 인적 구성을 바탕으로 결성됨으로써 파쟁의 가능성이 높았는데, 1963년 1월 창당준비를 위한 발기모임에 참여했던 인사들 중에는 ① 육사 8기생을 중심으로 한 쿠데타 주체세력들과, ② 민간인 발기인들 중 노장층, 그리고 ③ 민간인 발기인들 중 소장층 및 중앙과 지방의 사무국 간부들로 부류가 정해져 있었다.[53] 바로 이들이 뒤에 민주공화당의 주류, 비주류, 당료파로 불리게 된다.

〈표 5-1〉 민주공화당의 파벌(1963년 창당당시)

주류계(김종필계)	당료계	반김종필계	구 민주·신민계	구 자유당계
김종필	예춘호	장경순	민관식	김성곤
김용태	정태성	오치성	박준규	김진만
김동환	김호칠	강상욱		현오봉
신윤창	박규상	조창대		최치환
길재호		조남철		구태회
이병희		(5월동지회)		
서상린				
김택수				

자료 : 박종성, 『정치는 파벌을 낳고 파벌은 정치를 배반한다』(서울 : 한울, 1992), 75쪽.

이러한 민주공화당 내의 파벌은 발기 전부터 이미 쿠데타 주체세력들 사이에서 발생하였다. 김종필의 구상인 이원조직기구안에 대해 김동하 등 군 출신 발기위원들은 당기구의 일원화를 주장하며 이른바 반(反)김종필세력을 형성하여 당내 헤게모니를 장악하고자 하였으나 김종필을 지지하는 사무당원들 때문에 뜻을 이루지 못하게 되자, 1월 21일 최고위원직과 발기위원직의 사퇴를 선언하였다. 이를 계기로 김윤근 등 해병대 출신 최고위원들의 결속이 강화되었으며, 이때부터 최고회의와 당 사이에 당기구 수정문제로 인한 갈등이 빚어졌다.

그 결과 당 내분 직전까지 이른 상황에서 고립화된 김종필은 24일 발기위원장직의 사퇴의사를 표명하게 되고, 박정희 최고회의의장은 최고위원들에게 민주공화당의 분규를 수습하도록 지시함으로써 김종필계와 반김종필계의 충돌은 간신히 피하게 되었다. 27일 발기위원회에서 무조건 단합에 뜻이 모아져 김동하와 김종필의 사표를 반려하기로 결정하고 양 파의 묵계로 일단 휴전이 합의되었으나, 묵계의 파기로 결국 '김종필 구상'대로 창당작업이 진행되었다.54) 1963년 2월 김종필이 창당준비위원장에, 정구영이 부위원장에 선출된 후 사무국 부서를 김종필계 일색으로 확정시키고, 5개 창당분과위원회와 13명의 중앙사무국 간부 중에서 반김종필계는 단 2명만이 임명됨으로써55) 일단 김종필계의 승리로 끝이 난다.

그러나 반김종필계는 '4대 의혹사건'56) 등 부정한 정치자금을 통해 창당한 민주공화당을 통한 민정참여는 혁명공약의 명백한 위반이라고 주장하며 여론과 박정희에게 호소하게 된다. 또한 김재춘은 최고회의 내의 온건파인 유양수, 박태준, 김종오 등을 규합하여 박정희의 민정참여를 요구한다. 이에 박정희는 2월 18일 김종필계의 반발에도 불구하고 '2·18 민정 불참 선언'을 하고, 이어 21일 김재춘을 중앙정보부장에 임명하는 한편 최고회의와 중앙정보부 간부들의 대폭 개편을 단행하고, 아울러 '4대 의혹사건'에 대한 재수사를 착수토록 한다. 이러한 과정에서 김종필이 일체의 공직 사퇴를 선언하고 25일 외유를 떠남으로써 김종필계와 반김종필계의 갈등은 반김종필계의 승리로 일단락된다.

이후 민주공화당은 1963년 2월 26일 창당대회를 열고 총재에 정구영, 당 의장에 김정렬을 선출하고 출범하지만, 박정희의 '3·16성명'과 '4·8조치' 등으로 정국이 혼미해짐과 더불어 당해체론까지 대두되어 진통을 겪다가 간신히 5월 10일 정당등록을 마치게 된다.[57] 그러나 민정이양을 위한 제5대 대통령선거가 10월 15일로 예정됨에 따라 민주공화당은 박정희의 출마 불가피성에 당론을 모으고, 8월 31일 제3차 전당대회에서 박정희의 입당과 총재 추대, 그리고 대통령후보 지명 및 이에 대한 수락을 받음으로써 민주공화당은 박정희의 친정(親政)체제를 갖추게 된다. 이어 1963년 10월 29일 김종필이 외유에서 돌아와 당에 복귀하게 되고, 11월 16일 제6대 국회의원선거가 실시된 후 12월 2일 박정희는 김종필을 당의장에 지명하는 한편 김종필은 중앙사무국 간부를 원외인사로 개편함으로써[58] 다시 한번 김종필계가 전면 부상하게 된다. 그러나 제6대 국회의원선거를 전후해서 민주공화당 내에는 김종필을 중심으로 한 주류계와 예춘호·정태성 등 민간인 출신의 당료계, 장경순을 비롯한 반김종필계, 민관식·박준규 등의 구 민주·신민계, 그리고 김성곤·김진만·현오봉 등 구 자유당계 등의 5개의 뚜렷한 파벌이 형성된다.[59]

이러한 파벌들은 국회의장직과 당직을 놓고 격돌하게 되는데, 박정희는 비교적 중립을 지키면서 국회의장에 이효상, 부의장에 장경순을 임명하였고, 원내총무에 김용태를, 부총무에는 최치환과 예춘호를 지명하여 파벌간의 안배원칙을 적용했지만, 당의 요직에는 김종필-김용태 라인이 형성되어 주류가 핵심을 이루었다.[60]

그러나 김종필-김용태 라인은 1964년 4월 야당이 제안한 내무, 경제기획, 농림 등 3개부처 장관에 대한 불신임안의 표결과정에서 당소속의원 22명이 야당에 동조함으로써 이른바 '표의 반란'이 일어난다. 비주류 대부분이 가담한 이 사건으로 당내 주류 대 비주류간의 대립은 첨예화되는데, 4월 22일 김용태를 비롯한 원내총무단이 사임하고 중도적인 김성진 총무 아래 부총무에는 현오봉, 김준태, 구태회, 김우경 등 비주류가 기용된다. 이어 6월 5일 김종필은 당의장직을 사퇴하고 또 한 번 외유를 떠나게 된다.[61] 이로써 다시 한번 반김종필계의 득세가 이루어지게 되는 것이다.

이후 민주공화당의 파벌양상은 1965년부터 복합파벌과 파벌연립의 성격을 띠며 〈그림 5-2〉와 같이 재편성되기 시작한다.[62]

특히 주류 내부의 파벌판도가 재구성되는데 김용태 중심의 강경주류와 길재호 중심의 온건주류로 갈라지고, 온건주류는 김성곤 중심의 비주류 및 강상욱 중심의 5월동지회 등과 제휴하여 연립노선의 형성을 도모하게 되는 것이다. 주류의 공동목표는 김종필의 복귀에 있었는데, 그러한 상황에서 1965년 12월 국회의장단과 12개 상임위원장선거를 계기로 파벌들간의 대립이 격화된다.

그때까지 소외되어온 주류는 원내요직 참여를 위해 노력하지만, 박정희는 이효상 국회의장과 장경순 국회부의장을 유임·지명하는데, 국회에서의 투표 결과 과거와 같은 '표의 반란'이 재연되고 만다. 박정희의 지시를 거부하고 50여표의 조직적인 반란표가 나온 것이다. 이 사건을 계기로 김용태 중심의 강경주류파는 쇠퇴하고 길재호, 김성곤을 중심으로 한 신주류가 형성된다.[63]

이후 1965년 12월 27일 제3차 전당대회에서 김종필은 또다시 당의장에 복귀하고, 사무총장에 길재호가 임명되어 김종필-길재호 라인이 형성됨으로써 신주류가 당을 장악하게 된다. 한편 신주류에 의해 밀려난 김용태는 1968년 5월 25일 '한국국민복지연구회사건'으로 제명 처분되고, 이에 대한 불만으로 5월 30일 김종필이 당의장직과 의원직을 사퇴함으로써 신주류는 더욱 강력한 위치를 확보하게 된다.[64]

〈그림 5-2〉 민주공화당의 파벌 변화(1965년 12월)

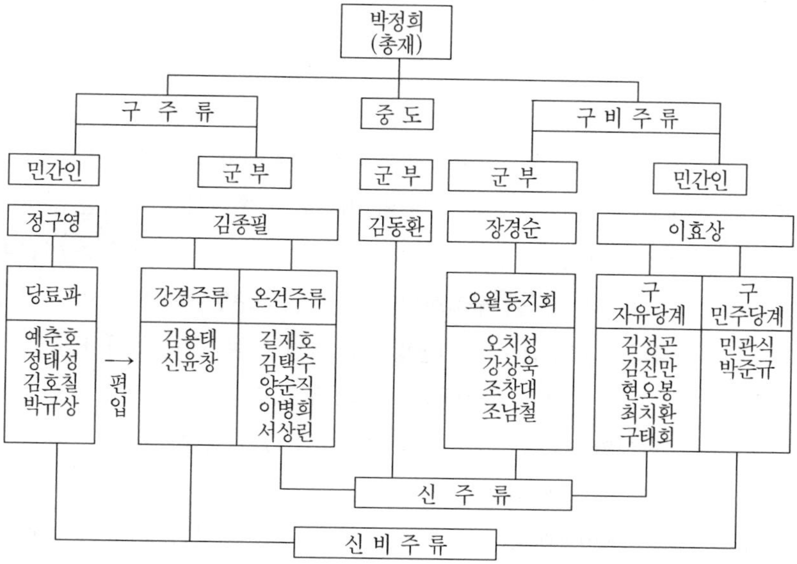

자료 : C. I. Eugene Kim and Young Whan Kihl, *Party Politics and Elections in Korea* (Silver Spring, Maryland : The Research Institute on Korean Affairs, 1975), p.47과 박종성, 앞의 책, 76쪽에서 발췌 재작성.

그후 당권을 장악한 신주류는 3선개헌을 본격적으로 추진하는 반면, 다음의 대권을 노리는 김종필을 지지하는 구 강경주류에서는 개헌 저지를 위한 서명활동에 들어감으로써 다시 한번 파벌갈등이 노골화되나 결국 3선개헌안은 국회에서 변칙통과됨으로써 유신체제의 제4공화국이 출범하게 된다. 3선개헌안 통과 후 1970년 12월 당직개편에서 김진만 원내총무, 길재호 사무총장, 백남억 당의장서리, 김성곤 재정위원장 등 이른바 4인체제가 형성되고, 당운영은 이들을 중심으로 행해진다. 이때부터 민주공화당은 4인체제라는 단 하나의 파벌이 있는 정당이 되었다.[65)]

그러나 1971년 박정희가 다시 제7대 대통령으로 선출되고 박정희는 김종필을 국무총리로 임명함으로써 4인체제는 김종필의 복귀에 대한 반발로 오치성 내무장관 해임결의안 투표에서 반란표를 던지게 된다. 이를 계기로 이른바 4인체제가 붕괴됨으로써 파벌적 현상이 줄어들게 된다.

신민당

1963년 1월 1일자로 정치활동이 재개되자 야권에서도 새로운 정당을 만들려는 움직임이 일어나고, 재야세력의 이합집산은 다시금 복잡한 양상으로 전개되기 시작하였다. 1월 9일 윤보선, 김병노, 이 인, 전진한 등 이른바 4자회담으로 신당의 창당이 구체화되었으나, 전 민주당계의 박순천, 홍익표는 단일 야당의 선행조건으로 대통령후보 사전합의를 주장하면서 윤보선, 김병노, 이 인 등은 대통령후보에 출마하지 않고 순수 재야인사들을 옹립할 것을 제의하였지만, 이것이 수용되지 않자 1월 17일 성명을 내고 범야단일 정당 대열에서 이탈하였다.

열흘 후, 전 신민당계, 전 자유당계, 전 민주당계 일부, 그리고 무소속 등이 모여 민정당을 정식으로 발족시켜 윤보선을 대통령후보로 추대하였다. 그러나 민정당은 신민계와 비신민계의 암투가 있을 뿐 아니라 김도연, 소선규의 구 한국민주당 정통파와 유진산 등의 대립이 나타나기 시작하였다.[66] 한편 민정당 창당과정에서 이탈한 박순천을 중심으로 한 세력들은 1963년 7월 18일 민주당을 창당, 재건하였다.[67]

이후 야당 내에는 범국민적 야당통합 추진운동과 대통령 단일화 운동의 움직임이 일어나게 되었다. 이를 위해 4인의 원로인 이범석(민우당), 허 정(신정당), 김병노, 윤보선 등이 회합을 거듭한 결과 민정당, 신정당, 민우당의 통합에 합의를 보고 1963년 9월 5일 '국민의 당' 창당대회를 개최하였으나 대통령후보 결정문제를 놓고 격심한 갈등을 일으킨다. 결국 비민정계와 김병노를 추종하는 민정당계 대의원만으로 지명대회를 열어 허 정을 대통령후보로 추대했다.

그러나 윤보선을 중심으로 한 나머지 민정당계는 국민의 당에서 이탈하여 민정당으로 복귀함으로써 비민정당계만으로 창당한 국민의 당은 결국 단일정당으로 통합되지 못했다.[68] 대통령후보를 둘러싼 민정계와 비민정계의 대립은 야당통합마저 물거품으로 만들고 고질화된 파벌싸움의 상처만 남기게 되었다. 이 파동은 한국민주당 이래 오랜 동지였던 윤보선과 김도연을 갈라서게 하였고, 윤보선과 유진산을 멀게 만드는 직접적인 요인으로 작용하였다.[69]

이후 민정당은 한 · 일회담 반대를 위한 공동전선을 위해 1965년 5월 8일 민주당과 합당하여 민중당으로 출범하였으나, 국회에서 월남파병 동의안과 한 · 일협정비준동의안이 변칙 통과되자 윤보선은 김도연과 함께 강경파들을 이끌고 민중당을 탈당하여 신한당을 결성함으로써 민중당은 두 달도 못 가서 분당되고 말았다.[70]

한편 통합야당인 민중당에서 윤보선이라는 강경파를 꺾기 위해 연합세를 형성했던 민정당계의 비주류인 유진산계와 민주당계는, 공동의 적인 강경파가 물러나자 이번에는 내부분열로 파벌양상을 보이는 듯했으나, 이후 1967년 제6대 대통령선거를 앞두고 민중, 신한 양 당은 본격적인 야당 대통령후보 단일화를 추진하기 시작하여 극적인 타협을 통해 1967년 2월 7일 통합야당인 신민당이 탄생하게 되었다.[71]

이러한 과정을 거쳐 창당된 신민당은 〈그림 5-3〉과 같은 조직을 갖추었다.

먼저 신민당은 의결기관으로 전당대회와 중앙상무위원회를 두고 있는데, 1973년 5월 전당대회부터는 당초 심의기관이었던 정무회의가 의결기관으로서의 성격을 갖게 된다. 당헌상에 의하면, 전당대회가 당의 최고의결기관이지만, 실질적인 당정책의 최고 심의결정기관은 정무회의로서 이 정무회의는 당내 각 파벌들의 연합체적인 성격을 지니고 있다. 그러한 이유에서 당권의 변동과는 무관하게 그 구성이 유지되었던 것이다.

이밖에 중앙당조직으로는 정책심의회, 중앙당기위원회, 재정위원회, 중앙인권옹호위원회, 의원총회, 중앙위원회 등의 심의기관을 두었다. 집행기관으로는 총재와 부총재 그리고 사무총장과 중앙정치훈련원 등을 두고, 당무에 관한 자문기관으로 지도위원회를 두었다.[72]

<그림 5-3>　신민당의 기구

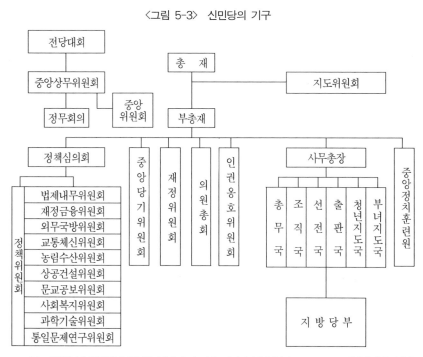

자료 : 중앙선거관리위원회, 『대한민국정당사 제1집』(서울 : 중앙선거관리위원회, 1981), 599~606쪽에서 발췌 재작성.

당원의 규모는 1971년도부터 1979년까지의 기간을 볼 때, 1971년도에 41만 6천 440명으로 가장 많았고, 유신체제가 시작된 1973년에는 22만 4천 576명이었으며, 1977년에는 21만 9천 105명으로 가장 적었고, 1979년에는 33만 3천 675명으로 나타났다.[73]

그러나 이같은 신민당의 당원수는 과장된 것이며, 공식적인 당원명부에 기재되는 법정당원수에 근접한 숫자로 보는 것이 타당할 것이라는 지적이 367명에 불과한 반면, 부산진 을지구당은 3만 1천 396명이었고, 1979년에는 강원 속초·인제·고성·양양지구당이 312명에 불과한 반면, 전북 전주·완산지구당은 1만 8천 148명으로 현격한 차이를 보이고 있다.

이러한 공식 구조를 갖고 있는 신민당도 다른 정당들과 마찬가지로 공식적인 조직과 비공식적인 조직의 이중성을 보이고 있다. 특히 신민당은 창당 과정에서 여러 정파들이 우여곡절 끝에 통합된 정당이기 때문에 출범 당시부터 파벌적 요소를 안고 있었다.

창당 당시 신민당은 민정당계, 신한당계, 민주당계, 재야중도계, 총재 직계, 구 자유당계, 혁신계 등 다양한 파벌들이 존재해 있었으나, 1967년에 양대 선거 이후 당내파벌은 〈표 5-2〉와 같이 유진오 총재를 중심으로 한 민정계(유진산계)와 총재 직계의 친위부대로 구성된 주류를 비롯하여 비주류의 신한계, 민주계, 재야 등 4개 파벌로 정리가 되었다.

그후 1970년 1월 26일 임시전당대회에서 유진산이 비주류의 이재형을 물

〈표 5-2〉 신민당의 파벌(1968년 4월 현재)

주 류		비 주 류					
유진오		박순천		윤보선		재 야	
민정당계		민주계		신한계			
유진산 김의택 고흥문 유 청 장영모 정운근 유치송 이민우 김수한 김현기	서범석 이충환 이상돈 김영삼 김은하 조윤형 김형일 박한상 김상흠 이중재	김선영 태완선 이병하 박용만	홍익표 김대중 김판술 박영록 조일환 박종률 김상현	정일형 김응계 송원영 임문석 민장식	정해영 유옥우 이은태	윤제술 조한백 정성태 이정구 신태옥 정운갑 우갑인	이재형 김재광 김원만 조영규 조홍문 조종호 김학준 한옥균	박병배 김홍일 장준하 부완혁	박기출 조헌식 임갑수 이명하
								장기영 임철호 신중목 김병돈	

자료 : 최영철·박순재, "신민당-그 구조와 형태,"『신동아』, 1968년 5월호, 83쪽.

리치고 당수가 되자 윤보선은 장기영, 조한백, 이정래, 장준하, 신각휴, 신중목 등을 이끌고 신민당을 탈당하여 1971년 1월 5일 국민당을 창당한다. 이로써 신민당의 파벌은 범진산계, 반진산계로 양분되고, 다시 범주류와 비주류, 중도계로 재구성된다.

그러나 1971년 5월 이른바 제2 진산파동[74]을 계기로 신민당 내의 파벌판도는 〈표 5-3〉과 같이 크게 달라지게 된다. 유진산을 중심축으로 하여 모여들었던 범주류는 진산파동 이후 김영삼·고흥문계와 양일동계로 갈라지고, 이철승과 정해영이 독자세력을 이루기 시작한다. 한편 비주류는 김대중을

〈표 5-3〉 진산파동 이후 신민당의 파벌(1972년 현재)

범	주	류			비주류	중도·소장계	
김홍일계	유진산계	김영삼·고흥문계	이철승계	양일동계	김대중계	중도계	소장계
김형일 김재광 (동아정경 연구소) 노승환 심봉섭 한건수 박 일	권중돈 유옥우 신도환 조일환 김수한 채문식 이상신 김재화 정규현 이대우 김상진 (원내) 이민우 유치송 이충환 (원외)	(한국문제 연구소) 이중재 김은하 조윤형 김현기 김용성 이택희 박혜충 편용호 황낙주 이상조 최형우 신상우 조홍래	(한국정책 연구회) 김준섭 양해준 임종기 진의종 오홍석 오세응	(신조회) 유 청 박한상 김기섭 이종남 유성범 김정두	(내외문제 연구소) 윤제술 정일형 홍익표 김응주 윤길중 김원만 정헌주 박종률 송원영 홍영기 김상현 조연하 천명기 김승목 유제연 김경인 김록영 김창환 김윤덕	정해영 (친유진산계) 박병배 (친김홍일계) 서범석 정성태	이택돈 황은환 최병길 나석호 이기택 (친신도환계)

자료 : 박종성, 앞의 책, 68쪽과 김영빈, "파벌," 『월간조선』, 1981년 3월호, 188~190쪽에서 발췌 재작성.

중심으로 단일세력권을 형성하는 한편, 총재권한 대행을 맡은 김홍일 주변에는 중도계가 집결한다.

이후 1971년 7월 20일 전당대회가 열려 김홍일, 김대중, 양일동 3인의 당권경쟁이 벌어지고 총재에 김홍일이 당선되는 것을 계기로 김홍일의 주변세력은 하나의 독자적 계보를 형성하게 되고, 양일동마저 김홍일을 지지함으로써 유진산계와 결별하게 된다. 김영삼·고흥문계도 독자세력을 구성할 태세를 갖춤으로써 신민당 내 파벌은 범주류와 비주류 및 중도계로 3분되어 범주류는 김홍일계, 유진산계, 김영삼·고흥문계, 이철승계, 양일동계의 5개 파벌이 구성하게 된다.[75]

이같은 신민당의 파벌 변화는 1972년 9월을 기해 극한적인 대립과 분열을 보이게 된다. 9월 26일 신민당 전당대회는 유진산, 고흥문, 김영삼, 이철승 등이 이끄는 구 주류계와 김홍일계의 일부만 참석한 가운데 강행되어 유진산을 총재로 선출한다. 반면에 반유진산세력인 김홍일계, 김대중계, 양일동계 대의원들은 27일 별도의 전당대회를 열고 26일의 전당대회를 불법 무효라고 의결함으로써 신민당은 사실상 양분되는 사태를 맞게 된 것이다. 신민당이 양분된 가운데 10월 17일 유신체제가 선포됨으로써 제3공화국이 막을 내리고 제4공화국이 시작된다.

선거참여정당과 유권자의 지지도

제6대 국회의원선거(1963년 11월 26일)

5·16군사쿠데타를 계기로 제2공화국이 붕괴되고 제3공화국이 출범한 이후 처음 실시된 제6대 국회의원선거는 이전과는 다르게 지역구 다수대표제로 131명의 의원을 선출하고 전국구 비례대표제로 44명의 의원을 선출하

는 복합선거제도가 적용되었다.

이러한 제6대 국회의원선거에는 〈표 5-4〉에서 보는 바와 같이 131명의 의원을 선출하는 지역구선거에 12개 정당이 참여하고 모두 847명의 후보자가 출마하여 평균경쟁률은 6.5 : 1이었다.

여당으로 창당된 민주공화당과 야당인 민정당은 전지역구에 입후보자를 공천하였고, 민주당은 120명, 자유민주당은 117명, 국민의 당은 110명, 보수당은 79명을 각각 공천하였다. 이밖에 41명을 공천한 자유당을 비롯하여 정민회, 추풍회, 신민회, 신흥당, 한국독립당 등의 5개 정당은 공천율이 30% 이하였다. 주목할 만한 것은 이전의 국회의원선거와는 달리 제6대 국회의원선거부터 이후 제8대 국회의원선거까지는 정당공천제를 의무화함으로써 무소속 입후보자가 하나도 없다는 점이다.

〈표 5-4〉 제6대 국회의원선거 입후보상황

정당·단체명	후보자수	비율	정당·단체명	후보자수	비율
민 주 공 화 당	131	15.5	정 민 회	36	4.3
민 정 당	131	15.5	추 풍 회	33	3.9
민 주 당	120	14.2	신 민 회	29	4.6
자 유 민 주 당	117	13.8	신 흥 당	11	1.3
국 민 의 당	110	13.0	한 국 독 립 당	9	1.0
보 수 당	79	9.3	합계	847	100
자 유 당	41	4.8	평균경쟁률	6.5 : 1	

자료 : 중앙선거관리위원회, 『역대국회의원선거상황(제1~11대)』
(서울 : 중앙선거관리위원회, 1989), 628~629쪽에서 발췌 재작성.

투표율에 있어서는 〈표 5-5〉에서 보는 바와 같이 72.1%로 나타났다. 이러한 투표율은 이전에 실시된 역대 국회의원선거에 비해 가장 낮은 것이었는데, 이처럼 투표율이 저조하게 나타난 이유는 4·19혁명으로 수립된 민주정부를 비합법적 방법으로 붕괴시키고 등장한 군사정권에 대한 정치적 불신감과 정치적 회의로 인한 결과라고 해석할 수 있다.

<표 5-5> 제6대 국회의원선거 투표상황

시도＼구분	선거인수	투표자수	투표율
서 울	1,774,155	1,021,302	57.6
부 산	686,993	467,760	68.1
경 기	1,429,892	985,581	68.9
강 원	823,498	619,829	75.3
충 북	694,670	542,669	78.1
충 남	1,306,741	978,292	74.9
전 북	1,146,772	837,663	73.0
전 남	1,798,695	1,324,142	73.6
경 북	2,036,277	1,532,947	75.3
경 남	1,494,661	1,188,320	79.5
제 주	151,795	123,678	81.5
계	13,344,149	9,622,183	72.1

자료 : 중앙선거관리위원회, 『역대국회의원선거상황(제1~11대)』, 앞의 책, 595쪽에서 발췌 재작성.

한편 제6대 국회의원선거에서 나타난 유권자의 지지도는 <표 5-6>에서 확인할 수 있는데, 선거의 쟁점이 구체적인 정강정책보다는 여당이 유권자에게 안정을 호소한 반면, 야당은 여당에 대한 견제를 호소하는 데 당력을 집중시켰던 관계로 유권자들은 안정이냐 견제냐를 놓고 선택을 해야 했으나, 야당의 난립은 효과적인 견제의 구조를 만들지 못했다.

대통령선거에서 승리한 여당인 민주공화당은 안정세력을 구축해주어야만 정국안정을 기할 수 있고 강력한 경제정책을 수행하여 경제발전을 이룩할 수 있다고 주장했다. 이에 반해 야당 특히 민정당, 국민의 당, 민주당 및 자유민주당 등은 독재를 방지하고 민주주의를 수호하기 위해서는 민주공화당에 과반수 이상의 의석을 허용해서는 안되며 야당국회를 만들어 견제해야 한다고 주장하였다. 그러나 야당진영은 입후보자의 난립과 선거운동자금의 부족, 조직력의 열세 등으로 인해 기본적으로 여당에 비해 불리한 입장에서 선거를 치러야 했다.[76)]

<표 5-6> 제6대 국회의원선거시 정당별 득표현황

구분 시도	민주공화당	민정당	민주당	자유민주당	국민의당	기 타	계
서 울	223,083	288,257	231,033	82,574	86,152	110,203	1,021,302
부 산	169,849	130,935	85,313	11,229	22,017	48,417	467,760
경 기	259,324	208,138	155,212	45,231	99,971	217,705	985,581
강 원	190,241	80,393	107,261	42,536	78,424	120,974	619,829
충 북	164,468	103,844	43,599	59,163	52,368	119,227	542,669
충 남	312,665	212,976	97,192	56,510	103,770	195,179	978,292
전 북	267,599	176,509	118,966	68,837	44,117	161,635	837,663
전 남	410,810	259,319	111,376	190,568	100,049	252,020	1,324,142
경 북	585,703	212,157	136,960	118,366	158,913	320,844	1,532,947
경 남	479,796	194,813	165,885	64,840	70,320	212,666	1,188,320
제 주	49,796	3,635	11,458	12,172	5,899	40,718	123,678
계	3,112,985	1,870,976	1,264,285	752,026	822,000	1,799,911	9,622,183
비 율	32.4	19.4	13.1	7.8	8.5	18.7	100

자료 : 중앙선거관리위원회, 『역대국회의원선거상황(제1~11대)』, 앞의 책, 597쪽에서 발췌 재작성.

선거 결과는 <표 5-6>에서 보는 바와 같이 절대적인 지지를 얻은 정당은 없는 것으로 나타났다. 다만 민주공화당이 32.4%의 득표율을 기록하여 가장 많은 지지를 얻은 것으로 나타났고, 민정당과 민주당이 각각 19.4%와 13.1%의 지지를 얻었으나, 자유민주당과 국민의 당은 각각 7.8%와 8.5%의 득표율을 보이는 데 그쳤다. 나머지 7개 정당이 얻은 득표율은 18.7%였다.

제7대 국회의원선거(1967년 6월 8일)

1967년 5월 3일 제6대 대통령선거에서 박정희가 또다시 당선되고, 정부는

5월 8일 제7대 국회의원선거를 6월 8일에 실시한다고 결정·공고함으로써 선거전이 시작되었다. 제7대 국회의원선거에는 〈표 5-7〉과 같이 여당인 민주공화당과 제1야당인 신민당을 비롯하여 모두 11개의 정당이 참여하였고, 지역구 의원정수 131명에 입후보자수는 총 702명으로 평균 5.4 : 1의 경쟁률을 보였다. 이는 제6대 국회의원선거보다 감소한 수치였다.

〈표 5-7〉 제7대 국회의원선거 입후보상황

정당·단체명	후보 자수	비율	정당·단체명	후보 자수	비율
민 주 공 화 당	131	18.7	대　　중　　당	65	9.2
신　　민　　당	131	18.7	통 일 사 회 당	38	5.4
민　　주　　당	76	10.8	통　　한　　당	28	3.9
자　　유　　당	72	10.3	정　　의　　당	16	2.3
한 국 독 립 당	70	10.0	자　　민　　당	9	1.3
민　　중　　당	66	9.4	합계	702	100
			평균경쟁률	5.4 : 1	

자료 : 중앙선거관리위원회, 『역대국회의원선거상황(제1~11대)』, 앞의 책, 760~761쪽에서 발췌 재작성.

민주공화당과 신민당은 131개 전지역구에 후보자를 공천하였으나 민주당, 자유당, 한국독립당, 민중당은 각각 76, 72, 70, 66개 지역구에만 후보자를 공천하여 절반이 넘는 수준인 58.0%, 55.0%, 53.4%, 50.4%의 공천율을 각각 보였다. 그러나 나머지 5개 정당은 절반 수준에도 못 미치는 공천율을 보였고, 자민당의 경우는 모두 9명의 후보자를 공천하여 불과 6.9%의 가장 낮은 공천율을 기록하였다.

이러한 제7대 국회의원선거의 양상은 대통령선거에서 승리를 거둔 민주공화당이 그 여세를 몰아 원내안정세력 확보에 전력하였고 이에 대하여 야당, 특히 신민당은 원내견제세력의 구축을 유권자에게 호소하는 방향으로 전개되었다. 초반부터 과열되기 시작한 선거는 선거법의 허점을 악용하여 자행된 부정·부패·불법의 타락선거로 지목되었다. 그것은 원내안정세력 확보를 위해 가능한 모든 수단을 동원한 여당과 이에 맞서 개헌선저지와 박정희정권의 계속 집권을 억제하려는 야당의 필사적인 투쟁으로 인한 과열에서 빚어진 것이었다.[77]

<표 5-8>　제7대 국회의원선거 투표상황

시도 \ 구분	선거인수	투표자수	투표율
서　울	2,255,389	1,299,950	57.6
부　산	777,538	539,851	69.4
경　기	1,610,659	1,191,218	73.9
강　원	882,332	717,320	81.2
충　북	772,778	626,398	86.4
충　남	1,389,451	1,128,986	81.3
전　북	1,240,336	983,945	79.3
전　남	1,948,173	1,537,489	78.9
경　북	2,175,876	1,746,611	80.3
경　남	1,546,754	1,300,006	84.0
제　주	168,068	130,689	77.8
계	13,344,149	9,622,183	76.1

자료 : 중앙선거관리위원회, 『역대국회의원선거상황(제1~11대)』, 앞의 책, 727쪽에서 발췌 재작성.

투표율에 있어서는 <표 5-8>에서 보는 바와 같이 전체 유권자 1천 334만 4천 149명 가운데 962만 2천 183명이 참여하여 76.1%를 기록하였는데, 이는 제6대 국회의원선거보다 증가된 수치였다.

시도별로 보면 여전히 서울이 57.6%의 가장 낮은 투표율을 보였고, 그 다음이 부산으로 69.4%였으며, 가장 높은 투표율을 보인 지역은 충청북도로 86.4%였고, 그 다음이 84.0%의 투표율을 보인 경상남도였다.

이러한 선거전의 양상을 보인 제7대 국회의원선거에서는 <표 5-9>에서 보는 바와 같이 민주공화당이 과반수가 조금 넘는 50.6%의 득표율을 얻어 유권자들로부터 가장 많은 지지를 받은 것으로 나타났고, 제1야당인 신민당은 크게 차이가 나는 32.7%의 득표율을 기록하여 사실상 선거에서 패배하고 말았다.

<표 5-9>　제7대 국회의원선거시 정당별 득표현황

구분 시도	자유당	대중당	신민당	민주공화당	한국독립당	민주당	기 타	계
서 울	28,871	12,885	681,574	434,134	19,129	56,268	38,302	1,271,163
부 산	2,151	7,533	257,436	223,171	8,181	19,409	10,391	528,272
경 기	23,008	17,897	369,120	630,375	23,345	38,396	51,227	1,153,368
강 원	84,361	16,362	187,576	341,266	19,805	11,811	34,761	695,942
충 북	3,570	12,010	168,154	372,536	16,508	5,115	32,363	610,256
충 남	55,086	24,546	294,071	617,368	22,660	16,959	61,107	1,091,797
전 북	34,578	24,927	283,065	525,809	22,061	9,762	47,096	947,298
전 남	70,164	71,350	419,820	744,452	32,962	24,399	113,464	1,476,611
경 북	62,666	40,003	466,882	850,702	32,272	24,399	149,546	1,690,765
경 남	28,391	19,239	398,786	684,202	41,115	88,694	53,673	1,263,905
제 주	602	2,809	27,740	70,907	2,898	38,499	7,784	126,631
계 비 율	393,448 3.62	249,561 2.3	3,554,224 32.7	5,494,922 50.6	240,936 2.22	323,203 2.98	599,714 5.52	10,856,008 100

자료 : 중앙선거관리위원회, 『역대국회의원선거상황(제1~11대)』, 앞의 책, 729쪽에서 발췌 재작성.

이처럼 민주공화당과 신민당이 전체의 83.3%의 유권자의 지지를 독점하게 됨으로써 나머지 9개 정당들은 불과 16.7%의 나머지 유권자들의 지지를 나누어 갖게 되었는데, 이같은 현상은 양대정당제의 확립을 지향하는 것이었다고 해석할 수 있다. 나머지 9개 정당들 가운데 그나마 자유당이 3.62%, 민주당이 2.98%, 한국독립당이 2.22%의 득표율을 보였을 뿐 나머지 정당들은 한결같이 1%대의 극히 낮은 지지도를 보였다.

이러한 제7대 국회의원선거의 특징은 ① 선거법에 금지규정이 너무 많아 지켜지지 않았다는 점, ② 선거운동 중 지역사업공약이 유례없이 많았다는 점, ③ 선심공세로 명예로운 승리가 되지 못하였다는 점, ④ 군소정당은 전패함과 동시에 투표의 지역적인 편차가 나타났다는 점을 들 수 있는데, 특히 여촌야도(與村野都)의 현상이 노정되었다.

그러나 이 선거는 제6대 국회의원선거와는 달리 타락되고 혼잡한 분위기의 선거였으며, 따라서 총선거의 후유증은 극심하였다.[78] 신민당은 6월 14일 선거무효화투쟁위원회를 구성하고 ① 부정선거의 사과, ② 6·8선거의 전면 무효화 및 전면 재선거, ③ 선거부정관련공무원의 문책, ④ 부정선거 재발을 막기 위한 제도적 보장 등 4가지 요구사항을 내걸고 데모와 궐기대회 등 정치적인 투쟁을 전개함과 동시에 당선자 국회등록거부로 번져 정국은 매우 혼잡한 상태였다.

제8대 국회의원선거(1971년 5월 25일)

1971년 4월 27일에 실시된 제7대 대통령선거에서 또다시 민주공화당의 박정희 후보가 당선되자 민주공화당은 여세를 몰아 원내안정세력을 확보하기 위하여 즉시 제8대 국회의원선거에 대비한 총선체제로 돌입하였으나, 신민당 내에는 4·27대통령선거의 전면 부정 등을 비롯하여 5·25총선거 거부론이 대두되어 선거를 앞두고 당론조정에 혼선을 빚게 되었다.

〈표 5-10〉 제8대 국회의원선거 입후보상황

정당·단체명	후보 자수	비율	정당·단체명	후보 자수	비율
민 주 공 화 당	153	26.5	민 중 당	37	6.4
신 민 당	153	26.5	통 일 사 회 당	60	10.4
국 민 당	121	21.0	합계	577	100
대 중 당	53	9.2	평균경쟁률	3.8 : 1	

자료 : 중앙선거관리위원회, 『역대국회의원선거상황(제1~11대)』, 앞의 책, 878쪽에서 발췌 재작성.

이러한 상황에서 맞게 된 제8대 국회의원선거에는 〈표 5-10〉에서 보는 바와 같이 모두 6개 정당이 참여하였다. 지역구 의원정수가 153명으로 증가된

이 선거에 민주공화당과 신민당은 전지역구에 후보자를 공천하였으며, 국민당은 121개 지역구에만 후보자를 공천하여 79.1%의 공천율을 보였다. 그러나 통일사회당은 60개 지역구에서, 대중당은 53개 지역구에서, 민중당은 37개 지역구에서만 후보자를 공천하여 각각 39.2%, 34.6%, 24.2%의 공천율을 보이는 데 불과하였다. 결과적으로 입후보자는 총 577명, 평균경쟁률 3.8 : 1을 보임으로써 제3공화국에 들어와서 실시된 역대 국회의원선거 중 가장 낮은 경쟁률을 보였다.

이러한 경쟁률의 저하에 따른 영향인지는 몰라도 투표율 역시 지난 제7대 국회의원선거보다 낮은 73.2%를 기록했다. 시도별로 보면, 〈표 5-11〉에서 보는 바와 같이 역시 서울의 투표율이 59.2%로 가장 낮았고, 그 다음이 부산으로 72.1%의 투표율을 보였다. 반면에 가장 높은 투표율을 보인 지역은 충청북도로 80.2%였으며, 그 다음이 79.3%인 경상남도, 78.7%인 경상북도 등의 순이었다.

〈표 5-11〉 제8대 국회의원선거 투표상황

구분 시도	선거인수	투표자수	투표율
서 울	3,022,3490	1,233,358	59.2
부 산	950,038	648,522	72.1
경 기	1,697,587	1,229,069	72.4
강 원	870,649	684,683	78.6
충 북	697,209	559,235	80.2
충 남	1,389,017	1,039,874	74.9
전 북	1,170,054	898,088	76.8
전 남	1,911,446	1,465,709	76.7
경 북	2,182,666	1,718,701	78.7
경 남	1,537,640	1,218,958	79.3
제 주	181,462	142,316	78.4
계	15,610,258	11,430,202	73.2

자료 : 중앙선거관리위원회, 『역대국회의원선거상황(제1~11대)』, 앞의 책, 845쪽에서 발췌 재작성.

선거 결과에 있어서는 〈표 5-12〉에서 보는 바와 같이 민주공화당의 득표율은 47.8%, 신민당의 득표율은 44.4%의 근소한 차이를 보여 유권자들의 지지도가 비등(比等)했음을 알 수 있는데, 이같은 결과는 신민당이 호소한 민주공화당의 독재에 대한 견제론이 유권자들로부터 지지를 얻은 것이라고 해석할 수 있다. 그러나 나머지 4개 정당이 얻은 득표율은 불과 7.2% 정도여서 유권자들의 선호가 양대정당제도로 굳어져가는 듯한 느낌을 갖게 함과 아울러 나머지 4개 정당이 군소정당에 불과하다는 것을 증명해주는 것이라고 할 수 있다.

〈표 5-12〉 제8대 국회의원선거시 정당별 득표현황

구분 시도	민주공화당	신민당	국민당	대중당	민중당	통일사회당
서 울	698,748	1,037,464	12,216	3,948	7,199	5,362
부 산	275,714	79,497	12,781	3,137	2,866	1,475
경 기	608,693	489,011	48,143	6,021	44,314	9,851
강 원	357,709	238,269	51,326	4,185	7,914	10,993
충 북	278,914	206,043	43,606	4,920	7,403	6,396
충 남	543,015	393,990	49,753	7,538	11,688	11,486
전 북	404,020	435,825	5,441	3,132	14,336	11,171
전 남	755,786	595,988	38,227	5,603	16,223	14,773
경 북	848,840	649,690	138,074	15,135	16,354	15,827
경 남	605,612	496,063	51,568	5,022	25,314	8,227
제 주	83,530	47,183	3,122	718	1,666	1,837
계	5,460,581	4,969,050	454,257	59,359	155,277	97,398
비 율	47.8	44.4	4.0	0.5	1.4	0.9

자료 : 중앙선거관리위원회, 『역대국회의원선거상황(제1~11대)』, 앞의 책, 847쪽에서 발췌 재작성.

결국 이러한 선거 결과는 여당인 민주공화당에 대한 야당인 신민당의 견제노력이 성과를 거둔 것이라고 평가된다. 제8대 국회의원선거의 양상 역시 민주공화당과 신민당간의 대결이었는데, 민주공화당은 조직을 통한 득표활동과 병행하여 박정희 총재를 비롯한 김종필 부총재, 백남억 당의장, 정일권 고문 등 당 중진으로 유세반을 편성하여 한결같이 원내안정세력 확보와 지

역개발을 들어 유권자의 지지를 호소했다.[79]

이에 비해 신민당은 총선거 거부론으로 당론통일에 진통을 겪었고, 이른바 진산파동으로 인해 한때 선거초반전에 지장을 초래했으나 당의 혼란을 김홍일 전당대회 의장이 당수권한대행을 맡음으로써 일단 수습하고 총선거에 임하였다. 그리하여 신민당은 진산파동 중의 열세를 만회하는 데 역점을 두어 김대중, 김홍일, 이철승, 김영삼 등 당 중진으로 유세반을 편성, 도시에서의 야당 붐의 조성과 4·27대통령선거 때의 호남지지표 유지 및 영남의 여당견제에 전력을 다하였는데,[80] 그것이 주효했던 것이다.

선거제도와 정당법

제6대 국회의원선거제도

1961년 5월 16일 군사쿠데타에 의하여 수립된 혁명정부는 민의원, 참의원 및 지방의회 등 일체의 대의제 헌법기관을 혁명위원회 포고 제4호로 해산시키고, 국가재건최고회의를 구성한 후 정치활동을 완전히 금지시켰다. 그후 1963년에 민정이양을 위하여, 1962년 12월 17일 국민투표에 의하여 내각책임제의 권력구조를 대통령책임제로 하는 헌법개정안을 확정시켰으며, 신헌법 부칙 제2조의 규정에 의하여 1963년 11월 26일에 제6대 국회의원선거를 실시하기로 하고 이 선거에 적용될 국회의원선거법을 제정, 1963년 1월 16일 법률 제1283호로 공포하였다.

"현행 국회의원선거법이 4·19의거 이후 1960년 6월 23일에 제정·공포된 것으로서 그 내용이 양원제의 국회구성과 내각책임제의 권력구조를 전제로 하였고 정당 중심의 선거운동이 아니고 후보자 본위였으므로 후보자 난립의 폐를 막을 길이 없었고 막대한 선거비용이 소요되었으며 지연·혈연 등의 정실에 좌우되는 폐단이 있었으므로 이를 폐지하고 개정헌법과 8·12성명[81]의 취지에 따라 정국의 안정을 얻고 지연·혈연의 폐를 방지하기 위하여 소선거구제에 다수대표제와 전국선거구에 비례대표제를 병용하고 입후보의 난립을 방지하기 위하여 정당추천을 등록요건으로 하였다. 또한 선거관리의 공정과 선거비용의 경감을 기하기 위하여 공영제를 철저히 하고, 선거운동원을 전폐하고, 주로 연설회를 통하여 선거운동을 할 수 있게 하여 선거비용의 지출을 경감할 수 있도록 하려는 것"[82]이라는 취지에서 제정된 이 선거법이 이전의 선거법과 달라진 내용을 보면 다음과 같다.[83]

먼저 피선거권의 결격사유를 강화하였고, 선거구는 지역구와 전국구로 나누고(제13조), 소선거 다수대표제와 비례대표제를 병용했으며, 후보자추천은 정당추천제로 하였다(제24조). 또한 선거운동은 정당 본위로 하고 개인의 선거운동을 제한하였으며, 공영선거운동을 확대하고 선거운동의 방법을 엄격히 한정하였다. 선거인 명부는 정기작성제에서 수시작성제로 변경하였다.

새로 제정된 이 선거법에서부터 전국구제도가 창설되었다. 전체 의석의 4분의 1에 해당하는 국회의원을 비례대표제에 의하여 선출하도록 하였는데, 의석배분방식이 매우 기형적이어서 제1당의 득표비율이 과반수를 초과할 때에는 각 정당의 득표비율에 따라 전국구의석을 배분하나, 제1당의 득표비율이 과반수 이하일 때에는 제1당에 절반을 배분하게 하였다. 이 규정은 전국구제도가 집권당의 안정적 의석보장 방안으로 고안된 것에 불과함을 단적으로 보여주는 불합리한 조항이다.[84]

또한 이 선거법은 정당공천을 후보등록시 필수요건으로 하여 무소속 출마를 원천적으로 봉쇄하였다는 점과 무투표당선제도를 폐지하였다는 점이 특징이다. 특히 인구 20만을 기준으로 선거구를 획정하도록 하였으나, 시·군·구의 일부를 분할하여 다른 시·군·구의 지역구에 소속할 수 없도록 함으로써 인구 편차가 더욱 커진 것도 이 선거법의 특징이다.

제7대 국회의원선거제도

　제6대 국회의원선거법 적용에 따른 선거가 여러가지 운영상의 문제점을 야기하여 선거법 개정론이 대두되어 오다가 1966년 9월 22일 제6대 국회의 마지막 정기국회 때 정당법과 선거관련법 개정법률안을 심사하기 위한 특별위원회가 민주공화당 6인과 민중당 4인으로 구성되어 결의안을 통과시켰다. 이 특별위원회가 제안한 국회의원선거법 중 개정법률안은 1966년 12월 14일 법률 제1849호로 공포되었다.

　달라진 내용은 선거인명부의 경우 당해지역구 후보자의 신청에 의하여 확정된 선거인명부 사본의 교부제도를 신설하고(제18조 2), 선거인명부의 확정일을 '선거일 전 3일'이던 것을 '선거일 전 5일'로(제22조), 선거운동에 있어서 전국구 선거사무원수를 '30인'에서 '35인'으로, 지역구 선거사무원수는 '7인'에서 '12인'으로 변경하였다(제38조)[85]는 점 등이다.

제8대 국회의원선거제도

　제7대 국회의원선거가 전면 부정선거라는 야당과 일부에 걸친 선거부정이었다는 여당과의 주장 대립, 그리고 1969년 9월 14일 3선개헌안의 처리과정에서 일어난 일련의 정치적 문제로 국회운영의 공백을 초래하였다. 그후 박정희와 유진산의 여·야 영수회담이 1970년 8월 29일에 이루어져 여·야간의 감정대립이 해소되고 쟁점인 선거법협상의 타결에 중요한 역할을 하였다.[86]

　결국 여·야는 협상선거법안에 대한 합의를 보아 1970년 12월 22일 공포하였는데, 개정된 선거법의 내용을 보면 〈표 5-13〉과 같이 국회의원정수는 지역구 153인, 전국구 51인으로 의원 정수를 204인으로 하였다.[87] 또한 공무원 외에도 정부투자 기업체의 임직원, 향토예비군 소대장급 이상의 간부 및 통장·이장·반장도 선거운동을 할 수 없게 하였다. 특히 전국구의석 배분 요건을 강화하여 종래 지역구선거에서 3석 이상을 획득하면 전국구의석을 배분하던 것을 5석 이상으로 강화한 것은 큰 특징이다.[88]

<표 5-13> 제3공화국 시기 국회의원선거제도

시기 구분	제6대 국회	제7대 국회	제8대 국회
국회의원임기	4년		
선거제도	1구 1인 소선거구제 (전국구 : 비례대표제)		
선거구 수 국회의원정수	지역구 : 131(전국구 : 44) 175		지역구 : 153(전국구 : 51) 204
선출방법	직선, 비례대표제		
후보등록	정당공천제 및 무소속 출마금지		
선거권	만 20세 이상		
피선거권	만 25세 이상		
선거인 명부	수시작성제, 부재자투표 인정		
선거운동	공영선거운동제, 선거비용 제한		
당선결정	지역구 : 다수대표제, 전국구 : 비례대표제(의석배분에 특례)		
선거관리기관	중앙선거관리위원회(위원 9인)		

자료 : 중앙선거관리위원회, 『국회의원선거법 변천상황』(서울 : 중앙선거관리위원회, 1983)에서 발췌.

제3공화국 시기 정당법

정당법 제정(국가재건최고회의)

1962년 12월 26일에 개정된 헌법에 대통령후보와 국회의원후보의 정당추천제가 도입됨에 따라 국가재건최고회의는 정당에 관한 제반 규정을 담은 단일법으로 정당법을 제정하여 1962년 12월 31일에 법률 제1246호로 공포하였다. 이로써 최초의 정당법이 마련된 것이다.

이 법은 "건전한 정당정치의 구현을 위하여 정당설립의 자유, 복수정당의 보장, 정당의 민주적인 조직과 활동의 요구, 정당조직의 범위, 정당에 대한 국가의 보호, 대통령후보와 국회의원후보의 정당추천제를 규정하고 있는 헌법에 부합되도록 건전한 복수정당의 보장과 군소정당의 난립방지를 위한 다"는 취지를 담고 있었는데,[89] 총 54조와 부칙으로 되어 있는 정당법의 주요내용을 보면 다음과 같다.[90]

먼저 제1조에서 "본법은 정당이 국민의 정치적 의사형성에 참여하는데 필요한 조직을 확보하고 정당의 민주적인 조직과 활동을 보장함으로써 민주정치의 건전한 발달에 기여함을 목적으로 한다"고 정당법의 목적을 밝히고 있다. 또한 정당을 "국민의 이익을 위하여 책임있는 정치적 주장이나 정책을 추진하고 공직선거의 후보자를 추천 또는 지지함으로써 국민의 정치적 의사의 형성에 참여함을 목적으로 하는 국민의 자발적 조직을 말한다"(제2조)고 정의함으로써 선거참여를 명문화하였다.

정당의 구성에 있어서는 "정당은 수도에 소재하는 중앙당과 국회의원 지역선거구를 단위로 하는 지구당으로 구성하며"(제3조 ①), "서울특별시, 부산시, 시·도·구·군에 한하여 당지부를 둘 수 있다"(제3조 ②)고 규정하고 있다. 정당의 성립요건으로는 "국회의원선거법에 의한 지역선거구 총수의 3분의 1 이상에 해당하는 지구당을 가져야 한다"(제25조)고 법정지구당수를 규정하고, "지구당은 서울특별시, 부산시와 도 중 5 이상에 분산되어야 한다"(제26조)고 지구당의 분산을 의무화했으며, 지구당의 법정당원수를 50인 이상(제27조)으로 명문화하고 이러한 요건을 갖춰 중앙당이 중앙선거관리위원회에 등록함으로써 정당이 성립된다고 규정하고 있다. 더욱이 "정당이 제25조 내지 제27조의 요건을 구비하지 못하게 된 때에는 당해 선거관리위원회는 그 등록을 취소한다"(제38조 ①)고 하여 정당의 성립요건의 준수를 강조하고 있다.

한편 창당준비위원회에 관해서는 먼저 중앙당의 경우 30인 이상의 발기인이 있어야 하는데(제5조), 발기인의 자격은 "국회의원선거권을 가진 자는 누구든지 발기인이 될 수 있다. 그러나 각령(閣令)으로 정하는 공무원, 국영기업체 및 정부가 주식의 과반수를 소유하는 기업체의 임원과 다른 법률에 의하여 정치활동이 금지된 자는 예외로 한다"(제6조)고 밝히고 있다. 지구당의 경우는 10인 이상의 발기인이 있어야 하고(제10조 ①), "지구당의 창당에는 중앙당 또는 그 창당준비위원회의 승인이 있어야 한다"(제10조 ②)고 규정하고 있다. 또한 "창당준비를 완료한 때에는 중앙당의 창당준비위원회의 대표자는 중앙선거관리위원회에, 지구당의 창당준비위원회의 대표자는 당해 선거관리위원회에 등록을 신청하여야 한다"(제11조)고 명문화하고 있다.

한편 "국회의원선거권이 있는 자는 누구든지 당원이 될 수 있다. 그러나 각령(閣令)으로 정하는 공무원과 국영기업체 및 정부가 주식의 과반수를 소유하는 기업체의 임원과 다른 법률에 의하여 정치활동이 금지된 자는 예외로 한다"(제17조)고 규정하고, "대한민국 국민이 아닌 자는 당원이 될 수 없다"(제18조)고 당원의 자격을 분명히 밝히고 있다.

또한 정당은 그 강령(또는 기본정책)과 당헌을 공개하여야 하며(제28조), 특히 "정당은 민주적인 내부질서를 유지하기 위하여 정당의 총의를 반영할 수 있는 대의기관 및 집행기관과 소속 국회의원이 있는 경우에는 의원총회를 가져야 한다"(제29조 ①)고 정당의 내부질서에 관한 규정도 포함하고 있다. 아울러 "정당은 헌법과 법률에 의하여 활동의 자유를 가진다"(제30조)고 하여 정당활동의 자유를 보장하고 있고, "정당의 공직선거 후보자추천은 민주적이어야 하며 그 절차에 관하여는 당헌으로 이를 정하여야 한다"(제31조)고 규정함으로써 민주적이고 자율적인 후보자추천을 명문화하고 있다.

그런데 한 가지 특이한 것은 "대통령이 속하지 아니하는 정당으로서 국회에서 최다수의 의석을 가진 정당의 대표자 1인에 대하여는 국회의장의 세비에 해당하는 액을 지급한다"(제43조)고 규정하여 제1야당 대표자에 대한 수당지급을 명문화하고 있다는 점이다. 이 규정은 양당제를 지향한다는 점에서 마련된 것이라고 볼 수도 있으나, 한편으로는 제1야당을 순화시키기 위한 방편으로 마련된 것이라고도 할 수 있다.

정당법 개정(제7대 국회)

제7대 국회의 임기가 중반에 접어들 무렵인 1969년 1월 23일 "군소정당의 난립을 방지하고 건전한 정당제도의 확립을 기하기 위하여 정당의 성립요건과 설립절차를 보강한다"는 취지에서[91] 여·야협상에 의해 정당법의 1차 개정이 이루어져 법률 제2089호로 공포되었다.

개정된 정당법에서는 그동안 별도로 존재했던 정당의 합당절차 등에 관한 법률을 폐지하고 이에 관한 규정이 통합되었다. "정당이 새로운 당명으로 합당(신설합당)하거나 다른 정당에 합당(흡수합당)될 때에는 합당을 하는 정당들의 대표기관이나 그 수임기관의 합동회의의 결의로써 합당할 수 있다"(제4조의 2 ①)고 명문화하고, 정당의 합당은 새로 추가된 합당등록 규정인 제11조 제2항, 제3항 및 제5항의 규정에 의하여 중앙선거관리위원회에 등록 또는 신고함으로써 성립한다(제4조의 2 ②)고 규정하고 있다.

또한 정당의 합당이 성립한 경우에는 그 소속 지구당도 합당한 것으로 보며, 다만 신설합당인 경우에는 합당등록 신고일로부터 3일 이내에 지구당 개편대회를 거쳐 변경등록을 하여야 한다(제4조의 2 ③)는 것을 의무화했고, 기간 내에 변경등록이 없는 경우에는 당해 지구당은 소멸된 것으로 본다(제4조의 2 ④)는 것도 분명히 밝히고 있다.

아울러 합당으로 인한 당원자격에 대해서는 "제4조의 2의 규정에 의한 합당의 경우 합당 전의 정당의 당원은 합당된 정당의 당원이 된다. 이 경우에는 합당 전의 입당원서는 합당된 정당의 입당원서로 본다"(제17조의 2 ①)고 규정하였고, "국회의원인 당원은 이 법에 의한 합당의 등록 또는 신고가 될 때까지 합당될 정당의 당원이 되기를 거부하는 의사를 종래의 소속정당에 통고한 경우에는 합당과 동시에 합당 전의 소속정당에서 제명된 것으로 본다"(제17조의 2 ②)는 규정이 별도로 있다.

한편 개정된 정당법에서는 창당준비위원회의 활동기간을 결성신고일로부터 1년 이내로 제한하고 있고(제9조 ②), 이 기간 내에 중앙당의 창당등록

신청을 하지 아니하였을 때에는 그 창당준비위원회는 소멸된 것으로 본다(제9조 ③)고 밝히고 있으며, "창당준비위원회가 소멸된 때에는 중앙선거관리위원회는 지체없이 그 뜻을 공고하여야 한다"(제9조 ④)는 규정이 추가되었다.

개정된 정당법에서 가장 특징적인 내용은 정당의 성립요건을 강화하였다는 점이다. 즉 이전에는 국회의원선거법에 의한 지역선거구 총수의 3분의 1 이상에 해당하는 지구당을 가져야 했는데, 개정된 정당법에서는 그 수를 2분의 1로 늘렸으며(제25조), 지구당의 법정당원 수도 50인 이상에서 100인 이상(제27조)으로 강화한 것이다.

또한 "정당의 창당 및 합당에 관한 대의기관의 결의와 소속 국회의원의 제명에 관한 소속 국회의원의 결의는 서면이나 대리인에 의하여 의결할 수 없다"(제39조의 2)고 하여 서면결의를 금지하는 규정을 추가하였고, 정당이 자진해산할 경우는 "그 대의기관의 결의로서 해산할 수 있다. 다만, 당해 정당의 소속 국회의원이 국회법 제35조에 규정한 교섭단체 구성인원수 이상일 때에는 소속 국회의원의 과반수의 찬성이 있어야 한다"(제39조 ①)고 규정함으로써 정당의 자진해산에 있어서 민주적인 결정을 강조하고 있다. 이처럼 정당의 성립요건과 설립절차가 대폭 보강된 정당법은 1972년 12월 27일 유신헌법이 제정된 후 제2차 개정이 이루어질 때까지 약 3년간 존속한다.

국회진출정당과 국회 내 정당활동

제6대 국회(1963년 12월 17일 개원)

제6대 국회의원선거부터는 제1당에게 전체 의석의 2분의 1인 22석을, 제2당에게는 잔여 의석의 3분의 2인 14석을 배분하는 비례대표제로서 전국구제도인 특별우대제도가 도입되었다. 이러한 비례대표제를 도입한 이유는 양대정당제의 확립에 있었기 때문에 3석 이상, 100분의 5 이상의 득표규정까지 두고 있었으나, 그럼에도 불구하고 선거 결과는 〈표 5-14〉와 같이 오히려 5개 정당이 난립하는 결과를 가져왔다.

지역구선거에서 88석을 얻은 민주공화당은 전국구의석에서 22석을 배분받아 총 110석으로 62.9%의 의석점유율을 보였고, 지역구선거에서 27석을 얻은 민정당은 전국구의석에서 14석을 배분받아 총 41석으로 23.9%의 의석점유율을 보였다. 또한 지역구선거에서 8석을 얻은 민주당에게는 전국구의석 5석을 배분하였고, 자유민주당은 지역구에서 6석과 전국구에서 3석을 차지한 반면 지역구선거에서 2석을 얻은 국민의 당에게는 1석의 전국구의석도 배분되지 않았다. 나머지 7개 정당에서는 당선자가 1명도 없어 국회진출이 좌절되었다.

〈표 5-14〉 제6대 국회 진출정당

구분 시도	민주공화당	민정당	민주당	자유민주당	국민의당	계
서 울	2	7	4	1		14
부 산	6	1				7
경 기	7	5	1			13
강 원	7		1	1		9
충 북	6	1		1		8
충 남	8	3			2	13
전 북	7	4				11
전 남	12	3	1	3		19
경 북	19	1				20
경 남	12	2	1			15
제 주	2					2
전국구	22	14	5	3		44
계	110	41	13	9	2	175
비 율	62.9	23.4	7.4	5.1	1.1	100

자료 : 중앙선거관리위원회, 『역대국회의원선거상황(제1~11대)』, 앞의 책, 596쪽.

1963년 12월 17일 개원식에서 국회의장에 민주공화당 이효상이, 부의장에 민주공화당 장경순과 민정당의 나용균이 선출됨으로써[92] 민주공화당, 민정당, 민주당, 자유민주당, 그리고 국민의 당이 진출한 제6대 국회는 정식으로 출범하게 되었다.

제6대 국회에서는 〈표 5-15〉에서 보는 바와 같이 모두 658건의 법률안이 발의되었는데 그 가운데 63.3%인 416건이 의원발의 법률안이었고 나머지 242건이 정부제출 법률안이었다. 이러한 수치는 이전의 국회와 비교하여 볼 때 의원들의 입법활동이 매우 활발했으며, 이로 인해 국회의 본질적인 기능으로서의 입법기능을 충실히 수행한 것처럼 생각할 수도 있다.

〈표 5-15〉 제6대 국회 시기 법률안 처리 결과

구 분	발의수	가결	가결률	부결	폐기	철회	보류	임기종료 폐기
전체	658	332	50.5	0	162	14	0	150
의원발의	416 63.3	178 53.6	42.8	0	99	6	0	133
정부제출	242 36.7	154 46.4	63.6	0	63	8	0	17

구 분	발의수	가결수	가결률
여당발의	183	57	33.1
야당발의	124	17	13.8

자료 : 국회사무처, 『국회사(제헌~제6대)』(서울 : 국회사무처, 1971)에서 발췌.

그러나 가결률에 있어서는 의원발의 법률안이 42.8%인데 비해 정부제출 법률안은 63.6%로 나타나고 있으며, 임기종료로 인한 폐기건수에 있어서도 의원발의 법률안이 416건 중 31.9%인 133건이 임기종료로 폐기된 것에 비해 정부제출 법률안은 242건 중 7.0%인 불과 17건만이 임기종료로 폐기된 것으로 나타났다. 이러한 사실은 제6대 국회가 행정부의 우위에 눌려있었고, 비효율적인 국회운영의 결과로 볼 수 있다.

그렇지만 제6대 국회에서도 국정감사와 국정조사가 실시되었는데 일반감사 3회를 포함하여 모두 15회의 국정감사와 국정조사가 이루어져 행정부에 대한 통제기능을 수행하고자 하였다.

입법활동에 있어서의 여·야간의 경쟁은 여당발의 법률안이 183건인데 비해 야당발의 법률안은 124건이었고, 가결수에 있어서는 여당이 발의한 법률안의 33.1%인 57건인 데 비해 야당이 발의한 법률안은 13.8%인 17건이었다. 이러한 결과는 여당인 민주공화당이 62.9%의 의석점유율을 보인 사실에서도 알 수 있는 것처럼 여당 주도의 국회가 운영되었다는 증거이다.

제7대 국회(1967년 7월 10일 개원)

제7대 국회의원선거를 신민당이 부정선거로 단정하고 전면 무효화투쟁을 전개하였지만, 제7대 국회는 1967년 7월 10일 개원되었다.

〈표 5-16〉 제7대 국회 진출정당

구분 시도	민주공화당	신민당	대중당	계
서 울	1	13		14
부 산	2	5		7
경 기	10	3		13
강 원	8	1		9
충 북	8	1		8
충 남	12	1		13
전 북	11			11
전 남	16	2	1	19
경 북	18	2		20
경 남	14	1		15
제 주	2			2
전국구	27	17		44
계	129	45	1	175
비 율	73.7	25.7	0.6	100

자료 : 중앙선거관리위원회, 『역대국회의원선거상황(제1~11대)』, 앞의 책, 728쪽.

〈표 5-16〉에서 보는 바와 같이 선거 결과 민주공화당은 지역구선거에서 전체 131개 선거구 중 77.9%인 102개 선거구에서 승리하여 전국구의석 27석을 배분받음으로써 전체 의석의 73.7%인 129석을 차지하게 되었다. 이로써 민주공화당은 개헌선 117명을 훨씬 넘는 절대다수의석을 확보하였고, 이에 비해 신민당은 지역구에서 28석, 전국구에서 17석을 얻어 총 45석에 25.7%의 의석점유율을 보였다. 나머지 정당들 중에는 유일하게 대중당만 지역구에서 1명이 당선되어 제7대 국회에 진출하게 되었을 뿐 모두 국회 진출이 좌절되었다. 민주공화당에 비해 의석수에서 크게 뒤진 신민당은 지역구 당선자 28명 중 24명이 대도시에서 당선되었는데, 이는 도시에서 여당독주의 견제심리가 작용한 일면도 있겠으나 더 근본적으로는 도시와 농촌이 정치적으로 의식구조가 다르고 이해를 달리하고 있다는 증거이기도 하다.[93]

1967년 7월 10일 제7대 국회가 개원되었으나, 6월 8일에 실시된 국회의원 선거가 부정선거라고 규정한 신민당 의원들의 등원거부로 민주공화당소속 의원들과 민주공화당에서 제명된 무소속 의원만이 참석한 가운데 국회의장에 이효상, 부의장에 장경순 등만을 선출하고 부의장 1석은 관례에 따라 야당의원들 중에서 선출하기 위해 공석으로 남겨놓았다.[94]

여당인 민주공화당이 전체 의석의 73.7%를 점유한 가운데 운영된 제7대 국회에서는 〈표 5-17〉에서 보는 바와 같이 모두 535건의 법률안이 발의되어 그중 66.7%인 357건이 가결·통과되었다.

이 가운데 의원이 발의한 법률안은 전체 법률안 중 45.6%인 244건이었고, 정부가 제출한 법률안은 54.4%인 291건이었지만, 가결된 법률안은 의원이 발의한 법률안이 전체의 34.5%인 123건이었는데 비해 정부가 제출한 법률안은 65.5%인 234건이었다. 따라서 가결률에서 보면, 의원발의 법률안이 50.4%인 것에 비해 정부제출 법률안은 80.4%로 나타나 지난 제6대 국회보다도 더욱 국회의 입법기능이 약화되었음을 알 수 있다.

구 분	발의수	가결	가결률	부결	폐기	철회	보류	임기종료 폐기
전체	535	357	66.7	1	78	6	0	93
의원발의	244 45.6	123 34.5	50.4	1	44	2	0	74
정부제출	291 54.4	234 65.5	80.4	0	34	4	0	19

구 분	발의수		가결수		가결률	
여당발의	115		51		44.5	
야당발의	60		7		11.7	

자료 : 국회사무처, 『국회사(제7대~제8대)』(서울 : 국회사무처, 1976)에서 발췌.

또한 임기종료로 인한 폐기 법률안이 정부제출 법률안의 경우는 19건에 지나지 않으나, 의원발의 법률안의 경우는 무려 74건이나 되어 발의된 총 법률안의 3분의 1 이상에 달하는 법률안의 처리가 지연되는 비효율적인 국회 운영이었다고 할 수 있다.

실제로 제7대 국회에서는 1968년 예산안을 심사하면서 야당은 세법개정안에 대한 수정을 여당측이 보장하여줄 것을 요구하며 예산결산위원회 위원명단의 제출을 거부하자, 여당인 민주공화당은 예산안의 부분심사를 생략한 채 국회 제3별관에서 단독으로 위원회를 개회하고 본회의장 뒷자리에 임시 사회석을 준비하여 전격적으로 예산안을 통과시키는 실력행사를 강행한 바도 있었다.95) 또한 1968년에는 1 · 21무장공비 침투사건이 발생하자 예비군의 무장에 대한 법적 근거를 마련하기 위해 향토예비군설치법 개정안이 정부에 의해 제출되었는데, 이에 야당은 개정내용이 정치적으로 이용될 수 있다는 반대 이유를 내세우며 회의에 불참하였지만, 민주공화당은 역시 단독으로 통과시켰다.96) 더욱이 1969년에 여당인 민주공화당은 박정희의 3선을 위하여 3선금지 규정을 완화하는 헌법개정안을 국회에 제출하였다. 야당이 본회의장의 단상을 점거하고 농성을 시작하자 여당의원들은 국회 제3별관에서 새벽에 여당 단독으로 헌법개정안을 통과시키는 등 제7대 국회에서는 다수당의 횡포가 끊임없이 행해짐으로써 비효율적인 운영행태를 보였던 것이다.

그럼에도 불구하고 제7대 국회에서도 모두 17회의 국정감사와 국정조사가 실시되었다는 사실은 그나마 국회가 행정부에 대한 통제기능을 수행했다는 것을 말해주는 증거라고 할 수 있다.

그러나 입법활동에 있어서 여·야간의 경쟁은 이전의 제6대 국회보다 더욱 여당 독주의 양상을 보여준다. 즉 여당이 발의한 법률안은 115건에 51건이 가결되어 44.5%의 가결률을 보이는 데 비해 야당이 발의한 법률안은 60건에 7건이 가결되어 가결률이 11.7%에 불과했던 것이다.

이러한 수치는 제6대 국회와 비교하여 볼 때 여당발의 법률안의 가결률이 33.1%에서 무려 11.4% 증가한 반면 야당발의 법률안은 오히려 13.8%에서 2.1% 감소한 것이었다. 따라서 제7대 국회에서 정당들의 활동은 여당이 독주하는 가운데 야당들은 위축된 양태를 보였다고 할 수 있다.

제8대 국회(1971년 7월 26일 개원)

5·25총선 결과 〈표 5-18〉에서 보는 바와 같이 제8대 국회에는 민주공화당, 신민당, 국민당, 및 민중당의 4개 정당이 진출하게 되었다.

민주공화당은 지역구선거에서 86명이 당선하고 전국구의석 27석을 배분받아 전체 의석 204석의 55.4%에 해당하는 113석을 확보하여 과반수(103석)보다 10석이 많은 안정세력을 확보하는 데 성공하였다. 한편 신민당은 지역구선거에서 65석을 확보하고 전국구의석 25석을 배분받아 전체 의석의 43.6%에 해당하는 89석을 획득함으로써 개헌저지선보다 20석이나 많고 과반수 의석에서 14석이 모자라는 확고한 견제세력이 되었다. 이로써 제8대 국회에는 여·야간 균형이 이루어짐으로써 민주공화당의 일방적인 독주는 더 이상 불가능하게 되었다.

<표 5-18> 제8대 국회 진출정당

구분 시도	민주공화당	신민당	국민당	민중당	계
서 울	1	18			19
부 산	2	6			8
경 기	11	4		1	16
강 원	8	1			9
충 북	6	2			8
충 남	11	4			15
전 북	6	6			12
전 남	15	7			22
경 북	15	8	1		24
경 남	9	9			18
제 주	2				2
전국구	27	24			51
계	113	89	1	1	204
비 율	55.4	43.6	0.5	0.5	100

자료 : 중앙선거관리위원회, 『역대국회의원선거상황(제1~11대)』, 앞의 책, 846쪽.

이러한 결과를 낳은 제8대 국회의원선거는 여전히 여촌야도의 현상을 탈피하지 못한 전형적인 형태로서 도시에서는 야당 후보자들이 우세를 보였고, 농촌에서는 여당 후보자들이 우세를 보였으나, 지역간에 표의 평준화현상을 뚜렷하게 발견할 수 있다.[97]

이처럼 민주공화당과 신민당이 균형있게 의석을 차지한 가운데 국민당과 민중당은 각각 1석씩의 의석을 차지하여 제8대 국회에 합류하게 되었다. 그러나 제8대 국회의 개원은 신민당 내의 당권경쟁과 당내 정비과정의 지연으로 7월 1일에 개원하자는 민주공화당의 제의를 무려 26일간이나 늦춘 7월 26일에서야 이루어졌다.[98]

이러한 제8대 국회는 <표 5-19>에서 보는 바와 같이 모두 138건의 법률안이 발의되었으나, 불과 28.3%인 39건만이 가결·통과됨으로써 역대 국회 중가장 낮은 법률안 가결률을 보였다. 더욱이 발의된 법률안 중 65.9%인 91건이 임기종료로 폐기된 데 그 원인이 있겠지만, 보다 근본적인 원인은 10월유신으로 인해 국회가 불과 14개월의 단명한 데에 있다.

<표 5-19> 제8대 국회 시기 법률안 처리 결과

구 분	발의수	가결	가결률	부결	폐기	철회	보류	임기종료 폐기
전체	138	39	28.3	0	5	3	0	91
의원발의	43 31.2	6 15.4	14.0	0	4	2	0	31
정부제출	95 68.8	33 84.6	34.7	0	1	1	0	60

구 분	발의수		가결수		가결률	
여당발의	15		4		26.7	
야당발의	26		0		0	

자료 : 국회사무처, 『국회사(제7대~제8대)』, 앞의 책에서 발췌.

　발의된 전체 법률안 가운데 의원발의 법률안은 31.2%인데 비해 정부제출 법률안은 68.8%를 차지하였으나, 가결된 법률안에 있어서는 의원발의 법률안은 불과 15.4%인 6건에 지나지 않았고, 84.6%인 33건이 정부제출 법률안이었다는 사실은 의원들의 입법활동이 매우 취약했음을 설명해주고 있다.

　여·야간의 입법활동에서는 여당이 15건의 법률안을 발의한 데 비해 야당은 26건의 법률안을 발의하였으나, 통과된 것은 여당발의 법률안 4건에 불과하였다. 이는 극단적인 여당 독주현상을 보여주는 증거라고 할 수 있다. 이러한 증거는 1971년의 「국가보위에 관한 특별조치법안」 처리과정에서 분명하게 확인되어진다. 당시 여당인 민주공화당은 비상사태시 대통령에게 긴급조치권을 부여하는 것을 내용으로 하는 「국가보위에 관한 특별조치법안」을 발의하여 국회에 제출하였다. 이에 반대한 야당의원들은 본회의장을 점거하고 법률안 통과를 적극적으로 저지하였으나, 여당은 외무위원회 회의실에서 법사위원회와 본회의를 동시에 개회하여 법률안을 전격적으로 처리하였다.

　이처럼 변칙적인 법률안 처리에 대해서 야당은 여당의 법률안 단독처리에 대한 책임을 추궁하기 위하여 제80회 임시국회를 소집하였으나 여당의 국회 불출석으로 유회를 거듭하다 결국 회기만료로 자동유회되고 말았다.[99] 전형적인 여당의 독주와 그로 인한 대화와 타협의 정신이 결여된 반의회주의적 행태가 나타난 것이다.

한편 제8대 국회에서는 일반감사 2회를 포함하여 모두 3회의 국정감사와 국정조사가 실시되었는데, 이러한 사실은 이전의 국회들에 비하여 행정부에 대한 통제기능을 제대로 수행하지 못했다는 증거라고 할 수 있다. 따라서 제8대 국회는 이전의 국회보다 더욱 행정부의 국회에 대한 우위 현상이 분명하게 드러나는 가운데 여당의 독주에 의해 국회운영이 이루어졌다고 할 수 있다.

6

제4공화국의 정당정치

정치체제와 정치문화

1972년 10월 17일 박정희는 전국에 비상계엄을 선포하고 이른바 10·17 비상조치를 단행하였는데, 그 내용은 1972년 10월 17일 17시를 기해 국회를 해산하고 정당 등의 정치활동을 중단시키는 등 헌법의 일부 조항의 효력을 정지시키고, 효력이 정지된 일부 헌법조항의 기능은 비상국무회의가 수행하며, 비상국무회의의 기능은 현행 헌법의 국무회의가 담당한다. 또한 비상국무회의는 1972년 10월 27일까지 헌법개정안을 공고하고 국민투표로써 확정하며, 헌법개정안이 확정되면 개정된 헌법절차에 따라 1972년말 이전에 헌법질서를 정상화시킨다는 것이었다.[1]

이러한 비상조치의 단행은 이미 1971년 12월 21일 민주공화당에 의해 안보를 위한 사회안정과 이의 확보·유지조치인 「국가보위에 관한 특별조치법」이 국회에 상정, 제정된 것을 근거로 한 것이었다. 같은 날 비상국무회의가 구성되어 다음해 3월 12일 해체될 때까지 헌법개정안 국민투표와 관련된 특별법, 노사관계법규 등 많은 법안을 국회를 거치지 않고 제정 및 개정하였다.[2] 10일 후인 10월 27일 개최된 비상국무회의는 10·17비상조치를 10월유신이라 부르기로 하고[3], 헌법개정안을 공고하여 11월 21일 국민투표에서 91.5%의 찬성율로 통과되어 이른바 유신헌법이 확정되었다.

유신헌법의 주요내용을 보면, 대통령의 임기는 6년으로 한다(제47조)고만 규정되어 있을 뿐 중임제한이나 연임제한 규정은 전혀 없으며, 주권적 수임기관으로서 통일주체국민회의라는 기구를 신설하고 여기에서 대통령 선출, 국회가 발의·의결한 헌법개정안의 확정, 대통령이 추천한 의원정수 3분의 1에 해당하는 국회의원 선출, 대통령이 부의(附議)한 통일정책의 심의·확정을 하도록 하였다. 특히 유신헌법은 대통령에게 절대적인 영도권을 부여하였는데, 국회의원 3분의 1의 추천권(제40조), 긴급조치권(제53조), 국회해산권(제59조), 국민투표회부권(제49조), 통일정책의 결정 또는 변경에 관한 통일주체국민회의 회부권(제38조), 통일주체국민회의 의장직 수임(제36조 3항), 헌법개정안 제안권(제124조), 헌법기관 구성자에 대한 임명권(제109조 4항, 제112조 4항) 등이 그것이다.

더욱이 대법원장을 비롯한 모든 법관을 대통령이 임명 또는 보직(補職)하거나 징계에 의하여 파면할 수 있게 함으로써 사법권의 독립을 어렵게 만든 상태에서 헌법위원회를 두어 위헌법률심사권, 위헌정당해산결정권, 탄핵심판권을 갖게 함으로써 사실상 대통령은 사법부를 장악하게 되었다. 뿐만 아니라 국회의 회기를 단축시켜 상설화를 막고 국정감사제도까지 폐지함으로써 국회는 더이상 행정부를 감독·비판함에 있어서 커다란 한계를 갖게 되었다.

이러한 유신헌법은 '대통령제의 요소와 의원내각제의 혼합형태', '영도적 대통령제', '절대적 대통령중심제', '권위주의적 대통령제', '신대통령제' 또는 '변형된 대통령제' 등으로 표현되는데, 중요한 것은 대통령에게 막강한 권력이 집중되었다는 점이다. 대통령은 입법·행정·사법의 3부 위에 위치하는 국가원수로서 국가의 모든 기관에 대하여 대통령의 우위성을 보장하는, 이른바 '영도자'의 지위에 있어 '권력의 인격화'로 특징지워진다.[4]

우선 대통령은 국가원수인 동시에 집행부의 수반이며(제43조 1항과 4항), 대통령의 재직 중 탄핵소추(제99조)를 제외하고는 국회에 대하여 정치적 책임을 지지 않고, 대통령에 대한 국회의 불신임권이 인정되지 않으며, 국무회의는 정책심의기관(제65조 1항)에 불과하게 되었다. 더욱이 대통령은 통일주체국민회의에서 선출되고, 국회를 무제한적으로 해산할 수 있으며(제59조), 국회의원정수의 3분의 1을 통일주체국민회의에 추천할 수 있고(제40조), 천재지변 또는 중대한 재정경제상의 위기에 처할 경우에 국정 전반에 관한 긴급조치를 취할 수 있는(제53조 1항) 막강한 권한을 독점하였던 것이다. 무엇보다 대통령의 종신집권이 법률상 가능하게 되었다는 점에서 이 유신헌법은 당시의 대통령인 박정희의 영구집권을 위한 장치였으며, 이러한 유신헌법을 바탕으로 수립된 유신체제는 이전의 어느 시기와도 비교되지 않는 가장 강력한 권위주의체제였다. 이를 한때는 '한국적 민주주의'5)라고 부르기도 했다.

유신헌법에 따라 1972년 12월 15일 통일주체국민회의 대의원선거가 실시되었고, 12월 23일 이 통일주체국민회의에서 박정희가 대통령으로 선출되어 12월 27일 제8대 대통령으로 취임하면서 새 헌법을 공포함으로써 유신체제의 제4공화국은 출범하게 된다. 유신체제하에서도 경제개발 5개년계획은 계속 추진되어 고도경제성장을 달성하였으나,6) 분배가 왜곡되어 국민 모두가 경제성장의 결과로써 산출된 과실을 골고루 향유할 수 없었을 뿐만 아니라 권력형 부정부패가 만연함으로써 사회적 비판의 대상이 되었다.7)

그러나 유신체제하에서는 준여당인 유신정우회가 존재하였는데, 이는 국회의원정수의 3분의 1을 대통령이 추천하여 통일주체국민회의에서 선출된 의원으로 구성됨으로써 대통령의 권한을 보위하는 친위대의 역할을 하고 있었다. 그러므로 여당인 민주공화당의 조직과 기능도 강화할 필요성을 느끼지 못했고, 대통령의 친위대로서의 유신정우회는 자율성이 전혀 없이 대통령의 명령에 절대 복종할 수밖에 없었다. 그 결과 이중적인 여당의 지원을 받는 대통령의 권한은 강화되는 데 반해 정당정치는 더욱더 약화될 수밖에 없었다.8)

더욱이 유신체제는 국가기관이 국회와 정당 및 이익집단의 배후에서 관리조종했다는 점에서 전형적인 '조합주의(組合主義)'에 해당된다.9) 결국 유신체제는 구조·기능적으로 자유민주주의의 정치형태를 이탈하여 권위주의 정치형태로 변질되었다. 즉 대통령의 비상대권의 발동에 있어서 사전예방적 조치까지 인정되었으며, 그 요건 충족 여부 판단이 대통령의 재량에 일임되었을 뿐만 아니라 그 권한 행사에 대한 법적 제동장치가 충분히 마련되지 않았던 것이다.10)

특히 유신체제는 사회 각 분야에 대한 철저한 통제정책을 펼쳤는데, 노동통제는 물론이고 언론에 대한 강력한 통제를 가하였다. 우선 1972년 4월에 지방지의 통합을 실시하였고, 12월부터는 언론, 출판, 방송에 대한 사전검열을 실시하였으며, 1973년 2월에는 중앙신문, 통신사의 폐간과 방송윤리위원회를 설치하였다. 이어 3월부터는 프레스카드제를 실시하여 취재활동의 규제를 가하기 시작했고, 1974년 1월에는 긴급조치 제1, 2, 3, 4호를 잇따라 선포하여 개헌보도금지, 체제에 대한 비판보도금지 등 언론보도금지를 강화하였는데 이를 위반할 경우는 군사재판에 회부토록 하였다.11)

그럼에도 불구하고 1974년 10월 동아일보 기자들이 종래의 언론자유수호운동에서 한 걸음 더 나아가 자유언론실천운동을 전개하기 시작하자 동아일보에 대한 광고통제를 가하였으나, 오히려 국민들은 격려광고를 게재하는 등 저항이 고조되자 1975년 2월에는 유신헌법의 신임을 묻는 국민투표를 실시하기도 했다. 그러나 이미 사회 전반에 확산된 민주화운동은 더욱 격렬해졌는데, 이에 1975년 5월 13일 긴급조치 제9호를 발동하여 언론은 물론이고 사회 전반을 강력하게 통제하기 시작했다.

그러나 이처럼 강력한 통제정책에도 불구하고 유신체제에 대한 저항12)은 더욱 거세져 1978년 12월 12일에 실시된 제10대 국회의원선거에서는 야당인 신민당의 득표율이 민주공화당보다 1.1% 앞서는 결과가 나타났고, 이에 고무된 신민당은 선명야당을 주장하는 김영삼을 총재로 선출하고 1979년에 들어서면서 대정부투쟁을 조직화하기에 이르렀다. 이에 10월 4일 국회에서는 여당의원만으로 김영삼의 의원직 제명을 결의하는 등 극단적인 강경대응을 취했으나, 신민당소속 의원 전원과 민주통일당소속 의원 3명이 의원직 사퇴서를 국회에 제출하는가 하면, 10월 16일부터 19일 사이에는 부산과 마산에서 소위 부마(釜馬)사태가 발생하여 부산지역에 비상계엄령이 선포되고 휴교령이 내려졌다.13)

이와 같이 제4공화국 시기의 정치체제는 군부세력을 바탕으로 한 강력한 권위주의체제라고 할 수 있다. 입법·행정·사법의 초월적 지위에 있는 대통령 1인에게 모든 권력이 집중된 가운데 조합주의적인 체제를 형성하여 정치체제의 구조적 분화와 기능적 자율성은 크게 위축되었으며, 강력한 통제와 억압정책으로 인해 민주화를 요구하는 국민의 저항은 원천적으로 봉쇄당했다. 또한 체제에 대한 저항이 더욱 거세지면 거세질수록 그에 대한 통제와 억압 역시 더욱 강력해져갔다. 그러나 이처럼 강력한 유신체제는 권력의 핵심부에 있던 당시 중앙정보부장 김재규가 1979년 10월 26일 대통령 박정희를 시해한 10·26사태로 막을 내리게 된다.

이러한 제4공화국 시기의 정치문화도 한국 정치문화의 보편적인 특징인 권위주의, 분파주의, 저항주의, 인물 위주의 특성을 아직 그 저류에 갖고 있었으나, 지난 20년 동안의 경제·사회적 발전과 고등교육의 증가, 정치적 경험 등으로 인하여 많은 변화를 해왔다고 볼 수 있다.14) 이러한 평가는 1963년에 실시된 조사와의 비교를 통해 명확해지는데, 이 시기 한국정치문화의 특징은 정치적 무관심 또는 냉소주의의 팽배, 정치의식 또는 정치적 요구수준의 향상, 콘하우저(Kornháuser)현상15)의 출현 등을 지적할 수 있다.16)

정치적 무관심 또는 냉소주의가 팽배하게 된 것은 정치체제가 초기의 자유민주주의체제에서 한국적 민주주의를 내세운 유신정치체제로 탈바꿈했기 때문에 나타난 결과이기도 했다. 특히 정치불신의 전통은 여전히 뿌리깊게 남아 있었고, 대중과 엘리트 사이의 넓은 간격은 좀처럼 메워지지 않고 있었다. 한편 급속한 사회·경제적 발전에 따라 정치적 지식, 정치에 대한 관심, 정치적 효능감 등이 높아졌으며, 대중적 매스미디어의 역할이 증대됨으로써 사회동원화가 용이하게 되어 주민의 관심은 혈연 및 지연 등의 전통적이면서도 지방적인 것에서 적극적이면서도 중앙적인 것으로 현저하게 변화하여 갔다.17) 또한 이처럼 정치의식과 정지적 요구수준은 향상되었으나, 정당 또는 사회집단이 제도화되지 못함으로써 나타나는 콘하우저현상은 특히 농촌주민보다는 도시주민에게서 두드러지게 나타난다.

따라서 제4공화국 시기의 정치문화의 특징은 국민들이 전반적으로 정치적 무관심과 정치적 냉소주의에 젖어 있으면서도 이전에 비하여 정치의식과 정치적 요구수준이 높아지고 있지만, 이를 여과하고 흡수할 수 있는 정당과 사회집단이 성장하지 못함으로써 콘하우저현상이 발생하게 되고, 그럼으로써 정치적 무관심과 정치적 냉소주의가 더욱 만연하게 되는 악순환이 반복되었던 것이다.

이러한 정치문화적인 특징은 제4공화국 시기의 정치체제인 유신체제가 전형적인 권위주의체제이기 때문에 나타나는 당연한 결과였는지도 모른다. 정치과정과 관련하여 권위주의체제의 특징은 ① 정치적 자각수준이 사적 세계의 좁은 범위를 벗어나지 못하고 있고, ② 정당에 대한 긍정적 동일시가 존재하지 않으며, 국민의 정치적 사고와 행동이 조직화되지 못하고 있으므로 정부(집권여당)의 강권에의 의존도가 높고, ③ 카리스마적 지도자의 대두와 그 이미지를 이용한 집권여당의 장기집권현상, 그리고 정당 내의 파벌투쟁의 강렬성이 나타나고, ④ 정치적 결정작성에 정식적 요인보다 비정식적 요인이 더 뚜렷하게 작용하고 있다는 4가지가 지적될 수 있다.18)

이러한 지적들은 제4공화국 시기의 정치체제의 특징으로 매우 적절한 것이라고 할 수 있다. 모든 권력이 대통령 1인에게 집중되어 있어, 장기독재가 가능했고, 체제유지를 위해 봉사하는 집권여당의 강권이 작용하였고, 그러면서도 야당은 효과적인 정치적 반대를 할 수 없었을 뿐만 아니라 모든 정당이 내부적으로 파쟁을 겪고 있었다. 또 정식적 요인보다 비정식적 요인이 정치적 결정작성의 주요한 영향력을 미치지만, 정치적 자각수준이 사적 세계의 좁은 범위를 벗어나지 못하고 정치적 사고와 행동이 조직화되지 못하였기 때문에 반대도 저항도 하지 못했던 것이다.

정당의 이데올로기

제3공화국의 마지막 국회인 제8대 국회는 집권자의 장기집권욕에 의해 개원한 지 1년 3개월만인 1972년 10월 17일에 해산되고, 신헌법인 이른바 유신헌법에 의한 국회의원선거가 1973년 2월 27일에 실시됨으로써 제9대 국회가 출범하게 된다.[19]

유신체제의 첫 국회인 제9대 국회에는 민주공화당과 신민당 그리고 민주통일당이 진출하게 되는데, 1972년 12월 27일 유신헌법의 공포와 더불어 정치활동이 재개되자 민주공화당은 1973년 1월 5일 다음과 같은 새로운 강령을 채택하였다.[20]

1. 우리는 10월유신의 정신으로 민족적 주체성을 확립하고, 민주주의 토착화를 이룩한다.
2. 우리는 민족의 자주역량을 배양하고, 국력을 조직화하여 조국의 번영과 평화통일을 성취한다.
3. 우리는 국민교육헌장의 이념과 생산적 인간성을 함양하고 새 역사관을 정립하여 민족정기를 드높인다.
4. 우리는 자유경제체제의 원칙 아래 합리적인 경제계획으로 균형있는 국토개발과 산업구조의 고도화를 기한다.
5. 우리는 사회복지제도를 확충하여 안정되고 향상된 생활을 누릴 수 있는

사회를 건설한다.

6. 우리는 고유의 문화를 창조적으로 개발·육성하고 과학기술을 진흥시켜 문화수준의 향상을 기한다.

7. 우리는 유엔헌장을 비롯한 국제협약을 준수하며, 국제사회와의 유대를 강화하여 항구적인 세계평화와 안전에 기여한다.

이러한 민주공화당의 개정강령은 10월유신의 정신을 부각하였을 뿐 과거의 강령과 이데올로기적인 면에서 별다른 차이가 없고, 제2당인 신민당도 정치활동 재개와 더불어 당기구의 정상화와 함께 선거체제로 들어갔을 뿐, 정강정책은 그대로 사용하여 두 정당이 보수정당이라는 사실에는 변화가 없었다.

한편 제3당인 민주통일당은 신민당의 일부세력이 탈당하여 만든 정당이다.[21] 민주통일당은 강령에서 "3·1정신과 광주학생운동 및 4·19민주혁명 정신을 계승하고 민족주체세력을 결집시켜 자유민주주의의 내실을 기하는 동시에 조국통일의 성업(聖業)을 달성하기 위하여 온힘을 경주한다"(제1항), "자유경제질서를 기조로 하되, 심대한 빈부의 격차가 빚은 사회갈등현상을 해결하기 위하여 합리적인 경제계획으로 국민생활의 균형있는 발전을 기한다"(제2항) 등의 5개항을 제시하고 있다.[22]

한편 민주통일당은 구체적인 정책의 내용을 밝히고 있지 않으나, 창당대회에서 ① 권력의 집중방지, ② 자유경제에 바탕을 둔 합리적 경제계획, ③ 민족문화의 발굴, ④ 미·소·중·일 등 4대국의 세력균형과 자주방위에 의거한 태평양「아시아」집단안보체제 구축 등을 정강정책으로 채택하였다.[23]

이러한 정강정책의 내용으로 볼 때, 민주통일당은 자유민주주의를 신봉하는 보수정당임이 분명한데 그것은 창당선언문에서 더욱 확연해진다.[24] 창당준비위원회의 발기선언문과 그 내용이 같은 창당선언문에서 민주통일당은 "자유민주체제를 견지하고 수호해야 된다는 것이다. 자유민주체제가 공산주의 독재체제보다는 우월하고 능률적인 제도임은 새삼스럽게 말할 필요조차 없다. ……우리는 거듭 자유민주체제가 공산독재보다 우월하고도 이상적인 제도라는 정치적 신념을 굳게 파악하는 동시에 「민주주의의 토착화」와 「한국적 민주주의」가 제창된 시대적 배경과 그 진수를 정확하고도 예리하게 인식하고 분석비판하여야 되겠다……"고 밝힘으로써 자유민주주의에 대한 확고한 신념을 거듭하여 강조하고 있다.

따라서 제9대 국회에 진출한 민주공화당, 신민당, 민주통일당 등 3개 정당은 모두 보수정당이라고 할 수 있는데, 제10대 국회에도 이 3개 정당이 서열의 변화없이 진출함으로써 제4공화국 시기에 국회에 진출한 정당들은 모두가 보수정당들이라는 특징을 갖는다.

주요 정당의 조직구조

민주공화당

민주공화당은 제3공화국에 이어 제4공화국에서도 집권정당으로서의 위치를 유지한다. 그러나 제9대 국회부터 유신정우회가 등장하자 민주공화당은 원내 제2교섭단체로 전락하게 되는데, 유신정우회 회원 73명 중 당적을 가진 김종필, 백두진, 구태회, 민병권, 김진만, 현오봉, 김재순 등 29명이 탈당함으로써 민주공화당은 크게 약화되고 그동안 극심한 대립·갈등을 보였던 파벌들은 해체되고 만다.[25]

신민당

10월유신으로 국회가 해산된 뒤 양일동, 윤제술, 유 청 등이 신민당을 집단탈당하였고, 1973년 1월에 민주통일당을 창당함으로써 야당은 또다시 분열되고 만다. 이어 5월에 유진산은 당총재로 복귀하고 대여관계에서 온건노선을 걷는데, 이에 김영삼계와 고흥문계는 반발하여 주류에서 이탈하고 비주류 대열을 형성한다.[26]

1974년 8월 전당대회에서 김영삼이 총재에 오르자 김영삼계, 고흥문계, 정해영계가 주류를 형성하게 되나 비주류의 강력한 도전을 받게 된다. 이후 1975년 '김옥선파동'으로 당 내분이 격화되고, 1976년 9월 전당대회를 앞두고 파벌들간의 합종연횡(合縱聯衡)이 벌어져 이철승·고흥문·신도환·정해영 등이 당의 운영을 집단지도체제로 개편하는 데 뜻을 같이 하게 된다. 급기야 1976년 5월 25일 전당대회에서 이철승을 중심으로 하는 비주류연합세력에 의해 유혈폭력충돌이 빚어지는, 이른바 각목 전당대회사건이 발생하여 또다시 신민당 전당대회는 반당(半黨)대회가 되고 말았다.[27]

주류, 비주류의 당권경쟁은 김영삼의 유신반대 강경노선과 이철승의 중도통합론의 시국관 차이를 곁들여 치열한 알력을 벌여왔던 것이다. 9월 15일 열린 수습전당대회에서 이철승이 집단지도체제 당헌에 의한 대표최고위원에 당선되어 비주류연합은 신주류를 형성한다.

그러나 공동의 적인 김영삼을 물리치고 당권을 장악하게 된 비주류 연합(신주류)은 동지들간의 파벌암투에 빠져들기 시작하였으며, 또한 주류와 신주류는 사사건건 충돌을 빚었다. 그 결과 1979년 5월 전당대회 당시 신민당 내에는 〈표 6-1〉과 같은 11개의 파벌이 형성된다.[28]

이러한 가운데 당권경쟁에서 노선 차이가 가장 선명하게 나타났던 1979년 5월 30일 전당대회에서 이철승은 중도통합론을 내걸었고, 김영삼은 이를 유신체제와의 야합이라고 비난했다. 파벌을 바탕으로 이루어진 당권경쟁에는 타협의 논리를 앞세운 이철승과 대결의 논리를 앞세운 김영삼 외에 신도환, 김재광, 조윤형, 이기택, 박영록 등 무려 7명이 뛰어들었다. 2차 투표까지 가는 접전 끝에 이기택이 김영삼의 지지를 선언한 반면, 신도환은 막바지에

<표 6-1> 신민당 말기의 파벌(1979년 5월)

이철승계	송원영 · 고재청 · 한영수 · 김윤덕 · 김준섭 · 오홍석 · 임종기 · 허경만 · 조규창 · 조세형 · 김원기 · 김동욱 · 김승목 · 박해윤 · 양해준 · 진의종 · 황호동 · 윤완중
고홍문계	김현기 · 채문식 · 이진연 · 이택돈 · 유용근 · 이중재 · 윤철하
신도환계	이상신 · 신상우 · 김상진 · 엄영달 · 김종기 · 조일환 · 김창환
이충환계	김수한 · 김제만 · 유기준
유치송계	황병우 · 신동준
김영삼계	이민우 · 박한상 · 황낙주 · 박 일 · 박용만 · 김동영 · 이필선 · 박권흠 · 김형광 · 문부식
민사회(民思會)	이기택 · 오정보
자주구락부	조윤형 · 최형우 · 정대철
자민동지회	이택돈 · 유한렬 · 박병호 · 정재원
박영록계	한건수 · 천명기 · 최성석
김재광계	노승환 · 이용희 · 조중연 · 김영배

자료 : 이영석, 『야당40년사』(서울 : 인간사, 1987), 351~352쪽과 김성익, "신민당 5월 당권의 향방," 『신동아』, 1979년 6월호, 183쪽에서 발췌 재작성.

가서야 이철승을 지지함으로써 당권은 결국 김영삼에게 돌아가게 된다.[29]

다시 총재로 복귀한 김영삼은 줄곧 강경노선을 걷다가 9월 16일자 뉴욕타임즈와의 회견내용을 사대주의로 규정한 여당측의 징계안제출로 10월 4일 제명되고, 이에 반발한 신민당소속 의원들은 모두 10월 13일 의원직 사퇴서를 제출하였다.[30] 그후 10·26사태를 맞게 되고 새로운 정계기류 속에 1980년초부터 소장의원들을 중심으로 범야세력의 통합과 대통령후보 단일화가 추진되었다.

그러나 김영삼과 김대중 두 사람의 의견대립으로 후보 단일화가 난항을 거듭한 가운데 5·17조치로 정치활동이 전면 중단되고, 8월 13일 김영삼은 신민당 총재직을 비롯한 일체의 공직 사퇴와 함께 정계은퇴를 발표함으로써 이민우 부총재가 총재직무대행을 맡게 되나, 10월 27일 제5공화국 헌법이 공포되면서 신민당은 1967년 2월 11일 창당된 이래 13년 8개월만에 자동해산되고 만다.[31]

선거참여정당과 유권자의 지지도

제9대 국회의원선거(1973년 2월 27일)

1973년 2월 9일 제4공화국에서 처음 실시되는 제9대 국회의원선거일이 2월 27일로 공고되었다. 전체 73개 선거구에서 2인씩을 선출하는 제9대 국회의원선거에는 〈표 6-2〉와 같이 출마가 허용된 무소속 입후보자들과 함께 민주공화당, 신민당, 민주통일당 등 3개 정당만이 참여하였다.

〈표 6-2〉 제9대 국회의원선거 입후보상황

정당·단체명	후보자수	비율	정당·단체명	후보자수	비율
무 소 속	115	33.9	민 주 통 일 당	57	16.8
민 주 공 화 당	80	23.6	합계	339	100
신 민 당	87	25.7	평균경쟁률	2.3 : 1	

자료 : 중앙선거관리위원회, 『역대국회의원선거상황(제1~11대)』, 앞의 책, 1001쪽에서 발췌 재작성.

지역구 의원정수 146명에 입후보자 총수는 339명으로 평균경쟁률은 2.3 : 1로 역대 국회의원선거와 비교하여 가장 낮은 경쟁률을 보였다는 것이 제9대 국회의원선거의 특징이다. 민주공화당이 7개 선거구에서 복수 추천을 하여 모두 80명의 후보자를 공천하였고, 신민당은 14개 선거구에서 복수 추천을 하여 모두 87명의 후보자를 공천하였으나, 민주통일당은 57명의 후보자만을 공천하였으며, 오랜만에 입후보가 허용된 무소속 후보자들은 전체의 33.9%인 115명이 참여하였다.

이러한 제9대 국회의원선거에는 〈표 6-3〉에서 보는 바와 같이 총유권자 1천 569만 130명 중 1천 119만 6천 484명이 참여하여 72.9%의 투표율을 보였다. 시도별로 볼 때 여전히 서울이 가장 낮은 62.0%의 투표율을 보였고,

구분 시도	선거인수	투표자수	투표율
서 울	3,055,496	1,894,248	62.0
부 산	999,611	702,402	70.3
경 기	1,712,695	1,152,269	74.3
강 원	835,936	674,595	80.7
충 북	701,544	556,561	79.3
충 남	1,388,869	1,047,616	75.4
전 북	1,149,686	866,849	75.4
전 남	1,888,125	1,428,607	75.7
경 북	2,225,629	1,697,887	76.3
경 남	1,548,217	1,035,629	75.6
제 주	184,322	139,821	75.9
계	15,690,130	11,196,484	72.9

자료 : 중앙선거관리위원회, 『역대국회의원선거상황(제1~11대)』, 앞의 책, 955쪽에서 발췌 재작성.

그 다음으로 부산이 70.3%의 저조한 투표율을 보였다. 가장 높은 투표율을 보인 지역은 강원도로 80.7%였으며, 그 다음은 79.3%의 충청북도였고, 나머지 지역은 대체로 74~76%대의 비슷한 투표율을 보였다.

선거전에 임하여 민주공화당은 "선거공약의 초점을 유신헌정 구현에 두고 의회의 능률적 운영도모와 지도층의 솔선수범을 통한 유신질서의 정착화를 기하는 데 있다"고 밝혔다. 이에 반해 신민당은 "의회기능의 강화와 국민기본권의 최대한 보장으로 자유민주주의를 창달한다"고 밝히고 "행정권의 독주를 견제하고 사법운영의 민주화와 능률화를 기한다"고 주장하여 3권분립체제 강화를 강조했고, 민주통일당은 "국회의 기능을 높이고 사법부의 자율성을 확립해서 헌정질서를 바로 잡는다"고 밝혀 국회와 사법부의 권능과 자율성을 역설하였다.[32] 결국 여당이 유신체제의 확립에 초점을 둔 반면 야당들은 유신헌법의 반민주성을 지적·비판하는 데 주력했다.

이같은 여·야간의 선거전의 결과 〈표 6-4〉와 같이 민주공화당은 38.7%의 득표율을 보였고, 신민당은 32.5%의 득표율을 보여 양당이 균형있게 유권자들의 지지를 얻은 것으로 평가된다. 또한 민주통일당도 10.2%의 득표율

<表 6-4> 제9대 국회의원선거시 정당별 득표현황

구분 시도	민주공화당	신민당	민주통일당	무소속
서 울	638,788	827,251	271,989	138,591
부 산	246,387	340,361	66,463	37,310
경 기	492,974	411,022	112,533	119,122
강 원	282,188	261,800	40,686	124,430
충 북	247,619	113,007	63,666	122,974
충 남	363,505	326,927	143,026	193,006
전 북	249,813	236,401	82,261	281,573
전 남	662,148	319,521	183,696	233,529
경 북	574,767	463,674	83,261	536,211
경 남	444,239	309,857	60,338	201,461
제 주	49,326	12,499	5,974	69,971
계	4,251,754	3,577,300	1,114,204	2,048,178
비 율	38.7	32.5	10.2	18.6

자료 : 중앙선거관리위원회, 『역대국회의원선거상황(제1~11대)』, 앞의 책, 957쪽에서 발췌 재작성.

을 보였는데 신민당과 민주통일당이 얻은 득표율이 42.7%로서 민주공화당이 얻은 득표율보다 앞서는데, 이같은 선거 결과는 당시 국민들이 갖고 있던 유신체제에 대한 거부감을 반영하는 것이라고 할 수 있다.

제10대 국회의원선거(1978년 12월 12일)

1978년 당시 국회의원선거법 제94조 규정에 의하면 제10대 국회의원선거는 1978년 9월 12일부터 1979년 2월 19일 사이에 실시할 수 있었는데, 1978년 8월 5일 대통령 박정희는 진해에서의 기자회견을 통해 연내 총선거실시를 제기하였다. 이에 따라 1978년 9월에 들어서면서부터 정계에서는 제10대 국회의원선거를 대비한 전초적인 활동이 시작되었다.

특히 여·야는 선거에 대비해서 구태회 국회부의장의 주선으로 정치자금 모금을 추진하여 전국경제인연합회, 무역협회, 대한상공회의소 등 3개 단체는 11월 21일 8억 5천만원을 중앙선거관리위원회에 기탁하였고, 중앙선거관리위원회는 11월 23일 이를 민주공화당, 신민당, 민주통일당 및 유신정우회에 배분·지급하였다.

　민주공화당은 11월 7일 전국 77개 선거구에 복수공천없이 77명의 후보자를 공천하였고, 신민당은 7월부터 공천심사위원회 구성을 서둘렀으나 비당권파의 참여 여부와 관련하여 3개월동안 진통을 거듭한 끝에 10월 2일에 이르러 이철승 대표최고위원을 비롯한 최고위원회 6명에 김영삼 전 총재와 정헌주 전당대회의장을 포함한 8명으로 공천심사위원회를 구성하고 11월 22일에 4개 선거구에 복수공천을 하여 모두 81명의 후보자를 공천하였다. 민주통일당도 선거일이 공고된 11월 24일까지 모두 63명의 후보자를 공천하였으나,[33] 최종등록은 60명만이 하였다.

<표 6-5> 제10대 국회의원선거 입후보상황

정당·단체명	후보자수	비율	정당·단체명	후보자수	비율
무　소　속	255	53.9	민 주 통 일 당	60	12.7
민 주 공 화 당	77	16.3	합계	473	100
신　민　당	81	17.1	평균경쟁률	3.1 : 1	

자료 : 중앙선거관리위원회, 『역대국회의원선거상황(제1~11대)』, 앞의 책, 1123쪽에서 발췌 재작성.

　결국 제10대 국회의원선거에는 <표 6-5>에서 보는 바와 같이 지역구 의원 정수 154명에 3개 정당과 무소속입후보자까지 합해 총 473명이 입후보함으로써 3.1 : 1의 경쟁률을 보였다. 특히 무소속입후보자들이 전체의 53.9%인 255명에 이르러 지난 제9대 국회의원선거보다 급증가를 보였다.

　한편 투표율에 있어서는 <표 6-6>에서 보는 바와 같이 총 유권자 1천 948만 9천 490명 가운데 1천 502만 3천 370명이 투표에 참가하여 77.1%를 기록하였는데, 이는 지난 제9대 국회의원선거시보다 4.2% 증가된 수치이다. 그러나 여전히 서울이 68.1%, 부산이 74.3% 등의 낮은 투표율을 보였고, 제주

〈표 6-6〉 제10대 국회의원선거 투표상황

시도 \ 구분	선거인수	투표자수	투표율
서 울	4,574,959	3,113,825	68.1
부 산	1,596,605	1,187,058	74.3
경 기	2,403,075	1,827,164	76.0
강 원	922,254	782,147	84.8
충 북	761,710	651,893	85.6
충 남	1,523,271	1,259,483	82.7
전 북	1,200,940	988,098	82.3
전 남	1,955,966	1,556,844	79.6
경 북	2,584,587	2,057,899	79.6
경 남	1,748,440	1,411,433	80.7
제 주	217,683	187,526	86.1
계	19,489,490	15,023,370	77.1

자료 : 중앙선거관리위원회, 『역대국회의원선거상황(제1~11대)』, 앞의 책, 1073쪽에서 발췌 재작성.

도가 86.1%, 충청북도가 85.6%의 순으로 투표율이 높았다.

선거 결과는 〈표 6-7〉에서 보는 바와 같이 민주공화당이 31.7%의 득표율을 보인데 반해 신민당은 32.8%의 득표율을 보여 신민당에 대한 유권자들의 지지도가 민주공화당에 대한 지지도보다 더 높았다는 것을 알 수 있다. 한편 민주통일당은 불과 7.4%의 득표율을 보였으며, 오히려 무소속 입후보자들이 28.1%의 득표율을 보여 지난 제9대 국회의원선거시보다 민주통일당에 대한 지지도는 저하된 반면 무소속에 대한 지지도는 상승한 것으로 나타났다.

이러한 결과는 선거에 임하여 민주공화당과 신민당이 대조적인 선거공약을 제시한 데 그 원인이 있었다. 먼저 선거에 앞서 민주공화당은 11월 17일 청와대에서 정부와 연석회의를 갖고 총선거에 내세울 "민주공화당 다시 밀어 쉬지 말고 전진하자"라는 구호와 "중흥의 새 시대를 열자"라는 제목의 10대 정책지표, 1백80개 실천사항으로 된 선거공약을 확정·발표했는데, 선거공약에는 깨끗하고 생산적인 정치의 구현, 평화정착의 추구와 안전보장의 견실화, 선진경제로의 비약, 국민생활안정 및 복지사회건설 등이 골자였다.

시도＼구분	민주공화당	신민당	민주통일당	무소속
서 울	819,137	1,528,279	278,971	402,338
부 산	348,730	464,539	145,308	213,255
경 기	643,850	594,871	90,138	474,041
강 원	301,503	183,340	22,149	264,333
충 북	233,775	214,283	82,179	110,952
충 남	495,342	286,878	104,226	348,502
전 북	286,024	301,349	80,796	303,603
전 남	525,508	370,203	197,160	440,212
경 북	564,171	478,025	60,192	926,207
경 남	433,726	373,143	33,938	552,551
제 주	44,229	16,294		124,193
계	4,695,995	4,861,204	1,095,057	4,160,187
비 율	31.7	32.8	7.4	28.1

자료 : 중앙선거관리위원회, 『역대국회의원선거상황(제1~11대)』, 앞의 책, 1075쪽.

이에 비해 신민당 이철승 대표최고위원은 11월 20일 기자회견을 갖고 총선거에 임하는 신민당의 입장과 12대 선거공약 및 구호를 밝혔다. 이는 긴급통치지양, 민주체제회복, 사법권독립에 의한 인권보호, 언론자유회복, 물가안정, 세제개혁, 최고임금보장 등의 선거공약과 "진짜 민심 보여주자", "공화 위에 재벌있고 신민 위에 서민있다"란 구호 등이었다.

여기에 덧붙여 신민당은 선거가 시작된 후 부가가치세 폐지, 구속적부심사제 부활 등 52개 실천정책을 제시했으며, 민주통일당도 민주헌정질서회복, 재야민주세력과의 제휴, 근로삼권보장 그리고 영세중립화에 의한 통일정책을 주장함으로써 민주공화당과의 차별성을 보여주었던 것이다.

선거제도와 정당법

제9대 국회의원선거제도

1972년 10월 17일 박정희는 "우리 민족의 지상과제인 조국의 평화통일을 위한 남북대화를 뒷받침하기 위하여 낭비·비능률·정쟁(政爭)으로 얼룩졌던 종전의 정치체제를 비상적 방법으로 혁신하여 국력의 조직·강화를 기한다"는 미명아래 국회의 해산, 정당활동의 금지 등 초실정법적인 비상조치를 단행하는 동시에 전국에 비상계엄령을 선포하여 헌정이 일시 중단되었다.[34] 이어 1972년 11월 21일 국민투표를 거쳐 12월 27일 공포된 유신헌법에 따라 12월 30일 새로운 선거법이 제정되었는데, 대통령이 제안하고 국회가 아닌 비상국무회의에서 의결한 이 선거법은 중선거구제와 의석 일부의 간접선거제도를 병용하였다.[35]

먼저 전국구선거제를 없애고, 1선거구에 2인의 의원을 선출하는 중선거구제를 채택하였고(제16조), 후보등록에 있어서 정당추천제와 무소속 입후보제를 양립시키고 있으며(제27조 ①과 ②), 후보자의 난립을 방지하기 위하여 기탁금제도를 신설하였다(제32조 ①). 또한 국회의원 정수의 3분의 1은 대통령이 추천하여 통일주체국민회의에서 선출토록 하는 무투표 당선(제127조 ②)을 신설하였으며,[36] 의원의 임기는 지역구 의원은 6년이고, 통일주체국민회의에서 선출된 의원은 3년으로 하였으며, 명부사본교부제를 폐지하였다.

새로운 선거법은 대통령 일괄추천에 의한 새로운 선거방식의 채택을 위해 정당공천을 입후보등록의 필수요건으로 했던 이전의 조항을 폐지했으며, 당적을 이탈, 변경하거나 정당이 해산되더라도 의원직을 유지하게 하였다. 특히 이 법은 "유신헌법의 정신에 따라 정부는 종래와 같은 선거의 과열화와 타락상을 일소하고 돈 안 들고 깨끗한 공명선거를 보장할 수 있는 선거제도를 확립한다"는 취지[37]에도 불구하고 낙선자의 기탁금을 국고에 귀속시켜버린다는 점, 합동연설회의를 통한 선거운동만을 허용한다는 점, 입후보자의 수가 2인을 초과하지 않으면 무투표 당선된다는 점, 선거인명부의 사전교부제를 폐지한다는 점 등 비민주적인 독소조항으로 가득 채워져 있다.

더군다나 중선거구제의 도입으로 거의 모든 선거구에서 제1당의 입후보자의 당선을 보장하고 제2당 입후보자의 당선가능성도 결정적으로 증대시켜주는 일종의 여·야 밀월 당선제도를 확립하게 되었다.[38]

제10대 국회의원선거제도

제10대 국회의원 총선을 1년여 앞두고 1977년 정기국회에서 정치현안인

〈표 6-8〉 제4공화국 시기 국회의원선거제도

구분 \ 시기	제9대 국회	제10대 국회
국회의원임기	6년(유신정우회 3년)	
선거제도	1구 2인 중선거구제(전국구 : 통일주체국민회의 간선)	
선거구 수 국회의원정수	지역구 : 73(전국구 : 73) 219	지역구 : 77(전국구 : 77) 231
선출방법	직선, 지명제	
후보등록	정당공천제, 무소속입후보 병행(전국구 : 대통령 추천)	
	기탁금 : 정당 200만원, 무소속 300만원 (유효투표총수의 1/3 미달시 몰수)	기탁금 : 정당 300만원, 무소속 500만원 (유효투표총수의 1/3 미달시 몰수)
선거권	만 20세 이상	
피선거권	만 25세 이상	
선거인 명부	수시작성제 후보자의 선거인명부열람 인정, 명부사본 교부제 폐지	
선거운동	완전공영제 (선거관리위원회에 의한 선거벽보, 선거공보, 합동연설회 등만 인정)	합동연설회 수 증가 현수막 게시
당선결정	유효득표의 최다득표순 2인(전국구 : 통일주체국민회의 선출)	
선거관리기관	중앙선거관리위원회(위원 9인) 법령 범위 안에서 선거관리규칙 제정	

자료 : 중앙선거관리위원회, 『국회의원선거법 변천상황』, 앞의 책에서 발췌.

선거관련법 개정문제를 놓고 여·야는 20일간의 협상 끝에 국회의원선거법 중 개정법률안을 마련, 1977년 12월 31일에 법률 제3093호로 공포하였다.

이 개정된 선거법의 달라진 내용은 〈표 6-8〉에서 보는 바와 같이 먼저 선거구를 4개 증설하여 총 77개 선거구로 하였고, 의원정수는 지역구 154인, 통일주체국민회의에서 선출하는 77인으로 하여 219인에서 231인으로 증원하였으며(제3조), 후보자의 기탁금액을 인상하여 무소속 후보자는 300만원에서 500만원으로, 정당추천 후보자는 200만원에서 300만원으로 각각 증액하였다(제32조).

이밖에 선거관리위원회 회의 참관인제도를 신설하였고, 이전까지 금지했던 선거사무원 교체를 가능하게 하여 그 조항을 삭제하였다.[39]

제4공화국 시기 정당법

정당법 1차 개정(비상국무회의)

1972년 12월 27일 개정된 헌법에서는 대통령이나 국회의원의 입후보요건으로 소속정당의 추천을 필수요건으로 한다는 종래의 규정을 폐기하였다. 이는 군소정당의 난립을 방지하고 양당체제를 지향한다는 기존의 명분을 버리고 제1야당의 도전으로부터 벗어날 수 있는 활로를 열어놓은 것이기도 했다.[40]

이에 따라 12월 30일 비상국무회의는 정당설립의 자유를 최대한으로 보장하기 위하여 정당의 조직요건, 즉 법정지구당수, 지구당의 분산요건 및 지구당의 법정당원수의 완화와 정당의 민주적인 조직과 활동을 보장하고, 선거관리위원회의 합리적인 정당관리를 위하여 당원의 입당절차와 정당에 대한 벌칙을 강화하는 한편 개정헌법이 정당에 의한 공직후보자추천제를 폐지하고 당적의 이탈·변경을 국회의원의 자격상실의 사유로 한 규정을 삭제하며, 정당해산소송을 헌법위원회의 관할로 함에 따라 이에 맞추어 조문을 정리하고 벌금을 현실화하고자[41] 정당법을 개정하였던 것이다.

개정된 정당법[42]에서는 당지부제를 폐지하는 대신 "필요한 경우에는 서울특별시, 부산시, 시·도·군에 한하여 당연락소를 둘 수 있다"(제3조 단서)는 단서조항만을 두고 있으며, 창당준비위원회의 활동기간을 결성신고일로부터 1년 이내였던 것을 6개월 이내로 단축시켰다(제9조 ②). 한편 정당의 성립요건을 완화하였는데, "국회의원선거법에 의한 선거구 총수의 3분의 1 이상에 해당하는 지구당을 가져야 한다"(제25조)고 하였고, "지구당은 서울특별시, 부산시와 도 중 3 이상에 분산되어야 한다"(제26조)고 하였으며, 지구당의 법정당원수를 50인 이상(제27조)으로 줄였다. 반면 자진해산의 경우 대의기관의 결의만으로 해산할 수 있도록 하였다(제39조 ①). 특히 개정 정당법은 그동안 제1야당 대표자에게 지급하던 수당조항을 삭제함으로써 더이상 제1야당을 순하게 길들일 필요성이 없어졌다는 것을 간접적으로 증명해주고 있다.

정당법 2차 개정(제9대 국회)

제4공화국이 출범하면서 개정된 정당법은 제9대 국회에서 불과 6개월만에 개정되어 1973년 6월 14일 법률 제2618호로 공포되었다. 세 번째로 개정된 정당법의 내용은 오직 한 가지인데, 그것은 정당에 대한 기부수령의 금지조항인 제35조의 수정이었다. 즉 정당이 기부·찬조·기타 재산상의 출연을 받지 못하는 대상 가운데 금융기관 또는 금융단체를 삭제한 것이다.

따라서 이후부터는 정당이 금융기관이나 금융단체로부터 기부와 찬조 및 기타 재산상의 출연을 받을 수 있게 되어 유신기의 취약했던 정치적 기반을 정치자금의 원활한 수급을 통해 보강할 수 있게 되었던 것이다.[43] 이 정당법은 1980년 11월 국가보위입법회의에서 개정될 때까지 약 7년 5개월동안 존속한다.

국회진출정당과 국회 내 정당활동

제9대 국회(1973년 3월 12일 개원)

제9대 국회의원선거의 결과는 〈표 6-9〉에서 보는 바와 같이 민주공화당이 전체 지역구의석 146석의 50%인 73석을 차지하였고, 신민당은 35.6%인 52석을 차지하였다. 또한 민주통일당은 1.4%인 2석을 얻는 데 그쳤으며, 무소속 후보자 가운데 19명이 당선되어 13.0%를 차지하게 되었다.

<표 6-9> 제9대 국회 진출정당

구분 시도	민주공화당	신민당	민주통일당	무소속	계
서 울	7	8		1	16
부 산	4	4			8
경 기	9	6		1	16
강 원	5	3		2	10
충 북	5	2		1	8
충 남	6	6		2	14
전 북	4	4		4	12
전 남	10	6	2	2	20
경 북	12	5		5	22
경 남	10	8			18
제 주	1			1	2
계	73	52	2	19	146
비 율	50.0	35.6	1.4	13.0	100

자료 : 중앙선거관리위원회, 『역대국회의원선거상황(제1~11대)』, 앞의 책, 993쪽.

중선거구제의 채택으로 도시와 농촌 모두에서 여·야 후보자들이 동반당선되는 변화가 일어났으나, 야당의 당선자들은 신민당과 민주통일당 그리고 무소속이 나누어 갖는 식이어서 민주공화당이 절반의 지역구의석을 획득할 수 있었던 것으로 해석된다.

여기에 덧붙여 통일주체국민회의에서 선출하는 73명의 전국구의원들로 구성되는 유신정우회가 준여당의 기능을 수행함으로써 제9대 국회는 여당 측이 압도적인 우위를 점하는 가운데, 1973년 3월 12일 개원되어 국회의장에 민주공화당의 정일권, 부의장에 유신정우회 김진만을 선출하고 야당 몫인 나머지 1석의 부의장에는 신민당에서 이철승을 선출함으로써 제9대 국회는 출범하게 되었다.[44]

이러한 제9대 국회에서는 〈표 6-10〉에서 보는 바와 같이 총 633건의 법률안이 발의되었는데, 이 가운데 의원발의 법률안이 154건에 24.3%인데 비해 정부제출 법률안은 479건에 75.7%를 차지하여 이전의 국회에서보다 훨씬 많은 정부제출 법률안이 상정되었다. 뿐만 아니라 상정된 정부제출 법률안 가운데 96.0%인 460건의 법률안이 통과되었다는 점도 제9대 국회의 특징이다.

〈표 6-10〉 제9대 국회 시기 법률안 처리 결과

구 분	발의수	가결	가결률	부결	폐기	철회	보류	임기종료 폐기
전체	633	544	85.9	0	43	4	0	42
의원발의	154 24.3	84 15.4	54.5	0	32	3	0	35
정부제출	479 75.7	460 84.6	96.0	0	11	1	0	7

구 분	발의수	가결수	가결률
여당발의	32	26	81.3
야당발의	75	12	16.0

자료 : 국회사무처, 『국회사(제9대)』(서울 : 국회사무처, 1981)에서 발췌.

이러한 특징은 제9대 국회가 입법부로서의 제 기능을 충실히 수행하지 못했다는 분명한 증거이며, 그만큼 행정부의 월등한 우위가 인정되었다는 것을 의미하는 것이다. 실제로 제9대 국회부터 국정감사와 국정조사가 실시되지 못했다는 사실도 이러한 분석을 뒷받침해주는 증거이다.

한편 입법활동에 있어서 여·야 정당간의 경쟁에서도 여당의 일방적인 독주는 여전히 계속되었다. 여당이 발의한 법률안은 32건으로 야당의 75건에 비해 절반도 되지 않지만, 가결된 법률안에 있어서는 여당발의 법률안이 26건이고, 야당발의 법률안이 12건으로 오히려 2배가 넘고 있다. 결국 81.3%와 16.0%의 가결률이 말해주듯이 제9대 국회에서도 여당은 일방적인 독주를 했는데, 이것은 준여당의 성격을 지닌 유신정우회의 도움을 받은 결과이기도 했다.

여당의 독주는 1975년의 「국가모독죄」 조항 신설에서 거듭 확인된다.[45] 정부가 「국가모독죄」 조항을 신설하는 것을 골자로 한 형법개정안을 국회에 제출하였는데, 이에 대해 야당은 본회의장을 점거하고 이의 통과를 저지하려 하였다. 그러나 여당은 국회도서관에서 법사위원회를 개회하여 통과시킨 후 곧 의원휴게실에서 본회의를 개회하여 원안대로 전격 단독처리하였던 것이다.

또한 1978년 제99회 임시국회에서는 야당인 신민당이 제안한 헌법심의특별위원회 구성에 관한 결의안과 통일주체국민회의법 개정안 등 정치의안을 여당이 상정조차 하지 않자 신민당의원 전원이 회의에 불참하였다. 그러나 이 상황에서 여당은 조세감면규제법 개정안을 무소속의원과 함께 통과시켰다.[46] 이와 같이 대화와 타협이라는 의회정치의 기본원리를 상실한 전형적인 반의회주의적 행태가 여당 독주의 제9대 국회에서는 손쉽게 발견되고 있다.

제10대 국회(1979년 3월 19일 개원)

선거운동이 공영제로 실시되고 개인연설 등이 금지된 가운데 치러진 제10대 국회의원선거 결과는 〈표 6-11〉에서 보는 바와 같다.

민주공화당이 68명의 당선자를 내어 지역구 의원정수 154명 가운데 44.2%를 차지했고, 신민당은 61명의 당선자를 내어 39.6%를 차지하였으며, 무소속 입후보자가 22명 당선되어 14.3%를 차지한 데 비해, 민주통일당은

3명의 당선자를 내어 불과 1.9%를 차지하게 되었다. 특히 전국 77개 선거구 중 53개 선거구에서 민주공화당과 신민당의 후보가 같이 당선되어 이른바 동반당선되는 현상을 보였는데, 이는 중선거구제의 영향이었다.

이와 같은 지역구선거의 결과 제10대 국회는 제9대 국회에 이어서 민주 공화당과 신민당 그리고 민주통일당 및 무소속 의원 등 154명의 지역구 의 원과 함께 통일주체국민회의에서 선출한 77명의 유신정우회 의원들로 구성 되게 되었다.[47] 제10대 국회는 1979년 3월 19일 개원되었는데, 이보다 앞서 3월 17일 국회의장에는 유신정우회의 백두진, 부의장에는 민주공화당의 민 관식과 신민당의 고흥문을 선출하여 의장단을 구성하였다.[48]

<표 6-11> 제10대 국회 진출정당

구분 시도	민주공화당	신민당	민주통일당	무소속	계
서 울	9	11	1	1	22
부 산	4	5		1	10
경 기	8	7		1	16
강 원	5	3		2	10
충 북	3	4	1		8
충 남	7	5		2	14
전 북	6	4		2	12
전 남	8	7	1	4	20
경 북	9	8		5	22
경 남	8	7		3	18
제 주	1			1	2
계	68	61	3	22	154
비 율	44.2	39.6	1.9	14.3	100

자료 : 중앙선거관리위원회, 『역대국회의원선거상황(제1~11대)』, 앞의 책, 1115쪽.

<표 6-12>에서 보는 바와 같이 제10대 국회에서는 총 129건의 법률안이 발의되어 그중 100건이 가결 통과됨으로써 가결률 77.5%를 보였다. 그런데 의원발의 법률안이 차지하는 비중은 불과 5건에 3.9%에 지나지 않으나, 정 부제출 법률안은 무려 96.1%인 124건이나 되어 이전 및 이후의 역대 국회

<표 6-12> 제10대 국회 시기 법률안 처리 결과

구 분	발의수	가결	가결률	부결	폐기	철회	보류	임기종료 폐기
전체	129	100	77.5	0	0	0	1	28
의원발의	5 3.9	3 3.0	60.0	0	0	0	0	2
정부제출	124 96.1	97 97.0	78.2	0	0	0	1	26

구 분	발의수		가결수		가결률	
여당발의	4		3		75.0	
야당발의	1		0		0	

자료 : 국회사무처, 『제10대 국회 경과보고서』(서울 : 국회사무처, 1980)에서 발췌.

가운데 가장 많은 법률안이 정부에 의해 제출되었다는 특징이 있다.

또한 통과된 100건의 법률안 중 97.0%가 정부제출 법률안이었다는 점도 제10대 국회가 갖고 있는 특징이다. 그만큼 제10대 국회는 행정부의 지위가 다른 어떤 시기보다 우월했다고 볼 수 있다.

더욱이 제10대 국회에서도 국정감사와 국정조사는 실시될 수 없었기 때문에 행정부의 우위현상은 더욱 강화될 수밖에 없었다. 뿐만 아니라 여·야 정당간의 경쟁에서도 여당의 독주는 여전히 지속되었다.

입법활동에서의 여·야 정당간의 경쟁을 보면, 여당이 4건의 법률안을 발의한 데 비해 야당은 단 1건의 법률안을 발의했지만 그나마 가결되지도 못했고, 여당이 발의한 법률안만 3건 가결되어 야당이 얼마나 위축된 상황에서 국회가 운영되었는가를 알 수 있다.

7

제5공화국의 정당정치

정치체제와 정치문화

10·26사태가 발발하자 정부는 전국에 비상계엄령을 선포하였고, 국무총리인 최규하가 대통령권한대행을 맡게 되었다. 1979년 11월 10일 최규하는 특별담화를 통해 국민의 광범위한 여론을 취합하여 헌법을 조속한 시일 내에 개정하고 총선거를 실시할 것을 약속하였다. 이어 12월 6일 통일주체국민회의에서 최규하는 제10대 대통령으로 당선된 후 개헌논의를 금지했던 긴급조치 제9호를 해제하였으며, 아울러 최단기간 내에 정치일정을 마무리짓고 신헌법에 의해 구성될 새 정부에 정권을 이양하겠다고 밝혔다.[1]

그후 일부 정치군인들의 하극상에 의한 쿠데타적 사건인 12·12사태가 발생하여 당시 계엄사령관 정승화가 보안사령관 겸 합동수사본부장인 전두환을 중심으로 한 신군부 세력에 의해 체포·연행됨으로써 전두환은 정치적 실권을 장악하게 된다. 이후 전두환은 중앙정보부장서리에 임명되어 정보중추기관을 모두 장악함으로써 비상계엄하의 모든 권력을 독점하게 된다.

10·26사태와 12·12사태를 거치면서 사회는 극도의 혼란상을 보이게 되었는데, 1980년에 접어들어 대학가에서는 학내문제로부터 시작된 학원사태가 민주화를 위한 학생의 정치참여 확대로 정치문제화되어갔고, 4월 21일에는 사북광산촌에서 노사분규가 유혈폭동화되기도 했다. 또한 군부독재타도

를 외치는 전국 대학생의 시위는 5월 15일을 전후하여 절정에 이르렀으며, 연일 계속되는 가두진출시위에 5월 17일 24시를 기해 지역비상계엄을 전국 비상계엄으로 확대하여 전국에 비상계엄령이 선포되었다.

이에 따라 국회의 기능이 정지되고 모든 정치활동이 중지되었으며, 대학의 휴교조치가 취해졌다.[2] 5월 18일에는 광주민주화운동이 일어났는데 이에 출동한 계엄군의 과잉진압으로 계엄군과 학생·시민들간의 유혈충돌이 빚어져 수많은 사상자들이 발생하는 민족적 비극이 벌어지고 말았다.

이어 5월 27일 국무회의에서는 개혁을 주도하는 계엄당국과 행정부간의 긴밀한 협조를 위해 필요하다는 이유로 초헌법적 기관으로서 '국가보위비상대책위원회'의 설치가 결의되고 5월 31일에는 최규하를 의장으로, 전두환을 상임위원회 위원장으로 하여 정식으로 발족되었다.[3] 1980년 8월 16일 최규하가 대통령직을 사임함으로써 8월 27일 통일주체국민회의에서 전두환이 제11대 대통령에 당선되었다.

한편 1980년 3월에 구성되었던 헌법심의위원회 소위원회에서 작성된 요강이 8월에 헌법심의위원회 전체 회의에 회부되었고, 헌법심의위원회는 9월 9일에 헌법개정안을 확정하였으며, 이 헌법개정안은 9월 27일에 국무회의에서 확정·발의되어 같은 날 공고되었다. 이어 10월 22일 국민투표에서 91.6%의 찬성으로 확정된 후 10월 27일 새 헌법이 공포됨으로써 통일주체국민회의가 폐지되고 국회 및 정당이 해산되었으며, 새 국회가 구성될 때까지 국가보위입법회의가 국회의 기능을 대행하게 되었다.[4]

새 헌법은 제4공화국 시기의 헌법에 대한 반성으로 출발하였으나, 대통령의 단임제를 채택했다는 것과 지나친 국회와 법원에 대한 대통령의 간섭을 줄였다는 것 이외에 두드러진 차이점은 발견되지 않는다. 헌법상 대통령은 국가원수인 동시에 행정부의 수반이며(제38조), 임기 7년에 단임제로 하고(제45조), 국회에 대해서는 정치적 책임을 지지 아니하며 국회도 대통령에 대한 불신임의결권이 없었다. 그러나 대통령은 국회해산권을 갖고 있었고(제57조),

국정 전반에 걸쳐 필요한 비상조치권을 행사할 수 있었으며(제51조 1항), 국가위기에 관한 중요정책을 국민투표에 회부할 수 있는 권한이 있었고(제47조), 헌법개정안발의권도 갖고 있었다(제129조 1항).

그렇지만 국무총리 임명에 있어서는 국회의 동의를 얻도록 하였고(제62조 1항), 국회는 국무총리와 국무위원에 대하여 개별적으로 해임의결을 할 수 있으며, 국무총리에 대한 해임의결이 있으면 대통령은 국무총리는 물론 국무위원 전원을 해임하는 연대책임제를 채택하였다(제99조). 또한 대통령의 국법상 행위에 있어서는 국무총리와 관계국무위원의 부서(副署)가 있어야 한다(제58조)고 규정하였다.

결국 새 헌법은 대통령중심제에다 의원내각제적 요소를 가미시킨 절충형 정부형태를 택하고 있으나 여전히 권력은 대통령에게 집중되어 있고, 특히 비상조치권과 국회해산권 등이 대통령에게 주어져 있는 가운데 대통령의 권한통제와 권력남용을 방지하기 위한 충분한 헌법적 장치가 구체적으로 마련되어 있지 않았다. 또한 대통령은 선거인단에 의한 간접선출방식을 택하고 있어 비민주적인 요소를 다분히 갖고 있었다.

이러한 새 헌법에 따라 1981년 2월 11일 대통령선거인단 선출을 위한 선거가 실시되고 이를 통해 구성된 선거인단은 2월 25일 전두환을 제12대 대통령으로 선출하였다. 이어 3월 25일 제11대 국회의원선거가 실시되어 국회가 구성됨으로써 제5공화국은 정식으로 출범하게 된다.

그러나 제5공화국 시기의 전두환 정권은 정당성과 도덕성을 모두 갖추지 못한 나약한 정권이었다. 10·26사태 이후 12·12사태와 5·17전국비상계엄확대조치에 이어 5·18광주민주화운동의 폭압적 유혈진압을 거치면서 권력기반을 확충한 전두환을 중심으로 한 신군부세력은 국가보위입법회의를 구성하여 국회의 기능을 박탈한 상태에서 헌법을 개정하고 11월 12일에는 구 정치인들의 정치활동을 금지시키고, 11월 14일에는 언론사를 통폐합함으로써 집권을 위한 여건을 완벽하게 조성한 상태에서 1981년 1월 15일에 민주정의당을 창당하여 이를 발판으로 자신들에게 우호적인 인사들로 구성된 선거인단의 간접선거를 통해 집권하였기 때문에 정권의 정당성과 도덕성은 완전히 결여되었던 것이다.[5]

따라서 전두환 정권은 정보정치와 사회통제장치를 강화하지 않을 수 없었으나, 그럼에도 불구하고 체제에 대한 저항은 지속되었다. 특히 대학생들의 반정부시위는 제5공화국 시기 내내 끊임없이 계속되었는데 주요 이슈는 역시 정권의 정통성문제, 광주사태의 해명, 노동자의 저임금 해소, 대통령직선제를 골자로 하는 헌법개정 등 민주화의 강렬한 요구였다.

이같은 저항은 1985년 2월 12일 제12대 국회의원선거에서 창당된 지 불과 20여일밖에 안된 신한민주당을 제1야당으로 부상시키는 결과를 가져왔는데, 이 선거에서 여당인 민주정의당의 득표율이 35.3%인 데 비해 신한민주당은 29.2%의 득표율을 보임으로써 전두환 정권에 커다란 위협을 주게 되었다. 정치적 주도권을 행사할 수 있게 된 신한민주당은 원내에서, 대학생 및 재야세력은 원외에서 지속적으로 개헌문제를 제기하였으나, 원내에서의 개헌추진에 한계를 느낀 신한민주당은 1986년 2월 12일 민추협과 함께 1천만 개헌서명운동을 전개하기 시작함으로써 정권에 대한 저항은 제도권 내·외의 공동보조가 형성되게 되었다.[6]

그러나 이같은 저항에도 불구하고 1987년 4월 13일 전두환은 이른바 4·13선언을 통해 현행 헌법을 고수할 것을 밝힘으로써 김영삼과 김대중을 중심으로 하는 야당지도자들과 재야세력은 1987년 5월 27일 '민주헌법쟁취 국민운동본부'를 결성하여 본격적인 원외에서의 민주화투쟁을 전개하기 시작하였다. 이에 앞서 1986년 5월 3일에 있었던 5·3인천사태와 1987년 5월 22일 박종철군 고문치사와 은폐·조작사건의 폭로, 시위 도중 최루탄에 맞은 이한렬군 사망사건 등은 폭력정권에 대한 국민들의 분노와 저항을 촉발시키는 계기가 되었다. 이에 '민주헌법쟁취 국민운동본부'는 6월 10일과 6월 26일에 민주화대행진을 전국 주요도시에서 동시에 전개하였고, 이전과는 달리 시민들이 적극적으로 참여함으로써 시민항쟁의 면모를 보여주게 되었다.[7] 이제 더이상의 대통령직선제 개헌을 비롯한 민주화 요구를 외면할 수 없는 상황에까지 도달하게 되었던 것이다.

그 결과 6월 10일에 민주정의당의 차기 대통령후보로 공식 선출된 노태우 당시 민주정의당 대표위원은 ① 대통령선거법 개정, ② 김대중 사면복권 및 시국사범 석방, ③ 국민기본권 신장, ④ 언론의 자유 보장, ⑤ 지방자치제 실시 및 대학 자율화, ⑥ 정당의 자유로운 활동 보장, ⑦ 과감한 사회정화조치 실시 등의 7개항으로 되어 있는 이른바 6·29선언을 발표함으로써 국민들의 요구였던 대통령직선제 개헌과 연내 대통령선거 등의 민주화 요구를 그대로 수용하고 말았는데, 이것은 학생들에 의해 선도된 민중부분과 야당 및 재야에 의해 선도된 중산층이 결합하여 광범위한 민주주의세력의 동맹을 결성, 항쟁을 전개함에 따라 초래된 정권의 붕괴를 모면하기 위하여 직선제의 수용과 민주화조치를 약속하는 정치적 양보였다.[8] 이러한 6·29선언에 따라 1987년 8월 31일 여·야가 개헌안에 합의하고, 9월 10일 여·야 공동으로 발의하여 국회를 통과하고, 10월 27일 국민투표에서 93.1%의 압도적인 찬성으로 확정되어 10월 29일에 공포되고 1988년 2월 25일부터 시행됨으로써 제5공화국은 막을 내리게 된다.

제5공화국 시기의 정치문화도 한국정치문화의 보편적인 특징을 아직 그 저류로 갖고 있었으나 민주화의 거센 물결이 흐르고 있는 한국사회에는 많은 변화를 해온 것도 사실이다. 사회·경제발전을 주요 내용으로 한 근대화정책의 결과로 이룩된 괄목할 만한 경제성장은 한국의 사회구조에 대폭적인 변화를 가져와 보수지향적인 중산층을 확대시킴으로써 전반적으로는 보수주의 성향을 보이게 되었다.

그러나 근대화정책의 추진은 한편으로는 일반 대중의 정치의식 속에 부분적인 진보주의를 심어주었고, 그것은 거의 행동화되었다. 이러한 현상은 근대화정책에서 나온 제갈등의 표현으로 볼 수 있는데, 그 원인은 크게 세

가지로 지적할 수 있다. 첫째는 사회경제구조의 빠른 변화 때문이고, 둘째는 상대적 박탈감이 커졌기 때문이며, 셋째는 과거 특히 유신체제하에서의 정치탄압에도 불구하고 반독재, 민주화운동을 전개한 정치세력들의 영향 때문이다.9)

따라서 이 시기의 정치문화가 비록 완전하게 참여적인 정치문화로 정착되지는 않았지만, 그 변화의 추이가 참여적인 정치문화를 지향하고 있기 때문에 참여형 정치문화의 특성이 이전 시기보다는 더 나타나고 있다고 볼 수 있다. 다만 근대화가 한국사회에 모든 분야와 계층에 골고루 퍼지지 않았기 때문에 참여적 성향의 분포가 고르지 못하고, 사회의 어떤 계층은 사회적·경제적으로 다른 계층보다 더 근대화되어 있어 이러한 계층은 정치적 정향에 있어서도 다른 계층보다 더 참여적이거나 자유적이기 때문에 이 시기의 정치문화도 혼합된 형태를 보인다고 할 수 있다.

1974년과의 비교를 통해 이 시기의 민주의식의 변화를 분석한 한 연구의 결과를 보면,10) 1984년 현재 상당부분의 사람들이 기본적인 민주적 가치들을 지지하지 않고 있어 민주주의적 정치문화가 정착되었다고 하기에는 시기상조라고 한다. 그러나 1974년과 비교해보면 민주적 태도는 지난 10년동안 현저하게 성숙되어 왔다는 결론을 내리고 있다.

따라서 이 시기는 정치의식의 변환기라고 할 수 있을 정도로 정치적 태도 변화가 현저하게 나타나고 있으며, 1979년의 부마사태, 10·26사태, 1980년의 광주민주화운동 등과 같은 갈등과 분열현상도 그러한 변화의 일부로 나타난 것이라고 한다. 그러나 지난 10년간의 변화에도 불구하고 정치구조 자체는 별다른 변화를 보이지 않고 있어 정치적 불안정문제가 제기된다고 지적하면서 끝으로 이러한 변화는 일정한 방향성, 즉 민주적 방향으로 그 변화를 멈추지 않고 성숙되어나갈 것이라고 전망하고 있다.

이러한 결론은 제5공화국 시기의 정치상황의 변화와 결부시켜볼 때 타당성을 갖고 있다. 무엇보다도 지속적이고 적극적인 대통령직선제 쟁취투쟁이 마침내 6·29선언을 가져온 것은 이전의 시기와 비교해볼 때 한국의 정치문화가 향리형이나 신민형이 아닌 참여형으로 변화되어 왔다는 사실을 증명해주는 것이기 때문이다. 따라서 더 이상 권위주의적인 정치체제의 수립은 용납될 수 없을 뿐만 아니라 독재나 장기집권을 위한 강권은 통용될 수 없는 상황으로 발전되어 온 것이다.

정당의 이데올로기

강력한 권위주의체제였던 유신체제가 1979년 10·26사태로 막을 내리고 5·17조치로 신군부가 등장하자 기존정당들은 해체되고, 제10대 국회도 1년 7개월 15일(1979. 3. 12~1980. 10. 27)만에 해산됨으로써 정당정치는 또다시 동결되었다.[11] 제10대 국회의원 109명과 정당간부 92명을 비롯한 모두 567명의 정치인과 지식인들의 정치활동이 규제된 가운데 11월 22일부터 정당 창설과 정당기구운영을 위한 옥내집회가 허용되자 '국가보위입법회의'에서 개정된 새 정당법에 따라 각 정당의 창당작업이 본격적으로 시작되어 1981년 3월 25일에 제11대 국회의원선거가 실시되었다.[12] 선거 결과 제11대 국회에는 여당인 민주정의당을 비롯하여 민주한국당, 한국국민당, 민권당(民權黨), 민주사회당, 신정당(新政黨), 민주농민당, 안민당(安民黨) 등 모두 8개 정당이 진출하게 된다.[13]

제5공화국 들어 가장 먼저 창당된 민주정의당[14]은 "……민족·민주·정의·복지·평화통일노선을 따르는 국민정당으로서 모든 국민의 개혁의지를 한데 모아 정의로운 민주복지국가를 이룩하고 민족의 자주통일을 주도할 것을 다짐하면서……" 다음과 같은 10개항의 강령을 제시하고 있다.[15]

1. 우리는 선열들의 빛나는 독립정신을 계승하여 민족 자주성을 확고히 하

고 민족정기를 드높인다.

2. 우리는 민족사적 정통에 입각하여 민족화합을 바탕으로 평화적 방법에 의한 조국의 자주통일을 실현하며 자유와 평등이 조화되는 통일민주복지국가의 건설을 지향한다.

3. 우리는 북한공산집단의 도발위협에 대처하여 군사력은 물론 총체적인 국력의 우위를 확보함으로써 안전보장을 기하며 남북대화를 적극적으로 추진하여 긴장완화에 노력한다.

4. 우리는 국민의 기본권을 보장하고 어떠한 형태의 독재나 일인 장기집권도 배격하며 모든 국민의 자발적 참여와 깨끗하고 명랑한 정치풍토의 조성을 통하여 민주제도를 발전, 정착시킨다.

5. 우리는 모든 사람의 개성을 존중하며 직장·기업·사회단체·정당 등의 자율성과 민주성을 높여 국민화합을 이룩하는 동시에 각종 자조(自助)조직을 육성하고 지방자치제를 점차적으로 실시한다.

6. 우리는 지속적인 개혁을 통하여 모든 국민에게 기회의 균형을 보장하고 비리와 부정이 없으며 정직하고 성실한 사람이 우대받고 노력과 능력에 대한 정당한 보상이 있는 정의사회를 이룩한다.

7. 우리는 사유재산권을 보장하고 시장경제원칙하에 개인의 창의와 기업의 자유를 창달하되 공익에 필요한 정도의 계획기능으로 경제의 효율을 높인다.

8. 우리는 경제성장과 분배의 균형있는 조화로 민생의 안정을 기하고 모든 국민이 쾌적한 환경 속에서 건강하고 행복하게 살 수 있는 복지국가를 이룩한다.

9. 우리는 교육의 혁신과 평생교육을 통하여 인간능력의 개발과 사회윤리의 확립을 기하며 과학기술을 진흥하고 자주적이고 창의적인 민족문화를 계승·발전시킨다.

10. 우리는 미국·일본·서구제국을 비롯한 자유우방과의 유대를 돈독히 하며 제3세계와의 연대를 강화하고 이념과 체제가 다른 모든 국가와도 호혜평등원칙에 따라 협조관계를 수립하여 세계평화와 인류공영에 기여

한다.

강령의 내용으로 볼 때 민주정의당은 강령의 서문에서 밝힌 것처럼, 민족
자주성·민족정기·민족사적 정통·민족화합 등 민족을 강조하는 한편, 정
의사회(제6항)와 복지국가(제8항)를 지향하는 정당이다. 특히 민주정의당은
제4항에서 밝힌 것처럼, "……어떠한 형태의 독재나 일인장기집권도 배격하
며……"라고 하여 과거 정권과의 차별성을 강조하고 있고, 또한 "……깨끗
하고 명랑한 정치풍토의 조성을 통하여 민주제도를 발전, 정착시킨다"고 함
으로써 구시대 정치인들과의 차별성을 부각시키고자 했다.

그러나 그렇다고 해서 민주정의당이 추구하는 이데올로기까지 과거 정당
들과 차별성을 갖는 것은 아닌데, 강령의 전체적인 내용에서 자유민주주의
를 지향하고 있음을 알 수 있고, 특히 제7항에서는 자본주의 경제체제를 존
중하고 있음을 분명히 하고 있다.[16]

이같은 특징들은 기본정책에서도 발견된다. 모두 25개 분야로 되어 있는
민주정의당의 기본정책을 보면,[17] 「7. 정의로운 사회」와 「19. 국민복지」에
서 다시 한번 '정의'와 '복지'를 강조하고 있고, 「5. 깨끗한 정치풍토」에서는
"선동과 중상모략을 일삼는 정치작태와 국리보다는 사리를 앞세워 생겨나
는 각종 정치부패의 악순환을 단절하고 애국애족하는 정치인상과 깨끗하고
명랑한 정치풍토를 이룩한다"고 함으로써 구시대 정치인들과의 차별성을
강조하고 있다. 그러면서도 "자유경제원칙하에 시장기능을 최대한 활용하
고 개인의 창의를 존중하며 기업의 자유를 철저히 보장한다"고 「8. 경제운
용」에서 밝혀 자본주의 경제체제를 지향하고 있음을 분명히 하고 있다.

이처럼 민주정의당은 정의사회와 복지국가 건설 등 다소 진보적인 정강
정책을 제시하고 있으나, 기본적인 틀은 과거 정당들과 다를 바가 없으며,
특히 창당과정과 인적 구성으로 볼 때 보수정당이라는 평가는 더욱 분명해
진다.

한편 제11대 국회의 제1야당인 민주한국당[18]은 창당선언문, 창당대회 결의문 등에서 자유민주주의의 구현을 위한 자유민주세력의 총집결체라고 자임한 것처럼, 자유민주주의를 지향하는 보수정당이다. 이같은 평가는 정강정책에서 분명하게 알 수 있다.

6개항으로 되어 있는 강령에서 민주한국당은 "……인간의 존엄과 계층간의 균형있는 발전을 보장하는 자유민주주의의 실현을 위하여 헌신하는 정통민주세력의 집결체"이며, "……자유경제체제를 지지하며, 경제계획은 개인의 창의, 기업의 자율과 공정한 분배를 그 원칙으로 한다"고 밝히고 있다.[19] 또한 기본정책의 서문에서도 "……자유민주주의에의 접근을 위하여 인간의 존엄과 계층간의 균형있는 발전을 위하여……"라고 밝히고 있고, 정치분야에서는 "……민주주의는 인간주의이므로 우리는 국민의 자유, 평등, 인권존중에 가치체계의 정립이 기본노선이다"라고 하여 자유민주주의에 대한 신념을 강하게 보여주고 있다.[20]

이처럼 자유민주주의와 자본주의 경제원칙을 강조하고 있는 민주한국당에 이어 제3당으로 제11대 국회에 진출한 한국국민당[21]도 강령에서 "첫째, 자유와 민주주의에 대한 국민의 여망에 좇아 정국의 안정을 도모하고 대의정치의 정착, 책임정치의 구현 및 민권의 신장을 적극 추구한다"고 하였고, "셋째, 축적된 국력을 더욱 다지면서 국민의 경제적 권익이 신장되고 공익과 창의가 존중되는 자유경제체제 속에 번영을 이룩하고 번영의 결실이 공정하게 균점(均霑)되는 민족자립의 경제적 토대를 구축한다"고 하여 자유민주주의와 자본주의에 대한 신념을 밝히고 있다.[22] 따라서 한국국민당도 민주한국당과 마찬가지로 보수정당이라는 특징을 갖는다.

이와 같이 제11대 국회의 제1야당과 제2야당인 민주한국당과 한국국민당이 보수정당이라는 평가는 이들 정당의 창당과정이 상당수의 정치인들과 지식인들의 정치활동을 규제한 상태에서 추진되었다는 특징에서 더욱 분명해진다. 즉 다당제의 논리에 따라 여당인 민주정의당과 함께 이들 정당이 야당으로 창당됨으로써 외생(外生)정당적 속성이 짙고, 제도야당 내지 위성정당의 성격이 강했기 때문에[23] 주도세력에 대한 비판세력으로서보다는 오히려 그들의 정치구도에 동의하는 세력으로서 인식되었으며,[24] 그러한 성격으로 인해 이들 정당이 보수적이라는 평가를 피할 수 없었던 것이다.

한편 민권당[25]과 신정당[26] 그리고 민주농민당 및 안민당 등도 모두 보수정당이라는 점에서 다를 바가 없다. 먼저 민권당은 강령에서 "입법·행정·사법의 삼권이 민주원칙에 의하여 각기 그 기능과 위치를 확립하는 자유민주주의정치체제의 정착을 기한다"(제2항)고 하였고, "창의와 계획을 조정한 자유경제체제를 확립하고 국민이 고루 참여하며 고루 혜택받고 그 기본적 수요를 충족시키는 복지경제체제의 완성을 기한다"(제3항)고 하였으며,[27] 신정당도 강령의 제4항과 제6항에서 각각 "자유민주주의는 인류가 도달한 최선의 단계임을 확신하고 민주정치제도의 확립을 기한다……", "자유경제체제를 기본으로 하되 국가실정에 입각한 합리적 계획성을 가미하여 착실한 경제발전을 기한다……"고 밝히고 있다.[28]

또한 농민의 권익을 대변하는 농민당을 창당한다는 취지에서 출범한 민주농민당[29]은 강령의 서문에서 "우리 당은 자주, 민주, 정의, 협동, 복지를 기본노선으로 하여…… 이 땅에 참된 자유민주주의와 민주복지사회 건설을 다짐하면서……"라고 밝히고 있어 다른 정당들과 유사함을 보이는데, 주목할 만한 것은 강령의 서문 형식과 14개 분야로 되어 있는 기본정책의 많은 부분이 민주정의당과 매우 유사하다는 점이다.[30] 따라서 민주농민당도 외생정당적 성격을 지닌 제도야당이라는 평가를 받게 되는 것이다.

한편 안민당[31]은 6개항으로 되어 있는 강령에서 "국민의 자유평등과 창의를 존중하고 인본의 덕치를 위하여 사인여천(事人如天)의 동방민주주의국가를 건설한다"(제1항)고 하는가 하면, "국민적 균점을 위한 자유경제체제를 기본으로 하고 노사공영 도농일체화를 위하여 동귀(同歸)일체이념에 맞는 일가화(一家和)경제구조를 실현한다"(제3항)고 밝혀 다소 모호한 점[32]이 있기는 하지만, 민주주의와 자유경제를 신봉하는 점은 분명하다.

이렇게 볼 때 민권당, 신정당, 민주농민당 그리고 안민당 등 4개 정당은 모두 보수정당임을 알 수 있는데, 앞서 살펴본 3개 정당까지 포함하여 제11대 국회에 진출한 7개 정당이 모두 보수정당이라는 특징을 보인다. 그러나 마지막 남은 민주사회당은 민주적 사회주의를 표방하는 혁신정당이라는 점에서 다른 정당들과 차별성을 지닌다.

민주사회당[33]은 강령의 서문에서 "……민주사회주의 이념에 입각하여 사회의 나약계층을 해방함으로써 인간의 존엄과 가치가 실질적으로 존중되며, 인간다운 생활이 골고루 보장되는 민주복지·정의사회를 실현하는 동시에……"라고 하여 민주사회주의를 지향하는 정당임을 분명히 밝히고 있다. 특히 강령의 제1항에서 "의회민주주의 정치체제를 확립함과 아울러 경제산업민주주의의 제도화를 기한다"고 명시한 데 이어 기본정책의 「정치」 분야의 제3항에서 "……민주주의는 따라서 정치적으로 의회민주주의뿐만 아니라 부의 지나친 집중을 규제하는 경제적 민주주의와 서민·노동자의 정책·경영참여를 뜻하는 산업민주주의도 더불어 실현되어야 할 것이다"라고 하여 다른 정당들과의 차별성을 보여주고 있다.

또한 강령의 제2항에서는 "우리는 자유시장경제 기반 위에 적정한 경제계획으로 산업구조를 고도화하고 완전고용과 풍요한 국민생활을 실현한다"고 밝힌 데 이어 기본정책의 「경제」 분야에서도 "……자유시장기구의 기반 위에서 적정한 경제계획을 혼합하여 경제적 번영을 이룩함으로써 완전고용과 풍요한 국민생활을 보장함을 기한다. 혼합경제는 인간가치와 사회평등의 윤리이념에 의거하여 모든 사회집단 공존의 경제적 터전을 마련하기 위한 것이다. 혼합경제체제는 또한 장기적으로 중산층 중심의 복지사회를 구축하는 필수적 요건이다……"라고 하여 혼합경제체제를 지향하고 있음을 분명히 밝히고 있다.[34]

이렇게 볼 때 민주사회당은 민주사회주의를 지향하는 혁신정당임에 틀림

없다. 그러나 이러한 민주사회당은 혁신정당으로서의 명맥만 이었을 뿐 활동은 극히 미약했는데, 그 이유는 혁신세력을 체제 내에 수용·보호·순치함으로써 체제의 위기관리능력을 높이고 이를 대내외적으로 활용하고자 하려는 집권세력의 의도가 있었기 때문이다.35) 따라서 민주사회당이 스스로 지향하고 있는 이데올로기에 충실한 정당인가에 대해서는 의문이 없을 수 없다.

그러므로 제11대 국회에는 외견상 7개 보수정당과 1개 혁신정당이 진출했으나 대부분의 정당들이 외생정당적 속성이 강했고, 야당들도 제도야당 내지 위성정당의 취약성을 안고 있었다고 할 수 있다. 때문에 야당들에 대한 선명성 문제는 계속 논쟁의 대상이었고, 이는 제12대 국회의원선거에서 심판의 대상이 된다.

제12대 국회에는 새로 창당된 신한민주당36)이 여당인 민주정의당에 이어 민주한국당과 한국국민당을 제치고 제2당이 되었고, 신정사회당(新政社會黨)과 신민주당이 각각 1석씩을 얻어 모두 6개의 정당이 진출하게 된다. 특히 구 신민당과 민주화추진협의회37) 소속인사들이 중심이 되어 창당한 신한민주당의 부상은 제11대 국회 야당들의 선명성문제에 대한 해답이기도 했다. 창당 후 20여일만인 1985년 2월 12일에 실시된 제12대 국회의원선거에서 제1야당으로 부상했다는 사실은 기존 야당에 대한 심판이었던 것이다.38)

이러한 신한민주당은 강령에서 "3·1정신과 4·19혁명의 이념을 계승하고 민족적 주체성과 반공의식을 확립하여 진정한 자유민주주의 정치체제를 이룩한다"(제1항)고 하였고, "창의와 자유를 기본으로 하는 자유경제체제의 원칙 아래 합리적인 경제계획으로 안정과 성장을 이룩하여 국력을 신장하고 빈부의 격차를 해소하고 모든 사회보장제도를 확립하여 복지사회를 이룩한다"(제3항)고 하여 자유민주주의와 자본주의 경제체제를 지향하고 있음을 분명히 밝히고 있다.39) 또한 기본정책에서도 「1. 민주정치의 확립」과 「2. 자유경제체제의 확립과 발전」에서 이같은 내용을 다시 한번 강조하고 있

다.[40]

따라서 신한민주당도 기존 야당들과 마찬가지로 자유민주주의와 자본주의경제질서를 신봉한다는 점에서 보수적이라는 평가를 받게 된다. 다만, 창당과정이나 인적 구성에 있어서 야당으로서의 선명성이 분명했기 때문에 제1야당의 자리를 차지하게 되었던 것이다.

한편 신정사회당은 민주사회당과 신정당이 통합하여 창당한 정당[41]으로서 보수와 혁신의 결합이지만, 강령에서 민주사회주의 이념에 입각하고 경제산업민주주의의 제도화를 기한다는 등 민주사회당의 강령이 중심이 된 것으로 볼 때[42] 신정사회당은 혁신정당임이 분명하다. 그러나 혁신정당으로서의 성격이 투명하지 못했던 민주사회당이 보수정당인 신정당과 통합함으로써 탄생한 신정사회당은 혁신정당으로서의 성격만 불분명해졌을 뿐, 당세확장에는 크게 도움이 되지 못했다.[43]

한편 신민주당[44]은 강령에서 "……민주주의의 새로운 가치체계와 생활질서를 건설하고 개인 양심의 계발과 민족정기의 진작에 의한 사회정의를 구현하며 민족의 지혜와 자비를 결집시켜 이땅의 극락화를 성취하는 「화합정치」의 이념을 실천하기 위하여……" 「중도적 화합정치」의 실현, 「협동적 복지경제」의 구현, 「연대적 책임사회」의 구현, 「생성적 민족문화」의 창달, 「평화적 남북통일」의 성취, 「공영적 인류사회」의 건설 등의 6대 정치신조를 강령으로 삼는다고 밝히고 있다. 또한 기본정책에서는 '정치의 민주화', '경제의 민주화', '사회의 청정화', '문화예술의 주체화', '교육의 계획화', '안보의 자강화' 등의 정책을 제시하고 있다.

이렇게 볼 때 신민주당은 처음 불민당(佛民黨)이라는 명칭과 함께 종교적인 색채를 강하게 띠며 출범한 정당이지만, 당명을 변경한 후에는 종교적인 색채를 제거하고[45] 평범한 보수정당의 성격만을 보여주고 있다.

이와 같이 제11대와 제12대 국회가 열린 제5공화국 시기에 국회에 진출한 정당들은 민주사회당과 신정사회당만을 제외하고 모두 보수정당들이다.

따라서 제4공화국 시기와는 달리 제5공화국 시기의 정당들은 이데올로기적 분열현상이 약간 나타나기는 하지만, 혁신정당의 성격이 불분명하고 그 당세도 극히 미약하여 제3공화국 시기와 마찬가지로 이데올로기의 분열현상이 눈에 띄게 나타나지는 않는다.

주요 정당의 조직구조

이 시기의 주요정당으로는 집권정당인 민주정의당과 제12대 국회에서 제1야당이 된 신한민주당을 들 수 있다. 물론 제5공화국 시기의 민주한국당과 한국국민당은 제11대와 제12대에 걸쳐 국회에 진출하였지만, 두 정당 모두 '제도야당' 내지는 '외생정당' 또는 '위성정당'의 성격을 지니고 있기 때문에 중요성을 부여할 수 없고, 신한민주당이 분열하여 만들어진 통일민주당과 평화민주당은 각각 민주자유당과 민주당에 편입되기 때문에 이 역시 별다른 의미를 부여할 수 없다.

민주정의당

1980년 1월 22일부터 정당활동을 위한 옥내집회와 정당기구운영을 위한 옥내집회가 허용되고, 11월 25일 정치쇄신조치가 완료되어 정치활동 규제대상자가 확정됨에 따라 이른바 개혁 주도세력인 권정달·이종찬을 비롯한 각계 인사 15명은 11월 28일 가칭 민주정의당의 창당을 공식 선언함으로써 여당의 창당작업이 본격화되었다.

12월 2일 창당발기인 총회를 개최하고 발기위원장에 이재형을 비롯하여 부위원장 8명, 그리고 운영, 연락, 정책 등 3개 분과위원회를 설치하고 위원장에 각각 이종찬, 권정달, 배성동을 선임하였으며, 11명의 시·도 조직책과

3개 분과위원회의 실무소위원회 위원을 선임하였다. 이어 12월 4일 77개 선거구 중 68개 지구의 조직책을 선정, 발표한 뒤 12월 9일에 창당준비위원회 결성대회를 개최하고 창당준비위원회 밑에 운영·조직·선전·정책·청년·여성 등 6개 분과위원회를 두고 중앙임시사무국과 지방임시사무국을 설치하는 한편 중앙임시사무국의 사무총장에 권정달을 임명하였다.

12월 10일 창당준비위원회 결성신고를 마친 가칭 민주정의당은 곧바로 68개 지구당 조직책 선정회의를 개최하고 12월 12일부터 본격적인 지구당 창당작업에 들어가 1981년 1월 7일 서울 종로·중구지구당 창당대회를 끝으로 77개 지구당 창당작업을 완료했다. 이어 10개항의 강령과 25개항의 기본정책을 발표하고 1월 8일에는 당헌을 확정·발표함으로써 1월 15일 제5공화국 출범 이후 가장 먼저 창당대회를 개최하였다. 창당대회에서 초대 총재에 전두환을 선출함과 동시에 제12대 대통령후보로 추대한 가칭 민주정의당은 1월 16일 대표위원 서리에 이재형을, 사무총장에 권정달을 임명하여 당지도부를 구성하여 중앙선거관리위원회에 등록함으로써 제5공화국의 첫번째 정당으로 출범하였다.[46]

민주정의당은 〈그림 7-1〉과 같이 창당 당시 총재와 대표위원을 중심으로 하는 이원적인 조직구조를 갖고 있다.

당기구를 보면, 당의 최고의결기관인 전국대의원대회가 있고 당의 최고책임자로서 당을 대표하고 당무를 관할하는 총재와 당무에 관한 중요사항을 심의·의결하기 위해 중앙집행위원회를 두었다. 또한 총재의 명을 받아 당무를 장리(掌理) 집행하는 대표위원을 두고 있으며, 전국대의원대회의 수임기관으로서 중앙위원회를 설치하였다. 당무를 수행하기 위해서는 중앙당에 중앙사무국을, 시·도지부에 시·도사무국을, 지구당에는 지구당사무국을 두었다. 한편 당정책의 심의 및 입안기관으로서 정책위원회를 두었고, 소속 국회의원들로 구성되는 의원총회가 있으며, 당운영자금의 합리적 조달과 재정의 건전한 관리를 위하여 재정위원회를 두었고, 당기강의 유지와 당

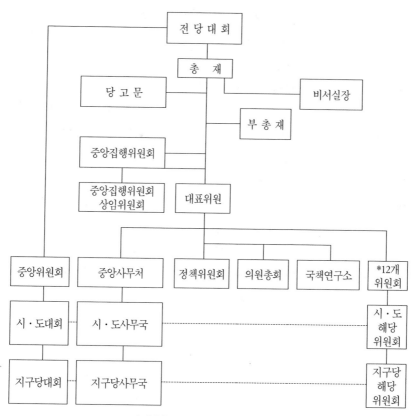

〈그림 7-1〉 민주정의당의 기구

```
                        ┌─────────────┐
                        │  전 당 대 회  │
                        └──────┬──────┘
                        ┌──────┴──────┐
                        │  총   재     │
                        └──────┬──────┘
      ┌───────────┐           │           ┌─────────┐
      │  당 고 문   │──────────┼──────────│ 비서실장  │
      └───────────┘           │           └─────────┘
                        ┌──────┴──────┐
                        │  부 총 재    │
                        └─────────────┘
      ┌───────────┐
      │ 중앙집행위원회│
      └──────┬────┘
      ┌──────┴─────┐   ┌─────────┐
      │ 중앙집행위원회│   │ 대표위원  │
      │  상임위원회  │   └────┬────┘
      └────────────┘        │
```

중앙위원회	중앙사무처	정책위원회	의원총회	국책연구소	*12개 위원회
시·도대회	시·도사무국				시·도 해당 위원회
지구당대회	지구당사무국				지구당 해당 위원회

* 12개 위원회는 윤리위원회, 재정위원회, 평화·통일위원회, 의식선진화추진본부,
민족사관정립위원회, 재해대책위원회, 올림픽지원위원회, 인권신장위원회,
국제관계위원회, 당사편찬위원회, 민주발전을 위한 법령개선위원회, 청년특별위원회 등이며,
이 가운데 의식선진화추진본부와 재해대책위원회는 시·도와 지구당에 해당위원회를 각각 두고 있음.
자료 : 중앙선거관리위원회, 『대한민국정당사 제3집』(서울 : 중앙선거관리위원회, 1992), 별첨 도표.

기풍의 진작 또는 당원의 표창 및 징계와 민원에 관한 사항을 관장하기 위
하여 윤리위원회를 설치하였다. 이밖에도 평화통일위원회, 중앙재해대책위
원회, 국민운동추진본부 등 기타 기관을 두었으며, 시·도위원회와 지구당
위원회를 각각 설치하였다.47)

이후 1983년 3월 29일 두 번째 개정된 당헌에는 전국대의원대회를 전당대회로 개편하였고, 총재를 보좌하기 위하여 총재비서실장과 당고문을 신설하였으며, 중앙집행위원회의 수임기관으로서 중앙집행위원회 상임위원회를 신설하였다. 또한 사무국을 사무처로 개편하는 한편 기타 기관에 있어서도 국민운동추진본부를 폐지하고 의식개혁추진본부, 민족사관정립위원회를 신설하였다. 아울러 시·도위원회와 지구당위원회를 시·도대회와 지구당대회로 개편하였으며, 그후 1985년 3월 27일 제3차 개정에서 국책연구소를 신설하였다. 1987년 6월 10일 제4차 개정에서 기타 기관 가운데 의식개혁추진본부를 의식선진화추진본부로 개편하고, 새로 인권신장위원회와 국제관계위원회를 신설하였고, 그로부터 두 달 뒤인 8월 5일 제5차 개정된 당헌에서는 명예총재와 부총재가 신설되는 반면, 대표위원이 폐지되고 그동안 대표위원의 권한이었던 사항들이 모두 총재의 권한으로 이관되었다. 그러나 1988년 1월 8일 개정된 당헌에서는 다시 대표위원이 신설됨으로써 원래대로 변경되었고, 1988년 2월 22일 제7차 개정 당헌에는 당사편찬위원회가 신설되었다.[48]

한편 민주정의당의 지역조직은 전국의 92개 선거구를 중심으로 중앙당사무처 → 시·도당사무국 → 지구당사무국을 거쳐, 읍·면·동 단위의 지도장 → 투표구 단위의 부지도장 → 리·통 단위의 활동장으로 하향하는 계선조직을 구성함으로써[49] 대중정당으로서의 조직구조를 갖추었다. 또한 민주정의당은 창당 원년인 1981년에 34만 7천 235명의 당원을 확보한 이후 해마다 증가하여 이듬해인 1982년에는 96만 6천 715명, 창당 3년째인 1983년에는 109만 8천 36명, 1984년에는 151만 4천 172명, 1985년에는 159만 1천 648명으로 계속 증가하다 1986년에는 156만 9천 170명으로 감소하였으나, 1987년에는 창당 원년보다 무려 15배 이상 증가된 528만 8천 74명의 당원을 확보하였다.[50] 또한 유급당료만 중앙사무처의 약 200명, 지구당에 약 400명을 두고 비교적 복합적인 관료조직을 구축하였다.

민주정의당은 1980년 권력의 진공상태에서 새로운 강자로 부상한 신군부가 정권을 장악하기 위해 급조한 외생정당으로서 당시 최고권력자인 전두환이 자신의 집권을 위해 만든 사당(私黨)과도 같은 정당이었기 때문에 겉으로는 파벌이 없는 일사불란한 모습을 보였다. 그러나 민주정의당의 인적 구성은 〈표 7-1〉과 같이 크게 보아 3가지 부류로 나뉘어질 수 있다.

〈표 7-1〉 민주정의당의 인적 구성

하나회 출신			구 민주공화당 출신				구 야당 출신	
			당 → 당		각료 → 당			
전두환	노태우	정호용	남재희	신상초	이승윤	정종택	채문식	박권흠
권익현	김복동	박세직	최영철	정래혁	김종호	박동진	한병채	이재형
박준병	정동호	최세창	이태섭	홍성우	황인성	임방현	오세응	나석호
이종구	안무혁	이춘구	김숙현	정동성	고 건	김태호	윤길중	조종호
이진삼	고명승	장세동	김윤환	정희채			진의종	김정례
정순덕	허화평	허삼수	이양우	고귀남			김종기	김기철
안현태	이현우	정태화	이자헌	권중동			천명기	
이학봉	허청일	외						

자료 : 조성관, "비밀결사 '하나회' 인맥은 살아있다," 『월간조선』, 1992년 4월호, 198~199쪽과 이상우, "제3공화국 이후의 '변신' 정치인들," 『신동아』, 1987년 2월호, 239~249쪽 그리고 박종성, 『정치는 파벌을 낳고 파벌은 정치를 배반한다』(서울 : 한울, 1992), 85쪽에서 발췌 재작성.

우선 전두환-노태우-정호용을 축으로 하는 이른바 하나회 출신 신군부 세력과 과거 민주공화당 출신의 유신 잔여세력, 그리고 구 야권인사들 중의 영입세력 등이다. 이들 세 부류 가운데 전두환을 정점으로 하는 하나회 출신 세력이 강력한 힘을 장악하고 있었기 때문에 다른 세력은 별다른 영향력이나 자율성을 갖고 있지 못했다.

그러나 별다른 파벌의 행태가 보이지 않았던 민주정의당은 집권 2기, 즉 전두환에서 노태우로 대권이 이어지고 제6공화국에 들어가면서 갈등이 나타나기 시작한다. 전두환에서 노태우로의 권력이양이 불가피하게 민주정의당 내의 권력구도의 재편을 가져와 전두환의 친위세력들과 노태우의 친위세력들의 갈등이 심화되었던 것이다. 전자는 수구파로서 자신들의 입장을 강화하고자 했고, 후자는 신주류로서 새로운 세력권을 형성해나갔던 것이다. 민주정의당이 3당합당으로 해체되기 직전인 1989년 당내의 세력은 여러 가지 기준으로 나누어질 수 있다.

〈표 7-2〉 민주정의당의 파벌(1989년 7월)

정호용○	박철언○				김복동○		직계(당직자)	이한동	권익현	소외세력 독자세력
김용태○ 이치호 이정무 김한규○ 정동윤○ 정창화○ 황병우○ 오한구○ 이상득○ 황윤기○	월계수회 나창주 이도선 박승재 이상회 김길홍○ 김정길 이재황 신영순 강우혁 강재섭○	6 3 회	팔 공 회	청 자 봉	송 백 회	국 제 문 화 전 략 연 구 소	박준규○ 채문식○ 유학성○ 임방현 이승윤 김윤환○ 김영구 김중권 심정구 박준병 이도선 이자헌 심명보 이춘구 김현욱 정순덕	김영구 정동성 박재홍 이성호 정해남	민우회 김숙현○ 이상익 박익주○ 유근환 최명헌 이범준 나석호 염길정 유상호 이찬혁 이재우 정 남 김정남 곽정출 김태수 안영화 이용호	이종찬 윤길중 김정례 서정화 정석모 정재철 남재희 장성만 양창식

○는 경구회(TK그룹) 소속.
자료 : 박종성, 앞의 책, 94~95쪽과 서형래, "민정당의 파벌 암투," 『월간조선』, 1989년 7월호, 150~159쪽에서 발췌 재작성.

우선 지역을 중심으로 TK(대구·경북 출신)와 비(非)TK, 비TK도 친(親)TK와 반(反)TK로 구별할 수 있고, 노태우와의 관계를 중심으로 신주류·총애그룹, 직계, 주변세력·방계, 소외세력·독자세력 등으로 분류할 수 있다.[51] 그 가운데 TK는 대구·경북지역출신 의원 모임인 경구회(慶邱會)를 중심으로 하는데, 물론 노태우를 정점으로 하면서도 서로 추구하는 바가 다르고 때로는 경쟁적·대결적이기까지 한 박준규, 김윤환, 정호용, 김복동, 박철언을 지맥으로 형성되었다. 따라서 TK를 파벌로 분류하기는 어려운데, 그 이유는 지맥을 형성한 5인이 협조적 관계 속에서 일사분란하게 움직이기보다는 제각기 세력확장에 더 힘을 쏟았기 때문이다.

그러므로 이 시기의 민주정의당의 파벌은 〈표 7-2〉에서 보는 바와 같이 7개의 부류로 나누어 볼 수 있다. 우선 경구회의 초대 회장인 정호용계로는 김용태, 이치호, 이정무, 김한규, 정동윤, 정창화, 황병우, 오한구, 이상득, 황윤기 등이 포함된다. 한편 노태우와 인척관계인 박철언은 '월계수회'를 비롯하여 '63회', '청자봉(청년자원봉사단)', '팔공회' 등을 거느렸는데, '월계수회'에는 나창주, 이도선, 강재섭, 박승재, 이상회, 김길홍, 김정길, 이재황, 신영순, 강우혁 등이 포함되었고, '청자봉'은 고교 및 고시 후배인 강재섭을 단장으로 하여 관리하였다.

이밖에도 김복동은 예비역장성모임인 '송백회'와 '국제문화전략연구소(ISIS)'를 중심으로 세력기반을 다졌고, 이한동은 김영구, 정동성, 박재홍, 이성호, 정해남 등 주로 서울·경기지역 출신들과 관계를 돈독히 했으며, 권익현은 '민우회'를 이끌었는데, 김숙현, 이상익, 박익주, 유근환, 최명헌, 이범준, 나석호, 염길정, 유상호, 이찬혁, 이재우, 정 남, 김정남, 곽정출, 김태수, 안영화, 이용호 등이 회원이었다.

노태우의 직계세력은 박준규, 채문식, 유학성, 임방현, 이승윤, 김윤환, 김영구, 김중권, 심정구, 박준병, 이도선, 이자헌, 심명보, 이춘구, 김현욱, 정순덕 등 당직자들이며, 이들 중 이춘구, 심명보, 김영구, 김중위 등은 대통령 당선 후 취임준비위원회의 구성원들이었다.

이에 반해 이종찬, 윤길중, 김정례, 서정화, 정석모, 정재철, 남재희, 장성만, 양창식 등은 권력의 중심에 진입하지 못하였으며, 특히 이종찬은 철저히 소외되어 이들을 소외세력·독자세력이라고 할 수 있다. 그러한 이유에서 이종찬은 비TK의 상징처럼 통했으며 TK와 비교되는 SK(서울·경기 출신)에 힘을 쏟았다.

이와 같은 파벌들간의 당내 패권을 장악하기 위한 다툼이 격화되는 가운데 1990년 통일민주당과 신민주공화당과의 3당합당으로 민주자유당이 창당되면서 민주정의당의 각 파벌들은 '민정계'라고 하는 거대한 파벌 내의 분파를 형성하게 된다.

신한민주당

1984년 11월 30일 정치규제자들에 대한 제3차 해금이 이루어지자 야권 내에서는 신당의 창당작업이 본격화된다. 구 신민당 중진들과 민주화추진협의회 소속 인사들이 각각 추진하던 신당창당작업은 12월 12일 이들 두 세력이 단일 신당창당에 합의하고 15일 12인 발기주비위원회를 구성함으로써 윤곽이 드러나게 된다.

민주화추진협의회 측에서 이민우, 김록영, 조연하, 박종률, 최형우, 김동영 등 6명과 비민주화추진협의회 측에서 신도환, 이기택, 송원영, 김수한, 노승환, 박용만 등 6명으로 구성된 발기주비위원회는 17일 신당의 명칭을 신한민주당으로 결정하고, 20일에는 창당발기인대회를 개최하여 창당준비위원회를 구성한다. 이 대회에서 창당준비위원장에 이민우를 부위원장에 이기택, 김록영, 조연하, 김수한, 박용만 등 5명을 선출한 데 이어 22일에는 조직책심사특별위원회를 구성하여 조직책 선정작업에 들어갔으며, 1985년 1월 17일까지 중앙당 창당요건인 92개 지역선거구의 4분의 1 이상인 47개 지구당의 창당을 완료한 뒤 다음날 창당대회를 열어 이민우를 총재에, 김녹영, 이기택, 조연하, 김수한, 노승환 등 5명을 부총재로 선출, 출범한다.52)

신한민주당은 <그림 7-2>에서 보는 바와 같이 대의기관으로 당의 최고의 결기기관인 전당대회와 전당대회의 하위기관인 중앙상임위원회를 두었고, 집행기관으로는 총재와 보좌기구, 중앙당 사무국, 당정기관을 두었다.

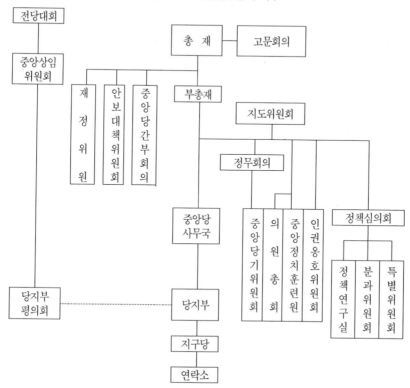

〈그림 7-2〉 신한민주당의 기구

전당대회

중앙상임위원회

당지부평의회

총재 — 고문회의

부총재

지도위원회

정무회의

정책심의회

재정위원
안보대책위원회
중앙당간부회의

중앙당사무국

당지부

지구당

연락소

중앙당기위원회
의원총회
중앙정치훈련원
인권옹호위원회

정책연구실
분과위원회
특별위원회

자료 : 중앙선거관리위원회, 『대한민국정당사 제3집』, 앞의 책, 643~648쪽에서 발췌 재작성.

　총재의 보좌기구에는 대변인, 재정위원, 안보대책위원회, 중앙당간부회의, 고문회의 등이 있으며 당정기관에는 지도위원회, 정무회의, 의원총회, 중앙정치훈련원, 중앙당기위원회, 인권옹호위원회, 선거대책기구 등이 있었다. 또한 정책기관에는 정책심의회, 정책심의회 분과위원회, 정책연구실, 특별위원회 등을 두었으며 지방에는 당지부, 당지부평의회, 지구당, 연락소 등을 설치하였다.[53]

　인적 구성상 신한민주당의 주류는 〈표 7-3〉에서 보는 바와 같이 상도동계와 동교동계로 불리는 양 김씨를 지지하는 민주화추진협의회 세력들이 형성하였고, 민주화추진협의회에 가담하지 않았던 이기택, 신도환, 이철승, 김재광 등의 세력은 〈표 7-4〉와 같이 범비주류를 형성하였다.

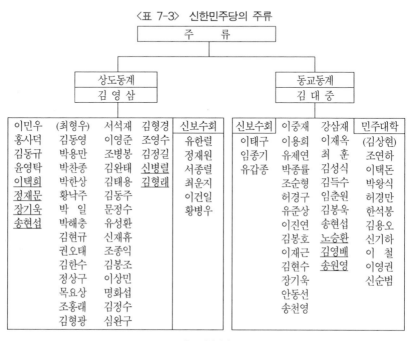

〈표 7-3〉 신한민주당의 주류

주 류								
상도동계 김영삼					**동교동계 김대중**			
이민우	(최형우)	서석재	김형경	신보수회	신보수회	이중재	강삼재	민주대학
홍사덕	김동영	이영준	조영수	유한렬	이태구	이용희	이재옥	(김상현)
김동규	박용만	조병봉	김정길	정재원	임종기	유제연	최 훈	조연하
윤영탁	박찬종	김완태	신병렬	서종렬	유갑종	박종률	김성식	이택돈
이택희	박한상	김태용	김형래	최운지		조순형	김득수	박왕식
정재문	황낙주	김동주		이건일		허경구	임춘원	허경만
장기욱	박 일	문정수		황병우		유준상	김봉욱	한석봉
송현섭	박해충	유성환				이진연	송현섭	김용오
	김현규	신재휴				김봉호	노승환	신기하
	권오태	조종익				이재근	김영배	이 철
	김한수	김봉조				김현수	송원영	이영권
	정상구	이상민				장기욱		신순범
	목요상	명화섭				안동선		
	조홍래	김정수				송천영		
	김형광	심완구						

( )안은 원외인사. _____ 은 소속파벌과 별도의 친근관계 인사.
자료 : 백화종, "신민당, 그 파벌의 내막,"『신동아』, 1985년 12월호, 185쪽.

1985년에 32만 7천 436명의 당원을 확보하였고, 이듬해인 1986년에는 38만 8천 797명으로 증가하였던 신한민주당이 1987년 김영삼과 김대중계 의원들이 대거 탈당하여 통일민주당을 창당함에 따라 당원수가 급격히 감소하여 불과 6만 7천 588명의 군소정당이 되고 만 사실에서도 알 수 있는 것처럼, 신한민주당에 있어서 김영삼과 김대중 양 김씨의 영향력은 매우 컸다.

실제로 신한민주당은 김영삼이 공동의장을 맡고, 미국에 있던 김대중이

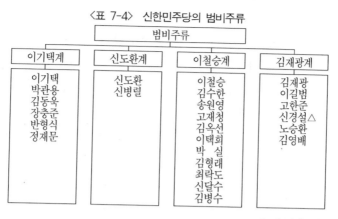

〈표 7-4〉 신한민주당의 범비주류

범비주류			
이기택계	신도환계	이철승계	김재광계
이기택 박관용 김동욱 장충준 반형식 정재문	신도환 신병렬	이철승 김수한 송원영 고재청 김옥선 이택희 박　실 김형래 최락도 신달수 김병수	김재광 이길범 고한준 신경설△ 노승환 김영배

△는 신보수회 소속.
자료 : 백화종, 앞의 글, 185쪽.

　고문을 맡은 민주화추진협의회가 주축이 되어 만들어진 정당이기 때문에 이들 양 김씨의 영향력이 큰 것은 당연한 일이기도 하다. 창당된 지 불과 3주일만에 치러진 제12대 국회의원선거에서 신한민주당이 민주한국당을 누르고 제1야당의 위치로 부상할 수 있었던 것도 이들 양 김씨의 영향력 때문이었다.

　사실 양 김씨의 지지세력들은 70년대 대통령후보지명대회 이래 경쟁적 관계였으나, 파벌의 지도자가 정치활동이 규제되어 있고 민주화가 암담한 현실 속에서 제휴와 협력을 하지 않을 수 없었기 때문에[54] 신한민주당의 주류를 이루어 대여투쟁을 주도하게 만들었다. 그러나 중도 및 비주류의 도전과 권력의 정치공작은 당내 갈등을 노정시켰으며, 당 지도자의 지도력 부족과 시국관의 차이는 결국 강경세력들로 하여금 신한민주당을 탈당하여 통일민주당을 창당하도록 만드는 원인이 되었다.

　특히 1987년에 들어와 대통령직선제를 내건 양 김씨를 중심으로 한 강경세력들은 이민우 총재와 이철승 등의 비주류의 온건노선과 정면 충돌하게 되어 당사를 점거하고 철야농성을 하는 등의 갈등이 격화되어 결국 양 김씨가 지지세력들을 이끌고 나가 5월 1일 통일민주당을 창당한 것이다.[55] 비주류에 있던 일부 인사들이 양 김씨의 지지세력에 합세하고 이기택계가 무소속으로 탈당하여 나간 신한민주당 내에는 이민우, 이철승, 조연하, 이택돈, 박한상, 박해충, 이길범, 김재광, 김옥선, 신달수, 고한준, 신도환, 이택희, 김병수, 신재휴 등 15인만이 남게 된다.[56]

그후 대통령직선제 개헌투쟁을 주도하고 6·29선언까지 받아내는 데 힘을 모았던 김영삼과 김대중 두 사람은 민주화가 완성될 때까지 협력할 것을 국민 앞에 다짐했으나, 1987년 12월로 대통령선거가 다가오면서 대권을 목전에 두고 또다시 분열양상을 보이게 된다. 후보 단일화에 대한 당내외의 압력이 거셌지만, 양 김씨간에 당내 경선방안에 대한 이견을 좁히지 못하고 김영삼은 대통령 입후보를 전격 선언했고, 뒤이어 김대중은 통일민주당과 결별하고 1987년 11월 12일 평화민주당을 창당하게 됨으로써 신한민주당을 창당하고 이어 통일민주당을 창당하는 한편 대통령직선제를 쟁취할 때까지 김영삼과 김대중 두 사람이 보여주었던 제휴와 협력은 불과 3년만에 끝이 난다.

이로써 제5공화국 들어 거대야당으로 등장했던 신한민주당은 창당된 지 불과 2년 4개월만에 군소정당으로 전락하고 말았으며, 1988년 4월 26일에 실시된 제13대 국회의원선거에서 당선자를 내지 못하여 자동 해산된다.

선거참여정당과 유권자의 지지도

제11대 국회의원선거(1981년 3월 25일)

1981년 1월 24일 국가보위입법회의에서 국회의원 선거구를 77개에서 92개로 증설하고 1구에서 2명씩의 지역구 의원을 선출하되 전국구의원제도를 신설하여 국회의원 총수를 276명으로 하며, 선거공영제의 강화를 주요 내용으로 하는 국회의원선거법이 제정된 이후 3월로 예상되는 제11대 국회의원 선거에 대비하여 각 당은 총선체제를 수립하였다.[57]

먼저 민주정의당은 2월 17일 중앙집행위원회를 열어 92개 지구당위원장 전원을 지역구후보로 공천할 것을 결정하고 2월 18일 지구당위원장 회의를 소집, 총선전략을 시달하였고, 튼튼한 안보와 참신한 정치, 선진경제로의 도약, 농·어업의 장래보장, 알찬 복지와 환경, 내실있는 교육과 격조 높은 문화 등 5개의 정책지표와 이의 실천을 위한 자주·다변외교 전개, 국토의 균형개발, 교육기회 확대 등 61개 세부실천사항으로 된 선거공약을 확정·발표했다.

한편 민주한국당은 2월 21일 공천심사위원회를 구성하고 2월 28일 정책 지구(민주사회당 고정훈 당수 입후보)인 서울 강남 지역을 제외한 91개 지역구의 후보자공천을 완료하였으며 3월 5일 공천자대회를 열어 총선에서의 압승을 다짐하고 이어 45명의 전국구후보자도 확정하였다. 민주한국당은 정치, 경제, 사회·문화, 국방·안보 등 4개 분야에서 지방자치제의 조속 실현, 서민생활보호를 위한 국민생활보호위원회 설치 등 51개 실천정책을 선거공약으로 제시하였다.

또한 한국국민당은 2월 27일 국가보위입법회의가 처리한 언론기본법·국회의원선거법·국회법·정당법 등의 불합리한 부분 개정, 정치활동이 자유롭고 정치범이 없는 정치풍토 조성, 서민생활과 근로자 권익보장, 자원비축교역기지의 서해안 건설 등을 주요 내용으로 하는 선거공약을 제시하고 2월 28일에는 75명의 지역구후보자공천을 확정, 공천자대회를 열어 선거전략 및 득표요령을 시달한 데 이어 29명의 전국구후보자를 확정했다. 이밖에 나머지 정당들도 선거대책본부를 구성하고 후보자 공천을 하는 등 선거준비에 박차를 가했다.

이어 3월 5일 제11대 국회의원선거일이 3월 25일로 공고됨에 따라 전국

92개 지역선거구에서 후보자 등록이 일제히 시작되었다. 3월 10일 마감된 후보자 등록 결과는 〈표 7-5〉에서 보는 바와 같이 184명의 지역구 의원정수에 전국 92개 선거구에서 정당추천 529명, 무소속 106명 등 총 635명이 등록하여 전국 평균 3.5 : 1의 경쟁률을 보였다.

<표 7-5> 제11대 국회의원선거 입후보상황

정당·단체명	후보자수	비율	정당·단체명	후보자수	비율
무 소 속	106	16.7	사 회 당	20	3.1
민 주 정 의 당	92	14.4	한 국 기 민 당	15	2.3
민 주 한 국 당	91	14.3	민 주 농 민 당	15	2.3
민 권 당	82	12.9	원 일 민 립 당	13	2.0
한 국 국 민 당	75	11.1	안 민 당	12	1.9
신 정 당	54	8.5	통 일 민 족 당	10	1.6
민 주 사 회 당	50	7.8	합계	635	100
			평균경쟁율	3.5 : 1	

자료 : 중앙선거관리위원회, 『역대국회의원선거상황(제1~11대)』
(서울 : 중앙선거관리위원회, 1989), 1283쪽에서 발췌 재작성.

선거에 참여한 12개 정당들 가운데는 민주정의당이 전체 92개 지역구에서 후보자를 공천하였고, 민주한국당은 91개 지역구에서 공천하였으며, 다음으로 민권당이 82개 지역구, 한국국민당이 75개 지역구, 신정당이 54개 지역구, 민주사회당이 50개 지역구에서 후보자를 공천하였다. 한편 무소속 입후보자는 모두 106명으로 전체 지역구 입후보자들 중 16.7%에 달했다.

한편 〈표 7-6〉에서 보는 바와 같이 3월 25일 전국 1만 2천 237개 투표소에서 실시된 제11대 국회의원선거에서 총유권자 2천 109만 4천 468명 중 1천 639만 7천 845명이 투표에 참가하여 78.4%의 투표율을 나타냈다.

시도별로 보면 강원도가 88.0%의 가장 높은 투표율을 보였고, 그 다음이

〈표 7-6〉 제11대 국회의원선거 투표상황

시도 \ 구분	선거인수	투표자수	투표율
서 울	5,048,348	3,589,167	71.1
부 산	1,803,273	1,240,504	76.7
경 기	2,795,272	2,127,704	76.1
강 원	947,977	834,253	88.0
충 북	788,748	683,514	86.7
충 남	1,613,381	1,296,344	80.3
전 북	1,237,238	1,001,060	80.9
전 남	1,996,274	1,617,725	81.0
경 북	2,772,236	2,258,089	81.5
경 남	1,857,765	1,550,012	83.4
제 주	233,956	199,473	85.3
계	21,094,468	16,397,845	78.4

자료 : 중앙선거관리위원회, 『역대국회의원선거상황(제1~11대)』, 앞의 책, 1223쪽에서 발췌 재작성.

〈표 7-7〉 제11대 국회의원선거시 정당별 득표현황

시도 \ 구분	민주정의당	민주한국당	민주사회당	한국국민당	민권당	민주농민당	신정당	안민당	무소속	기타
서 울	1,224,521	847,357	141,441	423,943	222,251	12,260	133,306	33,687	349,372	155,626
부 산	375,495	325,360	69,976	122,510	108,860	4,435	52,138	6,015	150,264	11,576
경 기	814,540	485,703	69,663	217,978	120,506	6,549	143,996	32,957	155,475	58,231
강 원	378,872	184,790	33,956	143,131	38,537		14,050		27,305	5,118
충 북	230,332	114,075	5,745	161,518	43,779	32,709	9,842		67,216	10,440
충 남	454,925	269,200	12,313	199,968	76,333		47,052	4,764	187,570	28,851
전 북	375,787	219,981	21,287	109,077	114,209	19,132	16,740		73,307	40,182
전 남	493,757	351,555	41,083	241,619	140,380	8,129	110,354	42,923	109,712	51,717
경 북	859,279	432,275	60,779	322,083	122,693	21,805	60,051	16,659	317,447	24,485
경 남	521,875	227,449	68,118	205,466	96,672	122,696	79,652	6,995	198,791	5,285
제 주	47,241	38,084			4,627		9,740		97,765	
계	5,776,624	3,495,829	524,361	2,147,293	1,088,847	227,715	676,921	144,000	1,734,224	391,511
비 율	35.6	21.6	3.2	13.3	6.7	1.4	4.2	0.9	10.7	2.4

자료 : 중앙선거관리위원회, 『역대국회의원선거상황(제1~11대)』, 앞의 책, 1225쪽에서 발췌 재작성.

충청북도로 86.7%의 투표율을 기록하였다. 대체로 80%대의 투표율을 보였으나, 부산이 76.7%, 경기도가 76.1%, 서울이 71.1% 등 3개 시도만이 70%대의 낮은 투표율을 보였다.

정당별 득표율은 〈표 7-7〉에서 보는 바와 같이 민주정의당이 35.6%의 가장 높은 득표율을 기록하였고, 그 다음으로 민주한국당이 21.6%, 한국국민당이 13.3%로 나타났으나, 나머지 정당들은 10% 미만의 낮은 지지를 얻었다. 한편 무소속 입후보자들은 전체 10.7%의 득표율을 보였다.

제12대 국회의원선거(1985년 2월 12일)

1984년 12월 18일 제11대 국회의 마지막 정기국회가 폐회됨에 따라 각 정당들은 제12대 총선을 위한 활동에 들어갔고, 신한민주당(가칭)의 창당작업도 본격화되었다.[58] 1월 21일 제12대 국회의원 선거일이 2월 12일로 공고된후 1월 28일 마감된 후보자 등록 결과 〈표 7-8〉에서 보는 바와 같이 지역구의원정수 184명에 정당추천 411명, 무소속 29명 등 모두 440명이 등록하여 전국 평균 2.4대 1의 경쟁률을 기록했다.

〈표 7-8〉 제12대 국회의원선거 입후보상황

정당·단체명	후보자수	비율	정당·단체명	후보자수	비율
무 소 속	29	6.6	근 로 농 민 당	16	3.6
민 주 정 의 당	92	20.9	신 민 주 당	13	3.0
신 한 민 주 당	93	21.1	민 권 당	12	2.7
민 주 한 국 당	92	20.9	자 유 민 족 당	4	0.9
한 국 국 민 당	71	16.1	합계	440	100
신 정 사 회 당	18	4.1	평균경쟁률	2.4 : 1	

자료 : 중앙선거관리위원회, 『제12대 국회의원선거총람』(서울 : 중앙선거관리위원회, 1985), 98쪽에서 발췌 재작성.

모두 9개의 정당이 참여한 제12대 국회의원선거에서 민주정의당과 민주한국당은 92개 전지역구에서 후보자를 공천하였고, 새로 출범한 신한민주당은 2개 지역구에서 복수 공천을 하여 모두 93명의 후보자를 공천하였다. 그러나 한국국민당은 71개 지역구에서만 후보자를 공천하였고, 나머지 정당들은 20명 미만의 후보자를 공천하였는데, 특히 자유민족당은 불과 4명의 후보자를 공천하여 공천율이 가장 낮았다. 무소속의 경우도 지난 제11대 국회의원선거시와는 달리 총 29명만이 입후보하였는데, 이는 무소속 당선율이 낮아지는 경향으로 인한 결과라고 해석할 수 있다.

지난 제11대 국회의원선거와 비교하여 평균경쟁률은 낮아졌으나, 오히려 투표율은 〈표 7-9〉에서 보는 바와 같이 높아졌다. 총 유권자 2천 398만 7천 830명 중 2천 28만 6천 672명이 투표에 참여하여 84.6%의 투표율을 보였는데, 이같은 투표율은 제3공화국 이래 최고의 투표율이었다.

〈표 7-9〉 제12대 국회의원선거 투표상황

구분 시도	선거인수	투표자수	투표율
서 울	5,955,403	4,832,039	81.1
부 산	2,055,161	1,752,887	85.3
대 구	1,148,657	941,908	82.0
인 천	813,562	656,859	80.7
경 기	2,791,114	2,318,463	83.1
강 원	1,017,454	910,284	89.5
충 북	831,033	751,373	90.4
충 남	1,720,236	1,487,372	86.5
전 북	1,297,178	1,105,374	85.2
전 남	2,132,196	1,813,534	85.1
경 북	1,865,046	1,646,301	88.3
경 남	2,096,119	1,834,892	87.5
제 주	264,671	235,386	88.9
계	40,361,844	20,286,672	84.6

자료 : 중앙선거관리위원회, 『제12대 국회의원선거총람』, 앞의 책, 95쪽에서 발췌 재작성.

시도별로는 충청북도가 90.4%로 가장 높은 투표율을 보였고, 그 다음으로는 강원도가 89.5%의 투표율을 기록하였으며, 이어서 제주도가 88.9%의 투표율을 보였다. 가장 낮은 투표율을 보인 지역은 인천으로 80.7%였고, 서울이 81.1%의 투표율로 두 번째로 낮았으며, 대구가 82.0%로 세 번째로 낮은 투표율을 보였다.

선거 결과 〈표 7-10〉에서 보는 바와 같이 민주정의당이 35.25%의 득표율을 보여 지난 제11대 국회의원선거시와 비슷한 지지도를 유지했으나, 신당인 신한민주당은 기존의 야당들을 제치고 29.26%의 득표율을 얻어 민주정의당과 불과 6%내의 근소한 차이를 보였는데, 이는 새로운 야당에 대한 유권자들의 기대와 지지가 높았다는 것을 말해 준다.

한편 제11대 국회의 제1야당이었던 민주한국당은 19.68%의 득표율을 보였고, 한국국민당은 9.16%의 매우 저조한 득표율을 보였으며, 나머지 5개 정당은 2% 미만의 득표율을 보이는 데 그쳤고, 무소속 입후보자들의 경우도 지난번 선거때보다 지지도가 떨어져 3.24%의 득표율을 보이는 정도였다.

〈표 7-10〉 제12대 국회의원선거시 정당별 득표현황

구분 시도	민주 정의당	신한 민주당	민주 한국당	한국 국민당	무소속	신정 사회당	민권 당	자유 민족당	근로 농민당	신 민주당
서 울	1,303,114	2,056,642	954,454	112,142	175,861	100,891	19,713	1,326	27,088	12,137
부 산	483,507	639,724	408,834	180,666	7,503		1,826	8,089		
대 구	263,168	276,780	172,771	145,418	23,824	14,105	10,399			23,145
인 천	239,710	241,802	142,313	22,107						
경 기	782,360	640,643	470,936	310,141	49,048	14,824	13,486			
강 원	413,958	101,349	159,816	158,318	43,093				10,248	7,999
충 북	418,909	135,213	116,866	63,359		4,138				
충 남	577,742	319,222	301,955	156,044	59,187	41,427			4,101	
전 북	399,758	287,358	205,086	128,707					27,697	37,688
전 남	637,292	452,599	322,486	181,889	53,761	79,718	9,649	7,842	34,400	3,093
경 북	725,326	254,760	275,253	174,472	120,450	23,564	6,936		27,243	15,160
경 남	722,169	423,916	360,561	195,481	15,717	10,196	11,373		55,082	13,432
제 주	73,798	13,819	39,635		101,584		2,792			
계	7,040,811	5,843,827	3,930,966	1,828,744	650,028	288,863	75,634	17,257	185,859	112,654
비 율	35.25	29.26	19.68	9.16	3.24	1.45	0.38	0.09	0.93	0.56

자료 : 중앙선거관리위원회, 『제12대 국회의원선거총람』, 앞의 책, 96~97쪽에서 발췌 재작성.

이러한 선거 결과는 신당인 신한민주당에 대한 기대가 비교적 컸기 때문이다. 선거전에 있어서 민주정의당은 '안정, 도약 그리고 번영' 등의 선거구호를 내걸고 다함께 참여하는 민주정치, 다함께 누리는 복지경제 등의 실현을 위한 50개항의 실천사항을 선거공약으로 제시하여 국민들의 지지를 호소하였다. 한편 민주한국당은 "민주한국당 지지하여 민주한국 건설하자" 등의 선거구호를 표방하고 자유·민주헌법으로의 개정, 악법의 개폐로 민주회복, 국민복지경제의 실현, 국권수호, 자유민권사회건설 등을 선거공약으로 제시하였다. 또한 한국국민당은 "못살겠다 새 시대, 구관이 명관이다" 등의 선거구호 아래 대통령직선제 개헌과 평화적 정권교체, 지방의회구성과 자치단체장의 직선, 농어촌 부채경감, 노동권 확립, 자유언론 창달 등의 5대 목표를 실현하기 위한 50대 실천사항을 제시했다. 신당인 신한민주당은 "민중과 함께 민주화시대를 열자" 등의 선거구호를 내걸고 대통령직선제 헌법개정, 국회의 국정감사권 부활, 지방자치제의 전면실시, 언론의 자유보장을 위한 관계법의 개정 등 선거공약 10장을 발표하여 유권자들의 지지를 호소했다.59)

선거제도와 정당법

제11대 국회의원선거제도

1979년 10·26사태 이후 제10대 국회가 구성된 지 약 10개월만에 새 헌법안이 국민투표에 의하여 확정되었다. 이 헌법에 의하여 제10대 국회가 해산되고 입법기능을 대신하는 국가보위입법회의가 구성되었다. 동 입법회의는 개정헌법 부칙에 따라 제11대 국회를 구성하기 위해 국회의원선거법을 전면 개정하여 1981년 1월 29일 법률 제3359호로 공포하였다.

달라진 내용[60]으로는 먼저 선거구는 지역구와 전국구의 2종으로 하고, 1 지역구의 의원정수를 2인으로 하며, 전국구 의원정수는 지역구 의원정수의 2분의 1로 하였고(제13조~제15조), 지역선거의 경우 정당의 당원인 자는 정당의 추천장을, 정당의 당원이 아닌 자는 선거권자 500인 이상 700인 이하의 추천장을 받아 후보등록을 신청하고 전국구선거의 경우는 정당이 후보자 명부를 첨부하여 신청하도록 하였다(제26조).

또한 입후보자 등록시 무소속 후보자는 1,500만원, 정당추천 후보자는 700만원의 기탁금을 내도록 하였으며(제32조), 정당·후보자·선거사무장·선거연락소의 책임자 또는 선거사무원이 아닌 자는 선거운동을 할 수 없고, 예비군 소대장 이상의 자, 동·리·통·반의 장은 선거사무원 등이 될 수 없도록 하였고(제40조), 연설회에 의한 선거운동은 이전처럼 합동연설회로 한정하였다.

특히 새 선거법은 전국구의원의 정수가 전체 의원수의 3분의 1이나 되며, 제1당에 전국구의석의 3분의 2를 배분함으로써 제3공화국 시기의 전국구제도보다 더 많은 의석을 집권당에게 보장해주었다.[61]

제12대 국회의원선거제도

제12대 국회의원선거제도는 1984년 7월 25일 법률 제3731호로 공포된 개정 선거법에 명문화되었는데, 선거인 명부, 의원후보자, 선거운동, 투·개표 참관 등에 관한 조항의 일부 미비점을 보완하고 행정구역 개편에 따라 지역 선거구의 구역표를 이에 맞춰 조정하기 위해 선거법의 개정이 이루어졌다.[62]

〈표 7-11〉에서 보는 바와 같이 이전의 선거법과 비교하여 달라진 내용 가운데 중요한 것은 먼저 전국구후보자의 경우에는 선거일 공고일과 동시에 공무원 등의 직에서 해임하면 되도록 하였고(제31조 ①), 전국구후보자에 대

<표 7-11> 제5공화국 시기 국회의원선거제도

시기 구분	제11대 국회	제12대 국회
국회의원임기	4년	
선거제도	1구 2인 중선거구제(전국구 : 비례대표제)	
선거구 수 국회의원정수	지역구 : 92, 전국구 : 92 276	
선출방법	직선, 비례대표제	
후보등록	정당공천제(소속정당추천장), 무소속(500인~700인 추천장) 기탁금 : 정당 700만원, 무소속 1,500만원 (유효투표수의 1/3 미달시 몰수)	
선거권	만 20세 이상	
피선거권	만 25세 이상	
선거인 명부	수시작성제, 후보자의 선거인 명부 열람	
선거운동	지역선거구 : 지역구선거사무소 1, 선거사무소를 두지 아니한 구·시·군에 선거연락사무소 각1 전국구 : 서울특별시 1	
당선결정	유효투표의 다수순 결정(전국구 : 비례대표제)	
선거관리기관	중앙선거관리위원회(9인)	

자료 : 중앙선거관리위원회, 『국회의원선거법 변천상황』(서울 : 중앙선거관리위원회, 1983)과
중앙선거관리위원회, 『국회의원 선거법령집』(서울 : 중앙선거관리위원회, 1992)에서 발췌.

해서도 정당추천 지역구후보자와 동일한 액수의 기탁금을 내도록 하였다(제
32조 ②)는 점이다.

제5공화국 시기 정당법

1980년 11월 25일 국가보위입법회의는 기존의 정당법 중 정당의 창당이
나 그 존속요건인 창당발기인수와 법정지구당수 및 법정지구당원수 등을
감축, 완화하여 정당의 창당과 존속을 용이하게 하는 방향으로 정당법을 개
정하여 법률 제3263호로 공포하였다.

개정된 내용을 살펴보면,[63] 이전 정당법에서 삭제되었던 당지부를 부활
시켜 "필요한 경우에는 서울특별시, 부산시, 도에 당지부를, 구·시·군에

당연락소를 둘 수 있다"(제3조 단서)고 했으며, 창당발기인수를 그동안 30인 이상이었던 것을 20인 이상(제5조)으로 완화하였다. 발기인(제6조) 및 당원(제17조)의 자격은 국회의원선거권이 있는 자는, 공무원 기타 정치활동을 금지하는 다른 법령의 규정에도 불구하고, 누구든지 정당의 발기인이 될 수 있으나, 대통령령으로 정하는 공무원, 교원 및 언론인은 그러하지 아니하다고 그 자격을 확대하였다.

또한 법정지구당수도 이전 정당법에서는 국회의원선거법에 의한 지역선거구 총수의 3분의 1 이상이었던 것을 4분의 1 이상으로 줄였고(제25조), 지구당의 법정당원수도 이전에 50인 이상에서 30인 이상으로 완화하였다. 그러나 지구당의 분산에 있어서는 이전에 서울특별시, 부산시, 도 중 3 이상이었던 것을 5 이상에 분산하도록 하였으며(제26조 ①), "정당이 서울특별시·부산시·도 중 하나의 시 또는 도에 두는 지구당수는 그 정당의 지구당 총수의 4분의 1을 초과할 수 없다"(제26조 ②)고 개정함으로써 한편으로는 정당의 성립요건을 완화하면서도 다른 한편으로는 지역정당의 출현을 방지하였다.

한편 정당의 기부수령의 금지조항을 삭제하여 정치자금의 수급을 더욱 원활하게 하였으나, 정당의 등록취소에 있어서는 제25조 내지 제27조의 요건을 구비하지 못하게 된 때는 물론이고, 국회의원 총선거에 후보자를 추천하지 아니하거나 고의로 참여하지 아니한 때, 국회의원 총선거에서 의석을 얻지 못하고 유효투표 총수의 100분의 2 이상을 득표하지 못한 때에도 당해 선거관리위원회가 그 등록을 취소할 수 있도록 하였다(제38조 ①과 ②).

이러한 내용들로 개정된 정당법은 정당의 창당과 존속을 용이하게 하는 일면도 있으나, 그보다는 군소정당의 존립을 제한하려는 의도가 더욱 강했던 것으로 보인다. 특히 정당의 등록취소요건을 강화함으로써 이후 국회의원선거를 계기로 선거 전에 창당되었다가 선거 후에는 자취를 감추는 정당들의 출현을 유도하는 결과를 낳게 되어 한국 정당의 특성 중의 하나인 '선거정당'이라는 표현을 만들어내게 된 것이다. 이 정당법은 제5공화국 시기는 물론 제6공화국 1기에 해당되는 제13대 국회초까지 적용된다.

국회진출정당과 국회 내 정당활동

제11대 국회(1981년 4월 11일 개원)

제5공화국의 첫 국회인 제11대 국회를 구성하기 위한 3월 25일의 국회의원선거 결과는 〈표 7-12〉와 같이 나타났다.

〈표 7-12〉 제11대 국회 진출정당

구분 시도	민주정의당	민주한국당	민주사회당	한국국민당	민권당	신정당	안민당	민주농민당	무소속	계
서 울	14	11	1	1					1	28
부 산	6	5			1					12
경 기	12	10		1		1				24
강 원	6	4		2						12
충 북	4	1		3						8
충 남	8	5		2					1	16
전 북	7	6							1	14
전 남	10	9		1	1	1	1			22
경 북	13	5		5				1	3	26
경 남	10	1	1	3					3	20
제 주									1	2
전국구	61	24		7						92
계	151	81	2	25	2	2	1	1	11	276
비 율	54.7	29.3	0.7	9.1	0.7	0.7	0.4	0.4	4.0	100

자료 : 중앙선거관리위원회, 『역대국회의원선거상황(제1~11대)』, 앞의 책, 1275쪽.

민주정의당은 지역구에서 90석을 획득함으로써 전국구의석 61석을 합쳐 151석을 확보함으로써 의원정수 276석의 과반수인 138석보다 13석을 더 얻어 원내안정세력을 구축했으며, 민주한국당은 지역구 57석에 전국구 24석을 합쳐 총 81석, 한국국민당은 지역구 18석, 전국구 7석 등 25석을 확보하였다. 기타 정당은 지역구 5석 미만을 획득, 전국구의석 배분에서 제외되었다.

민주정의당은 92개의 선거구 중에서 2명만이 낙선돼 97.2%의 당선율을 기록하였으며, 민주한국당은 91명 중 57명으로 62.6%, 한국국민당은 75명 중 18명으로 24%의 당선율을 기록했으나, 82명의 후보를 낸 민권당의 경우는 2명만이 당선되어 2.4%의 저조한 당선율을 기록했다. 한편 무소속의 경우는 입후보자 106명 가운데 10.4%인 11명만이 당선되는 데 그쳤다.

이로써 제11대 국회는 민주정의당, 민주한국당, 한국국민당 등 3개 정당만이 원내교섭단체를 구성할 수 있는 의석을 확보하였고, 단 1석의 의석도 얻지 못하고 유효투표 총수의 100분의 2 이상을 득표하지 못한 사회당, 한국기민당, 통일민족당, 원일민립당 등 4개 정당은 정당법 제38조 제1항 제3호의 규정에 의하여 3월 28일 등록이 취소되었다.[64]

1981년 4월 11일 제11대 국회는 국회의장에 민주정의당의 정래혁, 부의장에 민주정의당의 채문식과 민주한국당의 김은하를 선출하고 개원식을 가짐으로써 정식 출범하였다.

이러한 제11대 국회에서는 〈표 7-13〉에서 보는 바와 같이 의원발의 법률안 202건과 정부제출 법률안 287건 등 총 489건의 법률안이 발의되었는데, 이 가운데 69.5%인 340건만이 가결 통과되었다. 이 가운데 의원발의 법률안은 83건 24.4%였으며, 정부제출 법률안은 257건 75.6%였다. 가결률에서 보면 의원발의 법률안은 41.1%인데 비해 정부제출 법률안은 89.5%이고, 의원발의 법률안 중 8건이 부결되어 역대 국회 중 가장 많은 법률안이 부결된 것으로 나타났다.

한편 여·야 정당들간의 입법활동에서의 경쟁을 보면, 여당발의 법률안이 44건인데 비해 야당발의 법률안은 116건으로 3배 가까이 되었으나, 가결률에 있어서는 84.1% 대 3.4%라는 너무나 현격한 차이를 보이고 있다. 여당

구 분	발의수	가결	가결률	부결	폐기	철회	보류	임기종료 폐기
전체	489	340	69.5	8	64	18	0	59
의원발의	202 41.3	83 24.4	41.1	8	39	18	0	54
정부제출	287 58.7	257 75.6	89.5	0	25	0	0	5

구 분	발의수		가결수		가결률	
여당발의	44		37		84.1	
야당발의	116		4		3.4	

자료 : 국회사무처, 『제11대 국회 경과보고서』(서울 : 국회사무처, 1985)에서 발췌.

발의 법률안이 44건 중 37건이 통과된 데 비해 야당발의 법률안은 116건 중 불과 4건에 지나지 않았던 것이다.

그만큼 제11대 국회에서도 여당의 일방적인 독주가 이루어졌음을 알 수 있다. 비록 여당의 법률안 단독처리나 야당의 극한투쟁과 같은 극단적인 모습은 이전에 비해 사라졌으나, 정치활동규제자에 대한 해금, 국회법 개정, 지방자치제도의 실시시기 문제 등에 있어서 여·야간에 이견이 생겨 제117회 임시국회에서는 상임위원회 한 번 열지 못하고 폐회하였고, 제122회 임시국회에서는 지방자치법 등의 처리문제로 국회가 공전되는 등의 파행적 모습이 표출되기도 하였다.65)

제12대 국회(1985년 5월 13일 개원)

지역구선거 결과 〈표 7-14〉에서 보는 바와 같이 민주정의당은 87명, 신한민주당은 50명, 민주한국당은 26명, 한국국민당은 15명, 신정사회당은 1명, 그리고 무소속은 4명이 각각 당선되었다.

민주정의당은 92개 선거구 중 5개 선거구에서 낙선, 94.6%의 당선율을 기록했으며, 전국구 61석을 합하여 148석으로 의석점유율 53.6%의 원내 안정세력을 구축했다. 한편 3차 해금자를 중심으로 선거 직전에 창당한 신한민주당은 서울, 부산, 인천, 광주, 대전 등 대도시에서 전원 당선하는 등 53.8%의 당선율을 기록하였고, 전국구 17석을 포함한 67석을 확보하여 의석점유율 24.3%의 제1야당으로 부상했다.

그러나 민주한국당은 92명의 입후보자들 중 26명만이 당선, 28.7%의 저조한 당선율로 전국구 9석을 합쳐 35석을 획득함으로써 의석점유율 12.7%의 원내 제3당으로 밀려났고, 한국국민당은 전국구 5석을 포함하여 총 20석으로 겨우 원내교섭단체를 구성하는 부진을 보였다.

<표 7-14> 제12대 국회 진출정당

구분 시도	민주 정의당	신한 민주당	민주 한국당	한국 국민당	신정 사회당	신민주당	무소속	계
서 울	13	14	1					28
부 산	3	6	2	1				12
대 구	2	2	1	1				6
인 천	2	2						4
경 기	10	4	3	3				20
강 원	6		1	4			1	12
충 북	4	2	1	1				8
충 남	8	4	4					16
전 북	7	2	1	3		1		14
전 남	11	5	5		1			22
경 북	10	4	3	1			2	20
경 남	10	5	4	1				20
제 주	1						1	2
전국구	61	17	9	5				92
계	148	67	35	20	1	1	4	276
비 율	53.6	24.3	12.7	7.2	0.4	0.4	1.4	100

자료 : 중앙선거관리위원회, 『제12대 국회의원선거총람』, 앞의 책, 100쪽.

한편 제12대 국회의원선거에 참가한 9개 정당 중 의석을 얻지 못하고 유효투표 총수의 100분의 2 이상을 획득하지 못한 민권당, 자유민족당, 근로농민당 등 3개 정당은 정당법 제38조 제1항 제3호의 규정에 의하여 2월 15일

등록이 취소되었다.[66]

1985년 3월 6일 정치활동피규제자로 남아있던 김영삼, 김대중, 김종필 등 14명에게 전면 해금조치가 단행된 후 야권통합이 가속화되어 민주한국당의 조윤형 총재는 4월 3일 "민주한국당을 신한민주당에 조건없이 합당시키고 자 한다"고 선언하고, 조윤형 총재를 위원장으로 하는 통합추진수권위원회를 구성, 이를 공식 결의했다. 그러나 신한민주당은 당 대 당 합당을 반대했으며, 이에 민주한국당소속 의원 30명과 원외지구당위원장 21명, 중앙상무위원 7명 등이 4월 3일과 4일에 걸쳐 탈당, 신한민주당에 입당함으로써 민주한국당은 창당 4년 3개월만에 사실상 와해되고 말았다. 신한민주당은 이밖에도 한국국민당에서 3명, 신민주당과 신정사회당에서 각 1명, 무소속에서 1명이 입당함으로써 재적의원의 3분의 1이 넘는 103석의 의석을 확보, 단독으로 국회를 소집할 수 있는 거대야당으로 변신하였다.

제11대 국회의 임기가 1985년 4월 10일 만료되고 4월 11일부터 제12대국회임기가 시작되었으나, 국회 개원부터 여·야가 첨예한 대립을 보여 임기개시 33일만인 1985년 5월 13일에야 비로소 제12대 국회가 개원되었다. 개원당시의 의석분포는 민주정의당 148, 신한민주당 103, 한국국민당 21, 민주한국당 3, 무소속 1석이었으며, 국회의장에 민주정의당의 이재형, 부의장에는 민주정의당의 최영철과 신한민주당의 김록영이 각각 선출되었다.[67]

이러한 제12대 국회에서는 〈표 7-15〉에서 보는 바와 같이 모두 379건의 법률안이 발의되었는데, 이 가운데 55.7%인 211건은 의원들에 의해서 발의되었으며, 나머지 168건은 정부에 의해 제출되었다.

가결된 법률안은 총 222건으로 58.5%의 가결률을 보였고, 이 가운데 29.7%인 66건은 의원발의 법률안이었으며, 나머지 156건은 정부제출 법률안으로서 대략 3 대 7의 비율을 보였다. 그러나 가결률에서 보면 의원발의 법률안이 31.3%인데 비해 정부제출 법률안은 92.9%로 나타나 행정부 우위의 현상이 지속되고 있음을 알 수 있다. 더욱이 임기종료로 인해 폐기된 법

구 분	발의수	가결	가결률	부결	폐기	철회	보류	임기종료 폐기
전체	379	222	58.5	0	65	12	0	80
의원발의	211 55.7	66 29.7	31.3	0	56	12	0	77
정부제출	168 44.3	156 70.3	92.9	0	9	0	0	3

구 분	발의수	가결수	가결률
여당발의	57	35	55.7
야당발의	123	1	0.8

자료 : 국회사무처, 『제12대 국회 경과보고서』(서울 : 국회사무처, 1988)에서 발췌.

률안은 정부제출 법률안이 불과 3건인데 비해 의원발의 법률안은 무려 77건이나 됨으로써 국회가 얼마나 비효율적으로 운영되었는가를 짐작할 수 있다.

입법활동에 있어서 여·야 정당들간의 경쟁을 보면, 여당발의 법률안이 57건인데 비해 야당발의 법률안은 무려 123건으로 2배가량 되었으나, 가결률에서는 오히려 여당발의 법률안이 55.7%를 보이는 데 비해 야당발의 법률안은 불과 0.8%의 낮은 가결률을 나타내고 있다. 이러한 사실은 여당의 일방적인 독주에 의해 국회가 운영되었다는 분명한 증거이다.

한국의 정당정치 평가

정치체제와 정치문화 평가

제1공화국에서부터 제5공화국에 이르기까지 정치체제를 평가하기 위해서는 먼저 각 시기의 헌법의 주요내용과 특징을 비교할 필요가 있다. <표 8-1>에서 보는 바와 같이 제5공화국까지 모두 8차례의 헌법개정이 이루어졌으나, 여·야 합의에 의해 개헌이 이루어진 것은 단 한차례도 없다.

제1차 개헌과 제7, 8차 개헌은 정부가 제안하여 이루어졌으며, 제2차 개헌과 제6차 개헌은 집권여당의 제안으로 이루어졌고, 제3, 4차 개헌은 민의원 제안으로 이루어졌다. 그런데 제1차 개헌과 제7, 8차 개헌은 비상계엄이 선포된 가운데 이루어졌다는 점에서 볼 때 정부의 강력한 의도가 내재해 있으리라는 사실을 쉽게 짐작할 수 있다.

실제로 제1차 개헌으로는 국회에서의 재선이 어렵다고 판단한 이승만이 대통령직선제를 채택하여 재선에 성공할 수 있었고, 제7차 개헌으로는 제4공화국을 출범시키면서 종신집권을 기도한 박정희의 장기집권이 가능해졌으며, 제8차 개헌으로는 신군부세력의 지도자였던 전두환이 대통령으로 당선되어 제5공화국을 출범시켰다.

한편 사사오입개헌으로 불리는 제2차 개헌의 경우는 이승만의 3선을 위하여 소수점 이하의 수를 따져가며 이틀 전 부결을 선포했던 것을 번복하여 가결로 선포하는 작태까지 벌어지기도 했고, 제6차 개헌의 경우는 당시 집권여당이던 민주공화당 소속의원들이 국회 제3별관에서 기습적으로 단독 변칙처리하는 작태를 보였다.

<표 8-1> 역대 헌법개정의 주요내용 비교

구분\시기	제안자	주요내용	배경	특징
제1 공화국	제1차 개헌 (정부)	대통령직선제 국회 양원제	이승만 재집권	발췌개헌 계엄령선포 국회의원 감금
	제2차 개헌 (자유당)	대통령 연임제한 철폐 총리제 폐지	이승만 3선	부결 발표 후 가결 수정발표 사사오입개헌
제2 공화국	제3차 개헌 (민의원)	의원내각제 대통령 국회 선출	4·19혁명	민주당 정권 출범
	제4차 개헌 (민의원)	반민주행위자·부정축재자 처벌	4·19혁명	소급입법 혁명과업수행
제3 공화국	제5차 개헌 (최고회의)	대통령중심제 국회 단원제 비례대표제 총리제 부활	5·16군사쿠데타	국회해산 민주공화당 정권 출범
	제6차 개헌 (민주공화당)	대통령 3선 허용	박정희 3선	민주공화당 단독 변칙처리
제4 공화국	제7차 개헌 (정부)	영도적 대통령제 통일주체국민회의 간선 국회의원 1/3 대통령 지명 (유신정우회) 긴급조치권 신설 국정감사·조사권 폐지	박정희 종신집권	국회해산 비상계엄 유신헌법
제5 공화국	제8차 개헌 (정부)	대통령 단임제 선거인단 간선 비례대표제 국정조사권 부활	10·26사태와 12·12사태	국회해산 비상계엄

자료 : 김호진, 『한국정치체제론』(서울 : 박영사, 1995), 324~327쪽에서 발췌 재작성.

좀더 구체적으로 각 시기별 정치체제의 특성을 평가해보기로 하자. 먼저 제1공화국 시기는 법적·제도적인 측면에서 보면 민주주의의 형식논리에 충실했지만, 실제 운영과 행태면에서는 지극히 파행적이고 권위주의적이었다.[1] 정당정치의 부재, 요식적인 선거, 의회정치의 실종은 물론이고 유명무실한 3권분립과 대통령 1인 중심체제가 바로 그 증거이다. 더욱이 이승만과 자유당의 권력욕과 권력남용은 1952년에 발췌개헌, 1954년에 사사오입개헌, 1958년에 보안법개정파동에 이어 1960년에 3·15부정선거에 이르기까지 집권기간 내내 불법과 부정 그리고 정치적 폭력을 자행하였다.

이러한 이유에서 제1공화국 시기의 정치체제는 권위주의체제로 평가될 수밖에 없다. 그러나 이 시기동안에는 적어도 정치적 경쟁원리가 완전히 배제되지는 않았었고, 지방자치도 비교적 폭넓게 실시되었으며, 권력구조도 최소한 형식적으로는 3권분립에 충실했기 때문에 준경쟁적 권위주의체제로 규정될 수 있다.

다시 말해 제1공화국 시기에는 집권세력이 민간인 정치가로서 무력보다 의회제도라는 형식을 지배강화와 정당성 확보의 수단으로 삼았고, 동원된 유권층이 결과를 좌우하는 선거라는 요식행위 또는 형식적 절차를 인정하는 형식적인 경쟁성의 원칙이 받아들여졌기 때문에 제1공화국 시기의 정치체제를 준경쟁적 권위주의체제로 평가하게 되는 것이다.[2]

이러한 제1공화국 시기의 정치체제는 알몬드의 정치체제 유형분류에 따르면, 동원적 근대체제 중에서 근대적 권위주의체제에 속한다고 할 수 있다. 즉, 정치체제의 분화와 전문화가 상당수준에 이르고 통치조직의 사회침투가 확산되었지만, 하부구조의 자율성이 거의 인정되지 않는 체제였던 것이다.

이에 비해 제2공화국 시기의 정치체제는 비록 그 존속기간이 짧았지만, 4·19혁명의 이념을 계승하고 혁명과업을 완수해야 하는 사명을 지니고 있었다. 따라서 과거 권위주의적인 요소들을 제거하고 청산하는 문제가 이 시기에 가장 중요한 문제로 제기될 수밖에 없었다.

우선 반민주세력의 처벌을 위해 ① 정·부통령선거에 관련하여 범법자들을 취급하는 법, ② 자유당, 경찰국, 반공청년단 등 정부의 특정부문과 기타 조직에서 행세하던 자들의 공민권(선거권과 공직참여권)을 제한하는 법, ③ 특별법 적용을 위하여 특별재판소와 특별위원회의 조직을 위한 법, ④ 부정축재자를 처벌하기 위한 법 등 특별법을 제정하는가 하면, 제1공화국 시기에 자유당정권의 하수인 역할을 했던 경찰에 대한 숙정작업이 이루어져 4,500명의 경찰관을 숙청했고, 전체 경찰관의 80%를 전임·전보시켰으며, 비록 실패는 했지만 군부에 대한 정화와 개혁도 추진하고자 했었다.[3]

더욱이 이 시기동안에는 정치참여와 정치적 의사표현의 자유가 대폭 확대되어 법적·제도적으로는 물론이고 실제적으로도 민주정치를 구현하고자 노력했다. 4·19혁명의 주체세력이 학생이었다는 데 이유가 있겠지만, 이 시기의 학생의 힘은 '정부의 제4부'를 낳게 할 정도로 강력했으며, 이 시기동안 90만명 이상이 참가한 약 2천회의 시위가 있었다는 사실[4]은 한편으로는 당시 장 면 정권의 무능을 설명해주는 것이지만, 다른 한편으로는 그만큼의 자유로운 정치·사회적 상황을 증명해주는 것이기도 하다. 따라서 제2공화국 시기의 정치체제는 민주주의원칙에 충실하고자 한 민주주의체제로서 참여적 경쟁체제[5]라고도 할 수 있다.

이러한 제2공화국 시기의 정치체제는 알몬드의 정치체제 유형분류에 따르면, 침투적 근대체제 중에서 자율성이 높은 민주주의체제에 해당한다고 할 수 있다. 즉 정치체제의 구조적 분화와 전문화가 고도로 이루어지고 통치조직의 사회침투 또한 널리 확산된 가운데 하부구조의 자율성이 상당히 높은 체제였던 것이다.

그러나 이같은 제2공화국 시기의 정치체제는 5·16군사쿠데타에 의해 붕괴되고 쿠데타의 주역들이 제3공화국을 출범시키게 되었다. 5·16군사쿠데타는 반민주적 성향을 가진 일부 군인들에 의해 그 전까지 권력의 담당자였던 민간인 정치세력을 제압하고 민간인 정치엘리트들을 군부엘리트로 교체하는 계기가 되었다.

권력의 새로운 담당자가 된 군부엘리트들은 이전의 권위주의보다 더욱 강력한 권위주의지배를 실시하고자 했는데, 그 증거가 구 정치인들의 정치활동을 규제한 상태에서 새 정권을 창출한 것이나, 국회에서의 여당 단독의 변칙처리를 통해 헌법을 개정한 사실에서도 발견되어진다. 더욱이 그들은 자신들의 집권이 가능하도록 국가기구나 제도를 의도적으로 변형시키거나 신설함으로써 보다 철저한 권위주의 지배를 제도화하고자 했다. 예를 들어 중앙정보부를 신설하여 모든 정보의 체계적 수집과 관리를 통해 필요할 경우 얼마든지 그 정보를 바탕으로 공작정치를 펼칠 수가 있었다. 이러한 방식을 통해 쿠데타의 주역이었던 박정희는 예편과 동시에 대통령으로 당선되어 제3공화국 시기는 물론이고 제4공화국 시기까지 무려 18년간의 통치를 하였다. 따라서 이러한 제3공화국 시기의 정치체제를 가리켜 군부권위주의 체제라고 부르게 되는 것이다.6)

그러나 한편으로는 제3공화국 시기의 정치체제가 대통령직선제를 통해 국민의 정부선택권을 인정하였고, 대통령중심제이면서도 삼권분립의 균형 원리가 어느 정도 지켜졌다는 점에서 경쟁적 집정관체제7)라고 규정하기도 한다.8) 즉 군부가 등장하게 된 것을 정치적 제도화의 수준이 낮아서 무질서가 지배하는 상황 속에서 정치적 통합을 수행해야 할 정치조직이 미발달한 시기에 정치화된 군부가 실질적인 세력으로 국가권력의 중심부의 안전을 지키고 보장하기 위해 정치권력을 장악하게 된 경우로 보는 것이다.

이러한 제3공화국 시기의 정치체제를 알몬드의 정치체제 유형분류와 관련지어보면, 침투적 근대체제 중에서 침투적 보수권위주의체제에 해당된다고 할 수 있다. 즉, 정치체제의 구조적 분화와 전문화가 고도로 이루어지고 통치조직의 사회침투 또한 널리 확산되어 있지만, 하부구조의 자율성이 거의 인정되지 않으며 이념적으로는 보수적인 체제였던 것이다.

이러한 제3공화국의 정치체제에서 가일층 권위주의화된 체제가 제4공화국 시기의 정치체제라고 할 수 있다. 이 시기는 기본적으로 대통령의 종신집권을 가능하게 하는 유신헌법을 만들면서 시작되었는데, 전국에 비상계엄을 선포하고 국회를 해산한 가운데 비상국무회의에서 개헌작업을 추진하는

반민주적인 작태를 보였다. 따라서 이 시기의 정치체제는 출발점부터 정당
성이나 정통성 그리고 도덕성을 전혀 갖추고 있지 못했다.

　그러한 이유로 이 시기 내내 반체제세력의 도전과 저항이 계속되었고, 체
제세력은 이에 대응하여 억압정책으로 일관하였는데, 그것이 바로 긴급조
치의 발동으로 나타났다.

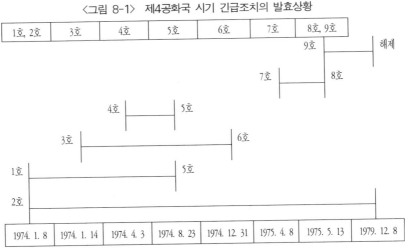

〈그림 8-1〉　제4공화국 시기 긴급조치의 발효상황

자료 : 합동통신사, 『합동연감』(서울 : 합동통신사, 1980), 124쪽에서 발췌 재작성.

　〈그림 8-1〉에서 보는 바와 같이 1974년 1월 8일에 선포된 긴급조치 1호는
1974년 8월 23일 긴급조치 5호로 해제될 때까지 7개월 보름동안 발효되어
있었고, 1974년 4월 3일에 선포된 긴급조치 4호 역시 긴급조치 5호로 해제될
때까지 4개월 20일동안 발효되어 있었다. 또한 1974년 1월 14일에 선포된 긴
급조치 3호는 1974년 12월 31일의 긴급조치 6호로 해제될 때까지 11개월 17
일동안 발효되어 있었으며, 1975년 4월 8일에 선포된 긴급조치 7호는 25일
만에 긴급조치 8호로 해제되었지만, 동시에 긴급조치 9호가 선포되었는데,
이것은 체제가 붕괴될 때까지도 계속 발효상태에 있었다. 이와 같이 제4공

화국 시기에는 긴급조치 6호 이후 긴급조치 7호가 선포될 때까지인 4개월 8일동안을 제외하고 늘 긴급조치가 발효된 상태가 계속되었던 것이다.

특히 가장 오랜 기간동안 발효상태에 있던 긴급조치 9호의 내용을 보면, ① 유언비어 · 사실왜곡금지, 집회 · 시위 또는 신문 · 방송 · 통신 등 공중전파수단이나 문서 등에 의한 헌법의 부정 · 반대 · 왜곡이나 개정 · 폐지주장 등 금지, ② 학생의 집단적 정치활동금지, ③ 위반자의 대표자 등에 대한 행정명령, ④ 본 조치 비방금지 등으로 되어 있었다. 결국 체제에 대한 비판과 반대는 물론이고 가장 기본적인 집회의 자유, 언론의 자유 등을 원천적으로 억압하는 조치가 바로 긴급조치였던 것이다.

이러한 억압정책에 의존했던 제4공화국 시기에는 대통령이 국회의원의 3분의 1을 지명하여 선출할 수 있었고, 국회해산권까지 갖고 있음으로 해서 국회를 장악하였을 뿐만 아니라 사법부의 경우도 대법원장의 임면권을 대통령의 고유권한으로 보유하고 있었기 때문에 대통령은 엄청난 권력을 독점하고 있었다. 또한 중앙정보부와 보안사 등의 억압기구를 이용하여 언론 · 노동조합 · 학원 · 교회 · 사회단체 등을 국가가 엄격히 통제함으로써 국가부문은 강화되는 반면 사회부문은 약화되는 국가조합주의적 체제의 특성9)을 보였다고 할 수 있다.10)

그러나 조합주의적 체제로 규정하기 위해서는 노동부문을 제외한 다른 부문에서도 조합주의적인 구조적 관계가 형성되어 있음을 입증해야 하기 때문에 조합주의적 요소가 어느 정도 존재한다고 해서 이 시기의 정치체제를 국가조합주의적 체제로 규정하기에는 다소 무리가 따른다. 따라서 제4공화국 시기의 정치체제는 관료적 권위주의형 집정관체제 또는 강화된 집정관체제라고 보는 것이 더 타당하다.11)

이러한 제4공화국 시기의 정치체제를 알몬드의 유형분류에 적용시켜보면, 제3공화국 시기와 마찬가지로 침투적 근대체제 중에서 침투적 보수 권위주의체제에 해당된다고 할 수 있다. 즉, 정치체제의 구조적 분화와 전문화가 고도로 이루어지고 통치조직의 사회침투 또한 널리 확산되어 있지만, 하부구조의 자율성이 거의 인정되지 않으며, 이념적으로는 보수적인 체제였던 것이다. 다만 제3공화국 시기보다 더욱더 하부구조의 자율성이 위축되고 이념적으로 보수성이 강화되었다는 점에서 차이점을 발견할 수 있다.

한편 박정희의 시해사건으로 제4공화국이 붕괴되었으나, 이를 수습하는 과정에서 이른바 신군부 세력이 권력기반을 확장함으로써 또다른 군사정권이 출현하여 제5공화국을 이끌게 되었다. 따라서 제5공화국 시기의 정치체제는 제4공화국 시기의 정치체제를 연장시킨 형태에 불과했다.

우선 신군부는 10·26사건 이후의 권력의 공백기를 이용하여 12·12사태 그리고 5·17비상조치로 이어지는 일련의 과정을 통해 정권을 찬탈한 뒤 비상계엄하에서 헌법을 개정하여 일사천리로 집권하였다.[12] 대통령선거도 유신체제와 마찬가지로 통일주체국민회의와 유사한 대통령선거인단에 의한 간선제를 택함으로써 정권의 정통성과 합법성을 근본적으로 결여하고 있었다.

뿐만 아니라 군부엘리트가 특권계급의 지위를 누렸고, 통치권의 우위성과 예외성이 절대시되어 3권분립의 원칙이 무시되었으며, 이에 따라 정당정치와 의회정치는 무력화되었는가 하면, 보안사와 안기부 등의 국가권력기관의 공작정치가 자행되었다. 또한 이 시기 내내 불법구금과 연금, 가두검문과 불법연행 그리고 고문 등이 일상적으로 행해짐으로써 인권탄압은 여전히 계속되었다. 아울러 각종 이익집단과 민간조직의 자율성이 허용되지 않았고, 언론은 철저하게 권력의 통제를 받았다.[13]

따라서 이 시기의 정치체제도 제4공화국 시기의 정치체제와 유사한 성격을 보이게 되었으며, 전두환정권에 대한 국민의 지지도는 지극히 낮을 수밖에 없었다. 실제로 1980년부터 1987년 여름까지 매일 평균 1.2회의 데모가 일어났으며, 매일 평균 1.8명이 불법집회와 시위로 구속되었다는 정부보고 자료가 그 증거라고 할 수 있다.[14] 시위가 많았던 것은 제2공화국 시기와 유사하다고 할 수 있으나, 그러한 행위가 구속의 사유로 규정되거나 그로 인한 구속자들이 속출했다는 사실은 엄연히 제2공화국 시기와 구별되는 특징이다. 이러한 특징은 오직 체제에 대한 저항의 강도가 컸으며, 이러한 저항을 강권으로 제압하려고 했다는 명백한 증거인 것이다.

결국 제5공화국 시기의 정치체제는 유신체제의 기반 위에 구축된 일종의 후계체제라고 할 수 있다.[15] 구조적인 특징에서 보면, 유신체제와 마찬가지로 입법부와 사법부를 행정부에 종속시키고 대통령을 3권 위에 군림하게 함으로써 1인 지배체제의 골격을 유지하였다. 또한 보안사와 안기부 등을 이용하여 군부와 민간부문을 철저한 통제해나갔으며, 재벌들과의 지배연합을 형성함으로써 정격유착의 고리를 강화하였다.

따라서 제5공화국 시기의 정치체제는 제4공화국 시기의 정치체제와 같은 관료적 권위주의형 집정관체제 또는 강화된 집정관체제라고 볼 수 있다. 그러나 제4공화국 시기와는 달리 장기독재나 종신집권의 기도가 구체적으로 표출되지 않았다는 점에서 보면 제5공화국 시기의 정치체제를 제4공화국 시기의 정치체제와 동일시하는 것은 문제가 있다고 보여진다. 더욱이 집권 말기에 나타나는 이른바 '파멸적 균형'의 현상을 볼 때[16] 제5공화국 시기의 정치체제는 제4공화국 시기만큼 제도화되고 강화된 형태의 집정관체제라고 볼 수는 없다. 즉 당시 체제유지세력이 체제반대세력의 저항을 막기 위해 군대를 동원할 수도 있으나, 동원된 군대가 권력탈취를 기도할 가능성을 우려했기 때문에 결국 양 세력의 힘의 균형이 이루어졌다고 보는 주장에서 알수 있듯이 제5공화국 시기의 전두환정권이 군부에 대해 완전한 통제체제를 구축했다고 볼 수는 없는 것이다.[17]

따라서 제5공화국 시기의 정치체제는 오히려 제3공화국 시기의 정치체제처럼 군부권위주의체제 또는 비경쟁적 집정관체제로 평가하는 것이 타당하다.[18] 그러나 이러한 제5공화국 시기의 정치체제를 알몬드의 유형분류에 적용시켜보면, 제4공화국 시기와 마찬가지로 침투적 근대체제 중에서 침투적 보수·권위주의체제에 해당된다고 할 수 있다. 즉 정치체제의 구조적 분화와 전문화가 고도로 이루어지고 통치조직의 사회침투 또한 널리 확산되어 있지만, 하부구조의 자율성이 거의 인정되지 않으며 이념적으로는 보수적인 체제였던 것이다.

이와 같은 평가에 따라 각 시기별 정치체제의 유형을 도표화해보면 〈표 8-2〉와 같은데, 제1공화국 시기와 제3, 4, 5공화국 시기의 정치체제는 권위주의적이라는 공통점을 보이고 있다. 이에 비해 제2공화국 시기는 민주주의적인 성격을 띤 체제라는 특성이 있지만, 그 기간이 불과 9개월 여밖에 되지 않는다. 따라서 정부 수립 이후 48년이 지나는 세월동안 한국 정치체제는 정도의 차이는 있을지 모르지만, 40여년의 기간이 권위주의체제였다는 결론이 내려진다.

〈표 8-2〉 정치체제의 유형변화

구분 시기	체제의 평가	알몬드의 분류
제1공화국 시기	준경쟁적 권위주의체제	근대적 권위주의체제
제2공화국 시기	참여적 경쟁체제	자율성이 높은 민주주의체제
제3공화국 시기	군부권위주의체제 또는 경쟁적 집정관체제	침투적 보수 권위주의체제
제4공화국 시기	관료적 권위주의형 집정관체제 강화된 집정관체제	침투적 보수 권위주의체제
제5공화국 시기	군부권위주의체제 비경쟁적 집정관체제	침투적 보수 권위주의체제

권위주의체제의 특징은 다음의 5가지로 설명될 수 있다.[19] 첫째, 권위주의체제에서는 행정부의 우위에 의한 권력구조의 불균형현상이 나타나고, 정치과정의 경쟁원리가 무시되며, 통치권자의 권한이 강화되고 지위가 격상된다. 둘째, 권위주의체제에서는 정당이나 의회 등의 동의기제(同意機制)가 약화되는 반면에 억압기제(抑壓機制)가 강화된다. 셋째, 권위주의체제에서는

국가관료제의 정치적 중립성이 상실되어 통치세력의 지배도구로 기능하는 종속성을 보인다. 넷째, 권위주의체제에서는 사회부문에 대한 국가의 자율성이 증대됨으로써 상대적으로 사회부문의 종속성이 심화된다. 마지막으로 권위주의체제에서는 사상과 이념의 일원화가 추구되고 극우와 극좌의 이분법적 양극논리가 작용하여 사상의 자유가 억압되고 국가시책에 대한 비판과 반대가 용납되지 않는다.

결국 권위주의적인 정치체제에서는 하위체계의 자율성이 억제되기 때문에 정당체계의 발전이 이루어질 수도 없고, 그 형성여건조차 충분하지 못하다는 한계를 보이게 되는 것이다.

한편 정치문화의 경우도 대부분의 시기가 권위주의적이었다고 할 수 있다. 앞에서 살펴본 바와 같이 한국의 정치문화는 참여형이 차지하는 비율이 적은 가운데 향리형과 신민형이 주류를 이루며 혼합된 형태를 보여왔다.

한국 정치문화의 특성에 대해서는 여러 학자들의 연구가 이루어졌는데, 그 중에서 1961년부터 1981년까지의 기간동안에 22인의 학자에 의하여 발표된 연구결과 28개를 분석하여 한국 정치문화의 특성을 추출한 한 연구 결과를 참고하면, 한국 정치문화의 특성은 ① 권위주의, ② 시민성, ③ 공동체성, ④ 소외성, ⑤ 분파성, ⑥ 저항성, ⑦ 민족적 주체성, ⑧ 형식주의 등의 순으로 정리될 수 있다.[20] 이러한 연구 결과에서 알 수 있듯이 한국 정치문화의 가장 두드러진 특징은 권위주의이다.

한국에서 권위주의 정치문화가 생성되게 된 이유로는 무속(巫俗)적 전통(샤머니즘적 신비주의), 신권적 통치의식, 경천경애(敬天敬愛)사상, 가부장적 전통, 남자지배전통, 왕도정치사상, 군주주의의 전통, 관료적 엘리트주의, 강력한 중앙집권적 통치전통, 유교사상에 따른 위계적 사회구조와 계급의식, 제한된 사회적 유동성, 관료적 권위에 대한 탐욕성, 관(官)의 지배와 민(民)의 복종적 전통, 일제의 관료적 식민통치, 자본주의제도의 도입에 따른 금전만능과 배금주의사상 등을 들 수 있다.[21]

권위주의 정치문화에서는 관료주의의식, 신분적 계층질서의 존중, 권위에 대한 복종, 상하계층의식과 배타성, 노동 천시, 체면, 공손, 인물에 의한 지배, 억압성과 정치적 무관심, 관존민비(官尊民卑)의식, 관습과 규범에 대한 순종, 지도자의 오만과 자존성, 이념적 단순성, 운명의식, 영웅숭배의식, 지도자에 대한 신뢰와 복종적 태도 등의 행태를 보인다는 지적이 있다.[22] 이러한 지적을 볼 때 권위주의 정치문화는 상명하복(上命下服)의 유교적 전통과 정치적 무관심 및 정치적 회의 등에 의해 저항보다는 순종을, 반대보다는 지지의 정치행태를 보이게 된다고 할 수 있다.

바로 이러한 정치문화적 특성 때문에 한국의 지배계층에는 권위주의적 퍼스낼리티가 형성되었는데 반해 피치자층에서는 비판을 꺼리는 무관심의 습벽이 형성되었다. 아울러 이러한 통치관계는 결국 토의·교섭·설득의 방법 대신에 폭력 또는 다른 형태의 압력에 의존하는 행태를 보이게 되었고, 이러한 행태들로 인해 독재정치의 대두를 용이하게 만드는 정치문화를 형성하게 된 것이다.[23]

결국 한국에서는 권위주의 정치문화라는 특성 때문에 국민들이 현상유지적이고 수동적인 경향이 강해지는 한편, 보수적인 가치에 집착함으로써 어떠한 변화도 원하지 않아 정치체제 내지는 정치적 현실 등을 그대로 수긍하고 그 현실에 안주하려고 하는 성향이 보편화되고 말았다. 더욱이 갈등을 악한 것으로 인정하고 분열과 대립을 회피하려는 경향마저 보임으로써 권위주의체제의 생성과 유지를 허용하게 되었다고 할 수 있다.

따라서 권위주의적인 정치체제와 더불어 권위주의 정치문화는 정당체계의 발전을 저해하고 정당체계의 자연적인 형성보다는 인위적인 형성을 허용하는 중요한 원인이 되었던 것이다. 그렇다고 한다면, 역설적으로 정치체제가 민주적인 성향을 보이고 정치문화가 권위주의적인 특성이 아닌 참여형의 민주적인 정치문화로의 변화를 보이는 시기에는 정당체계의 자연적인 형성 또는 발전이 가능하다는 결론을 내릴 수 있다.

정당의 이데올로기 평가

한국의 정당, 특히 역대 국회에 진출한 정당들이 대부분 보수정당이라는 특성으로 인해 이데올로기적 분열현상이 두드러지지 않는다. 물론 오직 보수정당들만이 국회에 진출한 것은 아닌데, 제5대 국회에 사회대중당과 한국사회당, 제7대 국회에 대중당, 제11대 국회에 민주사회당과 제12대 국회에 신정사회당 등 민주사회주의를 지향하는 혁신정당들도 존재했던 것이 사실이다. 그러나 이러한 혁신정당들은 한결같이 활동기간이 짧거나 활동능력이나 영향력이 없다는 공통점을 갖고 있다.

먼저 제5대 국회의 경우 4석을 획득하여 제3당이 된 사회대중당은 1960년 6월 17일 창당하여 1961년 5 · 16군사쿠데타로 해산할 때까지 11개월을 존속하였으나, 7 · 29 총선 직후 진보당계와 비진보당계의 분열로 창당한 지 3개월을 넘기자마자 9월 19일 비진보당계가 탈당함으로써 당세가 급격히 약화된다. 한편 1석을 차지한 한국사회당은 사회대중당 창당과정에서 이탈한 전진한 등이 중심이 되어 7 · 29 총선 직전에 창당되었으나, 8월 4일 전진한이 탈당하고 일부 세력은 사회대중당과 결별한 비진보당계와 독립사회당의 결성을 추진하다 비사회대중당계 혁신세력들과 함께 1961년의 1월 21일 통일사회당을 창당한다. 따라서 한국사회당은 불과 6개월 정도 존립한 셈이 된다.[24]

그러나 제7대 국회의 대중당은 1967년 3월 22일 창당되어 1973년 6월 21일 자진 해산할 때까지 6년 3개월을 존속하여 활동기간으로 보면, 다른 혁신정당들과 비교가 되나 대표최고위원인 서민호만이 당선되어 1석을 차지한데다가 서민호마저 당의 제7대 대통령선거 후보지명을 뿌리친 채 1971년 4월 21일 신민당에 입당한 후로는 명맥만을 유지하게 된다.[25]

한편 정권의 비호를 받으며 1981년 1월 23일 창당한 민주사회당은 제11대 국회에 2석을 얻어 진출하나 불과 1년 2개월만인 1982년 3월 29일 보수정당인 신정당과 통합하여 신정사회당을 창당한다. 또한 신정사회당은 1985년 2·12 총선에서 김봉호만이 당선되어 1석으로 제12대 국회에 진출하나 불과 한달여만인 3월 22일 신한민주당에 입당함으로써 원외정당의 신세가 되어 결국 창당한 지 4년 2개월만인 1986년 5월 28일 사회민주당으로 흡수통합되고 만다.[26]

이와 같이 역대 국회에 진출한 혁신정당들은 활동기간이 짧거나 활동능력이나 영향력이 극히 미약하여 정당체계 형성에 별다른 영향을 주지 못했다고 할 수 있다. 특히 혁신정당들은 다음과 같은 이유로 공화국의 변천에 따라 이합집산하면서 뚜렷한 세력권을 형성하지 못하고 있다.[27]

첫째, 해방 후 이식된 자유민주주의체제가 각종 부작용을 야기시킴에 따라 이에 불만을 가진 일부 지식층에 의해 민주사회주의운동 혹은 혁신운동이 제기되었지만, 이 혁신운동 역시 확고부동한 신념이나 정치이념에 근거하지 못하였기 때문에 극히 감상적이고 산만하였으며, 때로는 용공적으로 탈선하는 데서 실패하였던 것이다.[28]

둘째, 혁신세력 내부의 분열을 지적할 수 있는데, 같은 시대에 비슷한 이념을 표방하는 혁신정당들간의 이합집산과 인물 중심의 파벌주의로 말미암아 효과적인 활동을 전개하지 못하였고, 특히 혁신정당들간의 과열경쟁으로 선거를 통한 제도권 내로의 진입, 즉 국회진출에 상당한 어려움을 겪었다.

셋째, 국토분단에 따라 공산정치체제와 대치하고 있는 남한의 자유민주주의정치체제의 체제구속성 혹은 제한적인 체제이데올로기 때문에 민주사회주의는 국민의 의식 속에 파고들지 못하였으며, 가끔 공산주의와의 이념상의 혼동으로 용공시되거나 위험시되었기 때문에 혁신정당이 하나의 세력권을 형성하지 못하였다.

넷째, 해방 이후 우리들은 민주주의를 수입하면서 그 본보기로 정당제도, 즉 보수 양당제의 정당체제를 도입하여 그것을 우리의 정당정치의 모델로

삼은 결과 혁신정당이 이 땅에 발을 붙이지 못했고, 국민들 역시 막강한 여당에 맞설 수 있는 강력한 단일 야당을 원하였기 제3당의 대두를 크게 견제하였다.

다섯째, 한국의 정치상황이 혁신정당의 성장에 필요한 정치적 하부구조를 충분히 구비하고 있지 못하다는 점이다. 혁신정당이 실효성 있는 정치활동을 하기 위해서는 그 주요한 정치고객을 이루는 노동자들에게 자유롭게 접근하여야 하며 그들의 조직생활에 침투할 수 있어야 하는데, 그러한 여건이 조성되지 못하였다.

여섯째, 혁신세력의 최대 맹점은 그들이 체제운영의 책임세력이거나 동참하는 세력이 아닌데도 과감한 현실타파적 체제변혁을 예언했을 뿐만 아니라 원외지향적이었다는 점이다.29)

이와 같은 이유들로 인해 혁신정당들의 역대 국회진출율은 매우 낮으며, 그로 인해 정당체계의 형성이 주로 보수정당들에 의해 이루어진다는 결론이 내려지는 것이다. 보다 구체적으로 역대 국회에 진출한 정당들의 이데올로기적 분열도를 정당의 성격이나 활동능력 및 영향력을 고려하여 도식화하면서 살펴보기로 한다.

이데올로기적 분열도의 도식화에는 사르토리의 다차원 공간분석을 원용할 필요가 있다. 사르토리는 '공간적 경쟁'이라는 개념을 도입하여 다차원 공간 속에서 정당간의 경쟁을 분석한다.30) '좌-우' 연속선을 기준으로 설정하고, 여기에 아이젠크(H. J. Eysenk)가 강조하는 '권위주의-민주주의' 연속선이나 '비종교-종교' 연속선을 결합시키고, '종족-통합'의 차원을 포함시킨 다차원 공간을 설정하여 각 정당을 위치시킴으로써 정당들간의 경쟁을 파악하는 것이다. 그러면서도 사르토리는 각 나라마다 차원들의 수가 다를 수 있으며, 또 필요한 차원을 추가할 수 있다고 설명하고 있다.31)

그런데 한국에서는 종교적 차원과 종족적 차원을 적용시킬 필요가 없어 '비종교-종교' 연속선과 '종족-통합' 연속선이 무의미하고, 모든 정당이 민주주의를 지향하고 있기 때문에 '권위주의−민주주의' 연속선도 별다른 의미를 갖지 못한다. 다만, 각 정당이 지향하는 이데올로기가 좌편향적인가 혹은 우편향적인가 하는 문제와 그 정당이 기존 체제의 유지에 주력하는가 아니면 변화를 지향하는가의 문제를 고려해볼 필요가 있는 것이다. 일반적으로 민주사회주의를 지향하는 혁신정당들은 자유민주주의를 지향하는 보수정당들에 비해 좌편향적이고, 집권여당은 체제유지에 주력하는 데 반해 야당들은 체제변화에 더 힘을 쏟는다. 따라서 여기에서는 '좌−우' 연속선과 '체제유지−체제변화'의 연속선을 복합한 이차원 공간에서 이데올로기의 분열현상을 도식화하고자 한다.

한 가지 전제해둘 것은 제헌 국회의 경우는 16개, 제2대 국회의 경우는 11개의 정당·사회단체들이 국회에 진출했고, 그럼에도 불구하고 무소속의 국회 진출율이 각각 85석에 42.5%와 126석에 60.0%를 보이고 있어 이 시기의 정당체계를 논한다는 것 자체가 무의미하다는 것이다.[32] 특히 제헌 국회 의원선거 당시에 실질적인 정당이라고는 한국민주당만이 존재하였을 뿐 제헌 국회 구성 초기에 있어서는 뚜렷한 정파가 구성되어 있지 못했고, 다만 시간이 경과함에 따라 동지적인 결합이라고 볼 수 있는 이른바 친목단체로서 정치활동을 하는 것에 불과했다. 그러나 이와 같은 단체는 국회법에 의거하지 아니하였을 뿐만 아니라 국회의원 개인간의 편의적 친교단체에 불과하였으므로 엄격한 의미에서 정당 또는 정파라고는 할 수 없다.[33]

실제로 제헌 국회에서 55석을 차지하여 정당·사회단체들 가운데 선두에 섰던 대한독립촉성국민회(大韓獨立促成國民會)[34]는 본래 조직 자체가 정당이 아니었기 때문에 뚜렷한 정강정책을 제시하지도 않았고, 다만 이승만의 지도력과 정치노선을 가장 충실하게 지지해온 결사체에 불과하다. 따라서 이러한 성격의 사회단체들이 혼재되어 있는 제헌 국회의 정당체계를 논하는 것은 무의미한 일이다.

다만 제헌 국회의원선거가 독립정부 수립을 위한 성격을 갖고 있었기 때문에 제헌 국회에 진출한 정당·사회단체들은 적어도 민족주의 내지 반공산주의적 정치세력이라는 공통적인 특성을 보이고 있다.[35] 따라서 제헌 국회에 진출한 정당·사회단체들은 정강정책에서의 혁신적인 내용들에도 불구하고 그 이데올로기는 민족주의 내지 반공산주의라는 우편향적 성격을 지니고 있다는 결론을 내릴 수 있다.

이러한 특징은 제2대 국회에서도 마찬가지이다. 제2대 국회에 진출한 11개 정당·사회단체들 가운데 정강정책을 확인할 수 있는 정당은 3개에 불과하기 때문에 이들의 이데올로기를 정확하게 비교할 수도 없으며, 제헌 국회와 마찬가지로 여전히 대부분의 단체들이 정당의 면모를 갖추지도 못했기 때문이다. 다만 제헌 국회와는 달리 제2대 국회에서는 보수·혁신간의 이데올로기적 분열현상이 나타나는 특징이 있다는 점은 지적할 수 있다.

따라서 정당체계는 제3대 국회부터나 형성되고, 아울러 정당체계를 구성하는 정당들의 이데올로기적 분열현상의 도식화[36]도 이 시기부터 가능하다. 그러나 제3대 국회에서도 무소속의 진출이 67석에 33.4%나 되고, 이전 국회에서처럼 국민회나 제헌국회의원동지회 등 정당으로서의 체제를 갖추지 못한 사회단체들이 진출함으로써 정당체계가 제대로 형성되지는 못한다. 다만, 집권여당으로 창당된 자유당이 주도하는 가운데 보수정당들인 민주국민당과 대한국민당이 정당체계의 골격을 형성할 뿐이다.

<그림 8-2>에서 보는 바와 같이 제3대 국회의 3개 정당은 모두 보수정당들로서 이데올로기적 분열현상은 발견되지 않으며, 단지 집권여당인 자유당에 비해 민주국민당이 제1야당의 위치를 지키고 있고, 대다수가 자유당에 가담하고 남은 세력들이 유지해온 대한국민당이 야당의 위치를 지키는 정도이다.

한편 제4대 국회에 와서도 자유당이 여당의 위치를 지키는데, 제3대 국회와는 달리 체제유지의 성향을 더욱 강하게 보인다는 특징이 있다. 특히 자유당은 1958년 12월 신국가보안법을 불법적으로 통과시킴으로써 야당을 탄압

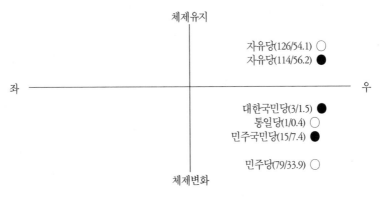

〈그림 8-2〉 제3·4대 국회 내 정당들의 이데올로기적 분열도

체제유지

자유당(126/54.1) ○
자유당(114/56.2) ●

좌 ——————————————————————— 우

대한국민당(3/1.5) ●
통일당(1/0.4) ○
민주국민당(15/7.4) ●

민주당(79/33.9) ○

체제변화

● 제3대 국회 내 정당   ○ 제4대 국회 내 정당

하고 언론을 규제하여 길게는 다음 정·부통령선거에도 대비한다는 정치적 의도까지 갖고 있었던 것이다.[37] 또한 제4대 국회에는 제3대 국회와 다르게 민주당이라고 하는 보다 강력한 제1야당이 등장한다는 점이 특징이다. 그러나 제3대 국회와 더불어 제4대 국회에는 체제유지와 체제변화, 즉 정권유지와 정권획득을 놓고 대립하는 현상만 보일 뿐 이데올로기적인 분열현상은 나타나지 않는다.

이에 비해 제5대 국회에 와서는 상황이 달라진다. 특히 혁신정당들의 등장에 따른 이데올로기적 분열현상이 나타나는데, 〈그림 8-3〉에서 보는 바와 같이 제5대 국회에는 사회민주주의를 표방하는 혁신정당인 사회대중당과 한국사회당이 진출하게 되는 것이다. 그러나 이들 혁신정당이 물론 극좌정당이 아닌 온건한 중도좌파적인 정당임은 두말할 필요가 없다.

한편 집권여당인 민주당의 경우는 이전의 여당인 자유당과는 달리 체제유지가 아니라 체제변화에 초점을 맞춘다는 점이 특징이라고 할 수 있다. 그 이유는 4·19혁명으로 자유당정권이 붕괴된 후 강력한 국민적 지지로 집권정당이 되었기 때문에 혁명정신을 계승·완수해야 할 책무를 느꼈던 것

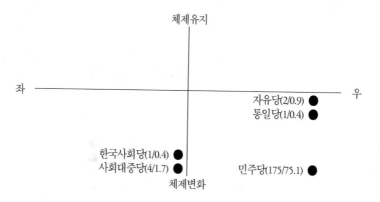

〈그림 8-3〉　제5대 국회 내 정당들의 이데올로기적 분열도

으로 보인다. 결국 제5대 국회에 진출한 정당들은 모두가 체제변화를 지향하는 정당들이라는 공통점이 있으며, 또한 혁신정당의 등장으로 이데올로기적 분열현상이 나타난다는 특징이 있다.

　이에 비해 〈그림 8-4〉에서 보는 바와 같이 제6대 국회에서는 혁신정당의 진출이 없어 이데올로기적 분열현상을 찾아볼 수 없게 되나, 제7대 국회에 와서는 혁신정당인 대중당이 진출하여 이데올로기적 분열현상이 다소 나타난다. 그러나 대중당은 후에 통합야당인 신민당에 흡수통합되기 때문에 이데올로기적인 선명성을 발견하기 어려워 중도우파적 성향을 지닌 정당으로 보는 것이 옳은 것 같다.

　제3공화국 시기인 제6, 7, 8대 국회 내내 민주공화당이 여당으로서의 강력한 지위를 유지하는 가운데 제7대 국회부터는 통합야당인 신민당이 등장하여 민주공화당을 견제하게 된다. 민주공화당은 박정희의 장기집권 구상에 따라 갈수록 체제유지에 주력하게 되지만, 제8대 국회에 와서는 오히려 의석점유율이 떨어지게 되고 반면에 신민당의 당세가 확장된다는 특징이 있다.[38] 이같은 현상은 박정희의 장기집권 구상에 커다란 장애요인으로 인식되어 급기야 10월유신을 단행하게 되는 것이다.

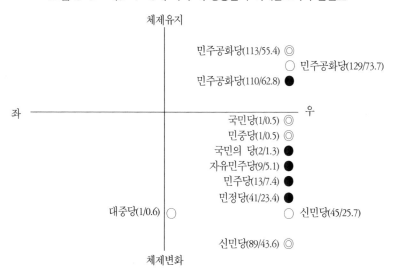

〈그림 8-4〉 제6·7·8대 국회 내 정당들의 이데올로기적 분열도

● 제6대 국회 내 정당 ○ 제7대 국회 내 정당 ◎ 제8대 국회 내 정당

한편 강력한 권위주의체제였던 유신체제하의 제9대 국회와 제10대 국회
에서도 민주공화당이 여당으로서, 그리고 신민당이 강력한 야당으로서의
위치를 지키는 가운데 민주통일당이 진출하여 〈그림 8-5〉와 같이 3개 정당
이 정당체계를 형성한다. 그러나 이들 3개 정당이 모두 보수정당이라는 점
에서 이데올로기적 분열현상은 전혀 발견할 수 없다.

그런데 민주공화당과 신민당간의 의석 차이는 제9대 국회에서는 21석이
고, 제10대 국회에서는 7석에 불과하여 여당에 대한 야당의 견제가 충분히
가능했음에도 불구하고 유신체제가 유지될 수 있었던 이유는 정권안정을
위한 친위대 성격의 유신정우회라는 존재가 있었기 때문이다. 전체 의석의
3분의 1을 차지하는 유신정우회는 성격상 민주공화당의 외곽단체로서 제2
여당과 같은 성향을 보여주었다.[39)]

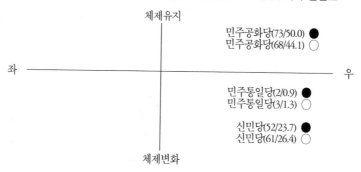

〈그림 8-5〉 제9·10대 국회 내 정당들의 이데올로기적 분열도

● 제9대 국회 내 정당 ○ 제10대 국회 내 정당

　이에 비해 제5공화국이 출범한 이후 첫 국회인 제11대 국회에 진출한 정당들의 경우는 매우 다른 특징이 발견된다. 그 이유는 과거 영향력 있는 정치인들을 대거 규제한 상태에서 집권정당인 민주정의당이 창당되었고, 야당들까지 제도야당 또는 위성정당의 성격을 띠고 만들어졌기 때문이다.

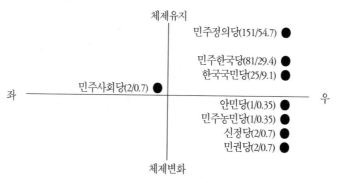

〈그림 8-6〉 제11대 국회 내 정당들의 이데올로기적 분열도

　그러한 이유로 〈그림 8-6〉에서 보는 바와 같이 제1야당인 민주한국당과 제2야당인 한국국민당이 오히려 체제변화보다는 체제유지를 위해 존재하는가 하면, 심지어 혁신정당인 민주사회당까지도 체제유지를 위한 역할을 수

행하는 것이다.

결국 제11대 국회의 정당들은 형식적인 여·야 구분만 있을 뿐이고 비판세력으로서의 야당이 존재하지 않으며, 오히려 다당제를 지향하는 집권세력의 의도를 충족시키고, 취약한 정권의 정통성을 보완해주는 역할을 수행하였다.

그러나 제12대 국회에 들어서면서 양상은 달라진다. 우선 해금된 정치활동규제자들이 중심이 되어 창당한 신한민주당이 등장함으로써 더이상 야당들은 여당을 위해 존재할 수만은 없었으며, 정권의 비호를 받았던 혁신정당인 민주사회당도 자기 변신이 필요하여 결국 신정당과 통합하게 된다.

〈그림 8-7〉　제12대 국회 내 정당들의 이데올로기적 분열도

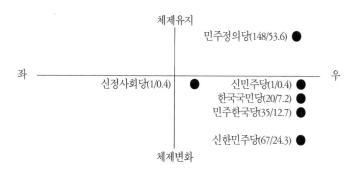

〈그림 8-7〉에서 보는 바와 같이 신한민주당이 등장함으로써 집권여당의 독주에 적절한 견제가 가능해지고, 그동안 야당의 임무를 제대로 수행하지 않았던 민주한국당과 한국국민당도 야당으로서의 역할을 수행하게 된다. 그러나 민주사회당과 신정당의 통합정당인 신정사회당은 혁신정당임을 자임함에도 불구하고 혁신정당으로서의 성격이 불분명해져 보수화되고 만다.

이와 같이 역대 국회에 진출한 정당들은 대부분 이데올로기적 측면에서 보수정당이라는 특징을 보인다. 일반적으로 여당은 기득권의 유지를 위해

보수의 입장에 서는 반면에 야당은 여당이 가지고 있는 기득권의 탈환을 위하여 보다 진보의 입장에 서게 된다. 따라서 여당에 비해 야당은 이데올로기에 더욱 집착하게 된다. 그러나 한국의 야당이 여당보다 이데올로기에 집착하여 진보의 입장을 취한 경우는 거의 발견할 수 없다. 물론 부분적으로는 진보적인 내용을 정강정책에 제시하는 경우도 있으나, 전체적인 틀은 보수적인 범주를 벗어나지 못했다.

이처럼 한국의 야당들이 보수정당의 틀을 벗어나지 못하게 된 이유는 첫째, 한국의 정치환경이 가지고 있는 보수주의의 한계와 둘째, 정치체제의 불연속성을 들 수 있다.[40] 즉 해방과 더불어 자본주의진영에의 편입과 냉전적 사고, 그리고 국토분단과 이로 인한 정치이데올로기의 대립이 야당의 정책수립에 있어서 제약을 가하여 자유민주주의와 자본주의 경제체제를 토대로 하는 정당들만이 존립할 수 있었던 것이다. 또한 정치체제의 불연속성 때문에 장기간 축적된 사회적 문제를 거시적·구조적으로 해결하기 위한 이데올로기를 모색할 만한 시간적 여유도 없었고, 늘 정권에 이끌려다니느라 이데올로기적 투쟁보다 생존을 위한 투쟁에 더 급급했던 것이다.

야당들의 이러한 한계 때문에 한국 정당체계를 구성하는 대부분의 정당들은 보수정당이라는 공통점을 갖게 된다.[41] 한국의 정당들이 보수정당으로 불리는 이유는 현상에 대한 일체의 변화를 거부하는 데 있는 것이 아니라, 자유민주주의의 기본원칙 아래 점진적인 변화를 추구한다는 데 있다. 따라서 정책의 차별성이 쉽게 발견되지 않을 뿐더러 과거 혁신정당들이 제시한 정책을 후에 보수정당들이 흡수·제시하는가 하면, 여·야의 구별없이 대동소이한 정책을 제시하는 경우들도 있다.

이렇게 볼 때 한국의 정당들은 이데올로기적인 분열현상보다는 정치체제의 정당성이나 정권획득과 관련한 갈등과 대립, 그리고 정책추진의 범위와 속도에서의 분열현상이 두드러진다고 볼 수 있다. 그러므로 정당체계의 내부환경으로서 정당의 이데올로기는 정당체계에 별다른 영향을 주지 않는다는 결론을 내릴 수 있다.

주요 정당의 조직구조 평가

정당의 조직구조를 평가한다면, 공식적인 조직구조가 차지하는 비중보다는 비공식적인 조직구조, 즉 파벌의 비중이 더 크게 차지한다는 점을 지적할수 있다. 이는 달리 말해 정당이 아무리 대중정당으로서의 조직구조를 갖추고 있다고 해도 실제 정당의 운영은 몇몇 명사들을 중심으로 한 파벌적 행태로 이루어짐으로써 결국 간부정당의 한계를 벗어나지 못한다는 것을 의미한다.

그러나 역대 정당들 가운데 대중정당임을 포기한 정당은 하나도 없다. 특히 야당에 비해 정권의 유지나 정권의 창출을 위해 만들어진 여당들은 더더욱 대중정당으로서의 조직구조를 갖추고 탄생하였다. 그러한 여당들조차실제로는 대중정당이라기보다 간부정당으로서의 공통적 특성에서 벗어나지 못했다. 제1공화국과 제3, 4공화국 시기의 여당이었던 자유당과 민주공화당은 이승만과 박정희 두 대통령의 정치적 수명과 연륜을 같이 했는가 하면, 이 두 정당은 물론 제5공화국 시기의 여당이었던 민주정의당도 집권자가 권좌에 오른 후 정치적 필요에 의해 하향식으로 조직되었기 때문에 대중정당으로서의 성격을 지닐 수가 없었다.

좀더 구체적으로 보면, 자유당은 이승만이 재선을 위해 의도적으로 조직한 정당으로서 기존의 관변단체들의 조직기반을 흡수·동원하여 만든 관제정당이었고, 민주공화당은 5·16군사쿠데타의 주체세력을 중심으로 하여정치규제기간에 치밀하게 사전조직된 정당이었으며, 민주정의당 또한 12·12사태와 5·17조치로 이어지는 과정에서 신군부세력이 주축이 되어 만든정당이었다.[42] 따라서 이들 외생정당들은 집권자의 의도에 따라 좌우될 수밖에 없는 구조를 갖고 있었던 것이다.

우선 자유당은 당헌상의 최고기관으로서 설치된 전당대회는 당정책에 대하여 민주적 형식요건을 갖추기 위한 기구에 불과했으며, 실질적으로는 당 총재인 이승만이 당내 최고권력자로서 정책의 최종 결정자였다. 이로 인해 모든 권한은 중앙당에 집중되어 중앙당을 정점으로 하여 하향하는 조직형 태를 취하였고, 그럼으로써 정책개발이나 당내 민주주의에 의해 국민들의 지지를 얻기보다는 최고집권자의 정치적 후광을 업고 그 통치기반을 제공 해주는 도구적 역할만을 수행하였던 것이다.

한편 민주공화당은 조직구조상으로는 사무국과 원내조직을 분리하는 2 원조직이라는 특징을 보이지만, 오히려 이같은 2원조직으로 인해 당기구와 운영문제를 쟁점으로하는 주류와 비주류간의 대립이 생겼다. 근대적 정당 을 표방하며 사무국을 중심으로 하는 강력한 원외정당체제를 구축한 민주 공화당은 사무국조직과 원내대표기구를 전혀 다른 차원의 조직으로 분리하 여 후자에 대해 전자의 우위를 확보하고자 했다. 그러나 이러한 2원조직은 김종필이 두 차례 외유로 곤욕을 치르는 동안 비주류에 의해 사무국의 기구, 인원 및 기능이 축소되고, 무엇보다 당헌을 개정하여 지구당위원장에게 지 구당사무국장을 비롯한 사무국요원에 대한 임면제청권을 줌으로써 사실상 붕괴된다.[43] 더욱이 집행기관에 있어서 당총재로부터 시작하여 각 지구당 사무국에 이르는 단일한 수직적 명령계통이 명확하게 수립되어 있고, 의결 기관의 경우도 전당대회에서 지구당위원회에 이르는 수직적인 구획이 분명 하게 설정되어 있다. 그 결과 이전의 자유당보다 더욱 강력한 중앙집권적 지도체제가 유지되어 대중정당으로서의 역할을 수행할 수 없었다. 특히 10 월유신 이후 당기구의 개편과 기능의 약화[44]는 이같은 한계를 더욱 크게 만 들었다.

민주정의당의 경우는 구 민주공화당의 중앙사무국요원에서부터 시·도 지부, 지구당요원, 일선 기간조직에 이르기까지 민주공화당의 전조직을 그

대로 흡수하고 그들 중 대부분을 당의 요원으로서 조직화한 정당이다. 시·
도조직책 및 지구당조직책 등을 중앙당에서 지명함으로써 민주정의당은 창
당과정에서부터 철저히 하향식 조직구조를 갖추게 되었다.45) 이같은 민주
정의당은 공식적으로 등록하고 당비를 납부하며 적극적으로 활동하는 다수
의 당원들로 구성되었고, 지부를 바탕으로 치밀하게 조직되고 구조적으로
통합된 대중정당의 모습을 외형적으로 지니고 있었다. 특히 민주정의당은
공칭 120만명의 당원을 포용하며, 유급당료만 중앙사무처의 약 200명, 지구
당에 약 400명을 두고 비교적 복합적인 관료조직을 구축하였다. 민주정의당
의 지역조직은 전국 92개의 선거구에 펼쳐졌는데, 중앙당사무처 → 시도당
사무국 → 지구당사무국을 거쳐, 읍면동 단위의 지도장 → 투표구단위의 부
지도장 → 리·통 단위의 활동장으로 하향한다.46)

그러나 당기구 운영에 있어서 민주정의당은 여전히 전당대회의 한계성을
지니고 있었기 때문에 당무에 관한 중요사항을 심의·의결하기 위한 중앙
집행위원회를 두었으며, 보다 실질적인 결정권은 중앙집행위원회 상임위원
회가 행사하도록 하였다. 당론 결정과정에 있어서도 민주정의당은 구조상
위원회 중심의 대의기구계통과 사무국 중심의 집행기구계통이라는 이원성
을 갖도록 하고 있어 형식상으로는 체계적인 당론집약이 이루어지는 것처
럼 보인다. 그러나 실제로는 그 기능과 운용형태가 하의상달(下意上達)이 아
니라 상의하달(上意下達)의 한계를 벗어나지는 못했다. 당론의 집행과정도
의원세력의 약체성으로 인해 정부의 정책이나 소수 당간부의 의사가 의원
을 도구로 하여 국회를 통해서 집행되도록 하는 역행적인 모습을 보였다.

이와 같이 외생적인 성격을 지니고 탄생한 자유당, 민주공화당, 민주정의
당 등은 한결같이 중앙집권적이고 비민주적인 한계를 갖고 있어 대중정당
으로서의 면모를 찾아보기가 어렵다. 이에 반해 제2공화국의 여당이었던 민
주당의 경우는 외생정당이 아니라는 점에서 우선 차이점을 보이고 있다. 앞
서 언급한 3개의 여당들과는 달리 민주당은 특정한 집권자를 중심으로 만들

어진 정당이 아니라 야당의 위치에서 여당의 위치로 전환된 정당이기 때문에 민주정당으로서의 발전가능성을 충분히 갖고 있었다.

그러나 한국의 정당들은 대체로 제1, 2공화국에 이르기까지 여·야를 막론하고 이렇다 할 대중조직을 갖추지 못한 전형적인 간부정당이었다는 지적처럼,[47] 민주정당으로서의 발전가능성이 충분했던 민주당도 다른 정당들과는 달리 인적 관계 중심의 비정책적 파벌화현상의 심화로 인해 민주정당으로서의 발전을 이룩하지 못했다. 또한 각 당부의 결합관계도 지방분권적이라기보다는 중앙집권적이고, 수평적 조직이라기보다는 한 당부가 산하에 지부를 종속시키는 수직적 조직의 외양을 갖추고 있었다. 그러면서도 당론 결정에 있어서는 일사분란하지 못하고 오히려 비효율적이었는데, 그 이유는 당내 파벌들간의 대립으로 신속한 정책결정이 이루어지지 못했고, 하나의 결정을 위해서도 많은 진통을 겪어야만 했기 때문이다. 따라서 당의 정책기구로 설치된 정책국은 계속된 파벌들간의 대립과 경쟁 속에서 그 존재조차 소홀히 취급되어 제 기능을 발휘하지 못했다.[48]

이와 같이 제1공화국부터 제5공화국에 이르기까지 역대 여당들은 외생적이라는 한계나 파벌화의 심화라는 한계로 인해 대중정당으로서 또는 민주정당으로서의 발전을 이룩하지 못했다. 역대 여당들이 조직구조상의 한계로 인해 대중정당으로서나 민주정당으로서의 발전을 이룩하지 못한 것처럼, 야당들의 경우는 더더욱 취약한 조직구조를 갖고 있다는 한계를 보인다.

특히 제3, 4공화국의 대표적인 야당이었던 신민당의 경우는 명사 중심의 정당으로서 야당 전통과 그동안의 권위주의시대의 유산 등에서 오는 인적·물적 자원 부족 때문에 중앙에서 지방에 이르는 제도화된 일상적 조직활동이 매우 취약하다. 더욱이 지방조직의 경우는 선거가 없는 평상시에는 정당활동을 거의 하지 않다가 선거 때만 되면 철새처럼 기능이 가동되는 비상설체계로서 간부정당의 특색을 고루 갖추고 있는 것이다.[49]

물론 야당의 당헌상에 나타나 있는 공식적인 조직구조를 보면, 대의기구

나 집행기구의 짜임새나 그 기능분화가 그럴 듯하고 계선조직도 지방 하위
단위까지 이르고 있는 인상을 준다.[50] 그러나 실제에 있어 야당들은 여당에
비해 정책연구는 고사하고 조직관리능력도 매우 뒤져 있고, 유급당료의 수
도 대체로 수십명에 불과했으며, 지구당은 각 지구당위원장들에 의해 관리
되는가 하면 중앙당에서는 확실한 당원수의 파악도 어려운 형편이었다.[51]

이와 같이 한국의 정당들은 모두 조직구조상의 한계를 지니고 있다. 우선
당내 권력구조를 보면 한국의 정당들은 중앙집권적인 권력구조를 특징으로
하고 있다. 당조직이 중앙당 위주로 구성되어 있고, 원내 중심이며 또한 중
앙당 내에서도 권력이 소수의 당수뇌부 내지 총재에게 집중되어 있다. 결국
한국의 정당은 당조직이 중앙당 위주로 구성되어 머리는 있으나 손과 발이
거의 없는 것과 같은 기형적인 모습을 보이며, 당내 권력도 소수의 당지도자
들에게 집중되어 있는 조직구조상의 문제는 한국 정당의 고질적인 병폐인
당내 비민주화를 강화시켜 민주적인 정당정치 발전에 커다란 장애가 되어
왔다.[52]

더욱이 각 정당은 전당대회를 최고의결기구로 정하고 있는데, 이는 형식
적인 기구에 불과하다. 여당의 경우 전당대회는 7~8천명이 모여 의전적인
절차에 대한 동의나 박수로써 총재를 선출하는 것과 같은 궐기·단합대회
의 성격을 지니고 있고, 야당의 경우도 전당대회가 정례적인 총재경선의 장
이 되지 못하고 미리 정해놓은 각본대로 진행되는 것이 일반적이다.[53] 따라
서 전당대회를 최고의결기구로서의 역할을 수행할 수 있도록 제도화시킨
정당은 없다. 그 이유는 전당대회에 참석하는 대의원의 선출과정 자체가 민
주적인 절차에 의해 합의과정을 거쳐 이루어지지 않고 있기 때문이다.

또한 각 정당은 전당대회의 수임기구로서 대체로 여당은 중앙위원회를,
야당은 중앙상무위원회 같은 것을 두고 있으나 이 또한 유명무실한 기구이
다.[54] 그 이유는 여당의 경우는 1천~5천명 규모로 구성되고, 야당은 2백~3
백명 규모로 구성되는 이들 기구를 통해 전당대회가 위임한 사항을 처리토

록 한다는 것이 현실적으로 불가능한 일이기 때문이다. 더욱이 여당의 경우 선출직으로 되어 있는 중앙위원회 의장을 실제로는 당직개편 때마다 총재가 임명해온 것을 보면, 중앙위원회의 기능과 권한이 얼마나 형식적인가를 알 수 있다.

한편 각 정당은 적어도 형식상 복합적이고 정교한 관료체제를 갖추고 있으나, 조직활동에 있어서는 일상적인 조직구조와 업무의 체계가 갖는 의미가 별로 크지 않다. 대체로 평상시에는 조직부서의 업무가 별로 없고 그 활동도 대단히 미약하다가 선거 때가 되면 일상적 업무관장의 틀과 무관하게 당 전체의 관료조직이 선거를 위한 일종의 '과업반'(task force)으로 바뀌어 활발히 움직인다. 즉 선거 때에는 상황실에 관여하는 일부를 제외하고 대부분의 당료들이 전국의 지역구에 파견되어 기능적·전문적으로 선거관리능력이 부족한 지역구조직을 도와 선거를 치르는 것이다. 그런 의미에서 당관료제는 일종의 선거기구라고 할 수도 있다.[55]

또한 당원의 경우, 한국의 정당치고 정확한 당원수를 밝힌 정당은 없다.[56] 여당은 대체로 100만~150만 혹은 그 이상의 당원수를 자랑해왔고, 야당들도 30만~80만의 당원을 확보하고 있다고 발표해왔다. 그러나 이들 당원이 당비를 부담하는 진성당원의 성격은 전혀 갖고 있지 않다. 창당 초기 민주공화당이나 민주정의당이 당원으로부터 당비를 수납하려고 노력하였으나, 민주정의당이 60%가량의 납부성적(월 2백~3백원 정도)을 올린 것을 제외하고는 당비를 납부하는 평당원은 드물다.

결국 한국 정당의 당원들은 당지도자로부터의 선별적 유인을 기대하고 활동하는 공리적 당원들이다. 다시 말해 당지도자들이 그들에게 선별적 유인을 제공하지 않으면 정당활동을 그만 둘 당원들인 것이다.[57] 그러므로 과거 민주정의당이 '100만 당원의 정예화'를 표방하며 당원교육에 힘썼고, 이른바 '평생동지 모임'을 통하여 당이념의 확산과 회원결속 강화에 힘썼으나, 실제에 있어 여당조직은 돈이나 공직, 이권 등 공리적 유인없이는 전혀 움직일 수 없었던 것이다.[58] 야당의 경우도 마찬가지이다.

이와 같은 조직구조의 한계를 갖고 있는 한국의 정당들이 정책기획 및 개발능력을 제대로 갖고 있을 리 없다. 민주정의당의 경우, 중장기 정책개발은 국책연구소에서 맡고 단기정책은 주로 정책위원회의 정책조정실 및 정책국의 소관사였으나 선거 때 공약작성 외에 별다른 활동이 없었고 그나마 핵심공약은 당수뇌부 개인참모에 의해 작성되곤 했다. 당예산에 책정된 정책개발비도 얼마되지 않았고, 당정책연구의 핵심을 이루었던 정책위원회의 10여 개 분과의 전문위원 중 그 대부분이 행정부에서 파견나온 국장급 정책관료들이었고 다차원의 정책참모들은 별로 구실을 못했다. 따라서 당은 정책에 관한 한 항상 행정부에 의존해왔다. 정당의 공식적인 기구수준에서 살펴본 정책개발능력이 취약하다는 한계는 야당의 경우도 마찬가지이다.

이와 같이 한국 정당의 공식적인 조직구조는 형식적으로는 대중정당으로서의 체계를 갖추고 있으나, 실제적으로는 비민주적인 간부정당의 틀을 벗어나지 못하는 한계를 보이고 있다. 이같은 한국 정당의 조직구조상의 한계는 파벌현상에서 오는 결과이다. 한국의 정당정치가 공식적인 조직구조를 바탕으로 운영되어왔다기보다는 파벌을 중심으로 운영되어왔다는 지적처럼 사실상 파벌과 파벌정치는 한국 정당의 조직구조의 핵심적인 요소가 되어왔던 것이다.[59]

이같은 특징은 한국의 정당들이 몇몇 명사들을 중심으로 형성되어왔고, 또한 당원들마저 정당활동을 통해 무엇인가 대가를 얻으려고 하는 공리적인 태도로 인해 더욱 강화된다. 따라서 한국 정당의 조직원칙을 '후견인-수혜자(patron-client)'원칙이라고 부르기까지 한다.[60] 즉 한국의 정당, 특히 여당의 하부조직의 바탕은 지구당위원장인 국회의원과 그로부터 공리적 보상을 바라는 열성당원간의 후견인-수혜자조직이며, 이러한 후견인-수혜자 관계는 당총재와 국회의원간, 혹은 파벌의 보스와 그 추종자들간에도 성립된다는 지적이 타당성을 갖는 것이다.

앞에서 살펴본 바와 같이 한국의 정당들은 대부분 파벌화현상을 보이고 있는데 제1, 2공화국 시기의 주요 정당들을 보면, <표 8-3>에서 보는 바와 같이 한국민주당은 한국국민당계와 조선민족당계 그리고 국민대회준비회계로 나누어지고, 조선민족당계는 또다시 고려민주당계와 김병노계, 홍명희계, 이 인계 등으로 구성되어 있다. 또한 민주국민당의 경우도 주류인 구 한국민주당계 정통파와 비한민당 출신의 비주류로 나누어진다.

<표 8-3> 제1 · 2공화국 시기 주요 정당의 파벌구조 비교

정당	파 벌 구 조						
한국민주당	한국국민당계	조선민족당계					국민대회준비회계
		고려민주당계	김병노계	홍명희계	이 인계	전향인사	
민주국민당	주류			비주류			
	한국민주당 정통파			비한국민주당파			
자유당	원내			원외			
	↓						
	족청계			비족청계			
	↓						
	이재학·강성태파(온건파)			임철호·장경근파(강경파)			
민주당	민주국민당계			비민주국민당계 (흥사단계 · 조선민주당계 · 원내자유당계)			
	↓						
	구파			신파			

한편 자유당의 경우는 처음부터 원내파와 원외파간의 갈등을 안고 출범한 이후 족청계와 비족청계의 대립이 있었고, 족청계 제거 이후부터는 임철호-장경근으로 대표되는 강경파와 이재학-강성태로 대표되는 온건파간의 갈등이 있었다. 민주당의 경우는 창당과정에서 자유민주파와 민주대동

파로 분열되어 결국 자유민주파에 의해 민주당의 결성이 이루어지지만, 민주당 내에는 민주국민당계와 흥사단계·조선민주당계·원내자유당계 등 비민주국민당계간의 분열이 생겨 전자를 구파, 후자를 신파로 부르게 된다. 민주당의 신·구파간의 파벌대립은 제1공화국 시기뿐만 아니라 제2공화국 시기에 이르러 여당이 된 후에도 끊임없이 계속된다.

이러한 파벌현상은 〈표 8-4〉에서 보는 바와 같이 제3, 4공화국 시기의 민주공화당과 신민당에서도 마찬가지로 발견된다.

〈표 8-4〉 제3·4공화국 시기 주요 정당의 파벌구조 비교

정당	파 벌 구 조						
민주공화당	김종필계	당료계	반김종필계	구 민주·신민계		구 자유당계	
	↓						
	주류			중도	비주류		
	정구영	김종필		김동환	장형순	이효상	
	당료파	강경주류	온건주류		오월동지회	구자유당계	구민주당계
	↓						
	신주류			신비주류			
	온건주류	중도	구자유당계	당료파	강경주류		구민주당계
신민당	주류		비주류				
	유진오(민정당계)		박순천(민주당계)	윤보선(신한당계)		재야	
	범주류				비주류	범비주류	
	김홍일계	유진산계	김영삼·고흥문계	이철승계	양일동계	김대중계	중도·소장계
	↓						
	김홍일계 · 고흥문계 · 신도환계 · 이충환계 · 유치송계 · 김영삼계 · 민사회 · 자주구락부 · 자민동지회 · 박영록계 · 김재광계						

민주공화당의 경우는 창당의 핵심이었던 김종필을 중심으로 한 김종필계와 당료계가 주류를 형성하고, 반김종필계와 구 민주·신민계, 그리고 구 자유당계가 비주류를 형성하였으나, 주류와 비주류의 부침이 계속되는 가운데 파벌의 합종연횡이 이루어져 김종필계의 온건주류와 중도, 오월동지회

및 구 자유당계가 신주류를 형성한 반면, 김종필계의 강경주류와 당료계 및 구 자유당계가 신비주류를 형성하게 된다. 한편 신민당은 창당 당시 주류인 민정당계와 비주류인 민주당계, 신한당계, 재야 등으로 나누어졌으나, 진산 파동 이후에는 파벌의 판도가 눈에 띄게 변화된다. 즉 김홍일계, 유진산계, 김영삼·고흥문계, 이철승계, 양일동계가 범주류를 형성하는 한편 김대중계가 비주류를 형성하는 외에 중도·소장계가 중도적인 입장을 지키게 되는 것이다. 그러던 것이 말기에 가서는 이철승계, 고흥문계, 신도환계, 이충환계, 유치송계, 김영삼계, 민사회, 자주구락부, 자민동지회, 박영록계, 김재광계 등 파벌들의 난립현상이 나타난다.

제5공화국 시기에 들어와서도 〈표 8-5〉에서 보는 바와 같이 파벌현상은 여전히 나타난다.

먼저 민주정의당은 창당 당시 하나회 출신 세력과 구 민주공화당 출신 세력 그리고 구 야당 출신 세력 등으로 구성되었으나, 이른바 TK세력의 부상과 함께 복잡한 파벌분화가 이루어진다. TK세력에 포함되는 정호용, 박철언, 김복동 등이 계파를 형성하고, 당직자 중심의 노태우 직계가 있는가 하면, 이한동계, 권익현계 그리고 소외 및 독자세력이 존재하는 것이다.

한편 신한민주당의 경우는 과거 신민당 말기의 파벌현상들이 그대로 재연되어 김영삼을 중심으로 한 상도동계와 김대중을 중심으로 한 동교동계가 주류를 형성하는 한편 이기택계, 신도환계, 이철승계 및 김재광계가 범비주류를 형성한다.

한편 민주당은 처음 동교동계가 주류를 이루는 가운데 이기택계, 김상현계, 정대철계, 김원기계, 조세형계, 이부영계 등이 파벌을 형성하였으나, 일부 세력들이 동교동계에 합류함으로써 동교동계, 김상현계, 김원기계, 이부영이 이끄는 개혁모임, 이기택계 등으로 정리가 된다. 그후 김대중의 정계복귀와 신당창당 움직임이 일어나자 민주당의 파벌들은 신당참여파, 관망 및 구당파, 이기택파로 합종연횡하여 결국 신당참여파를 중심으로 새정치국민

<표 8-5> 제5공화국 시기 주요 정당의 파벌구조 비교

정당	파 벌 구 조						
민주정의당	하나회 출신			구 민주공화당 출신			구 야당 출신
				↓			
	TK			친TK			반TK
				↓			
	정호용계	박철언계	김복동계	노태우직계	이한동계	권익현계	소외세력·독자세력
신한민주당	주류			비주류			
	상도동계		동교동계	이기택계	신도환계	이철승계	김재광계

회의가 창당되어 나가고 나머지 세력들이 개혁신당과 합당하여 통합민주당을 창당하게 된다.

이와 같이 대부분의 한국 정당들은 예외없이 파벌들의 혼합체로 구성되어 있다. 이러한 파벌화현상은 한국의 정당을 민주정당이나 대중정당으로 발전할 수 없게 만드는 중요한 요인으로 작용한다는 점에 의심의 여지가 없다. 당의 운영이나 당론의 결정이 민주적인 과정을 거쳐 아래로부터의 의견을 수렴하여 이루어지는 것이 아니라 당 지도자를 정점으로 하는 파벌의 보스들간의 의견조정으로 이루어지기 때문이다.

대체로 여당과 야당을 나누어보면 파벌의 양상이 다소 차이가 있다. 즉 여당의 경우는 당의 총재가 행정수반이며 현실적인 권력자원을 장악하고 있는 당사자로서, 당내 파벌의 보스와의 지위 격차는 매우 크다. 따라서 여당 내의 파벌갈등은 대체로 2인자의 자리를 놓고 벌이는 경합 내지 당의 총재에 대한 총애의 경쟁양상을 보이는 것이다. 반면에 야당의 경우는 당의 총재가 지니는 정치적 권위가 여당에 비교되지 않아 파벌들간의 경쟁은 주로 당내 1인자, 즉 당권경쟁의 양상을 띠게 되는 것이다.[61]

실제로 자유당과 민주공화당 내의 파벌 갈등은 모두가 대통령인 당총재에 대한 충성경쟁이었으며, 파벌 갈등이 심화될 때마다 이승만과 박정희의 조정 역할이 두드러진다. 또한 민주정의당 내에서의 파벌 갈등도 그러한 범주에서 벗어나지 않는다. 이에 반해 민주당이나 신민당 그리고 신한민주당 내의 파벌 갈등은 모두가 당권을 둘러싼 경쟁이었으며, 필요에 따라 파벌들간에 연합도 이루어지고 어떤 경우에는 분화되는 현상을 쉽게 찾아볼 수 있다.

이러한 파벌 갈등이 극단적으로 심화될 경우 결국 분당사태가 이루어짐으로써 한국의 정당들을 이합집산하도록 만드는 원인으로 작용하는 것이다. 물론 정치상황의 변화에 맞추어 정당들이 탄생하기는 했지만, 대부분의 야당들은 파벌들간의 극단적인 대립의 결과 탄생한 경우가 더욱 많다. 실제로 한국민주당이 민주국민당을 거쳐 민주당으로 변모하는 과정도 그렇고, 신민당이 창당되는 과정 역시 마찬가지이다.

결국 파벌은 한 집단 또는 한 사회의 형성·발전 그리고 변동과 갈등의 소산물로서 지속되어왔으나, 오히려 한국 정당의 파벌은 정당정치의 주 동력원이 되어온 것이다.[62] 이러한 파벌의 형성요인은 다양한데, 우선 ① 개인적·정의(情誼)적 유대, ② 이념적·정책적 정향, ③ 공리주의적 이해관계 등이 파벌 형성의 주요 계기가 되며,[63] 이들 요인이 중첩적으로 작용하는 경우도 많다. 이러한 파벌 형성의 요인은 시기와 상황에 따라 가변적이며, 역사·문화적 전통과 정치적 권력요인, 그리고 사회경제적 발전요인과 연관된다.[64]

제1공화국 시기의 주요 정당들 내의 파벌은 개인적·정의적 유대를 바탕으로 형성되었고, 부분적으로는 이념적 공유성이 함께 작용하였는데, 개인적 유대에는 지연, 혈연 및 학연 등 사회경제적 배경 등 귀속성이 강한 요소가 작용하였다. 이에 비해 제2공화국 시기의 민주당의 경우는 정권을 목전에 둔 상황에서 공리주의적 이해관계를 중심으로 신파와 구파간의 갈등이 전개되었다.[65] 제3, 4공화국 시기의 신민당의 경우는 개인적·정의적 유대를 바탕으로 한 이전의 파벌형태가 유지되는 가운데 공리주의적 이해관계가 결부되어 파벌 갈등이 심화되었다. 반면에 민주공화당의 경우는 공리주의적 이해관계가 작용함으로써[66] 제2인자의 자리를 놓고 김종필을 추종하는 세력과 반대하는 세력들간의 당권장악 경쟁이 벌어지게 된다.

제5공화국 시기의 민주정의당의 경우는 처음에는 뚜렷한 파벌 갈등이 보이지 않았으나, TK세력이 부상하면서부터는 개인적·정의적 유대에 따른 파벌 형성이 이루어지고 여기에 공리주의적 이해관계가 작용하게 된다. 이에 비해 신한민주당의 경우는 민주화라는 이념적·정책적 정향의 일치로 창당되었으나, 점차 개인적·정의적 유대가 작용하여 파벌이 형성되고 결국에는 내각제 반대라는 이념적·정책적 정향으로 분당사태를 맞게 된다.

이와 같이 한국 정당 내의 파벌들은 개인적·정의적인 유대나 공리적인 이해관계를 기반으로 형성되기 때문에[67] 정당의 민주적인 발전을 저해하는 한편 다른 정당들과의 경쟁력을 약화시키는 중요한 원인이 되어왔다. 좀더 구체적으로 한국 정당 내의 파벌들의 존재로 인한 문제점들을 살펴보기로 한다.

첫째, 여·야를 막론하고 파벌에 의한 정치는 정당의 중심기구를 제도화된 지도체제가 아니라 유동적인 파벌지도자들이었기 때문에 정당정치의 불연속성을 초래하여 안정된 지지층의 형성을 저해하는 요인이 된다. 둘째, 파벌의 존재는 정당의 통합성을 저해하고 영도체제를 약화시킬 뿐만 아니라 정당의 이익보다 파벌의 이익을 우선시하게 되어 파벌 갈등을 심화시켜 정치와 정책의 비유동성[68]을 낳게 한다. 셋째, 정책이나 이념의 대립이 아닌 오직 자파만의 이익을 위한 파벌 경쟁은 정책정당, 범국민정당으로의 발전에 장애를 초래하여 정당에 대한 신뢰감을 저하시킨다. 넷째, 파벌들간의 갈등은 보통 타협과 안배의 방식으로 해소하는 경향이 있는데, 이는 폭넓은 충원의 길을 제한하는 요인이 되어 정당의 주요기능 중의 하나인 정치엘리트의 충원기능이 약화된다는 결점이 있다.[69]

결국 한국 정당들이 파벌을 중심으로 운영된다는 사실은 헌팅톤(Samuel P. Huntington)이 지적하는 정당체계의 발전단계 중 제1단계인 파벌주의단계와 관련이 있다. 헌팅톤은 정당체계의 발전과정에 있어서 중대한 전환점이 되는 시기를, ① 정치가 파벌주의의 폐쇄적인 순환으로부터 탈피하는 시기, ② 정치참여가 확대되는 시기, ③ 새로운 사회세력들이 정치무대에 출현하는 시기, ④ 결국 정치적 파벌들이 조직적으로 사회의 제세력들과 연결되는 시기 등으로 나누고 있는데,[70] 이를 볼 때 한국의 정당체계는 제1단계도 넘어서지 못하고 있다고 할 수 있다.[71]

물론 그동안 민주화의 진전으로 정치참여가 확대되고, 재야세력들이 정치무대에 등장하는가 하면, 일부 정치인들이 사회의 제세력과 연계하는 모습이 보이긴 했지만, 근본적으로 파벌주의의 폐쇄적인 순환으로부터의 탈피는 찾아볼 수 없었다. 정당을 매개로 하는 정치참여는 여전히 파벌과 연계되어야 하고, 정치무대에 등장한 재야세력들은 대부분 기존 틀에 편입되어 버렸으며, 사회의 제세력과의 연계도 파벌 경쟁의 그늘 아래 있었다.

이렇게 볼 때 한국의 정당은 공식적인 조직구조보다 비공식적인 조직구조, 즉 파벌에 의해 운영됨으로써 민주정당 내지는 대중정당으로서의 발전을 이룩하지 못하고 있다. 더욱이 파벌의 행태가 개인적·정의적 유대나 공리적 이해관계에 의해 이루어짐으로써 정당체계가 정착되지 못하고 수시로 변화되는 결과를 가져왔으며, 이에 따라 정당정치의 발전에 저해요인이 되었다는 결론을 내릴 수 있다.

선거참여정당과 유권자의 지지도 평가

선거참여정당 평가

제헌 국회의원선거부터 제12대 국회의원선거까지 12차례의 국회의원선거에 참여한 정당·사회단체는 〈표 8-6〉에서 보는 바와 같이 모두 186개이다.

<表 8-6> 역대 국회의원선거 참여정당수

시기 구분	제1공화국				제2 공화국	제3공화국			제4공화국		제5공화국		계
	제헌	제2대	제3대	제4대	제5대	제6대	제7대	제8대	제9대	제10대	제11대	제12대	
정당수	48	40	14	14	14	12	11	6	3	3	12	9	186 (98)
평균과의 차이	*	*	4.2	4.2	4.2	2.2	1.2	-3.8	-6.8	-6.8	2.2	-0.8	평균 9.8

* 제헌 국회의원선거와 제2대 국회의원선거의 경우 정당과 사회단체의 구분이 명확하지 않았던
상황이므로 이들을 모두 정당에 포함시키기에는 무리가 있음.

이 가운데 제헌 국회의원선거와 제2대 국회의원선거의 경우는 정당과 사회단체와의 명확한 구분을 하지 않았으므로 엄격히 말해 이들 모두를 정당에 포함시킬 수는 없기 때문에 제3대 국회의원선거부터 제12대 국회의원선거까지 10회의 국회의원선거를 종합해볼 때 역대 국회의원선거에 참여한 평균정당수는 9.8로 나타난다.

따라서 역대 국회의원선거에는 대략 10개 정도의 정당들이 참여한 것으로 볼 수 있는데, 제1공화국 시기부터 제3공화국 시기의 중반까지는 평균치 이상의 경쟁을 보이는 반면, 제3공화국 하반기부터 제4공화국 시기까지는 선거에 참여하는 정당들의 경쟁이 다른 국회의원선거에 비해 평균에 훨씬 못 미치는 경향을 보이고 있다.

특히 제9대와 제10대 국회의원선거의 경우 선거참여정당의 수가 가장 적은 이유는 이전까지 무소속 출마를 금지하던 것에서 무소속 출마 허용으로 제도가 바뀌었기 때문에 나타난 결과라고 해석된다.

그런데 그 이후에 실시된 제11대 국회의원선거에 참여한 정당의 수가 12개로 늘어나 정당들간의 경쟁이 심해지지만, 제12대 국회의원선거에서는 오히려 평균보다 조금 적은 정당들이 참여하였다.

한편 특이한 사실은 정치적 변동기 직후의 국회의원선거에는 참여정당의 수가 많다는 것이다. 즉 4·19혁명 이후 제2공화국이 출범할 때인 제5대 국회의원선거에는 14개 정당이 참여했고, 5·16군사쿠데타 이후 제3공화국이 출범할 때인 제6대 국회의원선거에는 12개 정당이 참여했으며, 10·26사태와 12·12사태 그리고 5·17비상조치를 거쳐 제5공화국이 출범하는 제11대 국회의원선거에는 12개 정당이 참여했다. 이같은 현상은 새로운 정치상황의 전개에 따라 창당된 정당들이 많았다는 것을 의미한다.

유권자의 지지도 평가

유권자의 지지도를 분석함에 있어서 가장 먼저 해야 할 것은 투표율의 분석이다. 국회의원선거에서의 투표율의 분석은 국민들의 선거에의 관심도를 나타내는 동시에 정당체계의 투입구조로서의 강도를 의미하기 때문이다.

역대 국회의원선거에서의 투표율을 도표화하면, 〈표 8-7〉과 같은데, 표에서 보는 바 같이 역대 국회의원선거에서의 투표율은 제1공화국 시기에는 90% 이상이고, 제2공화국 시기인 제5대 선거 때에는 80%대이며, 그리고 제3공화국 시기에는 70%대로 떨어졌다가 제5공화국 시기에는 다시 80%대로 증가한다.

이와 같이 보통선거제를 실시한 지 20여년만에 투표율이 70%대가 된 것은 그동안의 비자발적·동원적 정치참여의식에서 자발적인 참여의식으로 변화된 것을 의미하며, 또한 정치의식의 수준이 높아가고 있는 것이라고 하겠다. 특히 투표율이 80%대로 증가한 제5공화국의 제12대 국회의원선거의 경우 지난 37년간 최하위를 차지하던 서울, 부산의 투표율이 각각 81.1%와 85.3%로 증가한 것은 20대의 청년층이 정치에 대한 관심이 높아 자발적인 선거운동을 하였고, 정치규제에서 해금된 정치인들이 대거 입후보하였고, 그들의 지명도가 선거인들에게 높아 투표참여를 유도한 변수가 되었으며,

시기 시도	제1공화국			제2공화국	제3공화국			제4공화국		제5공화국	
	제헌	제3대	제4대	제5대	제6대	제7대	제8대	제9대	제10대	제11대	제12대
서울	93.3	88.3	80.1	75.4	57.6	57.6	59.2	62.0	68.1	71.1	81.1
부산					68.1	69.4	72.1	70.3	74.3	76.7	85.3
대구											82.0
인천											82.7
경기	96.5	90.4	91.6	85.4	68.9	74.0	72.4	74.3	76.0	76.1	83.1
강원	98.2	92.8	93.0	87.0	75.3	81.3	78.6	80.7	84.8	88.0	89.5
충북	96.2	92.2	92.7	84.4	78.1	86.6	80.2	79.3	85.6	86.7	90.4
충남	95.8	90.6	91.9	85.9	74.9	81.3	74.9	75.4	82.7	80.3	86.5
전북	96.9	92.8	92.5	85.1	73.0	79.3	76.8	75.4	82.3	80.9	85.2
전남	94.4	92.5	91.6	84.1	73.6	78.9	76.7	75.7	79.6	81.0	85.1
경북	93.4	92.2	91.4	83.7	75.3	80.3	78.7	76.3	79.6	81.5	88.3
경남	96.6	89.9	89.8	88.9	79.5	84.0	79.3	75.6	80.7	83.4	87.5
제주	86.6	77.5	94.9	88.6	81.5	77.8	78.4	75.9	86.1	85.3	88.9
평균	95.5	91.1	90.6	84.3	72.1	76.1	73.1	72.9	77.1	78.4	84.6
	92.6			84.3	73.7			75.0		81.5	

* 제2대 국회의원선거는 6·25전쟁으로 집계가 이루어지지 못했음.

아울러 합동연설회의 자유로운 분위기의 영향으로 발생한 것이라 분석된다.

이렇게 볼 때 제5공화국 시기까지 역대 국회의원선거의 평균투표율은 81.4%로 나타나는데, 이것은 제1공화국 시기를 제외하고 대부분의 역대 국회의원선거에서 정당공천 입후보자들의 당선이 높았던 점을 감안한다면, 결국 정당정치에 대한 전체적인 지지도를 의미한다고 할 수 있다.

실제로 〈표 8-8〉에서 보는 바와 같이 역대 국회의원선거에 참여했던 무소속 입후보자들에 대한 지지도는 정당소속 입후보자들보다 낮게 나타나고 있다. 시기별로 보면, 무소속 입후보자들이 가장 많았던 선거는 제2대 국회의원선거로 전체 입후보자의 68.5%였으며, 그 다음으로는 제3대 국회의원선거의 66.0%, 제5대 국회의원선거의 64.5% 순으로 나타나고 있다. 이에 반해 무소속 입후보자들이 가장 적었던 선거는 제12대 국회의원선거로 전체 입후보자의 6.6%에 불과했으며, 그 다음으로는 제11대 국회의원선거의 16.7% 등의 순으로 나타나고 있다.

<표 8-8> 역대 국회의원선거의 무소속 입후보자 지지도

시기	구분	입후보자 정당소속	입후보자 무소속	득표율 정당소속	득표율 무소속	당선자 정당소속	당선자 무소속
제1공화국	제헌 국회의원선거	531 56.0	417 44.0	59.7	40.3	115 57.5	85 42.5
	제2대 국회의원선거	696 31.5	1513 68.5	37.1	62.9	84 40.0	126 60.0
	제3대 국회의원선거	410 44.0	797 66.0	52.1	47.9	135 66.5	68 33.5
	제4대 국회의원선거	484 57.6	357 42.4	78.3	21.7	206 88.4	27 11.6
제2공화국	제5대 국회의원선거	553 35.5	1009 64.5	53.2	46.8	184 78.9	49 21.1
제4공화국	제9대 국회의원선거	224 66.1	115 33.9	81.4	18.6	127 87.0	19 13.0
	제10대 국회의원선거	218 46.1	255 53.9	71.9	28.1	132 85.7	22 14.3
제5공화국	제11대 국회의원선거	529 83.3	106 16.7	89.3	10.7	173 94.0	11 6.0
	제12대 국회의원선거	411 93.4	29 6.6	96.8	3.2	180 98.6	4 1.4
평 균(%)		57.0	43.0	68.9	31.1	77.4	22.6

* 입후보자와 당선자의 경우 위 숫자는 인원, 아래 숫자는 비율.

물론 제3공화국 시기의 제6대부터 제8대 국회의원선거까지는 무소속 입후보자들의 선거참여가 원천 봉쇄되어 모든 입후보자들이 정당의 추천을 받아야만 했다. 전체적으로는 제5공화국 시기까지 역대 국회의원선거에 참여했던 입후보자들 중 43.0%가 무소속이었던 것으로 나타나고 있다.

그러나 유권자들의 지지도를 의미하는 득표율에 있어서는 무소속 입후보자들이 매 선거마다 정당소속 입후보자들보다 적은 득표율을 보이고 있으며, 전체적으로는 정당소속 입후보자들의 득표율이 68.9%인데 비해 무소속 입후보자들의 득표율은 31.1%로 나타나 유권자들은 무소속 입후보자들보다는 정당소속 입후보자들에 대한 선호도가 큰 것으로 해석된다.

더욱이 당선자에 있어서는 이같은 현상이 보다 뚜렷해지는데, 제2대 국회의원선거에서 당선된 무소속 입후보자들이 전체 당선자 중 60.0%를 보이는 것을 제외하고는 모든 선거에서 정당소속 입후보자들이 무소속 입후보자들보다 많이 당선되는 것으로 나타나고 있다. 전체적으로는 77.4% 대 22.6%로 정당소속 입후보자들이 더 많이 당선된 것으로 나타나고 있어 무소속 입후보자들의 당선율이 정당소속 입후보자들보다 낮다는 것을 알 수 있다.

이러한 현상은 결국 유권자들이 무소속 입후보자들보다는 정당소속 입후보자들을 선호하고 있다는 사실을 의미하는 것과 동시에 그만큼 정당에 대한 선호도가 높다는 사실을 의미하는 것이다. 따라서 유권자들은 정당을 통해 자신들의 정치적 의사를 표현하고, 그것을 정책으로 반영하기를 희망하고 있으며, 그러한 이유에서 정당에 대한 신뢰와 지지를 보내고 있다고 해석할 수 있다.

결론적으로 정당체계의 투입구조로서 선거참여정당과 유권자의 지지도를 분석해본 결과 기본적으로 정당체계를 형성하기 위한 투입물의 양은 충분하다고 평가할 수 있다. 역대 국회의원선거에 평균 9.8개의 정당이 참여하고 있고, 이러한 선거에 유권자들은 평균 81.4%의 투표참여율을 보이고 있으며, 평균 68.9%의 득표율에서 알 수 있는 것처럼 무소속 입후보자들보다는 정당소속 입후보자들에 대한 높은 지지를 보냄으로써 전체 당선자들 중 평균 77.4%가 정당소속 입후보자로 나타나고 있는 사실이 이를 뒷받침해주고 있다.

이렇듯 선거에 참여하는 정당이 평균 9.8개라는 사실은 다당체계를 형성할 수 있는 여건이 마련되어왔다는 것을 의미하며, 유권자들이 정당소속 입후보자들에 대한 높은 지지도를 보였다는 사실은 정당체계 형성의 원동력을 제공했다고 볼 수 있는 것이다.

선거제도와 정당법 평가

선거제도의 평가

역대 국회의원선거제도의 주요사항만 비교해보면, 〈표 8-9〉와 같이 도표화할 수 있다.

〈표 8-9〉 역대 국회의원선거제도 비교

구분 시기		선출방식	선거구	후보등록
제1공화국	제헌	직선	소선거구	선거인 추천제
	제2대			
	제3대			
	제4대			
제2공화국	제5대	직선	소선거구(민의원)	추천제 폐지
제3공화국	제6대	직선, 비례대표제	지역구 : 소선거구 전국구 : 비례대표제	정당공천제 및 무소속 출마 금지
	제7대			
	제8대			
제4공화국	제9대	직선, 간선	중선거구 유신정우회	정당공천제 및 무소속 출마 허용
	제10대			
제5공화국	제11대	직선, 비례대표제	지역구 : 중선거구 전국구 : 비례대표제	정당공천제 및 무소속 출마 허용
	제12대			

먼저, 제1공화국의 선거제도는 한결같이 소선거구 단수다수 1차투표제도를 채택하였는데, 이러한 선거제도는 가장 일반적이고 간편한 제도임에는 틀림없으나 결과가 불합리하게 나타나는 결함이 있다. 즉 유권자의 자기표 유효화의본능에 의해서 제1당이 과다대표된다든지, 또는 소수세력이 원내 다수당으로 나타나거나 다수세력이 원내소수당으로 과소대표되는 역조현상이 나타나는가하면 사표(死票)의 문제가 심각하게 드러나기도 한다. 뿐만 아니라 지역적 인물이 전국적 인물을 압도하고 국회의석을 차지하는 현상이 벌어지는가 하면, 유권자의 절대다수가 지지하지 않는 입후보자라도 경

우에 따라서는(특히 다수정당의 난립하에서는) 합법적으로 당선될 수도 있다.[72]

이러한 선거제도는 제2공화국 시기에도 계속되었다. 제2공화국 시기는 양원제 국회였는데, 민의원은 전통적인 소선거구 단순다수 1차투표제를, 그리고 참의원은 대선거구 제한연기제[73]를 채택하였다.

한편 제3공화국 시기는 선거제도에 관한 기존의 고정관념을 완전히 타파하고 변혁을 시도한 시기로, 제6대 국회부터는 후보등록에 있어서 정당공천을 대통령선거의 경우와 마찬가지로 법적 요건으로 규정하였으며, 무소속 입후보자의 출마를 법적으로 규제하였다. 또한 제1, 2공화국 시기의 소선거구 단순다수 1차투표제도에 전국구 비례대표제를 가미한 혼합선거제도를 채택하였다.

그런데 제3공화국 시기에 도입된 비례대표제는 의석을 비(非)비례로 배분함으로써 제1당을 보호하고 소수당을 억제하는 결과를 가져오는 불합리한 것이었다. 즉 지역선거 결과로 나타난 제1당은 전국구의석 총수의 최소 50%, 즉 제6, 7대 국회의 경우는 22석, 제8대 국회의 경우는 26석을 배분받고, 제2당은 최소 잔여의석의 3분의 2를 할당받으며, 그후의 나머지 의석에 대해서만은 제3당 이하가 비례대로 배분받도록 되어 있는 것이다. 단 지역선거를 통해 유효투표 총수의 5%나 총의석 중 3석의 어느 한 조건을 충족시키지 못한 군소정당은 이 전국구의석 배분 대상에서 제외되도록 되어 있었다. 말하자면 부익부·빈익빈현상이 나타나게 되는 것이다.

뿐만 아니라 당의 공천이 입후보의 법률상의 요건이 된 사실과 아울러 비례대표제는 더욱더 당지도층의 권한을 강화시켜주는 데 이바지하였고, 그 결과로 국회의원의 당지도층에의 예속성이 눈에 띄게 나타났다. 제6대 국회 이후 당의 공천제가 법률상의 요건이 됨으로써 누구라도 당명을 거역하거나 당권에 도전하면서 입후보할 수 없도록 되어버렸다.[74] 더욱이 무소속 독립후보의 길마저 봉쇄된 상황에서 정치지망생의 정치생명은 오로지 당지도부의 수중에 있는 셈이었다. 또한 유권자가 지역구후보에게만 투표권을 행사할 뿐 전국구후보에게는 별도로 의사표시조차 할 기회가 없다는 사실이 더욱 더 그러한 현상을 부채질하였다고 볼 수 있다.

한편 제4공화국의 선거제도는 당시의 긴장된 시대상황을 보여주고 있다. 특히 중선거구제의 도입과 유신정우회의 지명사례가 그러하다.[75] 그 중에서도 한 선거구에서 2명씩 선출하는 중선거구제도는 거의 모든 선거구에서 제1당의 입후보자의 당선을 보장하고 제2당 입후보자의 당선가능성도 결정적으로 높여줄 수 있는 일종의 여·야 밀월당선제도라 할 수 있다. 이 제도 하에서는 여·야가 백중지세로 자웅을 겨룰 수도 있다. 그것은 단기제를 채택함으로써 소수대표제의 원리가 살아나기 때문이다. 그러므로 국회의원 총수의 3분의 1을 대통령의 추천으로 통일주체국민회의가 선출하는 유정회 제도를 창설함으로써 집권자가 원내안정세력을 확보할 수 있도록 별도의 장치를 마련해놓은 것이다.

이때부터 제6대 이후 제8대 국회까지 금지되었던 무소속출마를 허용하였는데, 이것은 결과적으로 지역구에서의 제1야당 후보표를 잠식할 소지를 열어놓은 셈이 되었다. 무소속의 출마금지와 허용에 관해서는 책임있는 정당정치의 구현이라는 명분이 무소속의 출마금지를, 그리고 그것을 참정권의 박탈이라고 비판하는 주장이 출마허용을 이론적으로 뒷받침하고 있으나, 현실에서는 야당에 대한 견제의 의미가 크게 나타난다.

한편 제5공화국의 선거제도는 제3공화국 이후의 혼합선거제의 영향에서 크게 벗어나지 않았는데, 제3공화국의 비례대표제와 제4공화국의 중선거구제를 혼합하였다. 그러나 제5공화국이 택한 비례대표제의 의석 배분방식은 매우 특이하다.[76] 즉 지역선거구 총수에 해당하는 92석의 전국구의석 중 제1당에게 무조건 3분의 2인 61석을 배분하고, 나머지 31석은 제2당 이하의 정당에게 의석비율에 따라 비례배분하는 것이다.

이러한 제5공화국 선거제도는 집권당이 언제나 원내 제1당이 된다는 낙관적인 가정을 전제로 하고 있다. 만약 그 전망이 한치라도 빗나갈 때는 실로 중대한 사태를 모면할 도리가 없도록 되어 있다. 즉 지역구선거에서 만일 야당이 단 1석이라도 더 얻으면 그 당이 전국구의석 61석을 차지하여 압도적인 다수당으로서 의회를 장악하게 되어 있기 때문이다.

<표 8-10> 전국구 비례대표제도의 비교

시 기		의석배분방식
제3공화국	제6대~제8대 국회의원선거	지역구선거 결과 제1당에게 전국구의석 총수의 50%를 배분, 제2당은 잔여의석의 3분의 2 할당, 나머지 의석에 대해서만 제3당 이하 모든 정당에게 비례배분. 단, 지역선거에서 유효투표총수의 5%나 총의석 중 3석의 어느 한 조건을 충족시키지 못한 정당은 제외.
제5공화국	제11대~제12대 국회의원선거	지역구선거 결과 제1당에게 전국구 의석총수의 3분의 2를 배분, 나머지 의석은 제2당 이하 모든 정당에게 의석비율에 따라 비례배분.

이러한 변화과정을 거친 선거제도가 정당체계 형성에 가장 중요한 영향을 주는 것은 전국구 비례대표제도이다. 제도 자체의 문제보다는 전국구의석의 배분방식에 문제가 있었던 것이다. <표 8-10>에서 보는 바와 같이 전국구 비례대표제도는 제3공화국 시기부터 시작되어 제4공화국 시기에는 대통령이 지명하는 유신정우회가 신설됨에 따라 폐지되었다가, 제5공화국 시기부터 다시 채택되어 지금까지 존속하고 있다. 그런데 도표에서 알 수 있는 것처럼 전국구의석의 배분에 있어서 매우 불합리한 방식이 채택되어 왔다.

우선 제3공화국 시기에는 지역구선거에서 제1당이 된 정당에게 무조건 2분의 1을 배분했었던 것이 제5공화국 시기에 와서는 무려 3분의 2를 제1당에게 배분하도록 변경되었다. 결국 전국구의석 배분방식은 제1당에게 상당히 유리하도록 되어 있었다. 제3공화국 시기와 제5공화국 시기에는 지역구선거에서 단 1석이라도 더 얻어 제1당이 되는 정당에게는 전국구의석의 2분의 1 또는 3분의 2가 배분됨으로써 안정적인 다수당이 될 수 있는 제도였던 것이다.

원래 전국구제도는 지역구선거 결과 나타날 수 있는 사표(死票)를 합리적으로 처리하며 각계의 전문가들을 등용시켜 직능대표제적 특성을 살리고 소수당에게 득표율에 따라 의석을 배분하는 데 그 목적과 취지를 두어야 한다. 그러자면 지역구선거에서 확보한 의석수가 기준이 되어서는 아니 되며, 그보다는 지역구선거에서 각 정당이 얻은 총득표율을 기준으로 하여 전국구의석을 배분하는 것이 바람직한 방식이라는 지적이 많았다.

그동안의 선거 결과를 보면, 지역구선거에서 제1당은 항상 집권여당이었으며, 역대 국회의원선거에서 여당은 제1당이 되고자 모든 수단과 방법을 가리지 않았다는 것은 주지의 사실이다. 여당은 어떤 식으로든 지역구선거에서 제1당만 되면 불합리한 전국구 비례대표제의 프리미엄을 받아 국회에서 안정된 다수당이 될 수 있다는 사실을 잘 알고 있었고, 실제로 그러한 프리미엄이 정권의 안정을 확보하게 만들었던 것이다. 따라서 정당체계의 전환구조로서 선거제도는 무엇보다도 전국구 비례대표제가 불합리하게 운영됨으로 인해 투입과 산출의 불일치를 가져오는 왜곡구조로 작용할 수 있다는 결론이 내려지게 된다.

정당법의 평가

선거와 정당은 매우 밀접한 관계에 있다. 정당은 국회의원 입후보자를 1차적으로 여과시키는 예비적 선발장치의 역할을 넘어서서 오늘날에는 거의 결정적인 역할을 하고 있으며, 이러한 경향은 제3공화국의 선거제도 변혁 이래 더욱 심화되고 있다. 정당법이 새로 제정되고 선거법이 근본적으로 변혁된 이래 그 둘은 언제나 함께 짝을 지어 기능하고 있다.[77] 이러한 정당법의 변천내용을 도표화하면 〈표 8-11〉과 같다.

<표 8-11> 정당법의 변천내용

구분 \ 시기		미군정기 46.11.23	제3공화국 62.12.31	69. 1.23	제4공화국 72.12.30	제5공화국 80.11.25
창당준비 발기인수	중앙당	3인 이상	30인 이상	30인 이상	20인 이상	
	지구당		10인 이상	10인 이상	10인 이상	
성립필요요건	법정 지구당 수		국회의원 지역선거구 수의			
			1/3 이상	1/2 이상	1/3 이상	1/4 이상
	지구당 의 분산		서울, 부산, 도 중			
			5개 이상		3개 이상	5개 이상
	지역당 의 법정 당원수		50인 이상	100인 이상	50인 이상	30인 이상
등록 장소	중앙당	군정청 공보국	중앙선거관리위원회			
	지구당	당해도청	당해 선거관리위원회			
등록취소요건			정당이 법정요건을 구비하지 못한 경우			정당이 법정요건을 구비하지 못한 경우 및 국회의원 총선 거에 후보자를 추천하지 못 하거나 고의로 참여하지 아 니한 때 또는 국회의원 총선 거에서 의석을 얻지 못하고 유효투표총수의 2/100 이상을 득표하지 못한 때

<표 8-11>에서 보는 바와 같이 정당설립의 최초의 법적 근거는 미 군정법령 55호로 공포된 규정이었다. 이에 의하면 "어떤 형식으로나 정치적 활동에 종사하는 자로서 된 3인 이상의 단체"를 정당으로 규정하고 있다. 이 규정에 따라 1946년 당시의 미 군정청 공보국 및 각 도청에 등록된 정당의 수는 107개에 달하였고, 1947년에는 남한에만도 무려 344개가 존재하였으며, 1946년 7월의 미소공동위원회와 협의할 대상이 되기를 자청한 남한의 정당·사회단체 중에서 미 군정청측은 422개를 인정한 바 있다.[78] 그러나 제1공화국 시기의 헌법에는 정당에 관한 규정이 내포되어 있지 않았고, 따라서 별도의 정당법규도 없었다. 그러므로 당시의 정당은 원내에서 국회법에 의

거한 교섭단체의 대우를 받는 것이 고작이었다.[79]

정당에 관한 규정은 제2공화국 시기에 와서야 비로소 헌법 제13조 2항에 다음과 같이 정당에 대한 관심이 표명되었다. 즉 "정당은 법률이 정하는 바에 의하여 국가의 보호를 받는다. 단, 정당의 활동이나 목적이 민주적 기본질서에 위배될 때에는 정부가 대통령의 승인을 얻어 소추하고 헌법재판소가 판결로써 그 정당의 해산을 명한다"고 규정함으로써 정당에 대한 국가의 승인·보호·규제의무를 명시하고 있다.

이어 제3공화국 시기의 헌법은 정당조항을 가일층 보완하였고, 이에 따라 1962년 12월 마침내 정당법이 제정되어 정당에 관한 법적·제도적 기초가 확립되었다. 뒤이은 제4공화국과 제5공화국을 거쳐서 다소의 변경은 있었으나 중앙당발기인수, 법정지구당수, 지구당의 소재분산방식, 지구당의 법정당원수 등의 국부적인 것 또는 정략적인 것에 한정되었고 정당제도의 기본적인 골간은 이미 제3공화국에서 마련된 것이나 다름없다.

주목할 만한 것은 제5공화국 이후 정당설립의 요건이 완화되고 있다는 점이다. 특히 법정지구당수와 지역당의 법정당원수의 완화는 정당설립을 한결 용이하게 해주는 요건이 아닐 수 없다. 그러나 이러한 정당설립요건의 완화는 자칫 정당의 난립을 가져올 수 있다는 우려가 생기기도 한다. 또 한 가지 특징은 등록취소요건이 제5공화국 시기부터 강화되었다는 점이다. 그 이전까지는 등록요건을 갖추지 못하게 된 경우에 한해 해당 선거관리위원회에서 등록을 취소할 수 있도록 되어 있었다(제38조). 그러나 1980년 11월 25일 공포된 개정 정당법부터는 등록요건을 갖추지 못하게 된 경우는 물론이고 국회의원선거에 후보자를 추천하지 못하거나 고의로 참여하지 아니한 때, 또는 국회의원 총선거에서 의석을 얻지 못하고 유효투표 총수의 100분의 2 이상을 득표하지 못한 경우도 추가시켜 정당의 등록취소요건을 강화하였다. 따라서 국회의원선거가 끝나고 나면 단 1석도 못 얻은 정당이나 유효투표 총수의 100분의 2 이상을 득표하지 못한 정당은 등록이 취소되어 정당으로서의 활동을 할 수 없었던 것이다.

이와 같이 선거제도와 정당법은 점차 합리적으로 개선되어가는 추세를 보이고 있다. 전국구의석 배분방식의 개선이나 정당에 관한 규제도 완화되는 추세로 변화되고 있다. 이러한 변화는 정당정치의 활성화와 경쟁적인 정당체계 및 인위적이 아닌 자연적인 정당체계의 형성에 다소간의 도움을 주는 것이라고 평가할 수 있다.

국회진출정당과 국회 내 정당활동 평가

국회진출정당 평가

〈표 8-12〉에서 보는 바와 같이 역대 국회에 진출한 정당·사회단체의 수는 모두 72개이다.

이 가운데 제헌 국회의원선거와 제2대 국회의원선거의 경우는 정당과 사회단체와의 명확한 구분을 하지 않았으므로 엄격히 말해 이들 모두를 정당에 포함시킬 수는 없기 때문에 제외하고, 제3대 국회의원선거부터 제12대 국회의원선거까지 10회의 국회의원선거를 종합해볼 때 국회진출정당의 평균수는 4.5이다. 결국 역대 국회에는 평균적으로 대략 5개의 정당이 진출한 셈이 된다.

시기적으로 보면 제3공화국과 제4공화국 시기에 국회진출정당의 수가 평균 이하로 나타나는 것을 알 수 있는데, 이는 당시의 정당체계가 민주공화당과 신민당 양당에 의해 주도되었던 사실을 말해주는 것이기도 하다.

한편 선거참여정당의 경우와 마찬가지로 정치적 변동기 이후 각 공화국이 시작되는 시기에 국회진출정당이 그 공화국의 다른 시기보다 많았다가 시간이 흐를수록 적어지는 것을 알 수 있다. 이같은 현상은 정당들의 이합집

<표 8-12> 역대 국회 진출 정당수

시기 구분	제1공화국				제2 공화국	제3공화국			제4공화국		제5공화국		계
	제헌	제2대	제3대	제4대	제5대	제6대	제7대	제8대	제9대	제10대	제11대	제12대	
정당수	16	11	4	3	6	5	3	4	3	3	8	6	72 (45)
평균과의 차이	*	*	-0.5	-1.5	1.5	0.5	-1.5	-0.5	-1.5	-1.5	3.5	1.5	평균 4.5

* 제헌 국회의원선거와 제2대 국회의원선거의 경우 정당과 사회단체의 구분이 명확하지 않았던 상황이므로 이들을 모두 정당에 포함시키기에는 무리가 있음.

산과 더불어 정당체계의 구조화가 이루어지고 있는 것이라고 해석할 수 있다.

좀더 구체적으로 역대 국회에 진출한 정당들의 의석수와 의석점유율을 살펴보면, <표 8-13>에서 보는 바와 같이 제1공화국 시기의 경우 제헌 국회에는 무소속이 전체 의석 200석 중 42.5%인 85석을 점유하는 가운데 정당·사회단체 중에는 대한독립촉성국민회가 27.5%인 55석을 차지하였고, 그 다음이 14.5%인 29석을 얻은 한국민주당, 6.0%인 12석을 얻은 대동청년단 등의 순으로 국회에 진출하였다. 그외의 12개 정당·사회단체들 중에는 대한독립촉성농민총연맹이 1.0%인 2석을 얻었으나 나머지 11개의 정당·사회단체들은 모두 0.5%인 1석씩을 얻는 데 그쳤다.

이어 제2대 국회에는 역시 무소속이 전체 의석 210석 중 60.0%인 126석을 점유하는 가운데 대한국민당과 민주국민당이 똑같이 24석씩을 얻어 11.4%의 의석점유율을 보이고 있다. 그 다음으로는 국민회가 6.7%인 14석을 얻었고, 대한청년단이 4.8%인 10석, 대한노동총연맹과 일민구락부가 똑같이 3석으로 1.4%의 의석점유율을 보이고 있으며, 사회당이 2석으로 약1%의 의석점유율을 보이고 있다. 나머지 4개 정당·사회단체들은 모두 1석씩을 얻어 국회에 진출하였음을 알 수 있다.

<표 8-13> 제1·2공화국 시기 국회진출 정당현황

제1공화국 / 제헌국회

무소속	대한독립촉성국민회	한국민주당	대동청년단	조선민족청년단	대한노동총연맹	대한독립촉성농민총연맹	조선민주당	대한청년단	한국독립당	교육협회	단민당	대성회	전도회	민족통일본부	조선공화당	부산일오구락부
85 42.5	55 27.5	29 14.5	12 6.0	6 3.0	1 0.5	2 1.0	1 0.5	1 0.5	1 0.5	1 0.5	1 0.5	1 0.5	1 0.5	1 0.5	1 0.5	1 0.5

제1공화국 / 제2대국회

무소속	대한국민당	민주국민당	국민회	대한청년단	대한노동총연맹	사회당	일민구락부	민족자주연맹	대한부인회	불교	대한여자국민당
126 60.0	24 11.4	24 11.4	14 6.7	10 4.8	3 1.4	2 1.0	3 1.4	1 0.5	1 0.5	1 0.5	1 0.5

제1공화국 / 제3대국회

무소속	자유당	민주국민당	국민회	대한국민당
68 33.5	114 56.2	15 7.4	3 1.5	3 1.5

제1공화국 / 제4대국회

무소속	자유당	민주당	통일당
27 11.6	126 54.1	79 33.9	1 0.4

제2공화국 / 제5대국회

민주당	자유당	무소속	사회대중당	한국사회당	통일당	기타단체
175 75.1	2 0.9	49 21.1	4 1.7	1 0.4	1 0.4	1 0.4

　따라서 제헌 국회와 제2대 국회에서는 제1당이 각각 27.5%와 11.4%의 낮은 의석점유율을 보이고 있는데 이러한 현상은 당시에 정당과 사회단체의 구분없이 국회의원선거에 참여할 수 있었던 것과 분명한 여당이 없었다는 데 그 이유가 있다고 볼 수 있다.

　한편 제3대 국회에 들어서부터 여당이 등장하게 되는데, 제3대 국회의 전체 의석 203석 중 여당인 자유당이 114석을 차지하여 의석점유율이 56.2%에 달한 반면 야당들은 15석을 얻은 민주국민당이 7.4%의 의석점유율을 보이고 있고, 국민회와 대한국민당은 똑같이 3석씩을 얻어 1.5%의 의석점유율을 나타내고 있다.

또한 제4대 국회에서는 여당인 자유당의 의석점유율이 54.1%로 제3대 국회에서보다 저하된 것으로 나타나고 있는데, 실제로는 자유당의 의석수가 제3대 국회에서보다 12석이 증가되었음을 알 수 있다. 그러나 전체 의석이 203석에서 233석으로 30석이나 늘어남으로써 자유당의 약진은 오히려 후퇴로 비쳐지게 되었던 것이다. 이에 비해 79석을 얻어 33.9%의 의석점유율을 보인 민주당은 전체 의석의 3분의 1을 장악하면서 제2당이 되었고, 통일당은 단 1석만 얻어 국회에 진출하였다.

결국 제3대 국회와 제4대 국회의 여당인 자유당은 각각 56.2%와 54.1%의 의석점유율에서도 알 수 있듯이 원내안정의석을 확보함으로써 국회를 독점적으로 운영할 수 있었다. 이에 비해 제3대 국회의 제1야당인 민주국민당은 불과 7.4%의 저조한 의석점유율을 보였으며, 나머지 정당들의 의석점유율을 합해도 고작 10.4%밖에는 안되었기 때문에 여당의 독주를 견제할 수가 없었다. 그러나 제4대 국회의 제1야당인 민주당은 그나마 33.9%의 의석점유율을 보여 제3대 국회 시기보다는 여당의 독주를 어느 정도 견제할 수 있는 여건을 갖추었다고 할 수 있다.

한편 제2공화국 시기의 제5대 국회의 경우는 여당인 민주당이 전체 의석의 75.1%인 175석을 차지하여 완전히 국회를 장악하였는데, 이 수치는 역대 국회 중 가장 높은 의석점유율이었다. 물론 민주당이 제5대 국회를 완전히 장악할 수 있었던 것은 4·19혁명의 영향 때문이었다는 것은 주지의 사실이다. 더욱이 4석을 얻은 사회대중당을 제외하고 여타의 정당들은 고작 1~2석 정도밖에 얻지 못했고, 무소속이 21.1%의 의석점유율을 보이는 정도였다. 결국 제5대 국회는 여당인 민주당의 일방적인 독주로 운영될 수밖에 없었다고 평가할 수 있다.

제1, 2공화국 시기와는 달리 제3공화국과 제4공화국 시기의 제6대 국회부터 제10대 국회까지는 〈표 8-14〉에서 보는 바와 같이 여당인 민주공화당의 독점적 면모가 계속적으로 보여진다.

〈표 8-14〉 제3·4공화국 시기 국회진출 정당현황

시 기		국 회 진 출 현 황				
제3공화국	제6대 국회	민주공화당	민정당	민주당	자유민주당	국민의당
		110 62.9	41 23.4	13 7.4	9 5.1	2 1.1
	제7대 국회	민주공화당		신민당		대중당
		129 73.7		45 25.7		1 0.6
	제8대 국회	민주공화당	신민당	국민당	민중당	
		113 55.4	89 43.6	1 0.5	1 0.5	
제4공화국	제9대 국회	민주공화당	신민당	민주통일당	무소속	
		73/(유정회73) 66.6	52 23.7	2 0.9	19 8.7	
	제10대 국회	민주공화당	신민당	민주통일당	무소속	
		68/(유정회77) 62.8	61 26.4	3 1.3	22 9.5	

이 시기동안 민주공화당은 최소 55.4%에서 최대 73.7%의 의석점유율을 보이고 있는데, 제6대 국회에서 62.8%였던 민주공화당의 의석점유율은 제7대 국회에서는 73.7%로 크게 증가하였다. 그러나 제8대 국회에서는 과반수가 조금 넘는 55.4%를 보여 이전의 시기에 비해 상당히 위축되었음을 알 수 있다. 이러한 결과는 정권에 대한 지지저하로 나타난 현상이었으며, 실제로 제7대 국회에서 25.7%였던 제1야당인 신민당의 의석점유율이 43.6%로 크게 증가한 사실이 이를 증명해준다.

이러한 여당의 약화와 제1야당의 세력확장은 안정적인 정권유지에 위협적 요소로 작용하였기 때문에 유신체제가 수립된 후에는 아예 준여당 성격의 유신정우회를 통해 여당인 민주공화당을 보좌하도록 하였다.

따라서 제4공화국 시기의 민주공화당만의 순수한 의석점유율은 중선거구제도의 영향으로 제1야당인 신민당과 별 차이가 없으나,[80] 유신정우회를 포함하게 됨으로써 제9대 국회에서는 66.6%, 제10대 국회에서는 62.8%의 의석점유율을 보이게 되는 것이다.

이에 반해 신민당은 지역구의석의 35.6%와 39.6%를 각각 차지하였으나, 선거제도의 불합리성으로 인해 제9대 국회에서는 23.7%, 제10대 국회에서는 26.4%로 상대적인 손해를 보게 되었다. 그러나 신민당에 대한 유권자들의 기대와 지지가 점차 증대되어감에 따라 의석점유율도 증가되었다.

결국 제3공화국과 제4공화국 시기에서도 집권여당인 민주공화당은 언제나 과반수 이상의 안정된 의석을 보유했으며, 제1야당인 신민당을 제외하고는 대부분의 야당이 20% 이하의 의석점유율을 보이고, 심지어 10% 미만의 군소정당들이 국회에 진출함으로써 여당의 독주는 계속되었다.

〈표 8-15〉 제5공화국 시기 국회진출 정당현황

시 기		국 회 진 출 현 황								
제5공화국	제11대 국회	민주정의당	민주한국당	민주사회당	한국국민당	민권당	신정당	안민당	민주농민당	무소속
		151	81	2	25	2	2	1	1	11
		54.7	29.3	0.7	9.1	0.7	0.7	0.4	0.4	4.0
	제12대 국회	민주정의당	신한민주당	민주한국당	한국국민당	신정사회당	신민주당		무소속	
		148	67	35	20	1	1		4	
		53.6	24.3	12.7	7.2	0.4	0.4		1.4	

한편 〈표 8-15〉에서 보는 바와 같이 제5공화국 시기의 국회에서도 집권여당들이 원내 제1당의 위치를 지킨다는 점에서 이전의 국회와 다를 바가 없

다. 제11대 국회와 제12대 국회에서 여당인 민주정의당은 각각 54.7%와 53.6%의 의석점유율로 원내 과반수 이상의 안정의석을 확보하였다.

야당의 경우는 제11대 국회에서 민주한국당이 전체 의석의 29.3%인 81석을 차지하여 제1야당이 되었으나, 제12대 국회에서는 신한민주당이 전체 의석의 24.3%인 67석을 보유하게 되어 민주한국당을 제치고 제1야당으로 부상했다.

한편 제11대 국회의 경우 민주정의당과 민주한국당에 이어 의석점유율 9.1%인 한국국민당이 제3당이 되었고, 제12대 국회에서는 민주정의당과 신한민주당에 이어 의석점유율 12.7%인 민주한국당이 제3당이 되었다.

이와 같이 제5공화국 시기까지 역대 국회에서는 집권여당이 제1당의 위치를 지키는 가운데 과반수 이상의 의석점유율을 보이면서 국회를 주도하여 왔다. 결국 역대 국회에 진출한 정당들은 대체적으로 여당의 독주에 대하여 효과적인 견제와 대응을 하지 못할 정도의 약체 정당이었기 때문에 비록 평균적으로 5개 정도의 정당들이 국회에 진출한다고 해도 그것이 경쟁적인 다당체계를 형성하기에는 근본적인 한계가 있을 수밖에 없다는 결론이 내려진다.

국회 내 정당활동 평가

국회 내에서의 정당활동 가운데 중요한 것은 국회 본연의 임무인 입법기능과 행정부에 대한 적절한 감시와 통제기능을 정당들이 어떻게 수행해왔는가라고 할 수 있다. 사실상 국회가 입법활동을 활발하게 전개하고 행정부에 대한 적절한 감시와 통제를 충실히 한다는 것은 그만큼 국회를 구성하고 있는 정당들간의 경쟁이 활발하게 이루어지고 있다는 증거이기 때문이다.

먼저 역대 국회 내에서의 입법활동을 평가해보면, 전반적으로 의원이 발의한 법률안보다 정부가 제출한 법률안의 통과율이 더 높은 것으로 나타나 국회 자체의 입법기능이 충실히 수행되지 못했다고 할 수 있다. 이러한 평가는 결국 국회가 행정부에 이끌려 다녔다는 것을 의미하며, 또한 그 과정에서 권력구조상 행정부와 밀착될 수밖에 없는 여당의 영향력이 상대적으로 컸다는 사실을 의미하는 것이기도 하다.

따라서 정부제출 법률안의 가결률이 높았다는 사실은 국회 내에서의 여·야 정당들간의 활동이 비경쟁적이었다는 것을 의미하는 것이라고 할 수 있다. 이러한 사실은 여·야 정당들간의 입법활동에서 더욱 분명하게 확인되어진다.

보다 구체적으로 국회 내에서의 입법활동을 평가해보면, 〈표 8-16〉에서 보는 바와 같이 제5공화국 시기까지 역대 국회에는 총 5,106건의 법률안이 발의되어 3,187건이 가결 통과됨으로써 평균가결률 62.5%를 나타내고 있다.

이 가운데 의원발의 법률안은 1,972건으로 전체 법률안 중 38.6%를 차지하고 있고, 가결된 법률안은 938건으로 전체의 29.4%를 기록하고 있으며, 47.6%의 가결률을 보이고 있다. 이에 반해 정부제출 법률안은 총 3,134건에 61.4%를 차지하고 있고, 이 가운데 가결된 법률안은 2,249건으로 전체의 70.6%를 기록하고 있으며, 가결률에 있어서는 71.7%를 나타낸다.

다시 말해 역대 국회에서 발의된 법률안의 과반수를 훨씬 넘는 61.4%가 정부제출 법률안인데 비해 의원발의 법률안은 38.63%였다. 더욱이 통과된 법률안의 70.6%가 정부제출 법률안인데 비해 의원발의 법률안은 29.4%에 불과하다. 가결률에서 보면, 정부제출 법률안이 71.7%인데 비해 의원발의 법률안은 47.6%로 나타나고 있는 것이다.

시기별로 보면, 발의된 전체 법률안 중 의원발의 법률안이 가장 많은 비중을 차지하고 있는 국회는 제6대 국회로서 전체 법률안 중 63.3%가 의원에 의해 발의되었으며, 가장 적은 비중을 차지하고 있는 국회는 제10대 국회로 불과 3.9%의 법률안이 의원에 의해 발의되는 데 그쳤다.

<표 8-16> 역대 국회별 법률안 가결현황

시기		구분	발의수	가결수	가결률
제1공화국	제헌국회	의원발의	89(38.0)	43(28.9)	48.3
		정부제출	145(62.0)	106(71.1)	73.0
	제2대국회	의원발의	182(45.7)	78(36.1)	42.9
		정부제출	216(54.3)	138(63.9)	63.9
	제3대국회	의원발의	169(41.2)	72(45.9)	42.6
		정부제출	241(58.8)	85(54.1)	35.5
	제4대국회	의원발의	120(37.2)	31(41.3)	25.8
		정부제출	202(62.8)	44(58.7)	21.8
제2공화국	제5대국회	의원발의	137(46.2)	30(41.3)	21.9
		정부제출	159(53.8)	44(58.7)	25.2
제3공화국	제6대국회	의원발의	416(63.3)	178(53.6)	42.8
		정부제출	242(36.7)	154(46.4)	63.6
	제7대국회	의원발의	244(45.6)	123(34.5)	50.4
		정부제출	291(54.4)	234(65.5)	80.4
	제8대국회	의원발의	43(31.2)	6(15.4)	14.0
		정부제출	95(68.8)	33(84.6)	34.7
제4공화국	제9대국회	의원발의	154(24.3)	84(15.4)	54.5
		정부제출	479(75.7)	460(84.6)	96.0
	제10대국회	의원발의	5(3.9)	3(3.0)	60.0
		정부제출	124(96.1)	97(97.0)	78.2
제5공화국	제11대국회	의원발의	202(41.3)	83(24.4)	41.1
		정부제출	287(58.7)	257(75.6)	89.5
	제12대국회	의원발의	211(55.7)	66(29.7)	31.3
		정부제출	168(44.3)	156(70.3)	92.9
계		전체	5,106	3,187	62.4
		의원발의	1,972(38.6)	938(29.4)	47.6
		정부제출	3,134(61.4)	2,249(70.6)	71.7

　또한 가결된 법률안에 있어서 의원발의 법률안이 차지하는 비중이 가장 큰 국회는 역시 제6대 국회로 가결된 전체 법률안의 53.6%였는데, 이는 역대 국회 중 유일하게 과반수 이상을 차지하는 것이었다. 반면에 가결된 법률안 중 의원발의 법률안이 차지하는 비중이 가장 작은 국회는 역시 제10대 국회로 가결된 전체 법률안의 3.0%에 불과하다. 한편 의원발의 법률안의 가

결률에 있어서는 제10대 국회가 60.0%로 가장 높았던 것에 반해 제8대 국회의 경우는 14.0%로 가장 낮은 가결률을 보이고 있다.[81]

결국 역대 국회에서의 입법활동은 명백하게 부진했다는 결론이 내려진다. 가결된 법률안 가운데 의원발의 법률안이 50%를 넘는 국회는 오직 제6대 국회밖에 없으며, 나머지 국회에서는 한결같이 정부제출 법률안이 과반수 이상을 차지하였다. 뿐만 아니라 의원들 스스로가 발의한 법률안 중 절반 이상의 법률안이 통과된 국회는 제7대, 제9대, 그리고 제10대 국회뿐이며, 나머지 국회에서는 모두 50% 미만의 낮은 가결률을 보이고 있다.

이처럼 역대 국회가 입법활동을 부진하게 했다는 사실은 그만큼 행정부의 우위현상이 두드러졌고, 국회운영이 집권여당 중심으로 이루어졌다는 증거가 아닐 수 없다. 실제로 국회가 행정부에 대해서 가할 수 있는 통제활동 가운데 대표적인 국정감사와 국정조사의 실시 현황을 보면, 이러한 평가가 틀리지 않는다는 사실을 발견할 수 있다.

<표 8-17>에서 보는 바와 같이 제1공화국 시기부터 제3공화국 시기까지는 국정감사권과 국정조사권이 모두 규정되어 있어 그 발동을 통해 행정부에 대한 적절한 감시와 통제를 하였으나, 제4공화국 시기부터는 모두 폐지됨으로써 국회 본연의 임무 중의 하나인 행정부에 대한 감시와 통제를 제대로 수행할 수 없었다.

물론 제5공화국 시기에 와서는 국정조사권만이 부활되었으나, 그 발동은 없었다. 좀더 구체적으로 역대 국회에서의 국정감사와 국정조사 실시현황을 살펴보면 <표 8-18>에서 보는 바와 같이 제9대 국회부터 제12대 국회까지는 단 한 차례의 국정감사나 국정조사가 실시되지 않았다. 이때가 유신체제의 제4공화국 시기와 그의 후신격인 제5공화국 시기로서 정치체제가 권위주의적인 특성을 보이던 시기였음은 앞에서 설명한 바 있다.

역대 국회 중 가장 많은 국정감사와 국정조사가 실시된 국회는 제3대 국회로 모두 77회가 실시되었으며, 그 다음이 제2대 국회의 47회, 제5대 국회

<표 8-17> 국정감사권 및 국정조사권의 변천

시기 \ 구분		회 기	일반감사	특별감사	국정감사
제1공화국	제헌 국회	1948. 5.31 1950. 5.30	1	0	15
	제2대 국회	1950. 6.19 1954. 4.30	4	2	41
	제3대 국회	1954. 6. 9 1958. 5.29	3	10	64
	제4대 국회	1958. 6. 7 1960. 7.25	2	1	14
제2공화국	제5대 국회	1960. 8. 8 1961. 5. 3	1 (1)	1 (1)	11 (5)
제3공화국	제6대 국회	1963.12.17 1967. 3.10	3	0	12
	제7대 국회	1967. 7.10 1971. 4.27	4	5	8
	제8대 국회	1971. 7.26 1972.10.17	2	0	1
제4공화국	제9대 국회	1973. 3.12 1978.11.17	0	0	0
	제10대 국회	1979. 3.15 1980.10.27	0	0	0
제5공화국	제11대 국회	1981. 4.11 1985. 1. 9	0	0	0
	제12대 국회	1985. 5.13 1988. 2.23	0	0	0

( )안은 참의원에서의 실시현황.

자료 : 국회사무처, 『역대국회 의사관계 통계자료집(제1집)』(서울 : 국회사무처, 1988),
국회사무처, 『1991년도 국정감사관련 통계자료집』(서울 : 국회사무처, 1992),
박동서·김광웅 편, 『의회와 행정부』(서울 : 법문사, 1988), 237쪽에서 발췌 재작성.

의 20회 등의 순으로 나타나고 있다. 전반적으로 제1공화국 시기와 제2공화
국 시기에는 행정부에 대한 국회의 통제기능인 국정감사와 국정조사가 활
발하게 실시된 편이며, 제3공화국 시기에 와서도 그 명맥은 계속 이어진다.

물론 국정감사와 국정조사가 실시된 사실만으로 국회의 행정부 통제가
제대로 이루어졌다고 말할 수는 없으나, 최소한 이러한 제도를 통해서라도
행정부를 감시하고 통제할 수 있는 노력이 원천적으로 봉쇄되었던 것보다

구분 시기		국정감사권		국정조사권	
		규정	발동회수	규정	발동회수
제1공화국	제헌 국회	있음	1	있음	24
	제2대 국회		4		37
	제3대 국회		11		51
	제4대 국회		3		6
제2공화국	제5대 국회		2		8
제3공화국	제6대 국회		5		11
	제7대 국회		8		8
	제8대 국회		2		3
제4공화국	제9대 국회	없음	0	없음	0
	제10대 국회				0
제5공화국	제11대 국회			있음	0
	제12대 국회				0
계			36		148

자료 : 김호진, 『한국정치체제론』(서울 : 박영사, 1995), 439쪽과
국회사무처의사국, 『의정통계집』(서울 : 국회사무처, 1996)에서 발췌 재작성.

는 훨씬 국회의 기능수행이 제대로 이루어졌다고 평가할 수 있는 것이다.

더욱이 이러한 사실은 국회 자체의 행정부 감시와 통제기능의 변화만을 의미하는 것이 아니라 국회 내에서의 여 · 야간의 경쟁관계의 변화를 함께 설명해주는 것이다. 즉 제1공화국 시기부터 제3공화국 시기까지는 최소한 여당의 독주현상이 적게 나타나는데 반해 제4공화국 시기와 제5공화국 시기에는 여당의 일방적인 독주로 야의 활동이 크게 위축된 상태에서 국회가 운영되어 왔음을 의미하는 것이다. 이러한 특징은 결국 정당체계의 경쟁성과 밀접한 관계를 갖고 있는 것이기도 하다.

보다 구체적으로 입법활동에 있어서의 여 · 야 정당들간의 경쟁상황을 살펴보면, 〈표 8-19〉에서 보는 바와 같이 제1공화국 시기의 제3대 국회에서는 여당이 52건, 야당이 64건으로 야당이 많이 제출하였으나, 가결률은 여당이 42.3%(52건 중 22건), 야당이 15.6%(64건 중 10건)를 나타냈다. 또한 야당이 발의한 법률안이 임기종료로 인하여 많이 폐기되었는데 이는 자유당이 거대여

당으로 출현하고 야당의 세력이 크게 위축되었기 때문이다. 또한 제4대 국회에서는 여당이 40건, 야당이 48건으로 제출건수에서는 비슷하였으나 가결률은 오히려 자유당 몰락의 영향으로 야당이 수적인 열세에도 불구하고 10.4%(48건 중 5건)를 나타내는 특이한 현상을 보였다. 한편 제2공화국 시기인 제5대 국회의 경우 여당이 51건, 야당이 49건으로 비슷하지만 야당발의 법률안의 가결률은 4.1%(49건 중 2건)에 불과하다.

<표 8-19> 역대 국회별 여·야의원발의 법률안 처리 결과

시기	구분	여당발의			야당발의		
		발의수	가결수	가결률	발의수	가결수	가결률
제1공화국	제3대 국회	52	22	42.3	64	10	15.6
	제4대 국회	40	2	5.0	48	5	10.4
제2공화국	제5대 국회	51	10	19.6	49	2	4.1
제3공화국	제6대 국회	183	57	33.1	124	17	13.8
	제7대 국회	115	51	44.5	60	7	11.7
	제8대 국회	15	4	26.7	26	0	0
제4공화국	제9대 국회	32	26	81.3	75	12	16.0
	제10대 국회	4	3	75.0	1	0	0
제5공화국	제11대 국회	44	37	84.1	116	4	3.4
	제12대 국회	57	35	55.7	123	1	0.8
계		603	247	41.0(%)	686	58	8.5(%)
평 균		60.3	24.7		68.6	5.8	

자료 : 국회사무처, 『국회사(제헌~제6대)』(서울 : 국회사무처, 1971),
국회사무처, 『국회사(제7대~제8대)』(서울 : 국회사무처, 1976),
국회사무처, 『국회사(제9대)』(서울 : 국회사무처, 1981),
국회사무처, 『제10대 국회 경과보고서』(서울 : 국회사무처, 1980),
국회사무처, 『제11대 국회 경과보고서』(서울 : 국회사무처, 1985),
국회사무처, 『제12대 국회 경과보고서』(서울 : 국회사무처, 1988),
국회사무처, 『제13대 국회 경과보고서』(서울 : 국회사무처, 1992),
국회사무처, 『의정자료집 : 제헌 국회-제14대 국회 전반기』(서울 : 국회사무처, 1994)에서 발췌.

제3공화국 시기에 들어와 제6대 국회에서는 여당이 183건으로 야당의 124건보다 많으며, 가결률도 여당이 33.1%(57건)로 야당의 13.8%(17건)보다 높게 나타난다. 그러나 이같은 야당발의 법률안의 가결률은 다른 때보다 비교적 높다는 특징이 있다. 이어 제7대 국회에서는 여당이 115건이고 야당이

60건으로 제6대 국회에 비해 여당이 발의한 법률안이 현저히 많은데, 이것은 행정부가 여당을 통하여 제출한 법안이 많기 때문이다. 가결률에 있어서는 여당이 44.5%(115건 중 51건)이지만, 야당은 11.7%(60건 중 7건)로 많은 차이를 보인다. 야당발의 법률안의 가결률이 다른 때보다 비교적 높지만, 제6대 국회에 비하면 차츰 여·야 관계가 대립양상으로 가는 것을 알 수 있다. 제8대 국회에서는 여당발의가 15건인데 반해 야당발의는 26건으로 야당의 활동이 활발하였음을 알 수 있다. 그러나 가결률에서는 여당제출 법률안이 26.7%(15건 중 4건)인데 비해 야당이 발의한 것은 한 건도 가결되지 못하였다. 극단적인 여·야의 대립과 여당의 독주현상을 볼 수 있다.

한편 제4공화국 시기의 제9대 국회에서는 여당이 32건을, 야당이 75건을 제출하여 야당이 이른바 '유신국회'의 틀을 벗어나기 위한 매우 적극적인 활동을 하였음을 알 수 있다. 그러나 의원정수 3분의 1이 임명된 국회의원(유신정우회)이었기 때문에 여당발의 법률안은 81.3%(32건 중 26건)나 통과되었으나, 야당이 발의한 법률안은 16%(75건 중 12건)에 그쳐 야당의 활동을 매우 크게 위축시켰다. 이어 제10대 국회에서는 여당이 4건, 야당이 1건이었으며 여당의 4건 가운데 3건이 통과되었으나 야당의 1건은 임기종료로 인하여 폐기되었다. 이같은 제4공화국 시기의 법률안 처리과정에 나타난 여·야 관계는 야당에 극히 불리한 국회의 구성으로 인하여 정당간의 정상적인 경쟁관계를 찾아볼 수 없고 대립과 갈등관계의 연속이었다고 할 수 있다.

한편 제5공화국 시기에 들어와 제11대 국회의 경우 여당발의가 44건, 야당발의가 116건으로 야당의 입법활동이 매우 활발하였음을 보여준다. 그러나 가결률에서는 여당이 84.1%(44건 중 37건)인 반면에 야당은 3.4%(116건 중 4건)이었으며 야당발의 법률안은 계속 미루다가 임기종료로 인한 폐기가 많았다. 또한 제12대 국회에서는 여당발의가 57건이고 야당발의가 123건이었으나, 가결률에서는 여당발의가 55.7%(57건 중 35건)인 데 반해 야당발의는 불과 0.8%(123건 중 1건)로서 지극히 여당 주도의 국회가 운영되었음을 알 수 있다.

이와 같이 제5공화국 시기의 법률안 처리과정에서 나타난 여당과 야당의 관계는 제11대와 제12대가 현저하게 다른 성격을 보이고 있다. 즉 제11대 국회에서는 여·야의 관계가 20개의 법률안을 대안으로 처리하는 등 그나마 협조적이었으나, 제12대에 와서는 야당이 발의한 법률안 123건 중 1건만이 통과됨으로써 여·야간의 심한 갈등을 표출한 것이다.

전체적으로 보면, 역대 국회 내의 입법활동에 있어서 여·야 정당들간의 경쟁은 제12대 국회까지 여당의원들이 총 603건의 법률안을 발의한 데 비해 야당의원들은 686건의 법률안을 발의하여 엇비슷했으나, 가결된 법률안은 여당의 것이 247건인데 비해 야당의 것은 불과 58건으로 오히려 여당발의 법률안이 4배가 넘게 많은 것으로 나타나고 있다. 따라서 가결률에서 보면, 여당발의 법률안이 41.0%인데 비해 야당발의 법률안은 8.5%로 무려 5배 가까운 격차가 나타나고 있음을 알 수 있다.

이러한 결과는 역대 국회에서 여·야간의 입법활동을 둘러싼 경쟁이 여당의 일방적인 우위에 의한 비경쟁적 양상을 보였음을 말해주는 것이다. 따라서 입법활동에서의 비경쟁적인 상황은 국회내에서의 전반적인 활동에서도 비슷한 양상으로 보일 것이 분명하기 때문에 역대 국회에 진출한 정당들간의 경쟁성은 별로 높지 않다는 결론이 내려지는 것이다.

정당체계의 유형 평가

이상에서 평가해 본 정당정치와 연관된 여러 가지 요소들을 종합하여 이 책의 제2장에서 서술해 놓은 정당체계 분석모형에 대입시키면 한국 정당체계의 유형을 평가할 수 있다. 그런데 이를 위해서는 우선 정당체계의 경쟁성 여부를 판단하여 정당체계가 경쟁적인가 비경쟁적인가를 구분해야 하고, 다음으로는 이데올로기의 영향이 있는가 없는가를 판단하여야 하며, 아울러 정당의 의석수와 의석점유율을 따져 정당의 상대적인 규모를 측정함으로써 정당체계를 형성하는 실제적인 정당의 수를 계산해보아야 한다.

먼저 정당체계의 경쟁성 여부를 판단하기 위해서는 정당체계의 외부환경인 정치체제와 정치문화, 정당체계의 투입구조인 선거참여정당과 유권자의 지지도, 전환구조인 선거제도와 정당법, 산출구조인 국회진출정당과 국회 내 정당활동 등이 경쟁적인 정당체계 형성에 미치는 영향이 긍정적인가 부정적인가를 종합적으로 평가해야 한다.

정당체계의 외부환경으로서의 정치체제와 정치문화에 있어서는 민주주의적인가 권위주의적인가를 기준으로 민주주의적일 때에는 정당체계의 경쟁성에 긍정적인 영향을 주는 것으로 평가하고, 권위주의적일 때에는 부정적인 영향을 주는 것으로 평가한다.

또한 정당체계의 투입구조로서의 선거참여정당의 경우는 역대 국회의원선거에 참여한 정당의 수가 평균 9.8이므로 10개 정당 이상이 참여한 경우는 긍정적으로, 9개 정당 이하가 참여한 경우는 부정적으로 평가한다. 유권자의 지지도에 있어서는 역대 국회의원선거에서 정당소속 후보자와 무소속 후보자의 득표율을 비교하여 정당소속 후보자의 득표율이 더 많은 경우를 긍정적으로, 그 반대의 경우를 부정적으로 평가한다.

한편 정당체계의 전환구조로서 선거제도는 합리적인가 비합리적인가를 기준으로 경쟁적인 정당체계에 미치는 영향을 평가해야 하는데, 한국의 선거제도에 있어서 가장 큰 문제로 지적되어온 전국구 비례대표제의 배분방식을 기준으로 선거제도의 왜곡현상이 심한 경우는 부정적으로, 왜곡현상이 약한 경우는 긍정적으로 평가한다. 또한 정당체계의 전환구조로서 정당법은 정당의 설립 및 존속이 용이한 경우는 긍정적으로, 그렇지 못한 경우는 부정적으로 평가한다.

정당체계의 산출구조로서 국회진출정당은 역대 국회에 진출한 정당의 수가 평균 4.5이므로 5개 이상의 정당이 국회에 진출한 경우는 긍정적으로, 4

개 이하의 정당이 진출한 경우는 부정적으로 평가한다. 또한 국회 내 정당활동의 경우는 의원발의 법률안의 가결률(역대 국회 평균은 47.6%)과 국정감사 및 국정조사의 전면실시 여부, 그리고 야당발의 법률안의 가결률(역대 국회 평균은 8.5%) 등을 기준으로 경쟁적일 경우는 긍정적으로, 비경쟁적일 경우는 부정적으로 평가한다.

한편 정당체계에 대한 이데올로기의 영향이 있는가 없는가는 정당체계의 내부환경으로서 정당의 이데올로기를 분석한 결과를 기준으로 해야 하는데, 앞에서 살펴본 것처럼 역대 국회에 진출한 정당들의 이데올로기적 분열도는 뚜렷이 나타나지 않으므로 한국 정당체계에 있어서 정당의 이데올로기는 경쟁적인 정당체계의 형성에 별다른 영향을 미치지 못한다는 결론을 내린 바 있다. 또한 정당체계의 내부환경인 정당의 조직구조도 정당들간의 차별성을 발견할 수 없었으므로 이 또한 경쟁적인 정당체계의 형성에 영향을 주지 않는다는 결론을 내린 바 있다. 따라서 정당체계의 내부환경으로서 정당의 이데올로기와 정당의 조직구조는 모두 경쟁적인 정당체계 형성에 아무런 영향을 주지 않는 것으로 결론을 내렸기 때문에 정당체계의 유형 평가에 있어서는 논외로 한다.

끝으로 정당체계를 형성하는 실제적인 정당수의 계산은 라이파트가 제시한 '정당의 효과적인 수'의 산출공식을 적용하고자 하는데, 경쟁성의 여부와 정당의 효과적인 수를 결합하여 각 시기의 정당체계가 사르토리의 정당체계 유형분류에 있어 어떤 유형에 속하는가를 평가해보기로 한다.

제1공화국 시기의 정당체계

정치체제와 정치문화

제1공화국 시기의 정치체제는 준경쟁적 권위주의체제로서 알몬드의 분류에 따르면, 근대적 권위주의체제에 속한다고 할 수 있다. 이와 함께 정치문화 역시 권위주의적인 특성이 강하게 나타났기 때문에 이 시기에 정당체계의 외부환경으로서 정치체제와 정치문화는 경쟁적인 정당체계 형성에 부정적인 영향을 주었다고 평가할 수 있다.

선거참여정당

제헌 국회의원선거와 제2대 국회의원선거의 경우는 정당과 사회단체의 구분이 명확하지 않은 상태에서 각각 48개, 40개의 정당·사회단체들이 참여했으므로 정확한 선거참여정당의 수를 측정하기 어렵다. 정당에 대한 인식이 싹트기 시작하는 제3대 국회의원선거와 제4대 국회의원선거에서는 모두 14개의 정당·사회단체들이 참여했는데, 이 숫자는 역대 국회의원선거에 참여한 평균정당수 9.8을 크게 넘어서는 것이다. 따라서 제3대와 제4대 국회 시기의 정당체계의 투입구조로서 선거참여정당은 경쟁적인 정당체계 형성에 긍정적인 영향을 주었다고 볼 수 있다.

유권자의 지지도

제2대 국회의원선거만 제외하고 모두 정당소속 후보자가 무소속 후보자에 비해 더 많은 득표를 한 것으로 나타났다. 정당소속 후보자의 득표율 대무소속 후보자의 득표율을 보면, 제헌 국회의원선거의 경우는 59.7% : 40.3%, 제3대 국회의원선거의 경우는 52.1% : 47.9%, 제4대 국회의원선거의 경우는 78.3% : 21.7%로 나타나는 데 반해 제2대 국회의원선거의 경우는 37.1% : 62.9%로 무소속 후보자의 득표율이 훨씬 높게 나타난 것이다. 따라서 제2대 국회 시기만 정당체계의 투입구조로서 유권자의 지지도는 경쟁적인 정당체계 형성에 부정적인 영향을 주었다고 볼 수 있다.

선거제도와 정당법

이 시기의 선거제도에 있어서는 소선거구제와 단순다수대표제를 채택하

고 있고, 전국구 비례대표제를 실시하지 않았으므로 선거제도의 왜곡현상
은 나타나지 않는다. 또한 정당법에 있어서도 구체적인 정당법이 마련되어
있지 않았으므로 정당의 설립 및 존속이 매우 자유로웠다. 따라서 정당체계
의 전환구조로서 선거제도와 정당법은 이 시기의 정당체계에 경쟁성을 부
여하는 데 긍정적인 영향을 주었다고 할 수 있다.

국회진출정당

국회진출정당의 경우도 선거참여정당의 경우와 마찬가지로 제헌 국회와
제2대 국회에서는 정당과 사회단체의 구분이 명확하지 않았기 때문에 정확
한 수를 측정할 수 없다. 그러나 제3대와 제4대 국회의 경우는 각각 4개와
3개로 나타나고 있는데, 이러한 수치는 역대 국회에 진출한 정당수의 평균
인 4.5에 못 미치는 것이다.

국회 내 정당활동

먼저 의원발의 법률안의 가결률을 보면, 제헌 국회의 경우는 48.3%으로
역대 국회 평균가결률을 넘어서고 있으나, 제2대 국회의 경우는 42.9%, 제3
대 국회의 경우는 42.6%, 심지어 제4대 국회의 경우는 25.8%로 평균 미만으
로 나타났다. 또한 야당발의 법률안의 가결률을 보면, 제헌 국회와 제2대 국
회의 경우는 여·야의 구분이 없어 측정할 수 없고, 제3대 국회의 경우는
15.6%, 제4대 국회의 경우는 10.4%로 나타나고 있어 모두 역대 국회 평균을
넘어서고 있다. 한편 이 시기 내내 국정감사 및 국정조사가 실시되었으므로
전체적으로 볼 때 이 시기의 국회 내 정당활동은 경쟁적인 것으로 평가할
수 있다.

정당체계의 유형

이와 같은 분석내용들을 종합해보면, 〈표 8-20〉에서 보는 바와 같이 제1

〈표 8-20〉 제1공화국 시기 정당체계의 경쟁성 평가

구분 시기	내부환경		외부환경	투입구조		전환구조		산출구조		경쟁성	정당의 효과적인 수
	정당의 이데 올로기	정당의 조직 구조	정치체제 정치문화	선거 참여 정당	유권자 의 지지도	선거 제도	정당 법	국회 진출 정당	국회내 정당 활동		
제헌 국회	x	x	−	+	+	+	+	+	+	+	*
제2대 국회	x	x	−	+	−	+	+	+	+	+	*
제3대 국회	x	x	−	+	+	+	+	−	+	+	3.0
제4대 국회	x	x	−	+	+	+	+	−	+	+	2.3

* 제헌 국회와 제2대 국회에서는 정당과 사회단체와의 구분이 없었기 때문에 정당의 효과적인 수를 계산할 수 없음.
x : 영향력이 없음.   + : 경쟁성이 있음.   − : 경쟁성이 없음.

공화국 시기의 정당체계는 경쟁성을 지니고 있는 것으로 평가됨에 따라 정당체계 유형은 경쟁적인 정당체계에 속한다고 할 수 있다.

제헌 국회와 제2대 국회의 경우는 정당과 사회단체의 구분이 없어 정당의 효과적인 수를 측정할 수 없을 정도로 정당이 매우 난립해 있었으므로 사르토리의 분류에 따르면, 원자화 정당체계의 유형에 해당한다고 볼 수 있다.

그러나 제3대 국회와 제4대 국회의 경우에는 정당의 효과적인 수가 각각 3.0과 2.3으로 나타나 일단 다당체계의 특성을 보이기는 하지만, 이 시기의 여당인 자유당의 의석점유율이 각각 56.2%와 54.1%로 나타나고 있어 일당우위 정당체계의 유형에 속한다고 평가할 수 있다.

제2공화국 시기의 정당체계

정치체제와 정치문화

제2공화국 시기의 정치체제는 참여적 경쟁체제로서, 알몬드의 분류에 따르면, 자율성이 높은 민주주의체제라고 할 수 있다. 아울러 정치문화는 민주주의 정치체제에서 발견될 수 있는 정도로 참여형 정치문화가 정착되지는

않았지만, 제1공화국 시기와 비교하면 급격한 속도로 참여적인 양상들이 보인다. 따라서 제2공화국 시기의 정치체계의 외부환경으로서 정치체제와 정치문화는 경쟁적인 정당체계 형성에 일조하는 것이라고 볼 수 있다.

선거참여정당

제5대 국회의원선거에는 모두 14개의 정당·사회단체들이 참여하여 역대 국회의원선거에 참여한 정당수의 평균인 9.8을 넘어서고 있어 정당체계의 투입구조로서 선거참여정당은 경쟁적인 정당체계의 형성에 긍정적인 영향을 주었다고 볼 수 있다.

유권자의 지지도

제5대 국회의원선거에서는 정당소속 후보자들이 유효투표 총수의 53.2%의 득표를 하여 46.8%의 득표를 한 무소속 후보자들보다 많은 지지를 얻은 것으로 나타났으며, 당선자 수에 있어서도 전체의 78.9%인 184명이 정당소속 후보자였다. 따라서 정당체계의 투입구조로서 유권자의 지지도 역시 경쟁적인 정당체계 형성에 긍정적인 영향을 주었다고 볼 수 있다.

선거제도와 정당법

제5대 국회의원선거에서도 민의원의 경우 소선거구제와 단순다수대표제를 채택하고 있을 뿐 전국구 비례대표제는 병행하지 않았으며, 정당에 관한 법적 규제도 마련되어 있지 않았다. 따라서 정당체계의 전환구조로서 선거제도와 정당법은 경쟁적인 정당체계를 형성하는 데 긍정적인 영향을 준 것으로 평가할 수 있다.

국회진출정당

국회진출정당의 경우도 모두 6개의 정당·사회단체들이 제5대 국회에 진출하였으므로 역대 국회 평균인 4.5보다 많으므로 정당체계의 산출구조로서 국회진출정당은 경쟁적인 정당체계의 형성에 긍정적인 영향을 준 것으로 볼 수 있다.

국회 내 정당활동

먼저 의원발의 법률안의 가결률을 보면, 제5대 국회에서는 모두 137건이 발의되어 그중 30건이 가결되어 21.9%의 가결률을 보이고 있는데, 이러한 가결률은 역대 국회 평균인 47.6%보다 크게 낮다. 또한 야당발의 법률안의 가결률도 역대 국회 평균이 8.5%인데 비해 제5대 국회에는 모두 49건의 법률안이 야당에 의해 발의되어 그중 2건만이 가결됨으로써 4.1%로 나타나고 있다. 따라서 이 시기에도 국정감사 및 국정조사가 실시되기는 했지만, 전체적으로 보면 국회 내에서 여·야 정당들간의 경쟁성은 없었다고 할 수 있다.

정당체계의 유형

이와 같은 분석내용들을 종합해보면, 〈표 8-21〉에서 보는 바와 같이 국회 내 정당활동만을 제외하고 모든 요소들이 경쟁적인 정당체계 형성에 긍정적인 영향을 준 것으로 나타나고 있어 제2공화국 시기의 정당체계도 제1공화국 시기와 마찬가지로 경쟁적인 정당체계의 유형에 속한다고 볼 수 있다.

〈표 8-21〉 제2공화국 시기 정당체계의 경쟁성 평가

구분\시기	내부환경		외부환경	투입구조		전환구조		산출구조		경쟁성	정당의 효과적인 수
	정당의 이데올로기	정당의 조직구조	정치체제 정치문화	선거 참여 정당	유권자의 지지도	선거제도	정당법	국회 진출 정당	국회내 정당 활동		
제5대 국회	x	x	+	+	+	+	+	+	−	+	1.8

x : 영향력이 없음.　　+ : 경쟁성이 있음.　　− : 경쟁성이 없음.

제5대 국회에는 모두 6개의 정당·사회단체들이 진출하였지만, 정당체계를 실제적으로 형성하는 정당의 효과적인 수는 1.8로 나타나고 있다. 따라서 이 시기의 정당체계는 비록 경쟁적인 정당체계의 유형에는 속하지만, 전체 의석의 75.1%를 독점한 민주당의 일방적인 독주가 이루어졌기 때문에 일당우위 정당체계의 유형에 속한다고 평가할 수 있다.

제3공화국 시기의 정당체계

정치체제와 정치문화

제3공화국 시기의 정치체제는 군부권위주의체제 또는 경쟁적 집정관체제로 평가할 수 있으며, 알몬드의 분류에 따르면, 침투적 보수 권위주의체제에 해당한다고 볼 수 있다. 아울러 정치문화도 권위주의적인 속성을 강하게 보이고 있어 이 시기의 정당체계의 외부환경으로서 정치체제와 정치문화는 경쟁적인 정당체계를 형성하는 데 부정적인 영향을 주었다고 평가할 수 있다.

선거참여정당

이 시기의 선거참여정당의 수를 보면, 제6대 국회의원선거와 제7대 국회의원선거에는 각각 12개와 11개의 정당이 참여하여 역대 국회의원선거의 평균인 9.8을 넘어서고 있으나, 제8대 국회의원선거의 경우는 모두 6개의 정당이 참여하여 평균 미만으로 나타났다. 따라서 제6대 국회와 제7대 국회 시기의 정당체계의 투입구조로서 선거참여정당은 경쟁적인 정당체계 형성에 긍정적인 영향을 주었으나, 제8대 국회 시기의 경우는 부정적인 영향을 주었다고 볼 수 있다.

유권자의 지지도

이 시기의 국회의원선거에서는 정당공천제를 의무화하여 무소속 후보자의 출마를 원천적으로 봉쇄하고 있어 유권자들은 정당소속 후보자들만을 놓고 선택해야만 했다. 따라서 제3공화국 시기의 정당체계의 투입구조로서 유권자의 지지도는 근본적으로 경쟁적인 정당체계를 형성하는 데 긍정적인 영향을 줄 수밖에 없었다.

선거제도와 정당법

제3공화국 시기부터 소선거구 단순다수대표제와 더불어 전국구 비례대표제가 병행되었다. 지역구선거 결과 제1당에게 전국구의석 총수의 50%를 배분하고, 제2당에게는 나머지 의석의 3분의 2를 배분한 후 잔여 의석에 대해서만 제3당에게 비례배분하는 비합리적인 선거제도가 실시되었던 것이다. 또한 이 시기부터 정당법이 단일 법령으로 만들어졌으며, 매우 강한 규제조항을 담고 있어 정당의 설립 및 존속이 용이하지 않았다. 따라서 제3공화국 시기의 정당체계의 전환구조로서 선거제도와 정당법은 경쟁적인 정당체계를 형성하는 데 부정적인 영향을 주었다고 평가할 수 있다.

국회진출정당

정당체계의 산출구조로서 국회진출정당을 보면, 제6대 국회에는 5개의 정당이 진출하였고, 제7대 국회에는 3개의 정당이 진출하였으며, 제8대 국회에는 4개의 정당이 진출하였다. 따라서 역대 국회 평균과 비교해볼 때 제6대 국회만을 제외하고 나머지 제7대 국회와 제8대 국회의 경우는 평균 미만임을 알 수 있다. 그러므로 제6대 국회 시기의 정당체계의 경우에서만 산출구조로서 국회진출정당이 경쟁적인 정당체계의 형성에 긍정적인 영향을 주었다고 볼 수 있다.

국회 내 정당활동

의원발의 법률안의 가결률을 보면, 제7대 국회에서만 50.4%로 나타나 역대 국회 평균을 넘어서고 있으나, 제6대 국회에서는 42.8%로 평균 이하이고, 제8대 국회에서는 14.0%에 불과해 역대 국회 평균과 너무 큰 차이를 보이고 있다. 야당발의 법률안의 가결률에 있어서도 제6대 국회와 제7대 국회는 각각 13.8%와 11.7%로 나타나 역대 국회 평균을 넘어서고 있으나, 제8대 국회의 경우는 한 건의 야당발의 법률안도 가결되지 못해 가결률 0%를 보이고 있다. 한편 이 시기 내내 국정감사 및 국정조사가 실시되었으므로 전체적으로 보면, 제6대 국회와 제7대 국회에서는 여·야간의 경쟁적인 활동이 이루어졌으나, 제8대 국회 내에서의 여·야 정당들간의 활동은 비경쟁적이었다고 평가할 수 있다.

〈표 8-22〉 제3공화국 시기 정당체계의 경쟁성 평가

구분\시기	내부환경		외부환경	투입구조		전환구조		산출구조		경쟁성	정당의 효과적인 수
	정당의 이데올로기	정당의 조직구조	정치체제 정치문화	선거참여 정당	유권자의 지지도	선거제도	정당법	국회진출 정당	국회내 정당활동		
제6대 국회	x	x	−	+	+	−	−	+	+	+	2.1
제7대 국회	x	x	−	+	+	−	−	−	+	−	1.6
제8대 국회	x	x	−	−	+	−	−	−	−	−	2.0

x : 영향력이 없음.   + : 경쟁성이 있음.   − : 경쟁성이 없음.

정당체계의 유형

이와 같은 분석내용을 종합해보면, 〈표 8-22〉에서 보는 바와 같이 제6대 국회의 시기만 경쟁성이 있는 것으로 나타나고, 제7대 국회와 제8대 국회의 시기는 경쟁성이 없는 것으로 나타나고 있다. 따라서 제6대 국회 시기의 정당체계는 경쟁적인 정당체계의 유형에 속하고, 제7대와 제8대 국회 시기의 정당체계는 비경쟁적인 유형에 속한다고 할 수 있다.

정당의 효과적인 수를 계산해보면, 제6대 국회는 2.1, 제7대 국회는 1.6,

제8대 국회는 2.0으로 나타나고 있다. 그런데 이 시기 내내 집권여당인 민주공화당이 전체 의석 중 각각 62.8%, 73.7%, 55.4%의 압도적 내지 과반수 이상을 차지했던 것으로 나타나고 있다. 따라서 제6대 국회 시기의 정당체계는 비록 양당체계에 가깝지만, 당시 집권여당인 민주공화당이 62.8%의 의석 점유율을 보이고 있으므로 일당우위 정당체계의 유형에 속한다고 평가할 수 있고, 제7대 국회와 제8대 국회 시기에는 패권정당체계의 유형에 속한다고 평가할 수 있다.

제4공화국 시기의 정당체계

정치체제와 정치문화

제4공화국 시기의 정치체제는 제3공화국 시기보다 더욱 권위주의가 강화된 형태로 나타난다. 즉 관료적 권위주의형 집정관체제 또는 강화된 집정관체제로 평가할 수 있으며, 알몬드의 분류에 따르면, 침투적 보수·권위주의 체제라고 할 수 있다. 따라서 이 시기의 정치문화도 권위주의적인 특성이 강화되었기 때문에 제4공화국 시기의 정당체계의 외부환경으로서 정치체제와 정치문화는 경쟁적인 정당체계 형성에 부정적인 영향을 주었다고 볼 수 있다.

선거참여정당

선거참여정당을 보면, 이 시기의 제9대 국회의원선거와 제10대 국회의원선거 모두 3개의 정당만이 참여하여 역대 국회의원선거에서의 평균보다 훨씬 적었음을 알 수 있다. 따라서 이 시기의 정당체계의 투입구조로서 선거참여정당은 경쟁적인 정당체계 형성에 한결같이 부정적인 영향을 주었다고 할 수 있다.

유권자의 지지도

이 시기의 투표율은 평균 75.0%로 나타나고 있는데, 두 차례 선거에서 모두 정당소속 후보자들의 득표율이 무소속 후보자들보다 높은 것으로 나타났다. 이들간의 비율을 보면 제9대 국회의원선거의 경우는 81.4% : 18.6%, 제10대 국회의원선거의 경우는 71.9% : 28.1%로 정당소속 후보자들이 무소속 후보자들보다 훨씬 많은 득표를 한 것으로 나타나고 있는 것이다. 따라서 정당체계의 투입구조로서 유권자의 지지도는 이 시기의 경우 경쟁적인 정당체계를 형성하는 데 긍정적인 영향을 주었다고 볼 수 있다.

선거제도와 정당법

이 시기의 선거제도는 중선거구제를 채택했으며, 전국구 비례대표제는 없어지고 그 대신에 대통령이 추천하는 후보자들에 대한 일괄적인 간접선거제가 도입되었다. 이른바 유신정우회가 그것인데, 이 유신정우회는 제2여당의 성격을 지니고 있어 경쟁적인 정당체계 형성에 매우 부정적인 영향을 주었다. 한편 이 시기의 정당법도 제3공화국 시기와 마찬가지로 정당에 대한 규제가 심하여 경쟁적인 정당체계의 형성에 부정적인 영향을 주었다고 할 수 있다.

국회진출정당

국회진출정당의 경우도 선거참여정당의 경우와 마찬가지로 제9대 국회와 제10대 국회 모두 3개 정당이 진출하여 역대 국회 평균 4.5보다 낮은 것으로 나타났다. 따라서 이 시기의 정당체계의 산출구조로서 국회진출정당은 경쟁적인 정당체계의 형성에 부정적인 영향을 준 것으로 볼 수 있다.

국회 내 정당활동

먼저 의원발의 법률안의 가결률을 보면, 제9대 국회는 54.5%, 제10대 국회는 60.0%로 모두 역대 국회 평균보다 높은 것으로 나타났다. 야당발의 법률안의 가결률에 있어서는 제9대 국회가 16.0%로 역대 국회 평균보다 높았지만, 여당발의 법률안의 가결률이 81.3%인 것에 비하면 상대적으로 낮은 수치라고 할 수 있다. 또한 제10대 국회에서는 1건의 야당발의 법률안도 통과되지 못했다. 한편 이 시기 내내 국정감사 및 국정조사는 실시되지 않았으므로 전체적으로 볼 때 이 시기의 국회 내 정당활동은 비경쟁적이었다고 평가할 수 있다.

정당체계의 유형

이와 같은 분석내용을 종합해보면, <표 8-23>에서 보는 바와 같이 유권자의 지지도만을 제외하고 나머지 모든 구성요소가 경쟁적인 정당체계의 형성에 부정적인 영향을 주고 있음을 알 수 있다. 따라서 이 시기의 정당체계는 비경쟁적인 정당체계로 평가할 수 있다.

〈표 8-23〉 제4공화국 시기 정당체계의 경쟁성 평가

구분\시기	내부환경		외부환경	투입구조		전환구조		산출구조		경쟁성	정당의 효과적인 수
	정당의 이데올로기	정당의 조직구조	정치체제 정치문화	선거 참여 정당	유권자의 지지도	선거제도	정당법	국회진출 정당	국회내 정당활동		
제9대 국회	x	x	—	—	+	—	—	—	—	—	1.6
제10대 국회	x	x	—	—	+	—	—	—	—	—	2.1

x : 영향력이 없음.   + : 경쟁성이 있음.   − : 경쟁성이 없음.

한편 정당의 효과적인 수를 계산해보면, 제9대 국회와 제10대 국회가 각각 1.6과 2.1로 나타나고 있어 양당체계의 모양을 갖추고 있지만, 실제로는 제2여당인 유신정우회의 뒷받침을 받는 민주공화당의 일방적인 독주가 행해져왔다. 따라서 이 시기의 정당체계는 사르토리의 분류에 따르면, 패권정

당체계의 유형에 속한다고 평가할 수 있다.

제5공화국 시기의 정당체계

정치체제와 정치문화

이 시기의 정치체제는 군부권위주의체제 또는 비경쟁적 집정관체제로 평가할 수 있고, 이는 알몬드가 분류한 침투적 보수·권위주의체제에 해당한다고 볼 수 있다. 따라서 이 시기의 정치문화도 권위주의적인 속성을 여전히 갖고 있어 정당체계의 외부환경으로서 정치체제와 정치문화는 경쟁적인 정당체계의 형성에 부정적인 영향을 주었다고 볼 수 있다.

선거참여정당

제11대 국회의원선거에는 12개의 정당이 참여했고, 제12대 국회의원선거에는 9개의 정당이 참여했는데, 제11대 국회의원선거의 경우는 역대 국회의원선거에 참여한 정당수의 평균인 9.8을 넘어섰지만, 제12대 국회의원선거의 경우는 평균에 못 미치고 있다. 따라서 정당체계의 투입구조로서 선거참여정당은 제11대 국회 시기의 경우는 경쟁적인 정당체계 형성에 긍정적인 영향을 주었지만, 제12대 국회 시기의 경우는 부정적인 영향을 준 것으로 볼 수 있다.

유권자의 지지도

이 시기의 평균투표율은 81.5%로 나타나고 있으며, 제11대 국회의원선거에서는 89.3% : 10.7%, 제12대 국회의원선거에서는 96.8% : 3.2%로 정당소속 후보자들이 무소속 후보자들보다 더 높은 득표율을 얻은 것으로 나타났다. 따라서 이 시기의 정당체계의 투입구조로서 유권자의 지지도는 경쟁적인 정당체계의 형성에 긍정적인 영향을 주었다고 할 수 있다.

선거제도와 정당법

이 시기의 선거제도는 중선거구제와 전국구 비례대표제가 복합적으로 사용되었다. 전국구 비례대표제는 의석배분에 있어서 지역구선거 결과 제1당에게 전국구의석 총수의 3분의 2를 배분하고, 나머지 의석은 제2당 이하 모든 정당에게 비례배분하도록 하는 불합리한 제도였다. 정당법에 있어서는 이전의 정당법에서와는 달리 국회의원선거에 후보자를 추천하지 아니하거나 고의로 참여하지 아니한 때, 또는 국회의원선거에서 의석을 얻지 못하고 유효투표 총수의 100분의 2 이상을 얻지 못할 때 등록을 취소하도록 하여 정당에 대한 규제가 한층 강화되었다. 따라서 이 시기의 정당체계의 전환구조로서 선거제도와 정당법은 경쟁적인 정당체계의 형성에 부정적인 영향을 주었다고 볼 수 있다.

국회진출정당

제11대 국회에는 8개의 정당이 진출하였고, 제12대 국회에는 6개의 정당이 진출하여 제5공화국 시기 내내 역대 국회 평균을 넘어선 것으로 나타났다. 따라서 정당체계의 산출구조로서 국회진출정당은 이 시기의 경우 경쟁적인 정당체계의 형성에 긍정적인 영향을 준 것으로 평가할 수 있다.

국회 내 정당활동

의원발의 법률안의 가결률을 보면, 제11대 국회에서는 41.1%, 제12대 국회에서는 31.3%로 모두 역대 국회 평균보다 낮았다. 또한 야당발의 법률안의 가결률도 제11대 국회와 제12대 국회가 각각 3.4%와 0.8%로 나타나 모두 역대 국회 평균보다 낮았음을 알 수 있다. 한편 이 시기동안에는 국정감사 및 국정조사가 한 번도 제대로 시행되지 않았는데, 전체적으로 볼 때 제5공화국 시기의 국회 내 정당활동은 비경쟁적이었다고 평가할 수 있다.

<표 8-24> 제5공화국 시기 정당체계의 경쟁성 평가

구분 / 시기	내부환경		외부환경	투입구조		전환구조		산출구조		경쟁성	정당의 효과적인 수
	정당의 이데올로기	정당의 조직구조	정치체제 정치문화	선거 참여 정당	유권자의 지지도	선거제도	정당법	국회진출정당	국회내 정당활동		
제11대 국회	x	x	−	+	+	−	−	+	−	−	2.5
제12대 국회	x	x	−	−	+	−	−	+	−	−	2.7

x : 영향력이 없음.   + : 경쟁성이 있음.   − : 경쟁성이 없음.

정당체계의 유형

이와 같은 분석내용을 종합해보면, <표 8-24>에서 보는 바와 같이 제5공화국 시기의 정당체계는 경쟁성이 허용되지 않은 것으로 평가할 수 있다. 따라서 이 시기의 정당체계는 비경쟁적인 정당체계의 유형을 보이고 있다고 할 수 있다.

또한 정당의 효과적인 수가 각각 2.5와 2.7로 나타나지만, 이 시기에 집권 여당인 민주정의당은 54.7%와 53.6%의 의석점유율을 보이고 있어 이 시기의 정당체계는 패권정당체계의 유형에 속한다고 볼 수 있다.

정당체계 유형의 변화

이와 같은 각 시기별 정당체계의 경쟁성과 정당의 효과적인 수를 종합해보면, <표 8-25>와 같다.

<표 8-25>에서 보는 바와 같이 한국 정당체계는 제헌 국회부터 제6대 국회 시기까지는 경쟁성을 지니고 있었으나, 제7대 국회부터 제12대 국회 시기까지는 경쟁성을 상실하였다가 제13대 국회부터 다시 경쟁성을 지니게 되었음을 알 수 있다. 또한 정당체계를 형성하는 정당들의 효과적인 수는 적게는 1.6에서부터 많게는 3.0까지의 분포를 보이고 있으며, 평균적으로는

구분 / 시기	내부환경		외부환경	투입구조		전환구조		산출구조		경쟁성	정당의 효과적인 수
	정당의 이데올로기	정당의 조직구조	정치체제 정치문화	선거참여정당	유권자의 지지도	선거제도	정당법	국회진출정당	국회내 정당활동		
제헌국회	x	x	−	+	+	+	+	+	+	+	*
제2대국회	x	x	−	+	+	+	+	+	+	+	*
제3대국회	x	x	−	+	+	+	+		+	+	3.0
제4대국회	x	x	−	+	+	+	+		+	+	2.3
제5대국회	x	x	+	+	+	+	+	+	−	+	1.8
제6대국회	x	x	−	+	+	+	−	+	+	+	2.1
제7대국회	x	x	−	+	+	−	−		+	−	1.6
제8대국회	x	x	−	−	+	−	−		−	−	2.0
제9대국회	x	x	−	−	+	−	−	−	−	−	1.6
제10대국회	x	x	−	−	+	−	−	−	−	−	2.1
제11대국회	x	x	−	+	+	−	−	+		−	2.5
제12대국회	x	x	−	−	+	−	−	+		−	2.7

* 제헌 국회와 제2대 국회에서는 정당과 사회단체와의 구분이 없었기 때문에 정당의 효과적인 수를 계산할 수 없음.
x : 영향력이 없음. ＋ : 경쟁성이 있음. − : 경쟁성이 없음.

약 2.2로 나타나고 있다.

이러한 정당체계의 경쟁성 변화를 바탕으로 한국 정당체계의 유형을 평가해보면, 〈표 8-26〉에서 보는 바와 같은 변화를 발견할 수 있다.

한국 정당체계는 제3공화국과 제4공화국 그리고 제5공화국 시기를 제외하고는 경쟁적인 정당체계의 유형을 보이고 있는데, 이 3기간 동안에는 패

〈표 8-26〉 한국 정당체계의 유형 변화

시 기		정당체계의 유형
제1공화국	제헌 국회	원자화 정당체계
	제2대 국회	
	제3대 국회	일당우위 정당체계
	제4대 국회	
제2공화국	제5대 국회	
제3공화국	제6대 국회	
	제7대 국회	패권정당체계
	제8대 국회	
제4공화국	제9대 국회	
	제10대 국회	
제5공화국	제11대 국회	
	제12대 국회	

권정당체계를 형성하고 있으나, 정부 수립 직후에는 원자화 정당체계를 형성하였다가 제3대 국회부터 제6대 국회 시기까지는 일당우위 정당체계를 형성하였음을 알 수 있다.

이러한 유형 변화는 정당체계를 구성하는 요소가 주는 영향의 변화에 따른 결과임은 이미 확인된 사실이다. 정당체계의 내부환경으로서 정당의 이데올로기와 정당의 조직구조는 정당체계 형성에 별다른 영향을 주지 못했지만, 정치체제와 정치문화 등 외부 정치적 환경은 많은 영향을 주었는데, 특히 경쟁적인 정당체계 형성에 부정적 영향을 주었음이 확인되었다.

한편 정당체계의 구조에 있어서는 대체로 투입구조인 선거참여정당과 유권자의 지지도가 경쟁적인 정당체계 형성에 긍정적인 영향을 준 반면, 전환구조인 선거제도와 정당법은 경쟁적인 정당체계의 형성에 역기능적으로 작용하였으며, 산출구조인 국회진출정당은 긍정적인 영향을 주었는데 반해 국회 내 정당활동은 부정적인 영향을 주었다. 이처럼 정당체계의 구성요소들이 정당체계 형성에 주는 영향의 변화로 인해 한국 정당체계의 유형은 변화되어온 것이다.

　결론적으로 정당체계의 외부환경으로서 정치체제와 정치문화, 전환구조로서의 선거제도와 정당법의 부정적인 영향으로 인해 제3공화국 시기의 제7대 국회부터 제5공화국 시기의 제12대 국회에 이르기까지 오랜 기간동안 한국 정당체계는 비경쟁적인 유형을 보여왔다. 이러한 현상은 권위주의적인 당시의 시대적 특성이 한국의 정당정치에 투영된 결과였던 것이다.

1. 정당정치의 체계론적 분석

1) 오늘날 정당이 존재하지 않는 나라는 페르시아만 연안에 전통적인 사회의 국가와 군부 통치 또는 군부 지지를 받는 권위주의국가의 두 종류뿐이다; 심지연 편, 『현대 정당정 치의 이해』(서울 : 백산서당, 2004), 13쪽.

2) Edmund Burke, "Thoughts on the Cause of the Present Discontents," *Burke's Works*(London : Geo. Bell & Sons, 1983), p.375.

3) A. F. Bentley, *The Process of Government : A Study of Social Pressures*(Evaston, Illinois : The Principia Press of Illinois, Inc., 1955), p.344, p.400; David B. Truman, *The Governmental Process : The Political Interests and Public Opinion*(New York : Alfred A. Knopf, Inc., 1963), pp.270~287.

4) Carl J. Friedrich, *Constitutional Government and Democracy*(Boston : Ginn & Co., 1950), p.49.

5) Max Weber, *Wirtschaft und Gesellschaft, Vol. I*(Tübingen : J. C. B. Mohr, 1921), s.167.

6) G. Jellinek, *Allgemeine Staatslehre*(dritte Aufl., Hamburg : Hermann Gentner Verlag, 1960), s.114.

7) Stephen Ingle, *The British Party System*(Oxford : Basil Blackwell Ltd., 1989), p.2.

8) R. Gettel, *Principles of Political Science, 2nd ed.*(New York : Ginn & Co., 1949), p.289.

9) Harold D. Lasswell and Abraham Kaplan, *Power and Society*(New Haven : Yale University Press, 1950), p.169.

10) Giovanni Sartori, *Parties and Party System : A framework for analysis, Vol. I*(Cambridge : Cambridge University Press, 1976), p.64.

11) Mark N. Hagopian, *Regimes, Movements, and Ideologies*(New York : Longman, 1978), p.302.

12) Sigmund Neumann(ed.), *Modern Political Parties*(Chicago : The University of Chicago Press, 1956), p.387.

13) Peter Merkle, *Modern Comparative Politics*(New York : Holt, Rinehart and Winston, 1970), pp.272~284.

14) Mark N. Hagopian, *op. cit.*, p.320.

15) Joseph Lapalombara & Myron Weiner, *Political Parties and Political Development*(New Jersey : Princeton University Press, 1972), pp.400~435.

16) Jean Blondel, *Political Parties : A Genuine Case for Discontents*(London : Wildwood House, 1978), p.1.

17) 이정식 편, 『정치학』(서울 : 대왕사, 1993), 391~392쪽.

18) 정당체계에 관한 연구의 필요성을 제기한 대표적인 학자로는 듀베르제(Maurice Duverger)를 들 수 있다. 듀베르제는 『정당론』의 1부에서 개별정당의 구조를 조사·분석

하고, 2부에서는 그 결과를 비교 연구하면서 이를 정당체계라고 표현하였다; Maurice Duverger, *Political Parties : Their Organization and Activity in the Modern State*, translated by Barbara and Robert North(New York : John Wiley & Sons, Inc., 1954) 참조.

19) A. Leiserson, *Parties and Politics : An Institution and Behavioral Approach*(New York : Alfred and Knopf, 1958), pp.78~80.

20) 이에 대해서는 김호진, 『한국정치체제론』(서울 : 박영사, 1995), 473~475쪽 참조.

21) 위의 책, 76쪽.

22) 최한수, "정당체계에 관한 소고," 현대사회연구소, 『현대사회』, 1989년 여름호, 제9권 제2호, 1989, 161~164쪽.

23) Talcott Parsons and E. Shils(eds.), *Toward a General Theory of Action*(Cambridge : Harvard University Press, 1951), pp.107~109.

24) David Easton, *The Political System : Inquiry into the State of Political Science*(New York : Alfred A. Knopf Publisher, 1953) 참조.

25) Gabriel A. Almond & G. Bingham Powell, Jr.(eds.), *Comparative Politics : A Developmental Approach*(Boston : Little Brown & Co., 1966), p.19; Gabriel A. Almond & G. Bingham Powell, Jr.(eds.), *Comparative Politics Today : A World View, 2nd ed.*(Boston : Little, Brown & Co., 1980), p.4 참조.

26) F. X. Sutton, "Social Theory and Comparative Politics," in Harry Eckstein and David E. Apter(eds.), *Comparative Politics*(New York : The Free Press, 1965), p.65.

27) 한배호, 『비교정치론』(서울 : 법문사, 1983), 132쪽.

28) Giovanni Sartori, *op. cit.*, p.44.

29) Douglas W. Rae, *The Political Consequences of Electoral Law*(New Haven : Yale University Press, 1967), p.51.

30) 이정복, "정당체계와 정치적 안정에 관한 연구," 서울대학교 사회과학연구소, 『사회과학과 정책연구』, 제5권 제1호, 1983, 291쪽.

31) David Easton, *A Framework for Political Analysis*(Chicago : The University of Chicago Press, 1979), p.36.

32) 최한수, 앞의 글, 167쪽.

33) Oran R. Young, "The Impact of General Systems Theory on Political Science," in Society for the Advancement of General Systems Research, *General Systems, Vol. 9*, 1964, pp.249~253; 이상구, 『현대정치학』(서울 : 대왕사, 1981), 169~170쪽 참조.

34) Gabriel A. Almond & G. Bingham Powell, Jr.(eds.), *Comparative Politics : A Developmental Approach, op. cit.*, pp.18~21.

35) 윤용희, 『한국정치의 체계분석』(서울 : 법문사, 1987), 18~19쪽.

36) David Easton, *The Political System : An Inquiry into the State of Political Science, op. cit.*; *A Framework for Political Analysis, op. cit.* 참조.

37) David Easton, *A Framework for Political Analysis, op. cit.*, p.50.

38) Gabriel A. Almond & James S. Coleman, *The Politics of the Developing Areas*(Princeton : Princeton University Press, 1950), p.59.

39) *Ibid.*, pp.16~17.

40) Gabriel A. Almond & G. Bingham Powell, Jr., *Comparative Politics : A Developmental Approach*, *op. cit.*, p.27.

41) 최 명·김용호, 『비교정치학서설』(서울 : 법문사, 1994), 62~65쪽 참조.

42) Gabriel A. Almond & G. Bingham Powell, Jr.(eds.), *Comparative Politics Today : A World View*, *2nd ed., op. cit.*, pp.4~10 참조.

2. 정당체계의 유형분류 및 분석모형

1) Jean Blondel, *An Introduction to Comparative Government*(New York : Praeger Publishers, 1969), p.138; 사르토리도 정당의 수는 주요한 의미를 갖는다고 말하면서도 정당의 수를 분류의 기준으로 사용할 수 없다는 결론을 내리고 있다; Giovanni Sartori, *Parties and Party System : A framework for analysis, Vol. 1.*(Cambridge : Cambridge University Press, 1976), pp.120~121.

2) 군소정당에 관한 이해를 위해서는 이정식, "한국의 군소정당체제논고 Ⅰ : 비교연구를 위한 파라다임 모색," 서원대학교 사회과학연구소, 『사회과학연구』, 제7집, 1994, 83~105쪽 참조.

3) 라이파트는 정당의 수를 정당체계의 분류기준으로 했을 때, 정당수의 계산규칙과 군소 정당을 고려한 '정당의 효과적인 수'의 계산공식을 사용하여야 한다는 점을 강조한다. 그는 정당의 수를 결정하는 데 있어 중요한 문제는 군소정당을 계산에 넣을 것인가 하는 문제이며, 좀더 구체적으로 말해 어느 정도의 규모를 갖춘 정당을 계산에 포함해야 하는가의 문제라고 지적하면서 다음의 공식을 제시한다. 여기에서 N은 정당의 효과적인 수이고, P는 i번째 정당의 의석점유율을 의미한다; Arend Lijphart, *Democracies : Patterns of Majoritarian and Consensus Gove- rnment in Twenty-One Countries*(New Haven : Yale University Press, 1984), pp.115~123. 라이파트가 제시하는 공식은 마큐 락소(Markku Laakso)와 레인 타게페라(Rein Taagepera)가 발전시킨 것이다; Markku Laakso & Rein Taagepera, "Effective Number of Parties : A Measure with Application to West Europe," *Comparative Political Studies, 12, no.1,* April 1979, pp.3~27 참조.

4) Maurice Duverger, *Political Parties : Their Organization and Activity in the Modern State*, translated by *Barbara and Robert North*(New York : John Wiley Sons, Inc., 1954), pp.206~280 참조.

5) Giovanni Sartori, *op. cit.*, p.126.

6) Jean Blondel, *op. cit.*, pp.138~139와 Jean Blondel, *Comparative Politics : A developmental approach*(Boston : Little Brown and Company, 1966), pp.151~162.

7) Joseph Lapalombara & Myron Weiner, *Political Parties and Political Development*(New Jersey : Princeton University Press, 1972), pp.33~37.

8) Gabriel A. Almond & G. Bingham Powell, Jr.(eds.), *Comparative Politics Today : A World View*, *2nd ed.*(Boston : Little, Brown & Co., 1980), p.99.

9) Maurice Duverger, *op. cit.*, pp.206~280.

10) *Ibid.*, p.290.

11) Samuel P. Huntington, *Political Order in Changing Societies*(New Haven, Conn. : Yale University Press, 1968), pp.412~420.

12) Jean Blondel, *An Introduction to Comparative Government, op. cit.*, pp.141~158.

13) Joseph LaPalombara & Myron Weiner, *op. cit.*, pp.33~41.

14) Gabriel A. Almond & James S. Coleman, *The Politics of the Developing Areas*(Princeton : Princeton University Press, 1950), pp.40~45.

15) Gabriel A. Almond & G. Bingham Powell, Jr.(eds.), *Comparative Politics Today : A World View*, *2nd ed., op. cit.*, pp.98~100.

16) Giovanni Sartori, *op. cit.*, pp.122~201, pp.217~238.

17) 1993년 12월 27일 공포된 현행 정당법 이전까지는 "정당이 법정요건을 구비하지 못한 경우 외에도 국회의원 총선거에 후보자를 추천하지 아니하거나 고의로 참여하지 아니한 때, 또는 국회의원 총선거에서 의석을 얻지 못하고 유효투표총수의 100분의 2 이상을 득표하지 못한 때"에는 정당의 등록을 취소하도록 하였다. 그러나 현행 정당법 제40조에는 "다만, 국회의원 총선거에 후보자를 추천하지 아니하거나 참여하지 아니한 때"에는 적용하지 않는다는 단서조항이 있다. 박상철, 『선거운동과 정치관계법』(서울 : 도서출판 한줄기, 1995), 17~18쪽과 66~67쪽 참조.

18) Gabriel A. Almond and G. Bingham Powell, Jr., *Comparative Politics : System, Process, and Policy*, *2nd ed.*(Boston : Little, Brown & Co., 1978), pp.69~76.

19) Robert A. Dahl, *Polyarchy*(New Haven : Yale University Press, 1971), pp.7~8.

20) Gabriel A. Almond and Sidney Verba, *The Civic Culture*(Princeton : Princeton University Press, 1972), pp.12~23.

21) Giovanni Sartori, *op. cit.*, chapter4 참조.

22) *Ibid.*, pp.126~127.

23) *Ibid.*, chapter10 참조.

24) David E. Apter, *The Politics of Modernization*(Chicago : University of Chicago Press, 1967), pp.313~358.

25) Giovanni Sartori, *op. cit.*, p.138.

26) 윤정석, 『전환기의 한국정치과정』(서울 : 인간사랑, 1991), 61쪽.

27) 위의 책, 62~63쪽.

28) 정당의 조직구조에 관한 제이론에 대해서는 이정식 편, 앞의 책, 415~433쪽과 이정식, "한국정당조직발전에 관한 시론적 연구," 서원대학교 사회과학연구소, 『사회과학연구』, 제2집, 1989, 159~190쪽 그리고 최한수, 『현대정당론』(서울 : 을유문화사, 1993), 153~193쪽 참조.

29) Maurice Duverger, *op. cit.*, pp.ⅹⅲ~ⅹⅳ.

30) Jean Blondel, *Comparative Politics : A developmental approach*, *op. cit.*, pp.151~162.

31) Maurice Duverger, *op. cit.*, pp.5~17.

32) 최한수, 앞의 책, 170쪽.

33) Maurice Duverger, *op. cit.*, pp.63~71.

34) Jean Blondel, *Political Parties : A Genuine Case for Discontents*(London : Wildwood House, Ltd., 1978), pp.137~141과 Jean Blondel, *An Introduction to Comparative Government*, *op. cit.*, pp.119~137 참조.

35) Giovanni Sartori, *op. cit.*, pp.3~13.

36) V. O. Key, Jr., Politics, *Parties and Pressure Groups*(New York : Thomas Y. Crowell Company, 1958), p.215.

37) Samuel P. Huntington, *op. cit.*, pp.412~413.

38) Myron Weiner, *Party Politics in India : The Development of a Multi Party System*(Princeton, New Jersey : Princeton Univ. Press, 1957), p.23.

39) Robert E. Ward, "Japan : The Continuity of Modernization," in Lucian W. Pye and Sidney Verba(eds.), *Political Culture and Political Development*(Pinceton, New Jersey : Princeton Univ. Press, 1965), pp.71~72.

40) Frank P. Belloni and Dennis C. Beller, *Faction Politics : Political Parties and Factionalism in Comparative Perspective*(Oxford : Clio Press Ltd., 1978), p.2.

41) 김계수, "정당파벌과 파쟁 : 실제적, 체계적 연구의 제언," 중앙선거관리위원회, 『선거관리』, 제4권 1호, 1971, 19~20쪽에서 재인용.

42) 김민하, "한국야당 파벌에 관한 연구," 중앙대학교, 『중대논문집』, 제31집(사회과학편), 1988, 33쪽.

43) Ralph W. Nicholas, "Faction : A Comparative Analysis," Michael Banton, ed., *Political Systems and the Distribution of Power*(London : Tavistock Publications, 1965), pp.21~61.

44) 최한수, 앞의 책, 333쪽.

45) Joseph Lapalombara & Myron Weiner, *op. cit.*, pp.400~435.

46) 황수익, "선거와 민주화," 서울대학교 한국정치연구소, 『한국정치연구』, 제2호, 1990, 64쪽.

47) 김운태 외 공저, 『한국정치론』(서울 : 박영사, 1994), 594쪽.

48) 샷트슈나이더는 미국의 양당체계가 미국 선거제도의 직접적인 결과라고 주장하였다. 즉, 소선거구 다수대표제하에서는 득표율이 대정당과 소정당 사이에 A : B 일 때 의석율은 A² : B² 으로 확대해서 나타나기 때문에 상대적으로 제3당은 불리하며, 더욱이 유권자들은 자기 표 유효율의 본능적인 자극을 받아 당선가능성이 높은 대정당의 후보자에게 투표함으로써 소정당이 소외되고 만다는 제도적·심리적 계기를 들어 양당체계의 성립을 설명하는 것이다; E. E. Schattschneider, *Party Government*(New York : Holt, Rinehart and Winston, 1942), pp.69~75. 한편 키이는 미국의 양당체계의 양상과 실적을 설명한 다음 양당체계가 구축된 이유를 선거제도에서 찾는다. 즉 소선거구 다수대표제하에서는

오직 두 개의 정당만이 성공의 희망을 갖고 선거경쟁을 할 수 있기 때문에 제3당은 주요정당의 어느 한쪽에 추종하거나 흡수됨으로써 두 개의 정당 중의 어느 한 정당으로 변신하지 않는 한 영구적 패배를 면할 수 없게 된다고 주장한다. 따라서 남은 길은 양당 중의 어느 하나를 지지하는 것뿐이어서 결과적으로 소선거구 다수대표제는 양당체계를 형성한다는 것이다; V. O. Key, Jr., *op. cit.*, pp.224~226.

49) Maurice Duverger, *op. cit.*, pp.203~280.

50) Maurice Duverger, "Which is the Best Electoral System?," in Arend Lijphart & Bernard Grofman(eds.), *Choosing an Electoral System : Issues and Alternatives*(New York : Praeger, 1984), pp.34~35.

51) 이에 따라 라이커는 「단순다수대표제는 전국적으로는 제3당이면서도 지방에서는 계속적으로 양대 정당 중의 하나로 남아있는 정당이 존재하는 국가(예를 들어 캐나다)와 여러 정당 중의 한 정당이 거의 항상 선거에서 콘돌세트(Condorcet)승리자, 즉 양당이 쌍벽을 이루는 경우 서로의 견제에 의해 항상 제3당이 다수당이 되는 국가(예를 들어 인도)를 제외하고는 양당체계를 발생시키거나 유지시킨다」는 명제를 공식화시켰다; William H. Riker, "The two party system and Duverger's Law," in *American Political Science Review*, *Vol.76*, 1982, pp.753~766 참조; 하태호, "선거제도의 정치적 효과 및 선택방향 -국회의원 선거제도를 중심으로-," 국회사무처, 『입법조사월보』, 1991년 6월호, 11~12쪽에서 재인용.

52) 사르토리는 다수대표제를 양당체계를 위한 충분조건으로 삼고 정당체계의 구조화와 전선거구에 걸쳐 투표가 다수 이상의 분포를 보이는 것을 필요조건으로 삼는다. 한편, 사르토리는 유권자가 단순히 인물 위주의 투표성향을 가지는 한 정당체계는 구조화되지 못하고 추상적 정당 이미지에 관계될 때 정당체계가 구조화된다고 한다. 즉 정당체계가 정치사회의 자연적인 통로의 체계로써 인지될 때(운전자가 주어진 고속도로의 체계를 당연한 것으로 받아들이듯이 유권자들이 주어진 정치적 항로와 대안을 당연한 것으로 받아들일 때) 정당체계는 구조적 공고화의 단계에 이른다는 것이다; 위의 글, 12쪽.

53) Giovanni Sartori, "Influence of Electoral Systems : Faulty Laws or Faulty Method," in Arend Lijphart & Bernard Grofman(eds.), *op. cit.*, pp.43~68 참조.

54) 선거제도와 정당체계의 상관성 주장에 부정적인 입장을 보이는 학자들로는 그룸(John H. Grum), 립슨(Leslie Lipson), 로칸(Stein Rokkan), 립셋(Seymour M. Lipset), 로즈(Richard Rose), 보그다노(Vernon Bogdanor) 및 블론델 등이 있다; 하태호, 앞의 글, 13~14쪽과 최한수, "선거제도와 정당체계," 『월간고시』, 1992년 12월호, 108~120쪽 참조.

55) James Bryce, *Modern Democracies, Vol.1*(New York : Macmillan, 1921), p.119.

56) E. E. Schattschneider, *op. cit.*, p.1.

57) 이와 관련하여 로시터(C. Rossiter)는 "정당과 민주주의는 상호관계 속에서 공존하는 것으로 정당없이 민주주의는 존재할 수 없다"고 주장한다; C. Rossiter, *Parties and Politics in America*(New York : Cornell University Press, 1960), p.67.

58) 샷트슈나이더는 정당과 법률과의 관계를 '동화할 수 없는 것'으로 보았고, 정당이 갖고 있는 현저한 특성의 하나는 '법률외적 성격'이라고 지적하고 있다; E. E. Schattschneider,

op. cit., pp.11∼12.

59) 최상주, 『한국헌법학총론』(서울 : 학문사, 1994), 196쪽.

60) 정만희, 『헌법과 의회정치』(서울 : 법문사, 1991), 148쪽.

61) 그러나 정당에 관해 헌법에서 명문화하는 나라는 독일, 이탈리아, 스페인, 이스라엘, 태국, 싱가포르, 멕시코, 브라질, 코스타리카, 케냐, 프랑스, 터키, 포루투갈, 그리스, 오스트리아, 대만 등이며, 정당법이라는 단일법 형태를 갖고 있는 나라는 독일, 태국, 아르헨티나 등에 불과하다, 박상철, 앞의 책, 14쪽.

62) 김중권, "정당의 헌법적 보장과 그 규제에 관한 연구," 단국대학교 박사학위논문, 1987, 188∼195쪽.

63) 신명순, 『한국정치론』(서울 : 법문사, 1993), 321쪽.

64) 현대국가에 있어서 의회는 입법기관으로서의 지위가 점차 약화되고 오히려 국정통제기관으로서의 역할이 강화되고 있는 추세이다, 권영성, 『헌법학원론』(서울 : 법문사, 1990), 698쪽.

65) 이지훈, "한국정치문화의 기본요인," 한국정치학회, 『한국정치학회보』, 제16집, 1982, 104∼105쪽.

66) 한국 정치문화의 변화에 관해서는 오일환, 『현대 한국정치의 쟁점』(서울 : 을유문화사, 2000), 181∼224 참조.

67) 조일문, 『새정당론』(서울 : 삼화출판사, 1974), 442∼443쪽.

68) 양무목, 『한국정당정치론』(서울 : 법문사, 1983), 39∼40쪽.

69) 강령은 정치단체, 특히 정당의 정책·방침을 표시한 것을 말하며, 가급적 다수의 지지자를 획득한다는 필요상, 또 너무 구체적인 경우 정권을 담당하게 될 때 공약실천을 추궁받기 때문에 필연적으로 이상적·추상적인 것으로 작성되며 선거인에게 강한 인상을 주기 위해서는 간단명료할 것이 요구되는 한편, 극히 델리킷한 문제는 회피된다. 이러한 정당의 강령보다도 일반적으로 넓은 의미에서 쓰이는 것이 강강인데 내각이 구성되면서 국민에게 천명하는 시정방침의 대강(大綱)도 정강에 포함된다, 박영사, 『증보 정치학대사전』(서울 : 박영사, 1992), 38쪽과 1300쪽 참조.

70) 김운태 외 공저, 앞의 책, 666쪽.

71) 신명순, 앞의 책, 270∼271쪽.

72) 김운태 외 공저, 앞의 책, 667쪽.

73) 한국정당의 지구당조직에 대해서는 정영국, 『한국의 정치과정 : 정당·선거·개혁』(서울 : 백산서당, 2003), 119∼136쪽 참조.

74) 박동진, "정치관계법의 변천과정과 정당정치," 안희수 편저, 『한국정당정치론』(서울 : 나남출판, 1995), 354쪽.

75) 윤형섭, 『한국정치론』(서울 : 박영사, 1988), 256∼257쪽.

76) 박상철, 앞의 책, 15쪽.

77) 박동진, 앞의 글, 373쪽.

78) 박상철, 앞의 책, 15∼80쪽 참조.

79) 국정감사와 국정조사의 차이점은 국정감사가 국정 전반을 대상으로 하여 포괄적·일반
적이며 정기적으로 행해지는 데 반해, 국정조사는 특정한 국정사안을 대상으로 부정기
적이고 수시로 행해진다는 것이다; 국회사무처, 『국회법해설』(서울 : 국회사무처, 1992),
277쪽.

80) 김운태 외 공저, 앞의 책, 582쪽.

81) 사르토리는 *Parties and Party System : A framework for analysis, Vol. 1*에서 6장과 7장에 걸쳐
정당체계를 경쟁적 정당체계(competitive systems)와 비경쟁적 정당체계(noncompetitive
systems)로 나누어 자세히 설명하고 있다; Giovanni Sartori, *op. cit.*, pp.131~243 참조.

3. 제1공화국의 정당정치

1) 제헌 국회에서 제정된 헌법은 대통령제의 단점을 보완하기 위하여 의원내각제를 혼합
한 것이 아니라 제헌과정에서 각 정파들이 자기가 집권하는 데 유리하다고 생각하는 바
에 따라 의원내각제의 헌법초안에다 대통령제 요소를 적당히 삽입하여 만들어낸 타협의
산물이다; 한태연, 『헌법과 정치체제』(서울 : 법문사, 1987), 95~99쪽.

2) 안병만, 『한국정부론』(서울 : 다산출판사, 1995), 155쪽.

3) 한배호, "제1공화국의 국가와 사회," 경남대학교 극동문제연구소, 『한국과 국제정치』, 제
4권 1호, 1988, 18쪽.

4) 김철수, 『헌법학개론』(서울 : 박영사, 1990), 610쪽.

5) 길승흠, "혁신정당의 필요성과 가능성," 한국정치학회 편, 『한국정치의 민주화와 통일방
안』(서울 : 을유문화사, 1990), 65쪽.

6) 안병만, 앞의 책, 156쪽.

7) 위의 책, 157쪽.

8) 부정선거전략은 3인조, 5인조, 9인조 등을 편성하여 자유당후보에의 투표를 피차 감시하
는 일종의 공개적인 투표방식이었고, 심지어 경찰을 동원하여 사전투표, 환표(換票) 등을
시행하는 것이었다; 김운태 외 공저, 『한국정치론』(서울 : 박영사, 1994), 363쪽.

9) 안병만, "선거와 정치체제," 길승흠 외 공저, 『한국선거론』(서울 : 다산출판사, 1987), 15쪽.

10) 백운선, "이승만 정권 리더쉽의 기원과 자원," 한국정치학회 편, 『한국현대정치사』(서
울 : 법문사, 1995), 218~219쪽.

11) 위의 글, 235~236쪽.

12) 한국정치학회 편, 『현대한국정치론』(서울 : 법문사, 1987), 434~435쪽.

13) 윤용희, 『한국정치의 체계분석』(서울 : 법문사, 1987), 200쪽.

14) 장광수, "한국정통보수야당의 정치적 특성에 관한 연구 -정치환경, 엘리트, 기원 및 정
강·정책을 중심으로-," 한국외국어대학교 박사학위논문, 1993, 40쪽.

15) 백운선, 앞의 글, 216쪽.

16) 윤근식, "냉전체제하의 반공정권," 양동안 외 공저, 『현대한국정치사』(성남 : 한국정신문

화연구원, 1987), 125쪽.

17) 백운선, 앞의 글, 217쪽.

18) 자유당은 이승만의 집권연장을 위한 도구였고, 더 나아가 이승만의 사인화된 정당이라고 해도 과언이 아니다; 김영명, 『한국현대정치사 -정치변동의 역학-』(서울 : 을유문화사, 1992), 195쪽.

19) 손봉숙, "이박사와 자유당의 독주," 한국일보사, 『한국의 정당 : 격동40년 정치사의 현장』(서울 : 한국일보사, 1987), 240~243쪽.

20) 김영명은 제1공화국 시기의 이승만 정권을 가부장적 권위주의로 규정하는데, 그 특징은 일인통치자가 정치·사회를 지배하고, 사적 충성을 바치는 관리들에게 의존하며, 방사형 권위구조로 구성되고, 비공식적이고 비교적 응집성이 강한 구조에 의해 지배가 유지된다는 점을 들고 있다; 김영명, 앞의 책, 183~184쪽.

21) 김우태, "한국민족주의연구," 부산대학교 박사학위논문, 1983, 119쪽.

22) 김운태 외 공저, 앞의 책, 245쪽.

23) 윤천주, 『한국정치체계 -정치상황과 정치참여-』(서울 : 서울대학교출판부, 1979), 180~294쪽.

24) 한배호, "한국정치에 있어서 전통의 본질과 기능,"『역사적 맥락에서 본 한국문화의 방향』(성남 : 한국정신문화연구원, 1976), 138쪽.

25) 윤용희, 앞의 책, 90쪽.

26) 중앙선거관리위원회, 『대한민국정당사 제1집』(서울 : 중앙선거관리위원회, 1981), 1082~1083쪽 참조.

27) 미군정 기간동안 정국에 주요변수로 작용한 정치세력으로는 한국민주당과 한국독립당 외에 조선공산당, 조선인민당, 민족자주동맹을 들고 있으나, 제헌 국회에는 한국민주당과 한국독립당만이 진출하였다; 김용욱, "한국정치체제의 이데올로기 지향," 한국정치학회, 『한국정치발전의 특성과 전망』(서울 : 한국정치학회, 1984), 100쪽. 특히 제헌 국회의원선거 당시에 실질적인 정당이라고는 한국민주당만이 존재하였을 뿐 제헌 국회 구성 초기에 있어서는 뚜렷한 정파가 구성되어 있지 못했고, 다만 시간이 경과함에 따라 동지적인 결합이라고 볼 수 있는 이른바 친목단체로서 정치활동을 하는 것에 불과했다. 그러나 이와 같은 단체는 국회법에 의거하지 아니하였을 뿐만 아니라 국회의원 개인간의 편의적 친교단체에 불과하였으므로 엄격한 의미에서 정당 또는 정파라고 할 수 없다는 지적도 있다; 박문옥, 『한국정부론』(서울 : 박영사, 1967), 523쪽.

28) 중앙선거관리위원회, 앞의 책, 135쪽.

29) 김용욱, 앞의 글, 100~101쪽과 심지연, "보수야당의 뿌리, 한민당의 공과," 한국일보사, 앞의 책, 143~199쪽 참조.

30) 한국민주당은 좌경 독주를 하는 건준(建準)에 대항하여 중경 임시정부 절대지지의 기치를 내걸고 고려민주당과 조선민족당 세력, 한국국민당 세력, 국민대회준비회와 임시정부 및 연합군환영 준비위원회 등의 제 민족세력을 구성하는 민족진영의 지식층, 항일독립운동자, 진보적인 사상을 가진 민족주의자 등이 집결하여 범민족세력의 대동통

일의 명분을 갖고 1945년 9월 8일 창당한 정당이다; 송남헌, 『한국현대정치사 제1권』 (서울 : 성문각, 1986), 126쪽과 중앙선거관리위원회, 앞의 책, 134쪽 참조.

31) 한국민주당의 성장과정이나 활동에 관해서는 심지연, 『한국민주당연구 I 』(서울 : 풀빛, 1982) 참조.

32) 해방 후 좌익진영의 총집결체인 민주주의민족전선은 1946년판 『조선해방연보』에서 "해방 후 반동세력으로서 가장 먼저 기치를 들고 나타난 것이 한국민주당이다. 이 당에는 온갖 반동요소가 섞여 있으나 그 주도적 세력은 두말할 것도 없이 대지주층 급 전쟁협조적 재벌인 것이다"라고 기록하고 있으며, 또 "조선에 있어 세칭 우익진영을 우리는 반동세력이라고 규정한다"고 되어 있고, 이기하는 『한국정당발달사』(서울 : 의회정치사, 1961)에서 한국민주당을 성격으로 볼 때 '보수파들의 집단', '기호(畿湖)파 및 호남파들의 재벌가 및 중산계급의 결정체인 부르주아정당', '친일파의 색채', '기회주의자들의 그룹', '인텔리그룹' 등으로 표현하고 있다; 송남헌, 앞의 책, 132쪽 참조.

33) 중앙선거관리위원회, 앞의 책, 141쪽.

34) 한국독립당은 행동강령으로서 당책(黨策)이라는 명칭으로 정책을 제시하고 있다; 시인사 편, 『한국의 주요 정당·사회단체 강령·정책』(서울 : 시인사, 1988), 93~94쪽.

35) 1945년 12월 말부터 1946년 1월 초에 걸쳐 임정(臨政)이 전국적인 반탁운동을 지도하고 같은 해 2월 1일 비상국민회의를 소집하여 임정 당면정책 제6항에 의거한 과도정권 수립의 준비를 갖춤과 아울러 국내세력을 흡수하여 정당으로서의 대중적 기반을 강화하려는 움직임이 성숙되었는데, 그 결실로 1946년 4월 18일 한국독립당은 국민당, 신한민족당과 합동함으로써 한국민주당과 함께 우익진영의 양대 당을 형성하게 되었다. 그러나 제2차 미·소공동위원회를 전후하여 신탁통치 반대는 물론 미·소공동위원회 협의대상에서도 보이콧을 해야 한다는 주류파(구 한독당계)에 반발하여 미·소공동위원회를 추진시켜 통일임시정부를 수립해야 한다는 민주한독당(구 신한민족당계)과 신한국민당(구 국민당계) 등이 이탈 분립하게 된다; 중앙선거관리위원회, 앞의 책, 141~142쪽과 송남헌, 앞의 책, 168쪽.

36) 우익진영의 양대정당인 한국민주당과 한국독립당은 제2차 미·소공동위원회 재개에 즈음하여 재연된 반탁운동에 있어서 공동노선을 걸었으나, 이승만의 단독정부수립운동을 적극 지지하던 한국민주당과는 달리 한국독립당은 김규식이 주도하던 좌우합작운동에 직접 참가하지는 않으면서도 동정적인 태도를 보였으며, 1948년 1월 하순부터는 당수인 김 구가 김규식과의 공동행동에 합의하여 남북협상방안을 제시함으로써 분명한 정치적 노선의 차이를 보이게 된다; 송남헌, 앞의 책, 170쪽과 김민하, 『한국정당정치론』(서울 : 대왕사, 1988), 67~68쪽.

37) 김용욱, 앞의 글, 102쪽.

38) 창당 당시 또는 월남 직후 조선민주당의 정강정책을 확인할 수 없어 1953년 1월 13일 현재 등록된 정강정책을 참고하였다; 중앙선거관리위원회, 앞의 책, 230~231쪽 참조.

39) 한정일, "야당으로의 정비, 민주국민당," 한국일보사, 앞의 책, 203쪽.

40) 중앙선거관리위원회, 앞의 책, 203쪽.

41) 민주국민당은 10개항의 정책을 제시하였는데 그 내용을 보면, ① 국민 기본자유의 확보, ② 국민 기본생활의 확보, ③ 중요 기본산업의 국영, 통제관리, ④ 농업경제의 향상 촉진, ⑤ 공업화정책의 수립, ⑥ 근로대중본위의 사회입법, ⑦ 문화시설의 확충과 농촌 문화의 보급촉진, ⑧ 교육 및 보건의 기회균등, ⑨ 호혜의 평등외교, ⑩ 국방력의 충실 등이다; 위의 책, 203쪽.

42) 김운태, 『한국현대정치사 제2권』(서울 : 성문각, 1986), 47~48쪽.

43) 시인사 편, 앞의 책, 120쪽; 대한국민당의 강령은 확인할 수 없어 창당 당시의 선언을 바탕으로 이데올로기적 특성을 분석해야 한다는 한계가 있다.

44) 김용욱, 앞의 글, 104쪽.

45) 중앙선거관리위원회, 앞의 책, 206쪽.

46) 위의 책, 228~229쪽 참조.

47) 이 혁신세력들의 구체적인 정강정책은 확인할 수 없다; 김민하, 앞의 책, 78쪽.

48) 6·25한국전쟁의 와중에서 원내에는 이합집산이 이루어지는데, 9·28수복 시기에는 민주국민당(40명) 외에 대한국민당을 중심으로 한 민정동지회(40명), 국민회계 의원의 결집체인 국민구락부(20명), 무소속구락부(50명) 등이 형성되었으나, 1951년 1·4후퇴 이후 3월 4일 정식 구성된 교섭단체에는 민정동지회와 국민구락부가 통합하여 신정동지회(70명)로 발족하고, 무소속구락부가 공화구락부(40명)로 개칭하였으며, 민정동지회와 무소속구락부의 이탈파가 민우회(20명)를 구성하였다. 이후 5월 29일 공화구락부와 신정동지회가 공화민정회를 발족하면서 원내는 여당 성향의 공화민정회와 야당인 민주국민당계간의 양대 조류로 분열·대립하게 된다. 이러한 상황에서 이승만을 지지하는 공화민정회는 야당인 민주국민당 세력에 대항하기 위해 신당준비위원회를 결성하여 신당운동을 추진하던 중 8월 15일 이승만이 신당조직의 필요성을 밝히는 것을 계기로 원내에서 본격적인 창당작업을 진행하기 시작했고, 원외에서는 국민회를 비롯하여 대한청년단, 대한노동조합총연맹, 농민조합연맹, 대한부인회 등이 주축이 되어 신당발기준비협의회(신협)를 구성, 적극적인 신당운동을 전개하게 된다. 이와 같이 원내와 원외에서 동시에 추진된 신당 창당작업은 합동준비위원회를 구성하기까지는 했으나, 양측의 견해가 대립하여 1951년 12월 3일 완전 분리됨으로써 12월 17일에는 원외자유당이 창당되고, 23일에는 원내자유당이 창당된다. 이승만은 원외자유당에서는 당수로, 원내자유당에서는 중앙위원회의장으로 되어 있었으나, 철저하게 이승만을 지지하는 원외자유당과는 달리 원내자유당은 양파로 분열되었고, 야당과 보조를 같이하기까지 하였다. 더욱이 원외자유당은 기존 사회단체의 근간조직을 그대로 흡수함으로써 약화되어가는 원내자유당에 비해 당세를 더욱 확장해갔으며, 결국 원내자유당은 11월 20일 해산하게 된다; 중앙선거관리위원회, 앞의 책, 208~220쪽과 김운태, 앞의 책, 65~74쪽 참조.

49) 중앙선거관리위원회, 앞의 책, 213쪽.

50) 자유당의 창당배경에 대해서는 손봉숙, "이박사와 자유당의 독주," 한국일보사, 앞의 책, 239~245쪽 참조.

51) 제헌 국회에서 제정된 국가보안법이 북한의 대남공작에 대한 대응에 있어 미비하다는

여론을 바탕으로 자유당은 1958년 11월 18일 신국가보안법 제정안을 국회에 제출하였
다. 이 국가보안법에는 해석상의 애매함 때문에 야당 탄압의 소지를 다분히 안고 있었
는데, 이 때문에 야당은 11월 27일 「국가보안법개악투쟁위원회」를 구성하여 강력히 반
대하였다. 그러나 12월 19일 법사위원회에서 야당의원들이 채 도착하기도 전에 개회를
선언하고 불과 3분만에 날치기통과를 시킨 뒤 24일에는 무술경관을 동원하여 야당의원
들을 강제 퇴장시킨 상황에서 본회의를 열고 일사천리로 통과시켜 버렸다; 위의 글,
290~291쪽.
52) 김용욱, 앞의 글, 105쪽.
53) 1954년 9월 6일 자유당은 대통령중심제, 국무총리제 폐지, 국민투표제의 채택, 초대 대
통령의 중임제한 철폐 등을 골자로 하는 개헌안을 제출하였고, 이어 11월 27일 본회의
에서 재적의원 203명 중 찬성 135, 반대 60, 기권 6, 무효 1, 결석 1로 부결되었다가
203명의 3분의 2가 135.333……이라는 계산을 사사오입하여 이틀 뒤인 29일 일방적으
로 가결을 선포하였다; 사사오입개헌에 관해서는 김운태, 앞의 책, 103~106쪽 참조.
54) 사사오입개헌파동은 재야 반이승만세력의 단결을 촉구하는 도화선의 역할을 하게 되
었는데, 반공 · 반독재, 대의정치와 책임정치제도의 확립을 표방하고 11월 30일 민주국
민당, 무소속동지회 등 야당측 의원 60여명이 규합하여 호헌동지회를 구성하고 이를
중심으로 단일야당 결성운동을 전개하기 시작했다. 그러나 조봉암의 가입문제를 놓고
민주국민당의 보수층을 중심으로 한 자유민주파와 조봉암 지지세력인 민주대동파로 분
열되는 등의 이합집산과정을 겪은 후 결국 자유민주파만으로 이듬해인 1955년 9월 18
일 마침내 민주당이 창건되었다; 위의 책, 108~110쪽과 박문옥, 앞의 책, 534~535쪽.
55) 중앙선거관리위원회, 앞의 책, 225~226쪽.
56) 민주당의 정책에 대해서는 시인사 편, 앞의 책, 182~183쪽 참조.
57) 민주당의 창당과정에서 민주국민당 내에는 찬 · 반 양론이 있었는데, 반대의 입장은 10
년간 전통을 가진 정당을 신당발당 전에 해체하는 것은 경솔하며 시기상조라는 이유를
내세웠는데 반해, 찬성의 입장은 신당의 정강정책은 민주국민당의 이념과 대동소이하
며 또한 신당 발기인의 대다수가 민주국민당원으로서 신당의 주도적 입장에 있다는 이
유를 내세운 바 있다; 김운태, 앞의 책, 110쪽.
58) 중앙선거관리위원회, 앞의 책, 236~237쪽.
59) 민주당의 부정투표사건으로 제명된 김준연은 탈당 직후 비자유 · 비민주의 신당을 조
직하고자 했는데, 이에 대하여 자유당은 김준연의 포섭공작을 논의하기도 했으나 사후
부작용을 고려하여 결국 신당조직을 후원해준다는 원칙을 결정하였다. 이러한 자유당
의 측면적 후원을 받아가면서 김준연은 민주당 이탈파를 중심으로 1957년 11월 18일
통일당을 결성하게 된다. 따라서 통일당은 처음의 취지와는 다르게 친자유 · 비민주의
성향을 갖게 됨으로써 이데올로기적 보수성은 자유당과 차이를 보일 수 없었다; 김운
태, 앞의 책, 112~113쪽 참조.
60) 민주당은 제2공화국의 집권정당이 되기 때문에 다음의 '제4장 제2공화국의 정당정치'
에서 다루고자 한다.

61) 김운태 외 공저, 앞의 책, 667쪽.

62) 조선민족당과 한국국민당이 각각 별개의 정당으로 창당을 준비하였으나, 비슷한 정치 노선을 견지했던 두 세력은 8·15해방 직후부터 적극적인 활동을 벌이는 건국준비위원 회세력을 분쇄하기 위해서는 단결이 필요하다는 인식을 갖게 되었다. 이를 위해 한국 국민당측에서 장덕수, 정노식, 백남훈 등 3인, 조선민족당측에서 김병노, 원세훈, 백관 수 등 3인이 선출되어 계동의 한학수 집에서 합당을 위한 협상모임을 갖고 단일정당으 로의 통합에 합의하였으나, 서로 자기측의 당명을 고집하다가 이를 절충하여 한국국민 당에서 '한국'이라는 글자와 고려민주당에서 '민주'라는 글자를 따서 한국민주당으로 결정하고, 9월 16일 창당대회를 갖게 된다; 심지연, 앞의 글, 143쪽.

63) 송남헌, 앞의 책, 129쪽.

64) 심지연, 앞의 글, 162쪽.

65) 송남헌, 앞의 책, 131쪽.

66) 한국민주당의 일부 조직은 일제시대부터 유지되어 오던 신문사, 특히 동아일보의 지 국·지사를 이용하여 확대해나가는 독특한 방법을 취했다; 심지연, 앞의 글, 162~163쪽.

67) 송진우, 김성수, 장덕수 등은 김성수가 운영하던 동아일보사에서 근무하였는데 김성수 는 사주, 송진우는 사장, 장덕수는 초대 주간이었다. 이들 3인이 한국민주당의 핵심을 이루었다; 위의 글, 151~158쪽 참조.

68) 김영빈, "파벌," 『월간조선』, 1981년 3월호, 164쪽.

69) 고려민주당은 1945년 8월 18일 해방 후 최초로 정당의 이름을 내세웠으나, 8월 28일에 발족하는 조선민족당에 발전적으로 흡수된다; 송남헌, 앞의 책, 123쪽.

70) 송진우는 정당을 만드는 것이 시기상조라고 판단하여 중경 임시정부 지지 및 연합군 환영을 위한 국민대회의 소집을 목적으로 9월 7일 국민대회준비회를 결성한다; 심지연, 앞의 글, 153쪽.

71) 위의 글, 160쪽.

72) 김민하, "한국야당 파벌에 관한 연구," 중앙대학교, 『중대논문집』, 제31집(사회과학편), 1988, 41쪽.

73) 중앙선거관리위원회, 앞의 책, 195쪽.

74) 김영빈, 앞의 글, 167~168쪽.

75) 중앙선거관리위원회, 앞의 책, 203~204쪽.

76) 공화민정회는 야당인 민주국민당에 대항하기 위해 1951년 5월 29일 결성된 원내단체 이다. 이보다 앞선 1948년 11월 12일 민주국민당에 맞서 윤치영, 이 인, 이규갑, 이범 승, 임영신 등 이승만을 지지하는 세력들이 규합하여 대한국민당을 창당한 바 있는데, 6·25전쟁의 와중에서 여전히 민주국민당은 강력한 야당의 입지를 유지하고 있었다. 그러던 중 9·28 서울 수복과 더불어 전세가 반전되면서 원내 각파는 자파세력의 결속 에 주력하게 된다. 이에 따라 원내에는 민주국민당 외에 대한국민당과 대한청년단을 배경으로 한 소장파들이 결성한 민정동지회, 국민회계 의원의 집결체인 국민구락부, 그 리고 무소속구락부 등이 형성된다. 1951년 1·4후퇴 이후인 3월 4일 교섭단체가 정식

으로 구성되었는데, 민정동지회와 국민구락부가 통합하여 신정동지회로 발족하고, 무소속구락부가 공화구락부로 명칭을 바꾸는 한편 민정동지회와 무소속구락부의 이탈파가 민우회를 구성하게 된다. 이후 공화구락부와 민정동지회가 합작하여 발족된 것이 공화민정회인 것이다; 김운태, 앞의 책, 47쪽, 65쪽, 71쪽과 중앙선거관리위원회, 앞의 책, 210쪽 참조.

77) 손봉숙, "제1공화국과 자유당," 한국정치학회 편, 『현대한국정치론』(서울 : 법문사, 1988), 141~142쪽.

78) 김운태, 앞의 책, 72~73쪽.

79) 손봉숙, "제1공화국과 자유당," 앞의 글, 142쪽.

80) 위의 글, 143쪽.

81) 원내자유당은 1952년 1월 17일자로 「자유당」이란 교섭단체로 등록했다. 같은 해 5월 19일 원내와 원외의 통합을 주장하는 자유당합동파가 「자유당(합동)」이란 교섭단체로 등록한 후 11월 17일 「자유당(원외)」로 개칭하자 이들과 구별하기 위해 원내파는 12월 23일 「자유당(원내)」로 다시 명칭을 바꾸었다. 이후 1953년 3월 전당대회를 전후하여 완전통합을 이룰 때까지 이같은 상태로 원내파와 원외파의 대립은 이어진다.

82) 손봉숙, "제1공화국과 자유당," 앞의 글, 145쪽.

83) 중앙선거관리위원회, 앞의 책, 218쪽.

84) 조선민족청년단은 1946년 10월 이범석이 조직한 우익청년단체로서 창립 당시 3백명이었으나, 불과 9개월 후에 20만명, 창립 2주년에는 무려 120만명의 단원을 가진 대조직으로 확대된다. 초기에는 '비군사·비정치'를 표방하는 청년운동단체로 출발했으나, 정치운동에 가담하다가 1949년 "모든 청년단체를 통합·단일화하라"는 이승만의 지시에 의해 대한청년단으로 흡수, 통합된다. 그러나 내적으로는 결속을 계속 유지하여 자유당이 조직될 때 족청계가 중심이 되었고, 중국(현재의 대만) 대사로 가 있던 이범석을 귀국케 하여 부당수로 추대함으로써 자유당의 실권을 장악한다; 한국사사전편찬회 편, 『한국근현대사사전』(서울 : 가람기획, 1990), 287쪽과 중앙선거관리위원회, 앞의 책, 217쪽 참조.

85) 손봉숙, "제1공화국과 자유당," 앞의 글, 146쪽.

86) 중앙선거관리위원회, 앞의 책, 217쪽.

87) 김운태, 앞의 책, 91쪽.

88) 손봉숙, "제1공화국과 자유당," 앞의 글, 149쪽.

89) 중앙선거관리위원회, 앞의 책, 217쪽.

90) 위의 책, 218~219쪽.

91) 개헌 이후인 1954년 12월 6일 손권배 의원의 탈당을 시작으로 9일에는 한동석, 이태용, 현석호, 김영삼, 민관식, 김재곤, 성원경, 김재황, 신정호, 황남팔, 김홍식, 신태권 의원 등이 집단탈당하였고, 10일에는 도진희 의원이 탈당하였다; 김운태, 앞의 책, 106쪽.

92) 손봉숙, "이박사와 자유당의 독주," 앞의 글, 275~276쪽.

93) 당무회는 중앙위원회 의장과 부의장, 그리고 6개 상임위원회의 위원장 및 의원총회의 총무 등 9명으로 구성하고 무임소 당무위원을 3명 이내로 둔다고 하였다; 손봉숙, "제1

공화국과 자유당," 앞의 글, 155~156쪽.

94) 김운태, 앞의 책, 164쪽.

95) 위의 책, 193~231쪽.

96) 이기택, 『한국야당사』(서울 : 백산서당, 1987), 57쪽.

97) 김운태, 앞의 책, 109쪽.

98) 신당발기위원회 내에 책임간사회를 두기로 하였는데, 총무위원회에 최희송, 재무 한근조, 조직 서범석, 심사 고희동, 연락 조한백, 선전 정일형, 의안 한동석 등을 각 부서 책임간사로 선임하였다.

99) 이때 이탈한 중진인사들은 서상일·장택상·임흥순·신도성·윤제술·송방용·김의준·김수선·김달호·최갑윤·황남팔·김동욱·육완국·서인홍·변진갑 등이며, 이외에 이 인·전진한·윤치영 등은 처음부터 신당운동에 불참하였다; 중앙선거관리위원회, 앞의 책, 224~225쪽.

100) 김운태, 앞의 책, 110~111쪽.

101) 중앙선거관리위원회, 앞의 책, 226쪽.

102) 이영석, 『야당40년사』(서울 : 인간사, 1987), 37쪽.

103) 김민하, 앞의 글, 42쪽 참조.

104) 김영빈, 앞의 글, 169쪽.

105) 김민하, 앞의 글, 42쪽.

106) 이기하, 앞의 책, 321~324쪽.

107) 여당인 자유당이 차기 선거와 집권연장을 위해 남용할 소지가 있는 국가보안법을 국회에서 단독처리한 사건(1958.12.24)으로 구파는 수정투쟁을, 신파는 전면 거부투쟁을 주장하였으며, 민주당 구파와의 협상이 실패로 돌아가자 자유당은 의정사상 최초의 경위권 발동으로 농성중인 야당의원들을 무술경위를 동원해 강제로 끌어낸 뒤 법을 통과시켰다; 이영석, 앞의 책, 58~61쪽 참조.

108) 국가보안법 파동 후 정국 타개책의 하나로 민주당의 조병옥(구파)과 자유당의 이기붕이 비밀협상(내각책임제개헌)을 개시하였다. 이러한 협조분위기는 신파의 눈에는 의혹으로 비치고 구파의 진정한 의도가 무엇인지 의심하게 하였다. 신파는 자유당과 구파가 거의 합의한 내각책임제의 헌법수정은 야당 진영을 약화시킨다는 이유로 거절하였고 당지도부의 퇴진을 요구하였다; 위의 책, 64~69쪽 참조.

109) 김민하, 앞의 글, 42쪽.

110) 중앙선거관리위원회, 『대한민국선거사 제1집』(서울 : 중앙선거관리위원회, 1973), 71쪽.

111) 위의 책, 192쪽.

112) 김운태, 앞의 책, 15쪽.

113) 김민하, 앞의 책, 66쪽.

114) 위의 책, 67쪽.

115) 김운태, 앞의 책, 16쪽.

116) 김민하, 앞의 책, 68쪽.

117) 위의 책, 69쪽.

118) 제주도의 치안관계로 2개 선거구는 1949년 5월 10일에 선거를 실시하였으나, 편의상 총선거에 합산하였다; 김운태, 앞의 책, 17쪽.

119) 국회도서관입법조사국, 『1948년 국제연합임시위원단보고서』, 입법참고자료 제30호(서울 : 대한민국국회도서관, 1965), 113쪽; 김민하, 앞의 책, 67~68쪽에서 재인용.

120) 중앙선거관리위원회, 『대한민국선거사 제1집』, 앞의 책, 623~625쪽.

121) 김민하, 앞의 책, 78쪽.

122) 김운태, 앞의 책, 50쪽.

123) 공인후보의 선정에 있어서 "현의원의 재선투표가 국사처리와 정당정치에 이롭지 못할 것"이라는 이승만의 언명이 있었기 때문에 기성정치인보다 신진정치인의 진출을 이롭게 하는 선에서 추진되었다; 김민하, 앞의 책, 87쪽.

124) 중앙선거관리위원회, 『대한민국선거사 제1집』, 앞의 책, 466~467쪽.

125) 김민하, 앞의 책, 88쪽.

126) 김운태, 앞의 책, 100쪽.

127) 김민하, 앞의 책, 88쪽.

128) 윤천주, 앞의 책, 174쪽.

129) 김민하, 앞의 책, 88쪽.

130) 김운태, 앞의 책, 156~157쪽 참조.

131) 김민하, 앞의 책, 99~100쪽.

132) 김민하, 앞의 책, 66쪽.

133) 중앙선거관리위원회, 『대한민국선거사 제1집』, 앞의 책, 85쪽.

134) 인천시의 선거인수는 106,441명으로 경상북도 울릉군의 선거인수 6,046명에 비해 무려 17.6배의 차이를 보인다; 박동진, "정치관계법의 변천과정과 정당정치," 안희수 편저, 『한국정당정치론』(서울 : 도서출판 나남, 1995), 356쪽에서 재인용.

135) 박상철, 『선거운동과 정치관계법』(서울 : 도서출판 한줄기, 1995), 92쪽.

136) 중앙선거관리위원회, 『대한민국선거사 제1집』, 앞의 책, 87쪽과 박동진, 앞의 글, 357쪽.

137) 1952년 7월 7일 개정된 헌법에 의하면, 국회는 민의원과 참의원으로 구성하도록 하여 제3대 국회와 제4대 국회는 양원제로 구성되어야 했으나, 당시 자유당정권은 참의원 구성을 위한 입법을 지연시켜 실현되지 못했다.

138) 김민하, 앞의 책, 98쪽.

139) 박동진, 앞의 글, 358쪽.

140) 중앙선거관리위원회, 『대한민국정당사 제1집』, 앞의 책, 178~179쪽 참조.

141) 박동진, 앞의 글, 371쪽.

142) 미 군정당국은 처음 좌·우익정당의 활동을 자유로이 인정하였으나, 좌익정당의 계속되는 파괴행위를 방지하기 위하여 강력한 정당의 법 규제화를 도모함으로써 한편으로는 대(對) 공산당 강경책과 한편으로는 남한의 민주정당 육성 및 민주정치체제의 기반을 견고히 시키는 데 주력하였던 것이다; 중앙선거관리위원회, 『대한민국정당사 제1

집』, 앞의 책, 179쪽.

143) 김민하, 앞의 책, 64쪽.

144) 박문옥, 앞의 책, 375~376쪽.

145) 윤형섭, "국회의원선거제도의 변천과정," 한국정치학회 편, 『현대한국정치론』(서울 : 법문사, 1988), 409쪽.

146) 김민하, 앞의 책, 68쪽.

147) 김운태, 앞의 책, 20~21쪽 참조.

148) 박동서 · 김광웅 편, 『의회와 행정부』(서울 : 법문사, 1988), 237쪽.

149) 중앙선거관리위원회, 『대한민국정당사 제1집』, 앞의 책, 208쪽.

150) 전쟁 기간동안 사망 및 피살로 8명, 납치 및 행방불명으로 27명의 의원이 상실되었는데, 소속별로는 대한국민당이 5명, 국민회가 2명, 민주국민당이 2명, 일민구락부가 1명, 민족자주연맹이 1명, 무소속이 23명이었다; 김운태, 앞의 책, 65쪽.

151) 중앙선거관리위원회, 『대한민국정당사 제1집』, 앞의 책, 209쪽.

152) 김철수, 『헌법학개론』(서울 : 박영사, 1990), 55쪽.

153) 김운태, 앞의 책, 102쪽.

154) 득표율에 비하여 당선자수가 많은 정당 · 사회단체는 자유당뿐이었는데, 이같은 사실은 소선거구제에 있어서 다수당의 유리한 조건과 소선거구제의 사표에 대한 충분한 연구자료가 된다; 김운태, 앞의 책, 102쪽.

155) 김민하, 앞의 책, 91쪽.

156) 김철수, 앞의 책, 55쪽.

157) 김민하, 앞의 책, 102쪽.

158) 국회사무처, 『국회사(제헌~제6대)』, (서울 : 국회사무처, 1976), 86~90쪽.

4. 제2공화국의 정당정치

1) 이정식, 『한국현대정치사 제3권』(서울 : 성문각, 1986), 263쪽.

2) 김운태 외 공저, 『한국정치론』(서울 : 박영사, 1994), 369쪽.

3) 이정식, 앞의 책, 145~146쪽.

4) 이정희, "제2공화국의 정치환경과 장면의 리더쉽," 한국정치학회 편, 『한국현대정치사』(서울 : 법문사, 1995), 245~246쪽.

5) Stephen Bradner, "Korea : Experiment and Instability," *Japan Quarterly*(Oct./Dec. 1961), p.414; 안병만, 『한국정부론』(서울 : 다산출판사, 1995), 160쪽에서 재인용.

6) 김운태 외 공저, 앞의 책, 369쪽.

7) 한태연 외 공저, 『한국헌법사(상)』(성남 : 한국정신문화연구원, 1988), 80쪽.

8) 이정희, 앞의 글, 260쪽.

9) 김운태 외 공저, 앞의 책, 373쪽과 안병만, 앞의 책, 161쪽.

10) 장광수, "한국정통보수야당의 정치적 특성에 관한 연구 -정치환경, 엘리트, 기원 및 정강·정책을 중심으로-," 한국외국어대학교 박사학위논문, 1993, 42쪽.

11) 김운태 외 공저, 앞의 책, 374쪽.

12) 장 면 정부가 경제 제일주의를 표방하고 시작한 것이 국토건설계획이었는데, 이는 소수의 특권층을 위한 경제정책이 아니라 농민과 노동자층의 생활문제와 실업자문제를 해결하기 위한 정책이었기 때문에 국민의 호응이 컸으며, 국토건설사업을 위해 2,066명의 대학졸업자가 공채되기도 했다. 이 사업은 실업자를 구제하여 사회불안을 감소시키고, 국토와 자원을 개발하여 공업화의 기초를 마련시킬 것과 국민의 자조와 자활정신을 높이기 위한 것이었다; 이정희, 앞의 글, 257쪽.

13) 한승주, 『제2공화국과 한국의 민주주의』(서울 : 종로서적, 1983), 5쪽.

14) 윤용희, 『한국정치의 체계분석』(서울 : 법문사, 1987), 91쪽.

15) 1960년 7월 29일에 실시된 제5대 국회의원선거에서 민주당은 175석을 차지하여 제1당이 되었으나, 이를 계기로 당 주도권을 장악하기 위한 신·구파간의 갈등이 격화되어 총리인준을 둘러싼 당권경쟁에서 패배한 구파는 8월 31일 「구파동지회」라는 교섭단체를 구성·등록한 데 이어 10월 13일에는 신당발족을 선언하고 12월 14일 신민당으로 등록함으로써 분당이 되고 만다; 이정식, 앞의 책, 316~319쪽과 323쪽 참조.

16) 한국에 있어서의 사회주의정당은 대체로 혁신정당으로 불리는데, 그 이유는 그 계보에 있어 온건사회주의 또는 서구형의 사회민주주의나 민주사회주의 이데올로기를 표방하면서 남북한의 극한적 이데올로기 대치상태를 극복하겠다는 의지를 포용하기 때문에 편의상 호칭되어 왔다고 한다; 유광진, "한국사회주의정당의 정강정책에 관한 연구," 동국대학교 안보연구소, 『안보연구』, 제15호, 1985, 57쪽.

17) 시인사 편, 『한국의 주요 정당·사회단체 강령·정책』(서울 : 시인사, 1988), 183~185쪽.

18) 이정식, 앞의 책, 328~329쪽.

19) 4·19혁명 이후 이합집산의 진통을 겪던 혁신세력 중에서 가장 먼저 당명을 내걸고 활발한 활동을 전개한 정당이 사회대중당이다; 유광진, 앞의 글, 65쪽.

20) 중앙선거관리위원회, 『대한민국정당사 제1집』(서울 : 중앙선거관리위원회, 1981), 259쪽.

21) 사회대중당의 창당선언을 보면, "……우리는 당의 정강정책에 나타나 있는 바와 같은 노선과 강력한 그 실천만이 공산주의를 그 근저에서 극복하는 가장 철저하고 진정한 반공노선임을 확신한다……"고 하여 반공주의를 더욱 명백히 밝히고 있다; 이정식, 앞의 책, 333~335쪽 참조.

22) 유광진, 앞의 글, 66쪽.

23) 중앙선거관리위원회, 앞의 책, 259쪽.

24) 한국사회당은 자유와 번영을 지향하는 민주적 사회주의정당을 목표로 했으며, 보수독재와의 투쟁을 표방하였다; 이정식, 앞의 책, 340~343쪽 참조.

25) 위의 책, 316~317쪽.

26) 신·구 양 파는 공천안배의 원칙을 무시하고 구파가 공천한 지구에 신파를 내세우고, 신파가 공천된 지구에 구파를 내세워 무려 100개 지구가 신·구 양파의 경쟁장이 되었

다. 따라서 민주당 후보자만 하여도 민의원에 350명, 참의원에 51명이나 되었다. 7·29 국회의원선거는 같은 민주당 후보들끼리의 각축으로 민주당원끼리 무질서한 폭력사태가 곳곳에서 일어났다, 양무목, 『한국정당정치론』(서울 : 법문사, 1983), 63~64쪽.

27) 민·참의원선거가 끝난 직후부터 신·구파의 대립은 노골화되었다. 구파는 분당하여 대통령과 국무총리직의 안배를 주장하였다. 구파의 전력은 원내세력의 우세를 이용하여 분당을 하더라도 실권을 장악할 수 있다는 계산에서 나온 것이었으며, 다소 수세에 있던 신파는 중도파와 무소속을 끌어들여 실세를 강화시키려 했다, 유진산, "야당막후사," 『월간중앙』, 1970년 3월호, 118~120쪽.

28) 이기택, 『한국야당사』(서울 : 백산서당, 1987), 147쪽.

29) 이정식, 앞의 책, 310~311쪽.

30) 중앙선거관리위원회, 앞의 책, 247쪽.

31) 중앙선거관리위원회, 『대한민국선거사 제1집』(서울 : 중앙선거관리위원회, 1973), 494쪽.

32) 김민하, 앞의 책, 114쪽.

33) 김종훈, 『한국정당사』(서울 : 고시학회, 1982), 174쪽.

34) 박상철, 『선거운동과 정치관계법』(서울 : 한줄기, 1995), 93쪽.

35) 중앙선거관리위원회, 『대한민국선거사 제1집』, 앞의 책, 93쪽.

36) 박동진, "정치관계법의 변천과정과 정당정치," 안희수 편저, 『한국정당정치론』(서울 : 도서출판 나남, 1995), 359~360쪽과 370쪽 참조.

37) 중앙선거관리위원회, 『대한민국정당사 제1집』, 앞의 책, 248쪽.

38) 김민하, 앞의 책, 117쪽.

5. 제3공화국의 정당정치

1) 5·16군사쿠데타에 관한 종합적인 연구는 Se-jin Kim, *The Politics of Military Revolution in Korea*(Chapel Hill, N. C. : University of North Carolina Press, 1971) 참조; 안병만, 『한국정부론』(서울 : 다산출판사, 1995), 162쪽에서 재인용.

2) 김운태 외 공저, 『한국정치론』(서울 : 박영사, 1994), 377쪽.

3) 이정식, "<제3공화국> 근대화의 정치," 양동안 외 공저, 『현대한국정치사』(성남 : 한국정신문화연구원, 1987), 237쪽.

4) 허 영, 『한국헌법론』(서울 : 박영사, 1993), 711쪽.

5) 쿠데타 주도세력의 민정참여의 길을 마련하는 구상에서, 또한 양당제의 수립을 위해서 이 조항들이 도입되었으며, 특히 다당의 난립을 막고 제1당과 제2당이 안정된 의석을 가지는 양당정치를 구현하기 위한 방법으로 비례대표제를 도입하였다; 이정식, 앞의 글, 247쪽과 길승흠 외 공저, 『한국선거론』(서울 : 다산출판사, 1987), 50쪽 참조.

6) 김운태 외 공저, 앞의 책, 382~384쪽.

7) 김영명, 『한국현대정치사 -정치변동의 역학-』(서울 : 을유문화사, 1992), 282쪽.

8) 안병만, 『한국정부론』(서울 : 다산출판사, 1995), 162쪽.

9) 김영명, 앞의 책, 283쪽.

10) 1969년 1월 7일 당시 윤치영 민주공화당 의장서리는 기자회견을 통해 "조국근대화작업의 완성이라는 지상명령을 수행해야 되는 우리 실정으로 강력한 리더십이 필요하다"고 역설하면서 이를 위해 필요하다면 대통령의 2차 이상 중임금지조항까지 포함해서 개헌문제를 연구할 수 있다고 밝혔다; 김운태 외 공저, 앞의 책, 390쪽.

11) 대통령의 탄핵소추에 있어서는 국회의원 50인 이상의 발의에 3분의 2 이상의 찬성으로써 의결하도록 개정하였다.

12) 김영명, 앞의 책, 284쪽.

13) 김운태 외 공저, 앞의 책, 393쪽.

14) 윤용희, 『한국정치의 체계분석』(서울 : 법문사, 1987), 92~93쪽.

15) 백완기, 『한국의 행정문화』(서울 : 고려대학교출판부, 1982), 49쪽.

16) 김운태 외 공저, 앞의 책, 89~90쪽.

17) 길승흠, "한국인의 정치의식구조변화(1963과 1978년)," 한국정치학회, 『한국정치학회보』, 제14집, 1980, 94쪽.

18) 이영호는 정치문화의 이념형인 향리형, 신민형, 참여형을 기본적인 분석틀로 삼아 1965년 서베이방법을 사용하여 한국 정치문화를 분석·고찰한 바 있다; 이영호, "한국사회변화와 정치참여," 고려대학교 아세아문제연구소 편, 『한국의 전통과 변천』(서울 : 고려대학교 아세아문제연구소, 1973) 참조.

19) 1963년 2월 26일 제정된 민주공화당의 강령과 기본정책은 중앙선거관리위원회, 『대한민국정당사 제1집』(서울 : 중앙선거관리위원회, 1981), 306~308쪽 참조.

20) 1963년 1월 1일부터 정치활동이 재개되자 조국 근대화의 대과제를 민주주의 질서상에서 계속 담당해나갈 새로운 지도세력이 민정이양과정에서 시급히 형성되어야 하며, 이러한 지도세력은 새 힘의 소유자라야 한다는 생각에서 창당된 신당이 민주공화당이다. 민주공화당은 발기취지문에서 "……4·19로 비롯되어 5·16으로 승화된 혁명이념을 계승하여 혁명과업을 민주주의적 질서하에 수행해야 할 신당 출현의 필요성을 확인하고……"라고 밝히고 있으며, 혁명주체세력의 한 사람이었던 김종필 중앙정보부장이 1월 5일 예편한 것을 계기로 신당창당이 구체화되었다는 점에서 민주공화당의 성격을 알 수 있다; 위의 책, 291~295쪽과 민주공화당, 『민주공화당4년사』(서울 : 민주공화당기획조사부, 1967), 30~46쪽.

21) 민주공화당, 앞의 책, 46~50쪽.

22) 민주공화당은 창당선언문에서 "……진정한 자유민주주의의 꽃을 피게 하고 조속한 근대화를 도모해야 할 시대적 요구의 담당은…… 새 세력의 양심과 역량에 기대하지 않을 수 없게 되었다……"고 밝혀 근대화의 추진을 담당할 정당임을 자임하고 있다; 중앙선거관리위원회, 앞의 책, 295쪽과 김용욱, "한국정치체제의 이데올로기 지향," 한국정치학회, 『한국정치발전의 특성과 전망』(서울 : 한국정치학회, 1984), 114쪽 참조.

23) 1963년 1월 1일 정치활동이 재개되자 1월 3일 "민정(民政)의 기본을 확고히 하기 위해

범야세력의 대동단결로써 꾸며지는 새 정당은 결코 기성 「그룹」의 연합체가 아님을 명백히 한다"는 공동성명을 밝히고 범야 단일정당 추진운동이 본격화되었다. 김병노를 중심으로 한 무소속세력과 전 민주당세력, 전 신민당세력에 전 자유당세력까지 가세한 범야 단일정당(가칭 민정당) 추진운동은 당의 기본노선을 기본적인 자유민주주의를 수호하고, 평화적 정권교체를 기약하는 데까지 합의하였으나, 당영수(黨領袖) 및 대통령후보 선정문제와 조직원칙문제 등의 핵심적인 쟁점에는 아무런 타협점을 찾지 못했다. 이에 전 민주당측이 이탈함으로써 범야 단일정당 추진운동은 좌절되고 나머지 세력들이 1월 27일 민정당(民政黨)을 창당하고, 이탈한 전 민주당세력은 2월 1일 민주당을 창당하게 된다. 한편 자유민주당은 박정희 최고회의 의장이 「4·8성명」에서 제창한 범국민정당론에 고무되어 기성정파에 침투한 중견인사들의 결속으로 군민 합동의 안정세력 지향을 선언하면서 발기된 친여성향의 정당으로서 한편으로는 여·야 각 정파의 지도층 포섭공작을 전개하고, 다른 한편으로는 김재춘 중앙정보부장의 뒷받침으로 친여세력 단합을 위해 민주공화당과의 합류도 모색하였다. 그러나 합류협상의 좌절로 합류파들이 이탈하여 민주공화당으로 합류하자 나머지 세력들이 1963년 9월 3일 야당의 입장으로 자유민주당을 창당하게 된다. 또한 재야세력의 결속된 힘만이 군정세력을 겪을 수 있다는 공통된 사명감에서 야당통합운동이 전개되었는데, 민정당과 신정당(가칭), 민우당(가칭)이 중심이 되어 '국민의 당'을 창당하고자 했으나 대통령후보 지명문제로 이견을 보인 민정당을 배제하고 1963년 9월 5일 비민정당계들만으로 결성한 정당이 바로 국민의 당이다, 중앙선거관리위원회, 앞의 책, 436~437쪽, 479~482쪽, 499쪽, 523~526쪽 참조.

24) 시인사 편, 『한국 주요 정당·사회단체 강령·정책』(서울 : 시인사, 1988), 197~200쪽.

25) 중앙선거관리위원회, 앞의 책, 509쪽.

26) 민주당의 정책은 「1. 정치행정정책」, 「2. 경제정책」, 「3. 교육문화정책」, 「4. 사회노동정책」, 「5. 외교국방정책」 등 5개분야로 되어 있는데, 「정치행정정책」은 10개항, 「경제정책」은 '산업경제정책의 기본방향' 9개항, '산업경영정책의 기본방향' 6개항, '재정금융정책의 기본방향' 10개항, '농, 수산정책의 기본방향' 3개항, '산림정책의 기본방향' 5개항 등으로 세분하는 한편, 「교육문화정책」은 8개항, 「사회노동정책」은 6개항, 「외교국방정책」은 5개항을 제시하고 있다, 위의 책, 509~511쪽 참조.

27) 자유민주당의 정강은 6개항으로 되어 있고, 정책은 5개분야로 되어 있다. 정책에서는 「1. 정치 및 행정정책」 8개항, 「2. 산업경제정책」의 일반정책 9개항, 농업(임업 및 어업)정책 20개항, 상공정책 12개항, 재정금융정책 3개항, 「3. 국토통일정책」, 「4. 국방외교정책」 5개항, 「5. 문교사회정책」 8개항 등을 제시하고 있다, 위의 책, 490~493쪽 참조.

28) 시인사 편, 앞의 책, 203쪽.

29) 국민의 당은 기본정책을 「1. 정치」, 「2. 경제」, 「3. 교육·문화」, 「4. 사회」, 「5. 외교·국방」 등의 5개분야로 나누어 정치분야에서는 11개항, 경제분야에서는 가. 산업경제, 나. 농림·수산, 다. 재정·금융으로 세분하여 각각 11개항, 9개항, 6개항의 정책을 제시하는 데 이어 교육·문화분야 6개항, 사회분야 9개항, 외교·국방분야 7개항의 정책

을 제시하고 있다, 중앙선거관리위원회, 앞의 책, 533~535쪽 참조.

30) 1963년 10월의 대통령선거와 11월의 국회의원선거에서 패배한 민주당과 자유민주당 및 국민의 당은 삼민회라는 단일 원내교섭단체를 구성하면서 야당 통합을 추진하였으나, 자유민주당이 이탈함으로써 실패하고 1964년 9월 17일 국민의 당만이 민주당에 흡수 통합된다. 한편 3당합당에서 이탈한 자유민주당은 곧 제1야당인 민정당과 통합을 추진하여 11월 26일 민정당에 흡수 통합됨으로써 야권은 민정당과 민주당의 양당으로 정비되기에 이른다. 이러한 상황에서 단일야당의 출현에 대한 여론과 공화당 정부의 한·일협정 추진에 따른 야권의 공동저지문제에 힘입어 양당은 통합작업을 추진하기 시작하여 마침내 1965년 5월 3일 단일야당인 민중당의 창당을 선언하게 된다. 그러나 한·일협정 비준 거부를 둘러싸고 민중당은 또다시 강경파와 주류온건파로 분열되어 강경파가 민중당 정화동지회를 조직, 신당운동을 벌이다 11월 1일 집단 탈당과 신당참여를 공식 선언한 뒤 정화동지회를 발전적으로 해체하고 1966년 2월 15일 창당발기인대회를 열어 창당준비위원회를 구성하여 마침내 3월 30일 신한당을 창당함으로써 야권은 다시 한번 양당으로 분열되기에 이른다. 그 후 1967년에 실시될 제6대 대통령선거를 앞두고 야당후보 단일화문제가 대두됨에 따라 양당통합이 조심스럽게 추진되다 1967년 1월 24일과 25일 민중당의 대통령후보인 유진오와 신한당 총재인 윤보선간의 접촉을 계기로 통합문제가 급진전되어 마침내 2월 7일 통합야당인 신민당이 창당되게 된다, 위의 책, 498쪽, 514쪽, 516~517쪽, 521~522쪽, 543쪽, 574~578쪽, 592~596쪽 참조.

31) 위의 책, 597쪽.

32) 신민당은 임박한 대통령선거와 국회의원선거일정에 쫓겨 졸속으로 창당되었기 때문에 창당 당시의 체제는 급조된 선거대비 과도체제였다. 창당대회에서 신민당은 임시당헌을 채택하여 임시당기구로서 운영위원회를 구성하고 선거가 끝난 후 1967년 9월 15일 이전에 전당대회를 개최하여 당기구를 정상화하기로 하는 한편 선거대책본부요강을 만들어 선거대비체제를 갖추었다. 그러나 선거가 끝난 후 각 파가 심각하게 대립함으로써 전당대회는 1968년 5월에 개최되었는데 이 제2차 전당대회가 강령, 당헌, 정강, 당의 성격 및 당면정책 등의 채택을 통해 통합야당으로서의 당의 이념과 정책목표를 정립하고 조직체계를 정비하는 사실상의 창당대회였다, 이계희, "권위주의정권 하의 야당정치 연구 : 신민당(1967-1980)을 중심으로," 서울대학교 박사학위논문, 1991, 136쪽과 139~140쪽 참조.

33) 중앙선거관리위원회, 앞의 책, 607쪽.

34) 위의 책, 608쪽.

35) 위의 책, 609~635쪽.

36) 1968년 5월 20일 제정한 당의 성격 제1항에서 신민당은 "1. 우리 당은 자유민주주의를 수호하는 정당이다. 우리 당은 현정권이 군사「파시스트」적 정보정치를 자행하며 반공을 빙자하여 전국민을 공포와 체제 속에 몰아 넣고 있는 사태는 바로 대한민국의 국시인 자유민주주의에 대한 정면의 도전이라고 단정한다. 우리 당은 언론, 집회, 선거 등 국민의 기본자유를 철저히 보장하는 동시에 건전한 의회민주주의의 발전과 평화적 정

권교체의 쟁취야말로 한국민주주의의 성패를 결판짓는 관건이라고 확신하고 끝까지 투쟁할 것이며 장래 어떤 형태의 소급법 제정이나 정치보복도 용납하지 않을 것을 다짐한다"라고 하여 자유민주주의 수호 정당임을 자임하고 있다; 위의 책, 607쪽.

37) 신민당의 대중경제론은 당시 공화당 정권의 수출주도산업화정책에 대한 대안정책으로 제시되어 1960~70년대 야당의 가장 특징적인 정책대안으로 평가된다; 이계희, 앞의 글, 157쪽.

38) 1965년 5월 5일 한·일협정 비준을 반대하여 의원직을 사퇴한 서민호는 새로운 정당을 조직하기 위하여 민주사회주의를 표방하면서 1966년 5월 9일 민주사회당(가칭) 창당준비위원회를 결성, 중앙선거관리위원회에 신고하였다. 그러나 중앙선거관리위원회에 신고를 마친 서민호는 통일정책에 있어 소위 전면통일에 앞선 부분통일(동당 창당준비위원회의 대변인 이필선의 해명에 의하면 부분통일이란 서신교류, 기자교류, 문화인 및 체육인교류, 독일에서 이루어지고 있는 친척교류 등을 뜻한다고 함)을 주장하고, 재일조총련계와의 접선혐의 및 김일성과의 담판용의 발언 외에 '월남파병은 미국의 대리전쟁' 등의 내용이 담긴 전단 살포 등이 반공법에 저촉된다는 혐의로 6월 3일 구속되어 12월 27일 유죄선고를 받게 된다. 서민호는 이에 불복하여 항소하는 한편 1967년 3월 9일 창당대회를 열고 당의 명칭을 대중당으로 변경함으로써 대중당은 민주사회주의를 표방하는 혁신정당으로 출범하였다; 유광진, "한국사회주의정당의 정강정책에 관한 연구," 동국대학교 안보연구소, 『안보연구』, 제15호, 1985, 67~68쪽과 중앙선거관리위원회, 앞의 책, 833~836쪽 참조.

39) 중앙선거관리위원회, 앞의 책, 845쪽.

40) 대중당의 정책은 「1. 정치」, 「2. 경제」, 「3. 사회」, 「4. 교육문화」, 「5. 국방외교」, 「6. 통일」 등의 6개분야로 나뉘어져 있고, 「정치」 분야에서 8개항, 「경제」 분야에서 25개항, 「사회」 분야에서 14개항, 「교육문화」 분야에서 9개항, 「국방외교」 분야에서 5개항, 「통일」 분야에서 3개항을 제시하고 있다; 위의 책, 845~847쪽 참조.

41) 더욱이 유일한 의원이자 대표최고위원인 서민호가 제7대 대통령선거와 제8대 국회의원선거를 앞둔 1971년 4월 21일 '대중당을 신민당에 흡수통합하는 것을 전제'로 먼저 신민당에 입당하는 것으로 볼 때 대중당의 이념적 선명성은 그렇게 강하지 않은 것 같다; 위의 책, 852쪽.

42) 1969년 7월 25일 개헌문제를 통해 신임을 묻겠다고 한 대통령의 특별담화를 계기로 민주공화당은 3선개헌에 대한 당론조정에 착수하여 8월 7일 3선개헌안을 국회에 제출하였다. 이에 신민당은 3선개헌저지를 위해 총력을 기울이는데 그 과정에서 조흥만, 성낙현, 연주흠 등 3명의 의원이 "개헌을 반대해서 박대통령을 물러나게 하는 것은 국가를 위해 도움이 안된다"는 성명을 발표, 찬성으로 돌아서는 변절행위를 하자 이를 응징하기 위해서 또한 "3선개헌저지를 위해 신민당이 취할 수 있는 마지막까지를 다 바치려는 충정"에서 당 해산을 결의하게 된다. 9월 7일 임시전당대회를 열어 나머지 소속의원 44명을 제명하고, 당의 해체를 결의함으로써 변절한 세 의원을 당시의 정당법에 따라 정당해산과 동시에 자동으로 의원직을 상실하게 만들었다. 한편 제명된 44명의 의

원들은 무소속으로 남게 되어 즉각 신민회라는 원내교섭단체를 구성하여 재창당을 준비했는데, 당 해산 1주일 뒤인 9월 14일 새벽에 3선개헌안이 국회를 통과한 후 9월 20일 창당전당대회를 열어 당의 모든 요직과 체제를 이전대로 복원함으로써 신민당은 해산 13일만에 재창당하게 된다; 김운태 외 공저, 앞의 책, 390~391쪽, 이영석, 『야당40년사』(서울 : 인간사, 1987), 254~255쪽, 중앙선거관리위원회, 앞의 책, 685~688쪽 참조.

43) 1969년 7월 20일 제시된 신민당의 기본정책은 전문부분과 「제1장 정치」, 「제2장 경제」, 「제3장 통일·외교」, 「제4장 국방」, 「제5장 사회」, 「제6장 교육·문화」 등으로 나누어져 있다; 중앙선거관리위원회, 앞의 책, 699~702쪽.

44) 제6대 대통령선거에 신민당 후보로 출마했다가 패배한 후 정계일선에서 후퇴, 당고문을 맡고 있던 윤보선은 1970년 2월 2일 신민당을 탈당, 민주통일국민회의(가칭)를 모태로 1971년 1월 6일 국민당을 창당한다; 위의 책, 880~882쪽.

45) 민중당의 전신은 1963년 9월 11일 창당된 신민회이다. 자유민주사상을 주류한 신자유민주주의이념을 확립하고 이의 구현을 위해 신민족운동을 전개하겠다는 신민회는 1967년 2월 25일 당명을 민중당으로 변경하여 활동했으나, 1971년 5월 25일에 실시된 제8대 국회의원 선거에서 김재춘만이 당선되는데 그쳤고, 그나마 김재춘은 6월 29일 제명되어 이듬해 5월 15일 민주공화당에 입당한다; 위의 책, 813~832쪽.

46) 국민당의 정책은 다른 정당들과는 달리 「1. 민족의 당면과제」, 「2. 한국과 세계」, 「3. 조국의 통일」, 「4. 진정한 민주정치」, 「5. 경제」, 「6. 사회정책」, 「7. 문화·교육정책」 등으로 되어 있다는 점이 특이하다; 위의 책, 824~826쪽과 890~906쪽 참조.

47) 민주공화당의 사전조직은 이른바 '김종필 구상'에 의해 이루어졌는데, 그 조직원리는 Ⅰ.공공조직, Ⅱ.점조직, Ⅲ.핵심조직, Ⅳ.영도권의 확립, Ⅴ.범국민적 조직 등 5개부문으로 되어 있다; 김영수, "민주공화당사전조직," 『신동아』, 1964년 11월호, 178쪽; 박종성, 『정치는 파벌을 낳고 파벌은 정치를 배반한다』(서울 : 한울, 1992), 73쪽에서 재인용.

48) 민주공화당은 사무국의 존재이유를 "구정권의 폐해, 즉 인물중심적 파벌, 야합 등을 시정하여 당의 항구성을 유지하고 원내중심보다 당에 중심을 두는 새로운 양식의 정당정치를 구현하는 데에 있다"고 밝히고 있다; 민주공화당, 『선전교양자료집』(서울 : 민주공화당선전부, 1964), 15쪽.

49) 김운태 외 공저, 앞의 책, 667쪽.

50) 민주공화당, 『민주공화당4년사』, 앞의 책, 77쪽과 507쪽 참조.

51) 신명순, 『한국정치론』(서울 : 법문사, 1993), 271쪽.

52) 김운태 외 공저, 앞의 책, 667쪽.

53) 박종성, 앞의 책, 72쪽.

54) 중앙선거관리위원회, 앞의 책, 291~292쪽.

55) 민주공화당, 『민주공화당4년사』, 앞의 책, 43~44쪽.

56) 5·16 후 군정기간 중 중앙정보부가 민주공화당의 정치자금을 확보하기 위해 일으킨 4가지의 횡령사건으로 「증권파동」, 「워커힐」, 「새나라자동차」, 「회전당구」 등의 사건을 말한다; 한국사사전편찬회 편, 『한국근현대사사전』(서울 : 가람기획, 1990), 376~377쪽.

57) 1963년 3월 16일 박정희는 군정4년연장을 제의하는 '3·16성명'을 발표하자 재야세력
  은 일제히 이에 반대하는 데모를 하는가 하면, 재야정당의 중진들은 박정희를 방문하
  여 '3·16성명'의 철회를 요청한다. 이에 박정희는 ① 군정연장안을 위한 국민투표를 9
  월까지 보류, ② 9월중 국민투표 또는 총선거 실시 여부의 결정, ③ 그때까지 행정력
  강화로 민생고 해결, ④ 비상사태수습을 위한 임시조치법을 폐지하고 정치활동 재개
  등을 골자로 하는 '4·8조치'를 취하게 되는데, 이 '4·8조치'는 사실상 민주공화당의
  해체를 의미하는 것이어서 당무회의는 당해체를 결의하나 중앙상임위원회의 해체보류
  로 4월 17일 중앙사무국 등을 대폭 축소시키고, 전국의 1,300명의 유급 사무당원수를 4
  분의 1로 감원하는 등 진통을 겪게 된다, 중앙선거관리위원회, 『대한민국정당사 제1
  집』, 앞의 책, 295쪽, 309쪽 참조.

58) 위의 책, 310쪽과 318쪽 참조.

59) 박종성, 앞의 책, 75쪽 참조.

60) 민주공화당, 『민주공화당4년사』, 앞의 책, 854쪽.

61) 박종성, 앞의 책, 76쪽과 민준기, "한국의 정당과 파벌," 서울대학교 한국정치연구소,
  『한국정치연구』, 창간호, 1987, 240쪽.

62) 윤형섭·신명순 외 공저, 『한국정치과정론』(서울 : 법문사, 1988), 186쪽.

63) 신주류가 등장하게 된 원인은 비주류의 이효상과 반김종필계의 장경순 등 국회의장단
  과 김성곤·구태회·현오봉 등 구 정치인들이 그동안 박정희의 신임을 얻고 여기에 김
  종필과 앙숙관계에 있던 이후락과 길재호가 가세하였기 때문이다, 김 영, 『당인』(서
  울 : 백미사, 1982), 255쪽.

64) 전·현직 민주공화당 사무처요원으로 구성된 900여명의 추종자를 규합하여 만든 한국
  국민복지연구회가 당내의 당을 만든 파당행위를 했다는 것이 제명의 사유였다, 민준기,
  앞의 글, 244쪽.

65) 심상기, "공화당," 『월간중앙』, 1970년 1월호, 98~100쪽.

66) 김영빈, "파벌," 『월간조선』, 1981년 3월호, 176쪽.

67) 중앙선거관리위원회, 『대한민국정당사 제1집』, 앞의 책, 501~502쪽.

68) 이기택, 『한국야당사』(서울 : 백산서당, 1987), 198~199쪽.

69) 김영빈, 앞의 글, 177~180쪽.

70) 이기택, 앞의 책, 213쪽.

71) 민준기, 앞의 글, 43쪽.

72) 이계희, 앞의 글, 161~165쪽.

73) 중앙선거관리위원회의 『정당활동 및 재산상황 등 보고서 : 1971-1979』(서울 : 중앙선거관
  리위원회, 1981) 참조.

74) 이계희, 앞의 글, 160~161쪽.

75) 1971년 5월 25일에 실시되는 제8대 국회의원선거의 입후보자 등록 마감일인 5월 6일 신민
  당 총재인 유진산이 갑자기 자신의 지역구인 영등포갑구의 출마를 포기하고 전국구1번으
  로 등록함으로써 일어난 신민당 내의 파동을 가리켜 제2 진산파동이라고 한다, 이기택, 앞

의 책, 274~276쪽.

76) 박종성, 앞의 책, 66~67쪽.

77) 김민하, 『한국정당정치론』(서울 : 대왕사, 1988), 134~135쪽.

78) 김종훈, 『한국정당사』(서울 : 고시학회, 1982), 297~300쪽.

79) 김민하, 앞의 책, 145쪽.

80) 중앙선거관리위원회, 『대한민국정당사 제1집』, 앞의 책, 419~421쪽 참조.

81) 위의 책, 768~770쪽 참조

82) 1961년 당시 혁명정부는 민정이양에 관한 계획을 '8·12성명'으로 발표하였는데, 혁명공약 제6항에 따라 발표된 이 성명에서 "혁명정부는 정권이양에 앞서서 진정한 민주정치질서를 창건하고 구악의 재발을 방지하기 위하여 ① 구악일소와 법질서 확립, ② 모든 체제의 개혁 및 발전, ③ 종합경제5개년계획의 추진 등의 기초과업을 완수한 후에 정권을 민간정부에게 이양한다"는 점을 전제하고, 이양시기는 1963년 여름으로 예정하면서 3월 이전에 신헌법 제정과 5월에 총선거 실시, 그리고 1월부터 정당활동의 재개를 밝혔다; 김민하, 앞의 책, 127쪽.

83) 박상철, 『선거운동과 정치관계법』(서울 : 도서출판 한줄기, 1995), 93~94쪽.

84) 중앙선거관리위원회, 『대한민국선거사 제1집』, 앞의 책, 96쪽.

85) 이러한 전국구 의석배분방식은 제1당뿐만 아니라 제2당에게도 유리하게 적용되었는데, 제2당의 득표가 제3당 이하 정당의 득표총수의 2배를 초과한 때에는 득표비율에 따라 배분하나, 이를 초과하지 못한 때에는 제1당에게 배분하고 남은 잔여 의석의 3분의 2를 제2당에게 배분하고 나머지를 제3당 이하의 정당에 배분하게 하였다; 박동진, "정치관계법의 변천과정과 정당정치," 안희수 편저, 『한국정당정치론』(서울 : 도서출판 나남, 1995), 360~361쪽.

86) 박상철, 앞의 책, 94쪽.

87) 김민하, 앞의 책, 147쪽.

88) 김영배, 『국민의식과 선거 · 상시계발의 실제』(서울 : 육법사, 1982), 48~49쪽.

89) 박동진, 앞의 글, 364쪽.

90) 위의 글, 373쪽.

91) 중앙선거관리위원회, 『대한민국정당사 제1집』, 앞의 책, 부록 참조

92) 박상철, 앞의 책, 16쪽.

93) 중앙선거관리위원회, 『대한민국정당사 제1집』, 앞의 책, 275쪽.

94) 김민하, 앞의 책, 145쪽.

95) 중앙선거관리위원회, 『대한민국정당사 제1집』, 앞의 책, 362쪽.

96) 국회사무처, 『국회사(제7대~제8대)』(서울 : 국회사무처, 1976), 70쪽.

97) 위의 책, 203~230쪽.

98) 김민하, 앞의 책, 150쪽.

99) 중앙선거관리위원회, 『대한민국정당사 제1집』, 앞의 책, 288쪽.

100) 국회사무처, 앞의 책, 200쪽.

6. 제4공화국의 정당정치

1) 권영성, 『헌법학원론』(서울 : 법문사, 1991), 92쪽.
2) 조성대, "한국정부형태의 변천과정에 관한 연구," 상명여자대학교 사회과학연구소, 『사회과학연구』, 제3호, 1989, 41쪽.
3) 안병만, 『한국정부론』(서울 : 다산출판사, 1995), 165쪽.
4) 김운태 외 공저, 『한국정치론』(서울 : 박영사, 1994), 395쪽.
5) 안병만, 앞의 책, 166쪽.
6) 이 기간중 1인당 국민소득은 1972년 304달러에서 1980년에는 1,510달러로 5배가량 증가되었으며, 수출은 1972년 16억2천4백만달러에서 1980년에는 175억5백만달러로 약 10.7배가 증가되었다; 김운태 외 공저, 앞의 책, 402쪽.
7) 장광수, "한국정통보수야당의 정치적 특성에 관한 연구 -정치환경, 엘리트, 기원 및 정강·정책을 중심으로," 한국외국어대학교 박사학위논문, 47쪽.
8) 윤용희, 『한국정치의 체계분석』(서울 : 법문사, 1987), 226쪽.
9) 안병준, "정치변동과 제도화," 한국정치학회 편, 『현대한국정치론』(서울 : 법문사, 1987), 438쪽.
10) 김운태 외 공저, 앞의 책, 405쪽.
11) 유신체제의 사회통제에 대해서는 김선종, "한국의 권위주의체제의 생성과 구조에 관한 연구 -제3·4공화국을 중심으로-," 건국대학교 박사학위논문, 1988, 120~131쪽 참조.
12) 유신체제에 대한 저항에 대해서는 김영명, 『한국현대정치사 -정치변동의 역학-』(서울 : 을유문화사, 1992), 322~330쪽 참조.
13) 안병만, 앞의 책, 167쪽과 김선종, 앞의 글, 130쪽.
14) 윤용희, 앞의 책, 94쪽.
15) 콘하우저현상은 국민들의 정치의식수준과 정치요구수준은 향상되었으나, 개인과 정부 사이에서 정당 또는 사회집단의 여과적인 가교역할이 없기 때문에 국민의 정치적 요구가 그대로 정부의 정책형성과정에 반영하는 경우 급진주의, 즉 극우에서 극좌로 일시에 선회하는 선동정치가 만연되는 대중사회의 출현가능성이 높은 정치상황을 말한다.
16) 길승흠은 1978년의 '한국정치문화연구'에서 1963년에 이루어진 윤천주의 '한국정치문화연구'의 결과와 비교하는 방법으로 정치문화요인의 변화를 밝힌 바 있다; 길승흠, "한국인의 정치의식구조변화(1963과 1978년)," 한국정치학회, 『한국정치학회보』, 제14집, 1980, 89~104쪽 참조.
17) 이지훈, "한국정치문화의 기본요인," 고려대학교 박사학위논문, 1982, 42쪽.
18) 한배호, "남북한의 정치체제 비교서설(Ⅰ)," 고려대학교 아세아문제연구소, 『아세아연구』, 제14권, 1971, 14쪽.
19) 1971년 4월 27일에 실시된 제8대 대통령선거에서 신민당의 김대중 후보에게 크게 도전을 받은 박정희는 자신의 장기집권 가능성에 대한 우려와 주한미군 철수와 북한의 이질적인 체제의 도전에 따르는 국가안보위기의 우려가 겹치는 상황에서 이들 동시적 위기를 극복하기 위하여 또다시 헌정을 중단하고 정치체제를 재구성하기로 결심하게 된다. 이에 조국

의 평화통일을 위한 남북대화를 뒷받침하기 위하여 북한을 능가하는 국력을 배양할 수 있
도록 정치체제를 비상적 방법으로 혁신하여 국력의 조직화를 기한다는 명분하에서 국회의
해산, 정당 및 정치활동의 정지, 비상국무회의에 의한 국회권한대행 등 초헌법적인 비상조
치를 단행하는 한편 전국에 비상계엄을 선포해 3권을 장악한 뒤 이른바 유신헌법을 채택
하여 제4공화국을 출범하게 된다; 김호진, 『한국정치체제론』(서울 : 박영사, 1995), 283~
286쪽과 김운태 외 공저, 앞의 책, 391~393쪽 참조.

20) 중앙선거관리위원회, 『대한민국정당사 제2집』(서울 : 중앙선거관리위원회, 1981), 73~74쪽.

21) 1971년 제8대 국회의원선거가 끝난 후 신민당 내에는 각 파벌들간의 분열과 대립이 심화
되어 유진산이 2선으로 물러난 가운데 당권경쟁에 있어서 김영삼과 이철승이 제휴하여 내
세운 김홍일과 비주류측의 김대중, 그리고 유진산과 결별한 양일동간의 3파전이 벌어졌고,
유진산은 잠정체제로서 김홍일을 지원했다. 3차투표까지 가는 접전끝에 김홍일이 힘겹게
대표위원에 당선되고 연립당권체제 성격의 김홍일체제가 수립되었으나, 1972년 5월에 개
최하기로 예정되어 있던 정기전당대회를 앞두고 신민당은 다시 당권경쟁에 몰입했다. 전
당대회를 재기의 기회로 삼기 위해 개최를 주장하는 유진산계와, 유진산의 당권장악을 저
지하기 위해 연기를 주장하는 김홍일, 김대중, 양일동 등 3파의 반유진산연합계가 대립하
여 전당대회는 3차례나 연기되어 9월 26일에 개최하기로 결정되었다. 그러나 전당대회 대
의원 중 지구당위원장에 의한 임명제를 선출제로 바꾸자는 문제를 놓고 다시 내분이 일어
났는데, 지구당위원장을 다수 확보하고 있는 유진산계는 임명제를 고수하려고 했고, 1974
년 대통령후보지명대회를 의식하고 있던 김대중계는 선출제를 고집하여 전당대회 개최 직
전까지 전당대회 연기문제로 진통을 겪게 되었다. 결국 유진산계는 9월 26일 예정대로 전
당대회를 강행하여 만장일치로 유진산을 대표위원으로 선출하였고, 반유진산계는 다음날
인 9월 27일 별도의 전당대회를 열어 26일의 전당대회가 무효이며, 12월로 전당대회를 연
기한다고 결정했다. 그러나 중앙선거관리위원회는 26일의 전당대회가 형식적 요건을 구비
하였으므로 이를 수리하기로 결정하고 9월 28일 신민당 대표자의 변경등록을 공고하게 되
었다. 이로써 신민당은 양분되고 말았는데, 10월 17일 모든 정당 및 정치활동의 중지로 양
측의 정쟁(政爭)도 중단되었다. 그러나 정치활동이 재개되자 반유진산연합계는 1973년 1월
8일 가칭 민주통일당 창당준비위원회를 구성한 데 이어 1월 27일 양일동을 당대표최고위
원으로 하는 민주통일당을 창당하게 된다; 이계희, 앞의 글, 151~154쪽, 이영석, 『야당40년
사』(서울 : 인간사, 1987), 312~315쪽, 중앙선거관리위원회, 『대한민국정당사 제2집』, 앞의
책, 315~318쪽 참조.

22) 중앙선거관리위원회, 『대한민국정당사 제2집』, 앞의 책, 327쪽.

23) 위의 책, 318쪽.

24) 발기선언문 전문은 위의 책, 316~317 참조.

25) 민준기, 『한국민주화와 정치발전』(서울 : 조선일보사, 1988), 218쪽.

26) 민준기, "한국의 정당과 파벌," 서울대학교 한국정치연구소, 『한국정치연구』, 창간호, 1987,
45쪽.

27) 이영석, 앞의 책, 337~340쪽과 중앙선거관리위원회, 『대한민국정당사 제2집』, 앞의 책, 25

8~259쪽 참조.

28) 이 무렵의 주류·비주류 계보 구성은 지연, 인맥, 동창관계 그리고 자금 지원 등으로 얼킨 전 근대적인 파벌형성으로서 이해관계의 향배에 따라서 언제 어디로 등을 돌릴지 알 수 없는 불안정하고 취약한 조직이었다; 김영빈, "파벌,"『월간조선』, 1981년 3월호, 191쪽.

29) 1차투표에서 이철승은 292표, 김영삼은 267표, 이기택은 92표, 신도환은 87표 등을 얻자, 이기택은 일찌감치 김영삼의 지지 결단을 내린 반면, 신도환은 이철승의 지지를 망설이고 있었는데 2차투표가 3분의 1쯤 진행되었을 때 비로소 이철승의 지지를 선언하였다. 2차투표의 결과 김영삼이 이철승보다 11표 많은 378표를 얻어 역전승하게 되었다; 이영석, 앞의 책, 334~335쪽.

30) 김영삼 총재는 뉴욕타임즈와의 회견에서 "카터행정부에 대해 박정희정부에 대한 지지를 종식할 것을 요구했다"는 내용이 보도됨에 따라 9월 22일 민주공화당과 유신정우회는 김영삼에 대한 징계안을 국회에 제출하였다; 중앙선거관리위원회, 『대한민국정당사 제2집』, 앞의 책, 303~304쪽.

31) 위의 책, 307~310쪽.

32) 위의 책, 40쪽.

33) 위의 책, 52쪽.

34) 박일경, 『유신헌법』(서울 : 박영사, 1972), 130쪽.

35) 박동진, "정치관계법의 변천과정과 정당정치," 안희수 편저, 『한국정당정치론』(서울 : 도서출판 나남, 1995), 365쪽.

36) 이처럼 대통령이 추천하여 통일주체국민회의에서 일괄 투표로 선출하는 전국구의원들은 유신정우회(약칭 : 유정회)를 구성하였다; 윤천주, 『우리나라의 선거실태』(서울 : 서울대학교출판부, 1981), 119~122쪽.

37) 박상철, 『선거운동과 정치관계법』(서울 : 한줄기, 1995), 95쪽.

38) 윤형섭, 『한국정치론』(서울 : 박영사, 1988), 261쪽.

39) 박상철, 앞의 책, 95쪽.

40) 박동진, 앞의 글, 375쪽.

41) 박상철, 앞의 책, 17쪽.

42) 중앙선거관리위원회, 『대한민국정당사 제2집』, 앞의 책, 부록 참조.

43) 박동진, 앞의 글, 377쪽.

44) 중앙선거관리위원회, 『대한민국정당사 제2집』, 앞의 책, 40쪽.

45) 국회사무처, 『국회사(제9대 국회)』(서울 : 국회사무처, 1981), 462쪽.

46) 위의 책, 1447쪽.

47) 통일주체국민회의는 1978년 12월 21일 전국 11개 시·도별로 지역회의를 열고 국회의원정수의 3분의 1에 해당하는 3년 임기의 국회의원 77명을 선출했다. 대통령의 일괄추천을 받은 후보자에 대한 일괄 찬반투표 결과 재적 2,581명 중 2,573명이 참석, 찬성 2,539표, 반대 23표, 무효 11표로 나타났다; 중앙선거관리위원회, 『대한민국정당사 제2집』, 앞의 책, 53쪽.

48) 위의 책, 54쪽.

7. 제5공화국의 정당정치

1) 김운태 외 공저, 『한국정치론』(서울 : 박영사, 1994), 407쪽.

2) 안병만, 『한국정부론』(서울 : 다산출판사, 1995), 168쪽.

3) 6월 5일 국가보위비상대책위원회의 위원 50명의 명단이 발표되고 상임위원회 안에 13개 분과위원회와 사무국을 설치하였는데, 위원에는 18명이 군인이었고, 그 중에는 6명의 장성이 있었으며, 특히 12 · 12사태의 주역들이 포함되어 있었다. 국가보위비상대책위원회는 권력형 부정축재자의 규제를 비롯하여 부정비위공무원 숙정 및 사회정화운동 등 제반 사회개혁을 단행했는데, 1980년 7월 장 · 차관급 20명을 포함해 각급 공무원 5,699명, 정부투자기관 임직원 3,178명 등 공직자 8,877명이 공직숙정 형식으로 직위해제되었고, 각종 사회악상습범 4만여명을 검거조치하고 과외금지 등 교육개혁을 단행하였다; 이달순, 『한국정치사의 재평가』(경기, 화성 : 수원대학교 출판부, 1995), 397쪽과 김운태 외 공저, 앞의 책, 409쪽.

4) 국가보위입법회의는 정치풍토쇄신법을 제정하여 약 600여명의 구 정치인의 정치활동을 규제하였고, 대통령선거법, 국회의원선거법, 정당법, 국민투표법, 국회법 등 정치관계법을 개정하여 제5공화국 출범을 위한 준비작업을 추진하였다; 김운태 외 공저, 앞의 책, 409쪽.

5) 이남순, "전두환 · 노태우 정권의 성격과 리더십," 한국정치학회 편, 『한국현대정치사』(서울 : 법문사, 1995), 307~311쪽과 이달순, 앞의 책, 401쪽.

6) 김영명, 『한국현대정치사 -정치변동의 역학-』(서울 : 을유문화사, 1992), 372쪽.

7) 6월 26일의 민주화대행진의 경우 주최측 추산으로 전국 34개 시 4개 군에서 총 140만명이 참여했다고 한다; 안병만, 앞의 책, 171쪽과 김영명, 앞의 책, 372~377쪽.

8) 김영명, 앞의 책, 377~379쪽과 한용원, 『한국의 군부정치』(서울 : 대왕사, 1993), 428쪽.

9) 길승흠, "한국인의 정치의식의 변화 : 1945년과 1985년," 서울대학교 사회과학연구소, 『사회과학과 정책연구』, 제7권 3호, 1985, 40~42쪽.

10) 이남영, "산업화와 정치문화 : 민주의식 변화를 중심으로(1974년과 1984년의 비교분석)," 한국정치학회, 『한국정치학회보』, 제19집, 1985, 77~95쪽 참조.

11) 1979년 10월 26일 김재규 중앙정보부장에 의해 박대통령이 시해됨으로써 유신체제의 막이 내리자 이튿날인 10월 27일 당시 국무총리였던 최규하가 대통령 권한대행을 맡게 되고, 12월 6일에는 통일주체국민회의에서 제10대 대통령으로 정식 선출되었다. 12월 12일에는 당시 보안사령관이던 전두환 소장을 중심으로 한 이른바 하나회 소속 장교들이 스스로를 '신군부'라 자칭하며 당시 정승화 계엄사령관을 10 · 26사건 관련혐의로 체포하는 12 · 12사태를 일으킴으로써 군부를 장악했을 뿐만 아니라 정부의 주도권까지 장악하였다. 이같은 10 · 26과 12 · 12를 거치면서 사회가 극도의 혼란상을 보이게 되자 1980년 5월 17일 자정을 기해 그동안 일부 지역에 내려졌던 비상계엄이 전국으로 확대되어 모든 정치활동의 중지, 대학의 휴교조치 등을 내용으로 하는 포고령이 발표되었다. 5 · 17조치 이후 14일만인 5월 31일 '국가보위비상대책위원회'가 설치되어 당시 보안사령관 겸 중앙정보부장 서리였던 전두환이 상임위원장을 맡게 되는데, 그후 8월 16일 최대통령이 하야(下野)하고, 대장으로 예편한 전두환이 8월 27일 통일주체국민회의에서 제11대 대통령으로 선출된다. 9

월 27일에는 정부의 헌법개정안이 공고되고 10월 22일에는 동헌법개정안에 대한 국민투표
가 실시되어 10월 27일 제5공화국 헌법이 공포됨으로써 통일주체국민회의가 폐지되고, 국
회 및 정당이 해산되었으며, 새로운 국회가 구성될 때까지 국가보위입법회의가 국회의 권
한을 대행하게 되었는데, 이 국가보위입법회의는 11월에 「정치풍토쇄신을 위한 특별조치
법」을 제정하여 567명의 정치인과 지식인들의 정치활동을 규제하였다; 한배호, 『한국정치
변동론』(서울 : 법문사, 1994), 392~407쪽, 안병만, 앞의 책, 167~169쪽, 이달순, 앞의 책,
387~399쪽, 김호진, 『한국정치체제론』(서울 : 박영사, 1995), 458~459쪽, 김운태 외 공저,
앞의 책, 407~409쪽 참조.

12) 중앙선거관리위원회, 『대한민국정당사 제3집』(서울 : 중앙선거관리위원회, 1992), 7~9쪽
참조.

13) 김호진, 앞의 책, 461쪽 참조.

14) 1980년 11월 22일 정치활동이 허용되고 25일 정치활동규제자가 확정됨에 따라 권정달·이
종찬을 비롯한 각계 인사 15명이 11월 28일 가칭 민주정의당 창당을 공식 선언함으로써
여당의 창당작업이 본격화되었다. 12월 2일 창당발기인 총회가 개최되고, 9일에는 창당준
비위원회가 결성되었으며, 12일부터 지구당 창당작업이 시작되어 1981년 1월 7일 서울 종
로·중구지구당 창당대회를 끝으로 77개 지구당의 창당작업이 완료되었다. 1월 15일 제5
공화국 출범 이후 가장 먼저 창당대회를 가진 민주정의당은 초대 총재에 전두환을 선출함
과 동시에 제12대 대통령후보로 추대하였다; 중앙선거관리위원회, 『대한민국정당사 제3
집』, 앞의 책, 68~73쪽.

15) 위의 책, 80쪽.

16) 더욱이 민주정의당은 당시 신군부세력 및 개혁주도세력에 의해 만들어진 관제정당이었을
뿐만 아니라, 전두환을 중심으로 한 신군부세력이 정권을 장악하는 과정에서 자행한 불법
적이고 반인류적인 행위로 인한 정통성 및 도덕성 결여라는 한계를 극복하기 위한 수단이
었기 때문에 설령 정강정책에 진보적인 내용이 포함되어 있다고 하더라도 민주정의당의
보수성을 부인할 수는 없다; 시인사 편, 『한국의 주요 정당·사회단체 강령·정책』(서울 :
시인사, 1988), 158쪽과 한국사사전편찬회 편, 『한국근현대사사전』(서울 : 가람기획, 1990),
477~478쪽 참조.

17) 중앙선거관리위원회, 『대한민국정당사 제3집』, 앞의 책, 80~82쪽 참조.

18) 정치활동규제대상에서 제외된 유치송, 김은하 등 구 신민당 출신 제10대 국회의원 14명은
11월 27일 창당준비위원회를 열어 김은하를 위원장으로, 김원기를 임시대변인으로 선출하
고 보수정통야당을 표방하는 가칭 민주한국당을 창당키로 결의한 데 이어 12월 1일에는
창당발기인대회를 갖고 창당준비위원회 위원장에 유치송을 선출하면서 본격적인 창당작
업에 들어갔다. 12월 29일부터 1981년 1월 15일까지 지구당 창당작업을 마친 민주한국당은
1월 17일 중앙당 창당대회 및 제12대 대통령후보 지명대회를 열고 유치송을 초대 총재 및
대통령후보로 추대함으로써 제5공화국들어 두 번째로 출범하는 정당이 된다; 위의 책, 44
1~446쪽.

19) 위의 책, 448쪽.

20) 민주한국당의 기본정책은 「1. 정치」, 「2. 안보통일」, 「3. 경제」, 「4. 사회」 등 4개분야로 되어 있다; 위의 책, 449~451쪽 참조.

21) 한국국민당은 정치활동규제대상에서 제외된 구 민주공화당과 구 유신정우회 소속 제10대 국회의원들이 구 민주공화당 당무위원인 김종철을 중심으로 하여 결성된 정당이다. 1980년 12월 3일 창당발기준비위원회 결성에 이어 6일에는 창당발기인 총회를 열었으며, 17일에는 창당준비대회를 개최한 가칭 한국국민당은 1981년 1월 8일까지 77개 선거구 중 65개 선거구의 조직책 인선을 마치고, 1월 22일까지 지구당 창당요건을 갖추게 되자, 1월 23일 창당대회 및 대통령후보 지명대회를 열고 김종철을 당총재 및 대통령후보로 추대함으로써 제5공화국 들어 네 번째로 출범하는 정당이 되었다; 위의 책, 528~531쪽.

22) 위의 책, 535쪽.

23) 김운태 외 공저, 앞의 책, 655쪽.

24) 안병만, 앞의 책, 170쪽.

25) 민권당은 민주한국당과는 별도로 정통보수야당의 창당을 추진해 온 구 신민당 총재권한대행 김의택을 중심으로 1981년 1월 23일 창당된 정당이다; 중앙선거관리위원회, 『대한민국정당사 제3집』, 앞의 책, 1124~1126쪽.

26) 신정당은 대법원장 직무대리를 지낸 김갑수와 대한적십자사 총재를 지낸 김용우가 중심이 되어 1981년 1월 27일에 창당대회를 열고 김갑수를 총재로 선출함으로써 창당된 정당이다; 위의 책, 978~981쪽.

27) 민권당은 8개항의 강령과 14개항의 기본정책을 제시하고 있다; 위의 책, 1129~1131쪽 참조.

28) 신정당은 강령만을 제시하고 있다; 위의 책, 984쪽 참조.

29) 민주농민당은 농민의 권익을 보호하고 대변할 수 있는 농민당을 창당한다는 취지에서 전 농림부장관과 제2대 국회의원을 지낸, 당시 농협중앙회 상임고문인 신중목, 전 농민대학장 주세중 등이 중심이 되어 1981년 2월 27일 결성한 정당이다; 위의 책, 1173~1175쪽.

30) 민주정의당은 강령의 서문에서 민족·민주·정의·복지·평화통일노선을 밝힌데 비해 민주농민당은 자주, 민주, 정의, 협동, 복지를 밝혔고, 기본정책에 있어서도 매우 유사함을 보이고 있다; 위의 책, 80~83쪽과 1176~1179쪽 참조.

31) 1981년 1월 28일 창당된 안민당은 창당준비위원회 위원장인 김현국이 창당대회에서 재정상의 이유를 들어 사퇴하면서 각 언론기관에는 "이 나라의 영도자는 전두환 대통령뿐이므로 사퇴했다"는 성명서를 배포하여 제명되기도 했다; 위의 책, 1162~1163쪽.

32) 강령뿐만 아니라 26개항으로 되어 있는 기본정책에서도 생소한 용어들이 많이 사용되어 모호함은 더해진다; 위의 책, 1164~1166쪽 참조.

33) 민주사회당은 이동화, 송남헌, 구익균, 고정훈 등 혁신계인사 12명이 중심이 되어 고정훈을 당수로 하여 1981년 1월 20일 창당한 정당이다; 위의 책, 951~954쪽.

34) 민주사회당의 강령과 기본정책은 위의 책, 957~967쪽 참조.

35) 제11대 국회의원선거 당시 민주정의당이 민주사회당의 고정훈 당수의 당선을 위해 그 선거구(강남구)를 정책지구로 설정하여 당선을 도와준 것도 그런 이유에서인데, 이러한 시기를 '혁신정당의 체제수용기'라고 부르기도 한다; 김운태 외 공저, 앞의 책, 656쪽과 윤형섭,

『한국정치론』(서울: 박영사, 1988), 422~423쪽 참조.

36) 1984년 11월 30일 정치활동규제 대상자들에 대한 제3차 해금이 이루어지자, 구 신민당 중진과 민주화추진협의회 소속 인사 등이 각각 신당창당을 추진하다가 12월 12일 양측의 합의로 15일 신당창당을 위한 12인 발기주비위원회를 구성하고 20일에는 창당발기인대회를 열어 가칭 신한민주당 창당준비위원회를 구성하여 이민우를 창당준비위원회 위원장에 선출하였다. 이어 조직책 선정작업과 지구당 창당대회를 마치고 1985년 1월 18일 중앙당 창당대회를 열어 총재에 이민우를, 김록영, 이기택, 조연하, 김수한, 노승환 등 5명을 부총재로 선출함으로써 신한민주당은 출범하게 된다; 중앙선거관리위원회, 『대한민국정당사 제3집』, 앞의 책, 632~637쪽.

37) 민주화추진협의회는 김영삼계(상도동계)와 김대중계(동교동계)의 야당인사들이 연합하여 1984년 5월 18일 발족한 재야 정치단체로서 양 김씨를 공동의장으로 하고, 부의장 19명, 운영위원 452명, 16개국(局)과 32개 부서의 방대한 기구로 조직되었는데, 이 민주화추진협의회가 모태가 되어 신한민주당이 창당된다; 한국사전편찬회 편, 앞의 책, 497쪽.

38) 선거 결과 신한민주당은 지역구에서 50석, 전국구에서 17석으로 총 67석을 차지한 반면, 민주한국당은 지역구 26석, 전국구 9석으로 총 35석이었고, 한국국민당은 지역구 15석, 전국구 5석으로 총 20석이었으며, 득표율에 있어서는 신한민주당이 29.3%인데 반해 민주한국당과 한국국민당은 각각 19.7%와 9.2%를 보였다; 김호진, 앞의 책, 461쪽 참조.

39) 신한민주당의 강령은 모두 5개항으로 되어 있다; 중앙선거관리위원회, 『대한민국정당사 제3집』, 앞의 책, 639~640쪽 참조.

40) 신한민주당의 기본정책은 크게 「1. 민주정치의 확립」, 「2. 자유경제체제의 확립과 발전」, 「3. 복지사회의 건설」, 「4. 도의 정립과 교육의 쇄신」, 「5. 국토통일의 완성」, 「6. 국방, 안보태세의 강화」, 「7. 자주 외교의 강화」로 나누어져 있다; 위의 책, 640~643쪽 참조.

41) 원내 제3세력을 목표로 출발했던 신정당은 총선 이후 타 정당과의 합당을 꾸준히 추진해오던 중 김갑수 총재가 민주사회당의 고정훈 당수와 1982년 1월 6일 양당의 합당원칙에 접근을 보이면서 통합작업이 진전되었다. 그러나 신정당 내부에서는 민주사회당과의 통합이 보수와 혁신이라는 이념상의 차이로 말미암아 반대의견을 제기하여 탈당하는 지구당 위원장들이 늘어났고, 2월 1일에 열린 중앙상임위원회에서도 민주사회당과의 합당문제가 부결되는 진통을 겪기도 했다. 그러나 재정상의 고려 및 차기 선거에서의 이점 등의 복합적인 요인 때문에 민주사회당과의 합당작업은 계속 추진되어 결국 1982년 3월 24일 양측 수권위원 각 7명씩의 수임기관 합동회의가 열려, 신정사회당으로의 통합이 결의되고 총재에 민주사회당의 고정훈 당수, 당의장에 신정당의 김갑수 총재를 결정함으로써 출범하게 되었다; 위의 책, 994~996쪽.

42) 신정사회당의 강령은 서문과 함께 13개항으로 되어 있는데, 서문부터 6항까지는 민주사회당의 강령 전부가 옮겨져 있고, 7항부터 13항까지는 신정당의 강령 가운데 일부가 발췌되어 있다. 더욱이 기본정책은 민주사회당의 기본정책을 대부분 정리하여 제시하고 있다; 위의 책, 997쪽과 1015~1025쪽 참조.

43) 김운태 외 공저, 앞의 책, 656쪽.

44) 신민주당은 1981년 7월 20일 창당된 불민당(佛民黨)이 1985년 1월 4일 임시전당대회를 개최하여 당명을 개칭한 정당이다; 중앙선거관리위원회, 『대한민국정당사 제3집』, 앞의 책, 1236~1238쪽과 1247쪽 참조.

45) 불민당의 기본정책에는 "……인류구원의 광명인 불타(佛陀)의 신앙적 서원(誓願)을 오늘의 역사가 요청하는 정치적 의지로 발전시켜……"라고 되어 있고, 당헌의 제3조에는 "……석가모니의 평등사상에 입각한 민주주의를 기본이념으로……"라고 되어 있는데, 신민주당으로 당명을 변경하면서 기본정책에서 '인류구원의 광명인 불타의 신앙적 서원을'과 당헌의 '석가모니의 평등사상에 입각한'이라는 구절을 삭제했다; 위의 책, 1239~1240쪽과 1248쪽 참조.

46) 중앙선거관리위원회, 『대한민국정당사 제3집』, 앞의 책, 68~77쪽.

47) 위의 책, 84~92쪽 참조.

48) 위의 책, 408~440쪽 참조.

49) 김운태 외 공저, 앞의 책, 668쪽.

50) 중앙선거관리위원회, 『대한민국정당사 제3집』, 앞의 책, 1358쪽.

51) 서형래, "민정당의 파벌 암투," 『월간조선』, 1989년 7월호, 150~159쪽 참조.

52) 중앙선거관리위원회, 『대한민국정당사 제3집』, 앞의 책, 632~637쪽.

53) 위의 책, 643~648쪽 참조.

54) 이경재, "신한민주당의 전부," 『신동아』, 1985년 3월호, 153쪽.

55) 황소웅, "한국야당의 생태와 정치행태," 민주정의당 국책연구소, 『국책연구』, 1987년 봄호, 121쪽.

56) 양 김씨를 지지하여 통일민주당에 가세한 비주류인사들은 김동욱·김수한·김형래(상도동계)와 고재청·박 실·최락도·노승환·김영배(동교동계) 등이고, 무소속으로 탈당한 인사들은 이기택, 송원영, 박관용, 정재문, 장충준, 반형식 등이다; 박종성, 『정치는 파벌을 낳고 파벌은 정치를 배반한다』(서울 : 한울, 1992), 97쪽 참조.

57) 중앙선거관리위원회, 『대한민국정당사 제3집』, 앞의 책, 12~13쪽.

58) 민주정의당은 당을 총선체제로 전환하여 12월 20일 중앙당과 각 시·도지부에 선거대책기구를 발족시켜 선거대책위원장에 권익현 대표위원, 선거대책본부장에 이한동 사무총장을 임명했으며, 12월 24일에는 92명의 지역구 공천자를 확정하였다. 한편 1984년 12월 20일을 전후하여 소속의원 14명이 탈당, 신한민주당(가칭) 합류 및 무소속 출마를 선언하는 등 진통을 겪은 민주한국당은 12월 26일 유치송 총재를 위원장으로 하는 선거대책기구를 발족시키고, 12월 28일 공천심사위원회를 발족시켜 1985년 1월 8일까지 92명의 지역구 공천작업을 마쳤다. 한국국민당도 1984년 12월 26일 조일제 정책위원회의장을 본부장으로 하는 선거대책본부를 구성하여 12월 28일 60명의 공천자 확정을 시작으로 71명의 지역구 공천작업을 끝냈다. 그런가 하면 1985년 1월 18일 창당대회를 마친 신한민주당(가칭)은 다음날인 19일 1차로 79명의 지역구 공천자를 확정하고 21일에는 선거대책본부를 발족하여 총선 대비에 박차를 가하였다; 위의 책, 26쪽.

59) 위의 책, 27쪽.

60) 국회사무처, 『국가보위입법회의 통과법률안 제2집』(서울 : 국회사무처, 1981), 102쪽.

61) 박동진, "정치관계법의 변천과정과 정당정치," 안희수 편저, 『한국정당정치론』(서울 : 도서출판 나남, 1995), 367쪽.

62) 박상철, 『선거운동과 정치관계법』(서울 : 도서출판 한줄기, 1995), 96쪽.

63) 중앙선거관리위원회, 『대한민국정당사 제2집』(서울 : 중앙선거관리위원회, 1981), 부록 참조.

64) 중앙선거관리위원회, 『대한민국정당사 제3집』, 앞의 책, 15쪽.

65) 국회사무처, 『제11대 국회 경과보고서』(서울 : 국회사무처, 1985) 참조.

66) 중앙선거관리위원회, 『대한민국정당사 제3집』, 앞의 책, 28쪽.

67) 위의 책, 30~31쪽.

8. 한국의 정당정치 평가

1) 김호진, 『한국정치체제론』(서울 : 박영사, 1995), 273~274쪽.

2) 한배호, 『한국정치변동론』(서울 : 법문사, 1994), 73쪽.

3) 한승주, "제2공화국," 한국정치학회 편, 『현대한국정치론』(서울 : 법문사, 1988), 204~216쪽 참조.

4) 안병만, 『한국정부론』(서울 : 다산출판사, 1995), 160쪽.

5) 김호진, 앞의 책, 277쪽.

6) 한배호, 앞의 책, 125~162쪽 참조.

7) 집정관체제란 "권력의 중심부의 안전을 지키고 보장하기 위해 폭력의 전문가가 실질적인 권력을 행사하는 지배형"으로서 헌팅톤에 따르면, 집단마다 제각기 일정한 합의된 절차없이 직접적인 정치행동을 취하게 되는 사회, 또한 정치참여의 요구수준에 비해 정치적 제도화수준이 낮은 사회에서 군부가 집권하여 형성하는 체제를 말한다; Samuel P. Huntington, *Political Order in Changing Societies*(New Haven, Conn. : Yale University Press, 1968), p.196.

8) 김호진, 앞의 책, 283쪽.

9) 당시 집권세력이 유교적 전통을 반영한 일종의 유기체적 국가주의사상을 신봉하는 성향의 소유자였고, 국가-기업-노동단체간의 관계에 있어서 국가가 절대우위적 역할을 수행함으로써 노동단체를 어용화하고 대기업 중심의 이익단체를 만들어 국가의 통제하에 두는 종속적 관계였기 때문에 제4공화국 시기의 정치체제를 국가조합주의적 체제라고 할 수도 있다; 한배호, 앞의 책, 326쪽.

10) 김호진, 앞의 책, 288쪽.

11) 김호진 교수는 유신체제의 유형적 특성을 관료적 권위주의형 집정관체제로 보고 있으며, 한배호 교수는 전형적인 집정관적 지배양식이 종전보다 한층 더 강화되고 제도화된 형태와 수준의 체제로 보고 있다; 위의 책, 289쪽과 한배호, 앞의 책, 329~337쪽.

12) 길승흠 외 공저, 앞의 책, 131쪽.

13) 김호진, 앞의 책, 305~307쪽.

14) Chong-Min Park, "Authoritarian Rule in South Korea : Political Support and Governmental

Performance," *Asian Survey*, August 1991, Vol. ⅩⅩⅪ, No. 8, p.744; 한배호, 앞의 책, 421쪽에서 재인용.

15) 김호진, 앞의 책, 308쪽.

16) 1987년 6월항쟁은 체제유지세력과 체제저항세력의 힘의 균형적 대치상태를 의미하는 것이라고 볼 수 있는데, 이를 가리켜 '파멸적 균형'이라는 표현을 쓰기도 한다; 임혁백, "5공의 민주화투쟁과 직선제개헌," 동아일보사 주최 『5공평가 대토론회』 발표논문, 1993. 11, 20쪽.

17) 한배호, 앞의 책, 434쪽.

18) 김호진 교수는 이 시기의 정치체제를 민중 배제적인 관료적 권위주의체제로 규정하고 신군부 권위주의체제로 명명하고 있다; 김호진, 앞의 책, 308쪽.

19) 위의 책, 96~97쪽.

20) 이지훈, "한국정치문화의 기본요인," 한국정치학회, 『한국정치학회보』, 제16집, 1982, 104~105쪽과 이지훈, 『한국정치문화와 정치참여』(서울 : 형설출판사, 1989)23~25쪽 참조.

21) 이지훈, 앞의 글, 110~111쪽.

22) 이지훈, 앞의 책, 30쪽.

23) 장을병, 『한국정치론 -정치발전과 정치참여-』(서울 : 범문사, 1980), 93쪽.

24) 김호진, 앞의 책, 473쪽과 이정식, 『한국현대정치사 제3권』(서울 : 성문각, 1986), 337~341쪽 참조.

25) 김호진, 앞의 책, 474쪽과 중앙선거관리위원회, 『대한민국정당사 제1집』(서울 : 중앙선거관리위원회, 1981), 850~853쪽 참조.

26) 김운태 외 공저, 『한국정치론』(서울 : 박영사, 1994), 656쪽, 김호진, 앞의 책, 474쪽, 중앙선거관리위원회, 앞의 책, 1011~1013쪽 참조.

27) 유광진, "한국사회주의정당의 정강정책에 관한 연구," 동국대학교 안보연구소, 『안보연구』, 제15호, 1985, 78~79쪽.

28) 김종훈, 『한국정당사』(서울 : 고시학회, 1982), 145쪽 참조.

29) 김용욱, "한국정치체제의 이데올로기 지향," 한국정치학회, 『한국정치발전의 특성과 전망』(서울 : 한국정치학회, 1984), 113쪽.

30) 사르토리가 설정한 다차원 공간은 다음과 같다; Giovanni Sartori, *Parties and Party System : A framework for analysis, Vol. 1.*(Cambridge : Cambridge University Press, 1976), p.336 참조.

〈사르토리의 다차원 공간〉

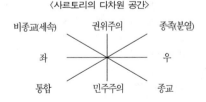

31) *Ibid.*, pp.335~336.

32) 김호진, 앞의 책, 454~455쪽 참조.

33) 박문옥, 『한국정부론』(서울 : 박영사, 1967), 523쪽.

34) 이승만이 이끌어 온 독립촉성중앙협의회와 임시정부 요인들을 중심으로 한 한국민주당, 국민당, 신한민족당 등이 1946년 2월 8일 단일독립운동기관의 통합·발족을 보게 된 것이 대한독립촉성국민회로서 이후 반탁운동의 구심체 역할을 하게 된다; 김민하, 『한국정당정치론』(서울 : 대왕사, 1988), 58~59쪽.

35) 위의 책, 68~69쪽.

36) 그림에서 정당들의 위치는 각 정당의 정강정책과 그 정당의 성격 그리고 활동능력 및 영향력을 고려하여 편의상 설정한 것이며, ( ) 안의 수치는 이해를 돕기 위해 의석수/의석점유율을 기재한 것이다(이하 동일).

37) 김운태 외 공저, 앞의 책, 359쪽.

38) 제7대 국회의원 선거에서 민주공화당이 압승을 거둔 이유는 경제성장의 실적이 국민들의 공감을 불러일으켰기 때문이다; 김호진, 앞의 책, 457쪽.

39) 전체 의원총수의 3분의 1에 달하는 전국구의원들을 대통령이 지명하여 유신정우회라 불렀는데, 제9대 국회에는 73석, 제10대 국회에는 77석이 유신정우회에 할당되었고, 이들은 정당소속을 초월했으나, 정권안정을 담당하는 친위대 역할을 하였다.

40) 장광수, "한국정통보수야당의 정치적 특성에 관한 연구 - 정치환경, 엘리트, 기원 및 정강·정책을 중심으로 -,"(서울 : 한국외국어대학교 박사학위논문, 1993), 224~226쪽 참조.

41) 1950년대 초반 이래 지금까지 여당과 야당은 정치체제의 정당성을 제외한 경제·사회·외교·안보 등의 문제에서 큰 이견을 보이지 않았다; 이갑윤, "한국정당제의 이데올로기적 성격," 서강대학교 사회과학연구소, 『사회과학연구』, 제2집, 1993, 100쪽.

42) 박홍규, "정치발전과 정당조직," 대한민국헌정회, 『월간 헌정』, 1990년 7월호, 84~85쪽.

43) 김운태 외 공저, 앞의 책, 667쪽.

44) 민주공화당은 1973년 1월 5일 정치활동재개 후 첫 당무회의를 열어 새로운 정당법에 따른 당헌을 개정하였는데, 개정된 새 당헌의 주용내용으로는 ① 시·도지부사무국을 시·도연락실로, 구·시·군지소를 구·시·군연락소로 개칭하고(제25조), 시·도지부의 전당대회 대의원 선출규정을 삭제하였으며(제9조), ② 당무회의에서 심의·의결하도록 한 대통령후보자의 추천 및 각급 지방의원, 지방자치단체장의 추천규정을 유신헌법과 관련하여 삭제하였으며(제21조), ③ 중앙위원회의 의장·부의장의 선출에 있어서 당무위원과 시·도지부위원장의 연석회의에서 선출하던 것을 당무회의에서 선출하도록 하였으며(제35조), ④ 시·도지부에 둘 수 있었던 당기위원회와 고문 및 자문위원회를 폐지하였고(제39조, 제41조), ⑤ 지구당의 부위원장 수를 3인에서 5인 이내로 증원할 수 있도록 하였다(제43조); 중앙선거관리위원회, 『대한민국정당사 제2집』(서울 : 중앙선거관리위원회, 1981), 74쪽.

45) 박홍규, 앞의 글, 85쪽.

46) 김운태 외 공저, 앞의 책, 668쪽.

47) 위의 책, 667쪽.

48) 박홍규, 앞의 글, 85쪽.

49) 김운태 외 공저, 앞의 책, 668쪽.

50) 각 정당의 당헌상 조직구조는 여·야를 막론하고 대동소이한데, 이를 한 눈에 알 수 있게 하는 자료가 중앙선거관리위원회 정당국 정당과 편, "우리나라 정당의 주요 기구·기능 비교 : 민주정의당 외 9개 정당," 중앙선거관리위원회, 『선거관리』, 제33호, 1987, 95~114쪽이다.

51) 김운태 외 공저, 앞의 책, 670쪽.

52) 신명순, 『한국정치론』(서울 : 법문사, 1993), 272쪽.

53) 배성동, "민주적 정당정치의 구조적 조건," 『한국논단』, 1990년 4월호, 44쪽.

54) 위의 글, 45쪽.

55) 김운태 외 공저, 앞의 책, 668쪽.

56) 배성동, 앞의 글, 43쪽.

57) 이정복, "한국의 정당과 의회정치의 발전방향," 서울대학교 한국정치연구소, 『한국정치연구』, 제2호, 1990, 43쪽.

58) 여당조직의 허구성은 1993년 8월 12일 대구 동 을구의 보궐선거에서 역력히 나타났다. 당시 3만 2천명의 당원을 가지고 있는 민주자유당이 선거에서 불과 1만 8천표를 얻어 참패하고 말았던 것이다; 김운태 외 공저, 앞의 책, 671쪽.

59) 신명순, 앞의 책, 281쪽.

60) 이정복, 앞의 글, 43~44쪽.

61) 안병영, "한국의 정당체제와 정당내 파벌행태," 김운태 외 공저, 『한국정치행정의 체계』(서울 : 박영사, 1981), 109~110쪽.

62) 이이화, 『한국의 파벌』(서울 : 어문각, 1984), 9쪽.

63) 한배호 교수는 파벌구성원의 인지와 동기 및 파벌지도자의 지도적인 성격을 기반으로 ① 카리스마형(개인중심형), ② 공리형(권력중심형), ③ 이념형으로 구분하는 데 비해 안병영은 파벌유형에 기초하여 제1공화국에서 제4공화국에 걸친 한국 정당의 파벌을 분석하여 파벌 갈등의 원인이 개인적, 정의적 유대와 공리주의적 이해관계를 중심으로 이루어지고 있으며, 이념적·정책적 정향을 띠고 있지 않다고 설명하고 있다; 한배호, "이론적 전망으로 본 한국의 파벌정치," 고려대학교 아세아문제연구소, 『한국의 전통과 변천』(서울 : 고려대학교 아세아문제연구소, 1973), 319~321쪽과 안병영, 앞의 글, 164~165쪽.

64) 김운태 외 공저, 『한국정치론』, 앞의 책, 671~672쪽.

65) 신명순, 앞의 책, 282쪽.

66) 안병영, 앞의 글, 96~112쪽.

67) 신명순, 앞의 책, 284쪽.

68) 안병영 교수는 이를 immobilism이라고 표현하는데, "공리주의적 이해관계에 의해 파벌갈등이 전개되는 경우 무엇보다 정책대안을 산출하는 정당의 이익통합기능이 크게 마비되며 이는 정치의 immobilism을 낳는다"고 지적하고 있다; 안병영, 앞의 글, 113쪽.

69) 김민하, "한국야당의 파벌에 관한 연구," 중앙대학교, 『중대논문집』, 제31집(사회과학편), 1988, 50쪽.

70) 헌팅톤은 정당체계의 발전단계에 있어 제1단계를 파벌주의(Factionalism), 제2단계를 양극화(Polarization), 제3단계를 확장(Expansion), 제4단계를 제도화(Institutiona- lization)라고 분류, 제시한다; Samuel P. Huntington, *Political Order in Changing Societies*(New Haven : Yale University Press, 1968), 259쪽.

71) 민준기 교수는 제3공화국 시기까지의 정당들의 파벌행태를 분석한 결과 제1단계도 넘어서지 못했다는 결론을 내리고 있다; 민준기, "한국의 정당과 파벌행태," 경희대학교 사회과학연구소, 『사회과학연구』, 제12집, 1986, 157~174쪽 참조.

72) 소선거구제도의 모순점 및 병리현상에 관해서는 박승재, 『현대선거론』(서울 : 법문사, 1977), 160~180쪽 참조.

73) 대선거구 제한연기제는 소선거구 또는 대선거구 단순다수 1차투표제도와는 달리 다수파의 독점을 막을 수 있으며, 소수파에게 대표될 수 있는 기회를 터주는 한편 전국적 인물이 지역적 인물을 누르고 의회에 진출할 수 있는 기회를 터준다. 그러나 이러한 경험은 우리 역사상 한 번에 그치고 말았다; 윤형섭, 『한국정치론』(서울 : 박영사, 1988), 258쪽.

74) 공천제는 제3대 국회의원선거 때부터 본격화되어 제5대 국회로 이어지기는 하였으나, 제6대 국회 이전에는 정치적인 요건이었을 뿐이다. 따라서 누구나 희망자는 공천없이도 입후보할 수 있었으나 공천을 받는 쪽이 훨씬 더 당의 지원을 받을 수 있으며, 정당정치 구현이라는 명분에도 부합되고 득표활동에도 유리하다는 것뿐이었다; 위의 책, 260쪽.

75) 윤천주, 『우리나라의 선거실태』(서울 : 서울대학교 출판부, 1981), 119~122쪽.

76) 이에 관해서는 박동진, "정치관계법의 변천과정과 정당정치," 안희수, 『한국정당정치론』(서울 :나남출판, 1995), 366~367쪽 참조.

77) 안병만, 앞의 책, 179~210쪽 참조.

78) 박문옥, 『한국정부론』(서울 : 박영사, 1968), 375~376쪽.

79) 윤형섭, "국회의원선거제도의 변천과정," 한국정치학회 편, 『현대한국정치론』, 앞의 책, 409쪽.

80) 제9대 국회의 경우 민주공화당은 73개 전지역구에서 당선자를 내어 지역구의석의 50.0%를 차지하는 데 비해 신민당은 52개 선거구에서 당선자를 내어 35.6%의 지역구 의석점유율을 보인다. 또한 제10대 국회에서는 민주공화당이 지역구의석의 44.2%인 68석을, 신민당이 39.6%인 61석을 각각 차지하였다. 따라서 이 시기의 국회의 경우 유신정우회를 별도로 계산한다면, 민주공화당만의 순수한 의석점유율은 제9대 국회에서는 33.3%, 제10대 국회에서는 29.5%이며, 신민당의 의석점유율은 각각 23.7%와 26.4%로 나타난다.

81) 제10대 국회에서는 전체 129건의 법률안이 발의되었는데, 이 가운데 3.9%인 5건만이 의원에 의해 발의되었으나, 그 중 3건이 가결 통과됨으로써 가결률이 60.0%로 나타나고 있는 것이다.

■참고문헌

국내문헌

1. 단행본

경남대학교 극동문제연구소 편, 『한국정치·사회의 새흐름』, 서울 : 나남, 1993.
고려대학교 아세아문제연구소, 『한국의 전통과 변천』, 서울 : 고려대학교 아세아문제연구소, 1973.
권영달·노찬백·정수신, 『한국정치론』, 서울 : 지구문화사, 1993.
권영성, 『헌법학원론』, 서울 : 법문사, 1991.
권희경, 『한국혁신정당과 사회주의인터내셔널』, 서울 : 태양, 1989.
길승흠 외 공저, 『한국선거론』, 서울 : 다산출판사, 1987.
_____, 『한국현대정치론』, 서울 : 법문사, 1995.
김계수 외 공저, 『현대정치과정론』, 서울 : 법문사, 1994.
_____, 『한국정치연구의 대상과 방법』, 서울 : 한울, 1993.
김광웅 편, 『한국의 선거정치학』, 서울 : 나남, 1990.
김기우 역, 『비교정치이론』, 서울 : 박영사, 1983.
_____편저, 『제3세계와 정치발전』, 서울 : 법문사, 1985.
김만흠 역, 『민주주의와 민주화』, 서울 : 풀빛, 1994.
김민하, 『한국정당정치론』, 서울 : 대왕사, 1988.
김성희, 『정당론』, 서울 : 박영사, 1978.
김수진·김웅진 외 편역, 『비교정치론강의3』, 서울 : 한울, 1994.
김 영, 『당인』, 서울 : 백미사, 1982.
김영명, 『한국현대정치사-정치변동의 역학-』, 서울 : 을유문화사, 1992.
김영배, 『국민의식과 선거·상시계발의 실제』, 서울 : 육법사, 1982.
김운태, 『한국현대정치사 제2권』, 서울 : 성문각, 1986.
_____외 공저, 『한국정치론』, 서울 : 박영사, 1994.
_____, 『한국정치행정의 체계』, 서울 : 박영사, 1981.
김웅진, 『비교정치연구방법론(1)』, 서울 : 반도출판사, 1987.
김재한 편, 『정당구도론』, 서울 : 나남, 1994.
김재홍, 『한국정당과 정치지도자론-분단극복의 정치과정연구-』, 서울 : 나남, 1992.

김종민 편저,『다원주의 정치이론』, 서울 : 분도, 1986.

김종훈,『한국정당사』, 서울 : 고시학회, 1982.

김　진,『청와대비서실』, 서울 : 중앙일보사, 1992.

김철수,『한국헌법사』, 서울 : 서울대학교출판부, 1990.

＿＿＿,『헌법학개론』, 서울 : 박영사, 1990.

김학준,『한국정치론사전』, 서울 : 한길사, 1990.

김호진,『한국정치체제론』, 서울 : 박영사, 1995.

김홍기,『행정국가와 시민참여』, 서울 : 대왕사, 1983.

민준기,『한국민주화와 정치발전』, 서울 : 조선일보사, 1988.

＿＿＿ · 배성동 공역,『정치발전론－변혁사회에 있어서의 정치질서－』, 서울 : 을유문화사, 1983.

＿＿＿ · 신명순 · 양성철 · 이정복 · 장달중,『한국의 정치』, 서울 : 나남출판, 1996.

박광주,『한국권위주의 국가론－지도자본주의체제하의 집정관적 신중상주의 국가－』, 서울 : 인간사랑, 1992.

박동서 · 김광웅 편,『의회와 행정부』, 서울 : 법문사, 1988.

＿＿＿＿＿＿,『한국인의 민주정치의식－대중과 엘리트－』, 서울 : 서울대학교출판부, 1989.

박문옥,『한국정부론』, 서울 : 박영사, 1967.

박병석 역,『선거제도와 정당체제－선거제도의 정치적 효과－』, 서울 : 다다, 1994.

박상철,『선거운동과 정치관계법』, 서울 : 한줄기, 1995.

박승식,『선거분석의 이론과 실제』, 서울 : 대영문화사, 1991.

박승재,『현대선거론』, 서울 : 법문사, 1977.

박일경,『유신헌법』, 서울 : 박영사, 1972.

박종성,『정치는 파벌을 낳고 파벌은 정치를 배반한다』, 서울 : 한울, 1992.

백완기,『한국의 행정문화』, 서울 : 고려대학교출판부, 1982.

서병조,『제3공화국－그때 그사람들－』, 서울 : 청목, 1982.

송남헌,『한국현대정치사 제1권』, 서울 : 성문각, 1986.

시인사 편,『한국의 주요 정당 · 사회단체 강령 · 정책』, 서울 : 시인사, 1988.

신명순,『한국정치론』, 서울 : 법문사, 1993.

심지연,『인민당연구』, 서울 : 경남대학교극동문제연구소, 1991.

＿＿＿,『한국민주당연구1－정치적 성장과정과 정치이념 및 관계자료－』, 서울 : 풀빛, 1982.

＿＿＿편,『현대 정당정치의 이해』, 서울 : 백산서당, 2004.

안병만,『한국정부론』, 서울 : 다산출판사, 1995.

안청시 · 진덕규 편저,『전환기의 한국민주주의 : 1987～1992』, 서울 : 법문사, 1994.

양길현,『사건으로 보는 한국의 정치변동』, 서울 : 살림출판사, 2004.

양동안 외 공저,『현대한국정치사』, 성남 : 한국정신문화연구원, 1987.

양무목,『한국정당정치론－정강정책결정과정을 중심으로－』, 서울 : 법문사, 1983.

오일환,『현대 한국정치의 쟁점』, 서울 : 을유문화사, 2000.

윤근식 편,『현대정당정치론』, 서울 : 대왕사, 1990.

윤용희,『한국정치의 체계분석』, 서울 : 법문사, 1987.

윤정석,『전환기의 한국정치과정 - 정당·의회·선거 - 』, 서울 : 인간사랑, 1991.

_____·신명순·심지연,『한국정당정치론』, 서울 : 법문사, 1996.

윤천주,『우리나라의 선거실태』, 서울 : 서울대학교출판부, 1981.

_____,『투표참여와 정치발전 - 속 우리나라의 선거실태 - 』, 서울 : 서울대학교출판부, 1986.

_____,『한국정치체계 - 정치상황과 정치참여 - 』, 서울 : 서울대학교출판부, 1979.

윤형섭,『한국정치론』, 서울 : 박영사, 1988.

_____·김영래·이완범,『한국정치 어떻게 볼 것인가』, 서울 : 박영사, 2003.

_____·신명순 외 공저,『한국정치과정론』, 서울 : 법문사, 1988.

이기택,『한국야당사』, 서울 : 백산서당, 1987.

이기하,『한국정당발달사』, 서울 : 의회정치사, 1961.

이남영 편,『한국의 선거(1)』, 서울 : 나남, 1993.

이달순,『한국정치사의 재평가』, 경기, 화성 : 수원대학교 출판부, 1995.

이병은,『한국의 정치체제와 정책』, 인천 : 인하대학교출판부, 1989.

이병화,『정치이론과 한국정치』, 부산 : 세종, 1995.

이상구,『한국정치발전론』, 서울 : 중앙출판, 1982.

_____,『현대정치학』, 서울 : 대왕사, 1981.

이수인·고성국·정관용,『한국정치의 구조와 진로』, 서울 : 실천문학사, 1990.

이영석,『야당40년사』, 서울 : 인간사, 1987.

이용필,『정치체계 - 기능과 구조 - 』, 서울 : 교육과학사, 1985.

_____ 역,『정치구조의 분석』, 서울 : 인간사랑, 1991.

이은진·김석준 외,『한국의 정치와 선거문화』, 서울 : 사회문화연구소, 1992.

이이화,『한국의 파벌』, 서울 : 어문각, 1984.

이정로·박노해 외,『민중당 국민연합 그리고 민중통일전선』, 서울 : 노동문학사, 1990.

이정복,『한국정치의 이해』, 서울 : 서울대학교출판부, 1995.

이정식,『한국현대정치사 제3권』, 서울 : 성문각, 1986.

_____편,『정치학』, 서울 : 대왕사, 1993.

이지훈,『한국정치문화와 정치참여』, 서울 : 형설, 1989.

장을병,『한국정치론 - 정치발전과 정치참여 - 』, 서울 : 법우사, 1980.

정만희,『헌법과 의회정치』, 서울 : 법문사, 1991.

정영국,『한국의 정치과정 : 정당·선거·개혁』, 서울 : 백산서당, 2003.

조일문,『새정당론』, 서울 : 삼화출판사, 1974.

최 명·김용호,『비교정치학서설』, 서울 : 법문사, 1994.

최장집,『한국민주주의의 이론』, 서울 : 한길사, 1994.

_____,『한국현대정치의 구조와 변화』, 서울 : 까치, 1989.

최한수,『한국정치의 새도전』, 서울 : 대정진, 1994.

_____,『현대정당론』, 서울 : 을유문화사, 1993.

학술단체협의회,『한국민주주의의 현재적 과제-제도, 개혁 및 사회운동-』, 서울 : 창작과 비
　　평사, 1993.

한국사사전편찬회 편,『한국근현대사사전』, 서울 : 가람기획, 1990.

한국사회연구소 편,『대중정당 ― 민족민주대중정당의 이론과 현실 ―』, 서울 : 백산서당,
　　1989.

한국정신문화연구원,『현대한국정치사』, 성남 : 한국정신문화연구원, 1987.

한국정치경제학회 편,『한국의 산업사회와 정치과정-민주주의와 자본주의의 연계-』, 서
　　울 : 신유, 1994.

한국정치연구회,『한국정치론』, 서울 : 백산서당, 1989.

한국정치학회 편,『한국의 정치-쟁점과 과제-』, 서울 : 법문사, 1993.

_____,『한국정치연구의 쟁점과 과제』, 서울 : 한울아카데미, 2001.

_____,『한국정치의 민주화와 통일방안』, 서울 : 을유문화사, 1990.

_____,『한국현대정치론』, 서울 : 법문사, 1988.

_____,『한국현대정치사』, 서울 : 법문사, 1995.

_____,『현대한국정치론』, 서울 : 법문사, 1988.

_____,『현대한국정치와 국가』, 서울 : 법문사, 1987.

한배호,『비교정치론』, 서울 : 법문사, 1983.

_____,『한국정치변동론』, 서울 : 법문사, 1994.

_____ · 박찬욱 공편,『한국의 정치갈등-그 유형과 해소방식-』, 서울 : 법문사, 1992.

_____ · 어수영,『한국정치문화』, 서울 : 법문사, 1989.

한승조,『한국정치 : 오늘과 내일』, 서울 : 일념, 1989.

_____,『한국정치의 지도자들』, 서울 : 대정진, 1992.

한승주,『제2공화국과 한국의 민주주의』, 서울 : 종로서적, 1983.

한용원,『한국의 군부정치』, 서울 : 대왕사, 1993.

한정일,『한국정치 · 행정론-한국입법과정과 발전행정에 관한 연구-』, 서울 : 박영사, 1984.

_____,『한국정치발전론』, 서울 : 전예원, 1983.

한태연,『헌법과 정치체제』, 서울 : 법문사, 1987.

_____외 공저,『한국헌법사(상)』, 성남 : 한국정신문화연구원, 1988.

허　영,『한국헌법론』, 서울 : 박영사, 1993.

호광석,『한국정당체계 분석』, 서울 : 도서출판 들녘, 1996.

홍득표,『한국정치분석론-제5공화국의 위기와 변동-』, 인천 : 인하대학교출판부, 1994.

2. 논 문

고성철, "참여적 정치문화와 시민교육-참여의 교육적 기능을 중심으로-," 연세대학교 박사
　　학위논문, 1982.

권인석, "심리적 변수에 의한 정당선호의 예측," 한국정치학회, 『한국정치학회보』, 제25집 2호, 1992.

길승흠, "한국에 있어서 정당정치와 정치문화 : 한국의 정당과 정치," 『한국논단』, 1990년 4월 호.

_____, "한국의 정당과 의회관계 : 공화당과 민정당의 경우," 한국정치학회, 『한국정치학회보』, 제17집, 1983.

_____, "한국인의 정치의식구조변화(1963과 1978년)," 한국정치학회, 『한국정치학회보』, 제14집, 1980.

_____, "한국인의 정치의식의 변화 : 1945년과 1985년," 서울대학교 사회과학연구소, 『사회과학과 정책연구』, 제7권 3호, 1985.

_____, "한국정당과 정치발전," 『사상과 정책』, 제27호, 1990. 6.

_____, "혁신정당의 필요성과 가능성," 한국정치학회 편, 『한국정치의 민주화와 통일방안』, 서울 : 을유문화사, 1990.

김계수, "정당파벌과 파쟁 : 실제적, 체계적 연구의 제언," 『선거관리』, 제4권 1호, 서울 : 중앙선거관리위원회, 1971.

김광선, "Sartori의 가설검증을 통한 한국 정당제도의 특성연구," 전북대학교 사회과학연구소, 『사회과학연구』, 제20집, 1993.

김기우, "정치발전 제모델의 분석과 비판," 경북대학교 박사학위논문, 1988.

김동규, "한국국회의원 선거제도의 개선방안," 조선대학교 사회과학연구소, 『사회과학연구』, 제16집, 1993.

김만흠, "한국의 정치균열에 관한 연구 : 지역균열의 정치과정에 대한 구조적 접근," 서울대학교 박사학위논문, 1991.

김명기, "한국의 정당과 정치발전에 관한 연구," 한국방송통신대학, 『논문집』, 제10집, 1989.

김문현, "평등선거의 원칙과 국회의원선거법상의 의석배분의 문제점," 이화여자대학교 한국문화연구원, 『한국문화연구원논총』, 제59집 2호, 1991.

김민하, "야당에 관한 연구 : 한국야당의 생성과 발전," 민주정의당, 『국책연구』, 제12호, 1987. 5.

_____, "한국야당 파벌에 관한 연구," 중앙대학교, 『중앙대학교논문집(사회과학)』, 제31집, 1989.

김상선, "한국의 국회의원선거제도에 관한 연구," 조선대학교 박사학위논문, 1991.

김석준, "의회민주주의 제도화와 국가능력 : 사회갈등, 체제, 반체제세력 및 여야정당의 이익표출 관계를 중심으로," 한국정치학회, 『한국정치학회보』, 제24집, 1990.

김선종, "한국의 권위주의체제의 생성과 구조에 관한 연구 : 제3, 4공화국을 중심으로," 건국대학교 박사학위논문, 1988.

김성익, "신민당 5월 당권의 향방," 『신동아』, 1979년 6월호.

김영빈, "파벌," 『월간조선』, 1981년 3월호.

김영수, "민주공화당사전조직," 『신동아』, 1964년 11월호.

김왕식, "제14대 국회의원 선거결과 분석," 이화여자대학교 한국문화연구원, 『한국문화연구원 논총』, 제60집 2호, 1992.

김용욱, "한국정치체제의 이데올로기 지향," 한국정치학회, 『한국정치발전의 특성과 전망』, 서울 : 한국정치학회, 1984.

김용태, "국회의원 선거제도에 관한 연구," 대구대학교 박사학위논문, 1991.

김용호, "민주공화당의 패권정당운동," 서울대학교 한국정치연구소, 『한국정치연구』, 제3집, 1991.

_____, "정당에 대한 선거제도의 정치적 영향," 『사상과 정책』, 제27호, 1990. 6.

김우태, "한국민족주의연구," 부산대학교 박사학위논문, 1983.

김일영, "이승만 통치기 정치체제의 성격에 관한 연구," 성균관대학교 박사학위논문, 1991.

김재영, "정치문화의 분열적 요인에 관한 분석," 전북대학교 사회과학연구소, 『사회과학연구』, 제14집, 1987.

_____, "한국 정치문화의 변화에 관한 연구," 『호남정치학회보』, 제1집, 1989.

김종림, "한국선거제도가 내포하고 있는 왜곡효과는 어느 정도인가 : 경쟁을 기초로한 민주정치 시각에서의 평가," 『계간 사상』, 제11호, 1991. 12.

_____, "한국선거제도의 정치적 효과 : 대표성과 형평성 문제," 한국의회발전연구회, 『의정연구』, 제58호, 1992. 12.

김종헌, "한국「제3공화정(1961~1971)」연구-권위구조와 통치엘리트를 중심으로-," 부산대학교 박사학위논문, 1986.

김중권, "정당의 헌법적 보장과 그 규제에 관한 연구," 단국대학교 박사학위논문, 1988.

김충식, "민주자유당은 왜 만들어졌을까," 『사회와 사상』, 제19호, 1990. 3.

김태일, "한국의 정당정치와 계급, 이데올로기," 『사상과 정책』, 제27호, 1990. 6.

김 헌, "한국정부형태의 변천과 그 문제점에 관한 고찰," 한국방송통신대학교, 『논문집』, 제17집, 1994.

김현수, "국가능력과 정치체제의 변화 : 제1공화국을 중심으로," 고려대학교 박사학위논문, 1992.

김호산, "권위주의체제의 변동과정 연구 : 한국·브라질·아르헨티나의 민주화를 중심으로," 고려대학교 박사학위논문, 1990.

김호진, "정치자금과 정당정치의 제도화," 『전망』, 1992년 2월호.

_____, "한국정당의 문제점과 발전 방향," 『월간정치』, 1990년 7월호.

김희자, "지역·이념적 한계극복 : 평민·민주당의 위상정립과 정치발전," 『사상과 정책』, 제20호, 1988. 9.

노동일, "현대한국사회의 권력구조연구 : 유형 및 형성요인을 중심으로," 서울대학교, 박사학위논문, 1989.

문용직, "한국의 정당과 지역주의," 경남대학교 극동문제연구소, 『한국과 국제정치』, 제8권 1호, 1992.

_____, "한국의 정당정치 : 민주화 과정을 중심으로, 1985-1992," 서울대학교 박사학위논문,

1994.

민준기, "한국의 정당과 파벌," 서울대학교 한국정치연구소, 『한국정치연구』, 창간호, 서울 : 서
　　울대학교 한국정치연구소, 1987.

＿＿＿, "한국의 정당과 파벌행태," 경희대학교 사회과학연구소, 『사회과학연구』, 제12집,
　　1986.

박동서, "선거제도와 정치자금," 서강대학교 사회과학연구소, 『사회과학연구』, 제1집, 1992.

박상철, "한국의 정치발전과 혁신정당론," 『현대사회』, 제35호, 1989.

＿＿＿, "현대정당제도의 공법적 고찰," 성균관대학교 박사학위논문, 1993.

박응격, "독일연방공화국(BRD)의 선거제도와 통독총선," 한양대학교, 『사회과학논총』, 제9집,
　　1990.

박종성, "변혁기의 한국정치와 정당구조 : 1990년대의 변화전망," 서원대학교 사회과학연구소,
　　『사회과학연구』, 제4집, 1991.

박찬욱, "제14대 국회의원 선거결과에 대한 집합자료 분석," 경남대학교 극동문제연구소, 『한
　　국과 국제정치』, 제9권 2호, 1993.

＿＿＿, "한국 의회내 정당간 갈등과 교착상태 : 그 요인, 경과 및 결말," 서울대학교 사회과학
　　연구소, 『사회과학과 정책연구』, 제12권 3호, 1991.

박철호, "제5공화국 권위주의 정치체제의 변화과정 연구," 서울대학교 박사학위논문, 1993.

박형준 · 정관용, "한국 보수야당의 계급적 성격과 정치적 위상 : 평화민주당과 통일민주당,"
　　『창작과 비평』, 제64호, 1989. 6.

박홍규, "정치발전과 정당조직," 대한민국헌정회, 『월간 헌정』, 1990년 7월호.

배성동, "민주적 정당정치의 구조적 조건 : 한국의 정당과 정치," 『한국논단』, 1990년 4월호.

＿＿＿, "양당제와 다당제의 특성 : 정당제도사적 고찰," 『사상과 정책』, 제27호, 1990. 6.

백경남, "바이마르민주주의의 실패요인 : 정치문화를 중심으로 한 고찰," 한국정치학회, 『한국
　　정치학회보』, 제19집, 1985.

＿＿＿, "서구의 다당제와 우리의 4당제," 『민족지성』, 1988년 9월호.

＿＿＿, "정치체계와 그 기능," 『월간고시』, 1983년 4월호.

백인학, "정치문화와 정치체제의 상호작용," 『정치문화』, 제1호, 1989. 1.

서인석, "정당정치발전과 지역갈등 극복," 『사상과 정책』, 제27호, 1990. 6.

서형래, "민정당의 파벌 암투," 『월간조선』, 1989년 7월호.

성경륭, "한국 정당의 흥망성쇠, 1945−1992 : 정치사회학적 분석," 한국사회학회, 『한국사회
　　학』, 제27집 1호, 1993.

성낙인, "선거제도로서의 다수대표제," 『고시계』, 1991년 3월호.

＿＿＿, "선거제도로서의 비례대표제," 『고시연구』, 1991년 4월호.

손봉숙, "이박사와 자유당의 독주," 한국일보사, 『한국의 정당 : 격동40년 정치사의 현장』, 서
　　울 : 한국일보사, 1987.

＿＿＿, "한국의 정치문화와 반공이념," 한국정치학회, 『한국정치학회보』, 제17집, 1983.

＿＿＿, "한국지방자치연구−제1공화국의 정치과정을 중심으로−," 이화여자대학교 박사학위

논문, 1985.

손진길, "정당체계구조화에 관한 연구," 중앙대학교 박사학위논문, 1994.

송영만, "민자당 왜 이념적으로 의심받고 있나," 『한국논단』, 1994년 8월호.

신광순, "1970년대 한국정당정치에 관한 연구," 한국외국어대학교 박사학위논문, 1987.

신명순, "한국정당의 기능수행에 관한 연구 : 제3공화국의 민주공화당을 중심으로," 연세대학교, 『사회과학논집』, 제20집, 1989.

_____, "한국정당의 조직현대화 연구," 연세대학교 행정대학원, 『행정논총』, 제17집, 1992.

신 진, "한국 권위주의 정치체계분석을 위한 이론 연구," 충북대학교 법률행정연구소, 『논문집』, 제17집, 1989.

심상기, "공화당," 『월간중앙』, 1970년 1월호.

심지연, "한국보수정당론," 『사상과 정책』, 제11호, 1986. 6.

_____, "한국 정당의 리더십 분석," 『사상과 정책』, 제27호, 1990. 6.

안병만, "90년대의 한국 정치와 정당 : 한국의 정당과 정치," 『한국논단』, 1990년 4월호.

안병영, "산업화와 정당," 한국정치학회, 『한국정치학회보』, 제19집, 1985.

_____, "선거제도 개혁론," 『사상』, 제11호, 1991. 12.

안성호, "한국의 정당정치와 정치발전에 대한 고찰 : 정당체제를 중심으로," 숭실대학교, 『숭실대논문집(사회과학)』, 제5집, 1987.

_____, "한국정당체제와 기능, 그 변화에 관한 연구 : 패권정당체제의 부정적 요인을 중심으로," 한양대학교 박사학위논문, 1988.

안희수, "구미정당제의 유형과 그 차원적 분석을 통해 본 현한국정당제의 유형과 공간차원," 인하대학교 사회과학연구소, 『사회과학연구소논문집』, 제5집, 1986.

_____, "한국정당의 정치적 기반," 『사상과 정책』, 제27호, 1990. 6.

_____ · 정영태, "한국에서 중간계급의 확대가 정당정치에 미치는 영향에 대한 고찰," 경남대학교 극동문제연구소, 『한국과 국제정치』, 제9권 2호, 1993.

양 건, "국회의원 선거제도 개혁의 방안," 서강대학교 사회과학연구소, 『사회과학연구』, 제1집, 1992.

_____, "한국의 국회의원선거제도의 문제점과 그 개혁의 방향," 한양대학교, 『법학논총』, 제9집, 1992.

양동안, "한국의 정당정치와 보·혁구도," 『월간정치』, 1990년 7월호.

양무목, "한국정당의 정강정책결정과정에 관한 연구-제Ⅰ·Ⅱ·Ⅲ공화국의 집권정당을 중심으로-," 동국대학교 박사학위논문, 1983.

양재인, "한국 선거제도의 변천과정," 서원대학교 사회과학연구소, 『사회과학연구』, 제4집, 1991.

어수영 · 한배호, "한국정치문화의 변화와 지속성에 관한 연구," 한국정치학회, 1995년도 연례학술대회 발표논문, 1995. 12. 8－9.

어승원, "민주자유당의 권력구조 연구 : 계파를 중심으로," 숙명여자대학교 박사학위논문, 1994.

여건동, "한국 정치발전을 위한 정당정치 제도화에 관한 일고찰," 국민대학교, 『북악논총』, 제7집, 1989.)

오을임, "한국 여·야정당의 갈등과 협력관계," 조선대학교 사회과학연구소, 『사회과학연구』, 제14집, 1991.

유광진, "우리나라 혁신정당의 이념정향과 통일정책 내용분석," 동국대학교 행정대학원, 『행정논집』, 제20집, 1992.

_____, "한국 사회주의 정당의 정강·정책 변천과정 분석," 서원대학교 사회과학연구소, 『사회과학연구』, 제4집, 청주 : 서원대학교 사회과학연구소, 1991.

_____, "한국사회주의정당의 정강정책에 관한 연구," 동국대학교 안보연구소, 『안보연구』, 제15호, 서울 : 동국대학교 안보연구소, 1985.

유광호, "한국관료제에 대한 의회의 통제 - 역대국회의 대정부 질문을 중심으로 -," 건국대학교 박사학위논문, 1985.

유　민, "민주당 : 3계파 6계보 대표경선 백가쟁명," 『옵서버』, 1993년 2월호.

유숙란, "선거제도가 정당의 득표율과 의석률에 미치는 영향 : 한국의 국회의원총선결과를 중심으로," 고려대학교 박사학위논문, 1991.

유승남, "정치발전과 정당이념," 『정경문화』, 1981년 11월호.

유진산, "야당막후사," 『월간중앙』, 1970년 3월호.

윤근식, "선거제도 개혁론 : 한국정치, 개혁의 초점," 『민족지성』, 1991년 5월호.

윤명선, "정부형태론," 경희대학교, 『경희법학』, 제28집 1호, 1993.

윤용희, "한국정치체계에 관한 연구 : 1945~1980 - 불안정요인분석을 중심으로 -," 고려대학교 박사학위논문, 1985.

윤정석, "한국의 정당체계와 민주발전," 『월간정치』, 1990년 7월호.

_____, "한국 정당체계의 구조적 문제 : 정당정치의 활성화 방안," 『국회보』, 1991년 2월호.

윤천주, "제14대 국회의원 선거에서 나타난 투표참여의 변화와 정치발전 : 민의의 성장," 학술원, 『논문집(인문·사회과학)』, 제32집, 1994.

윤형섭, "제13대 국회의원선거결과의 분석," 연세대학교 행정대학원, 『행정논총』, 제16집, 1991.

_____, "한국정치문화의 본질과 구조적 특징," 연세대학교, 『연세논총』, 제26집, 1990.

이갑윤, "선거제도와 정당정치," 서강대학교 사회과학연구소, 『사회과학연구』, 제1집, 1992.

_____, "제5공화국 국회의원선거의 분석과 전망," 한국정치학회, 『한국정치학회보』, 제19집, 1985.

_____, "한국정당제의 이데올로기적 성격," 서강대학교 사회과학연구소, 『사회과학연구』, 제2집, 1993.

이경은, "정치체제와 정책산출 : 제3, 4공화국의 비교연구," 서울대학교 박사학위논문, 1988.

이경재, "신한민주당의 전부," 『신동아』, 1985년 3월호.

이계희, "한국 야당정치의 원형 : 전통과 유산," 서원대학교 사회과학연구소, 『사회과학연구』, 제4집, 1991.

이남숙, "한국 국회의 행정부통제에 관한 연구," 경남대학교 박사학위논문, 1993.

이남영, "산업화와 정치문화 : 민주의식 변화를 중심으로 (1974년과 1984년의 비교분석)," 한국
정치학회, 『한국정치학회보』, 제19집, 1985.

_____, "우리의 정치문화와 정치변혁의 과제," 『언론과 비평』, 제5호, 1989. 10.

_____, "한국 국회의원 선거결과를 결정하는 주요요인 : 85년, 88년 양대 국회의원 선거결과
의 비교분석," 한국의회발전연구회, 『의정연구』, 제54호, 1992. 9.

이대윤, "한국정당의 변천과정 연구," 경북대학교 박사학위논문, 1984.

이상식, "한 · 일정당의 파벌에 관한 비교연구 : 민자당과 자민당을 중심으로," 한국정치학회,
『한국정치학회보』, 제25집 2호, 1992.

이상히, "영국 정당체계 연구 : 구조적 특성, 형성요인, 효능을 중심으로," 경북대학교 박사학
위논문, 1991.

이시원, "한국의 당 · 정관계에 관한 연구 : 법률안 발의를 중심으로," 한국행정학회, 『한국행정
학보』, 제23집 1호, 1989.

이신일, "한국정당의 제도화에 관한 연구," 고려대학교 박사학위논문, 1984.

이영석, "한국정당 불연속의 궤적," 『정경문화』, 1985년 2월호

이용식, "김영삼의 민정 · 공화계 잠식 전모," 『옵서버』, 1991년 8월호.

이원규, "한국의 정치문화와 정당정치," 전북대학교, 『논문집(인문사회과학편)』, 제26집, 1984.

_____, "한국정당정치 발전의 제약요인에 관한 연구 Ⅰ : 정치문화를 중심으로," 『호남정치학
회보』, 제5집, 1993.

이윤기, "한국야당의 파벌에 관한 연구 : 민주당을 중심으로(1955~1961)," 한양대학교 박사학
위논문, 1988.

이정균, "한국의 정치문화와 민주주의이념구현," 경북대학교 박사학위논문, 1987.

이정복, "산업화와 정치체제의 변화," 한국정치학회, 『한국정치학회보』, 제19집, 1985.

_____, "정당체계와 정치적 안정에 관한 연구 : 한국과 일본의 경우," 서울대학교 사회과학연
구소, 『사회과학과 정책연구』, 제5권 1호, 1983.

_____, "한국의 사회계층과 정치문화," 『현대사회』, 제2권 1호, 1982. 5.

_____, "한국의 정당과 의회정치의 발전방향 : 한국정치 민주화의 방향연구," 서울대학교 한
국정치연구소, 『한국정치연구』, 제2집, 1990.

_____, "한국의 정당정치와 민주화," 서울대학교 한국정치연구소, 『한국정치연구』, 제3집,
1991.

이정식, "한국에 있어서 정당연구경향 논구 : 변화와 지속의 파라다임 모색을 위하여," 서원대
학교 사회과학연구소, 『사회과학연구』, 제4집, 1991.

_____, "한국의 군소정당체제논고 Ⅰ : 비교연구를 위한 파라다임 모색," 서원대학교 사회과
학연구소, 『사회과학연구』, 제7집, 1994.

_____, "한국정당정치 연구방법재론," 청주사대, 『이념연구논집』, 제3집, 1986.

_____, "한국정당조직발전에 관한 시론적 연구 : 모델정립을 위한 한 논의," 서원대학교 사회
과학연구소, 『사회과학연구』, 제2집, 1989.

이지훈, "한국의 정치문화와 정치행태," 충북대학교 사회과학연구소, 『사회과학연구』, 제6집, 1988.

_____, "한국정치문화의 기본요인," 고려대학교 박사학위논문, 1982.

_____, "한국정치문화의 상수적 요인," 충북대학교, 『논문집(인문 · 사회과학편)』, 제22집, 1981.

이진복, "제14대 국회의원 선거와 대통령 선거의 비교분석," 건국대학교, 『학술지(인문사회과학)』, 제38집, 1994.

이 형, "통합신당의 집단지도 체제 : 3당 통합과 한국정치의 과제," 『한국논단』, 1990년 3월호.

임성한, "정당제도 비교분석재론," 강원대학교 사회과학연구소, 『사회과학연구』, 제20집, 1984.

장광수, "한국정통보수야당의 정치적 특성에 관한 연구 : 정치환경, 엘리트, 기원 및 정강 · 정책을 중심으로," 한국외국어대학교 박사학위논문, 1993.

장을병, "한국 정치문화의 변화," 성균관대학교 사회과학연구소, 『사회과학』, 제25집, 1986.

장재영, "국회의 국정조사권에 관한 연구," 전남대학교 박사학위논문, 1992.

장 훈, "정당 이데올로기 변화의 모델," 서울대학교 한국정치연구소, 『한국정치연구』, 제4집, 1994.

정만희, "정당법제에 관한 연구," 고려대학교 박사학위논문, 1984.

_____, "헌법상의 정당제도," 『고시연구』, 1989년 9월호.

정영태, "계급정치의 등장과 한계 : 노동조합과 정당을 중심으로," 한국정치학회, 『한국정치학회보』, 제25집 2호, 1992.

정용길, "통일독일의 정당구조와 1990년 총선에 관한 연구," 서원대학교 사회과학연구소, 『사회과학연구』, 제4집, 청주 : 서원대학교 사회과학연구소, 1991.

_____, "한국지방자치제에서의 정당의 역할," 동국대학교 행정대학원, 『행정논집』, 제18집, 1989.

정용대, "한국의 정치발전과 이념정당," 민주정의당, 『국책연구』, 제18호, 1989.

_____, "한국의 진보정당과 정치발전 : 생성과정을 중심으로," 한국정치학회, 『한국정치학회보』, 제23집 2호, 1990.

정재욱, "정치체제의 성격분석에 관한 연구," 『현대사회』, 제19호, 1985. 9.

정종학, "선거제도의 이론과 실제 : 우리나라 선거제도와 관련하여," 충남대학교, 『법학연구』, 제2집 1호, 1992.

정희채, "한국현대사의 재조명과 민주정의당의 이념적 좌표," 민주정의당, 『국책연구』, 제8호, 1986. 4.

조상호, "국회의원선거제도에 있어서 투표가치의 평등에 관한 연구," 경남대학교 박사학위논문, 1992.

조성대, "한국정부형태의 변천과정에 관한 연구," 상명여자대학교 사회과학연구소, 『사회과학연구』, 제3호, 1989.

_____ · 양재성, "한국의 정책결정과정에 있어서 당 · 정관계에 관한 연구," 상명여자대학교, 『논문집』, 제25집, 1990.

조영석, "한국집권정당의 정책결정요인에 관한 연구-민주공화당을 중심으로-," 단국대학교 박사학위논문, 1985.

최대권, "정치개혁을 위한 몇가지 생각 Ⅰ : 정부형태·정당·정치자금·선거제도 등을 중심으로," 서울대학교, 『법학』, 제89집, 1992.

_____, "정치개혁을 위한 몇가지 생각 Ⅱ : 정부형태·정당·정치자금·선거제도 등을 중심으로," 서울대학교, 『법학』, 제90집, 1992.

최동희 외, "한국의 정치문화와 의식구조의 연구," 강원대학교 사회과학연구소, 『사회과학연구』, 제27집, 1988.

최성종, "한국의 정치발전과 정당제도," 조선대학교 사회과학연구소, 『사회과학연구』, 제7집, 1984.

최정주, "국가권력구조에 관한 연구," 조선대학교 박사학위논문, 1984.

최한수, "선거제도와 정당체계," 『월간고시』, 1992년 12월호.

_____, "정당발전과 정당체계 발전," 중앙선거관리위원회, 『선거관리』, 1985년 11월호.

_____, "정당체계에 관한 소고 : 개념과 분류를 중심으로," 『현대사회』, 제34호, 1989. 7.

_____, "한국 여·야 정당의 갈등 배경에 관한 일고 : 구조·상황적 요인을 중심으로," 건국대학교, 『건국대학교학술지(인문사회과학)』, 제38집, 1994.

하태호, "선거제도의 정치적 효과 및 선택방향-국회의원 선거제도를 중심으로-," 국회사무처, 『입법조사월보』, 1991년 6월호.

한배호, "남북한의 정치체제 비교서설(Ⅰ)," 고려대학교 아세아문제연구소, 『아세아연구』, 제14권, 1971.

_____, "제1공화국의 국가와 사회," 경남대학교 극동문제연구소, 『한국과 국제정치』, 제4권 1호, 1988.

한상진, "진보정당 출현의 조건과 정치발전의 전망," 『전망』, 1989년 9월호.

한승조, "한국의 4당제와 정치발전," 『민족지성』, 1988년 9월호.

현종민, "선거제도 개선 소고," 『고시연구』, 1993년 10월호.

_____, "한국선거제도 분석," 경희대학교, 『사회과학논총』, 제10집, 1992.

호광석, "정당체계 분석을 위한 이론적 고찰," 동국대학교대학원, 『대학원연구논집』, 제24집, 1994.

_____, "한국혁신정당의 변천에 관한 연구," 동국대학교대학원, 『대학원연구논집』, 제23집, 1993.

황성모, "민주화과정에 있어서의 이념논쟁 : 정당의 이념적 성격을 중심으로," 『현대사회』, 제33호, 1989. 4.

황소웅, "야당에 관한 연구 : 한국 야당의 생태와 정치행태," 민주정의당, 『국책연구』, 제12호, 1987. 5.

황수익, "선거와 민주화," 서울대학교 한국정치연구소, 『한국정치연구』, 제2호, 1990.

3. 기타 자료

국회사무처, 『국가보위입법회의 통과 법률안 제2집』, 서울 : 국회사무처, 1981.

_____, 『국회법해설』, 서울 : 국회사무처, 1992.

_____, 『국회사(제헌~제6대)』, 서울 : 국회사무처, 1971.

_____, 『국회사(제7대~제8대)』, 서울 : 국회사무처, 1976.

_____, 『국회사(제9대)』, 서울 : 국회사무처, 1981.

_____, 『역대국회 의사관계 통계자료집(제1집)』, 서울 : 국회사무처, 1988.

_____, 『의정자료집 : 제헌 국회-제14대 국회 전반기』, 서울 : 국회사무처, 1994.

_____, 『제10대 국회 경과보고서』, 서울 : 국회사무처, 1980.

_____, 『제11대 국회 경과보고서』, 서울 : 국회사무처, 1985.

_____, 『제12대 국회 경과보고서』, 서울 : 국회사무처, 1988.

_____, 『제13대 국회 경과보고서』, 서울 : 국회사무처, 1992.

_____, 『제14대 국회 경과보고서』, 서울 : 국회사무처, 1997.

국회사무처 의사국, 『의정통계집』, 서울 : 국회사무처, 1996.

민주공화당, 『민주공화당4년사』, 서울 : 민주공화당기획조사부, 1967.

_____, 『선전교양자료집』, 서울 : 민주공화당선전부, 1964.

박영사, 『증보 정치학대사전』, 서울 : 박영사, 1992.

정용욱 편, 『해방직후 정치·사회사 자료집(전12권)』, 서울 : 다락방, 1994.

중앙선거관리위원회, 『국회의원 선거법령집』, 서울 : 중앙선거관리위원회, 1992.

_____, 『국회의원선거법 변천상황』, 서울 : 중앙선거관리위원회, 1983.

_____, 『대한민국선거사 제1집』, 서울 : 중앙선거관리위원회, 1973.

_____, 『대한민국정당사 제1집』, 서울 : 중앙선거관리위원회, 1981.

_____, 『대한민국정당사 제2집』, 서울 : 중앙선거관리위원회, 1981.

_____, 『대한민국정당사 제3집』, 서울 : 중앙선거관리위원회, 1992.

_____, 『역대국회의원선거상황(제1~11대)』, 서울 : 중앙선거관리위원회, 1989.

_____, 『정당의 당헌당규집(현존정당)』, 서울 : 중앙선거관리위원회, 1993.

_____, 『제12대 국회의원선거총람』, 서울 : 중앙선거관리위원회, 1985.

_____, 『제13대 국회의원선거총람』, 서울 : 중앙선거관리위원회, 1988.

_____, 『제14대 국회의원선거총람』, 서울 : 중앙선거관리위원회, 1992.

_____, 정당국 정당과 편, "우리나라 정당의 주요 기구·기능비교 : 민주정의당
외 9개 정당," 중앙선거관리위원회, 『선거관리』, 제33호, 1987년 11월호.

합동통신사, 『합동연감』, 서울 : 합동통신사, 1980.

『동아일보』, 1993년 9월 23일자.

『세계일보』, 1994년 3월 16일자.

『시사저널』, 1993년 2월 11일자, 1993년 8월 19일자.

『조선일보』, 1993년 8월 21일자, 1993년 8월 24일자, 1995년 9월 7일자.

『주간조선』, 1994년 12월 1일자.

『중앙일보』, 1995년 4월 5일자, 1995년 7월 15일자, 1995년 7월 16일자.

『한국일보』, 1992년 11월 20일자.

국외문헌

Almond, Gabriel A. & James S. Coleman, *The Politics of the Developing Areas*, Princeton : Princeton University Press, 1950.

＿＿＿＿＿＿ & G. Bingham Powell, Jr.(eds.), *Comparative Politics : A Developmental Approach*, Boston : Little, Brown & Co., 1966.

＿＿＿＿＿＿, *Comparative Politics : System, Process, and Policy*, 2nd ed., Boston : Little, Brown & Co., 1978.

＿＿＿＿＿＿ (eds.), *Comparative Politics Today : A World View*, 2nd ed., Boston : Little, Brown & Co., 1980.

＿＿＿＿＿＿ and Sidney Verba, *The Civic Culture*, Princeton : Princeton University Press, 1972.

Apter, David E., *The Politics of Modernization*, Chicago : University of Chicago Press, 1967.

Belloni, Frank P. and Dennis C. Beller, *Faction Politics : Political Parties and Factionalism in Comparative Perspective*, Oxford : Clio Press Ltd., 1978.

Bentley, A. F., *The Process of Government : A Study of Social Pressures*, Evaston, Illinois : The Principia Press of Illinois, Inc., 1955.

Blondel, Jean, *An Introduction to Comparative Government*, New York : Praeger Publishers, 1969.

＿＿＿＿＿＿, *Comparative Politics : A developmental approach*, Boston : Little Brown and Company, 1966.

＿＿＿＿＿＿, *Political Parties : A Genuine Case for Discontents*, London : Wildwood House, Ltd., 1978.

Bryce, James, *Modern Democracies*, *Vol.1*, New York : Macmillan, 1921.

Burke, Edmund, "Thoughts on the Cause of the Present Discontents," *Burke's Works*, London : Geo. Bell & Sons, 1983.

Dahl, Robert A., *Polyarchy*, New Haven : Yale University Press, 1971.

Duverger, Maurice, *Political Parties : Their Organization and Activity in the Modern State*, translated by Barbara and Robert North, New York : John Wiley Sons, Inc., 1954.

＿＿＿＿＿＿, "Which is the Best Electoral System?," in Arend Lijphart & Bernard Grofman(eds.), *Choosing an Electoral System : Issues and Alternatives*, New York : Praeger, 1984.

Easton, David, *A Framework for Political Analysis*, Chicago : The University of Chicago Press, 1979.

_____, *The Political System : Inquiry into the State of Political Science*, New York : Alfred A. Knopf Publisher, 1953.

Friedrich, Carl J., *Constitutional Government and Democracy*, Boston : Ginn & Co., 1950.

Gettel, R., *Principles of Political Science, 2nd ed.*, New York : Ginn & Co., 1949.

Hagopian, Mark N., *Regimes, Movements, and Ideologies*, New York : Longman, 1978.

Huntington, Samuel P., *Political Order in Changing Societies*, New Haven, Conn. : Yale University Press, 1968.

Ingle, Stephen, *The British Party System*, Oxford : Basil Blackwell Ltd., 1989.

Jellinek, G., *Allgemeine Staatslehre, dritte Aufl.*, Hamburg : Hermann Gentner Verlag, 1960.

Key, V. O., Jr., *Politics, Parties and Pressure Groups*, New York : Thomas Y. Crowell Company, 1958.

Laakso, Markku & Rein Taagepera, "Effective Number of Parties : A Measure with Application to West Europe," *Comparative Political Studies 12, no.1*, April 1979.

Lapalombara, Joseph & Myron Weiner, *Political Parties and Political Development*, New Jersey : Princeton University Press, 1972.

Lasswell, Harold D. and Abraham Kaplan, *Power and Society*, New Haven : Yale University Press, 1950.

Lijphart, Arend, *Democracies : Patterns of Majoritarian and Consensus Government in Twenty—One Countries*, New Haven : Yale University Press, 1984.

Merkle, Peter, *Modern Comparative Politics*, New York : Holt, Rinehart and Winston, 1970.

Neumann, Sigmund(ed.), *Modern Political Parties*, Chicago : The University of Chicago Press, 1956.

Nicholas, Ralph W., "Faction : A Comparative Analysis," Michael Banton, ed., *Political Systems and the Distribution of Power*, London : Tavistock Publications, 1965.

Parsons, Talcott and E. Shils(eds.), *Toward a General Theory of Action*, Cambridge : Harvard University Press, 1951.

Rae, Douglas W., *The Political Consequences of Electoral Law*, New Haven : Yale University Press, 1967.

Rossiter, C., *Parties and Politics in America*, New York : Cornell University Press, 1960.

Sartori, Giovanni, "Influence of Electoral Systems : Faulty Laws or Faulty Method," in Arend Lijphart & Bernard Grofman(eds.), *Choosing an Electoral System : Issues and Alternatives*, New York : Praeger, 1984.

_____, *Parties and Party System : A framework for analysis, Vol. 1.*, Cambridge : Cambridge University Press, 1976.

Schattschneider, E. E., *Party Government*, New York : Holt, Rinehart and Winston, 1942.

Sutton, F. X., "Social Theory and Comparative Politics," in Harry Eckstein and David E. Apter(eds.), *Comparative Politics*, New York : The Free Press, 1965.

Truman, David B., *The Governmental Process : The Political Interests and Public Opinion*, New York : Alfred A. Knopf, Inc., 1963.

Ward, Robert E., "Japan : The Continuity of Modernization," in Lucian W. Pye and Sidney Verba(eds.), *Political Culture and Political Development*, Pinceton, New Jersey : Princeton Univ. Press, 1965.

Ware, Alan, *Political Parties and Party Systems*, New York : Oxford University Press, 1996.

Weber, Max, *Wirtshaft und Gesellscaft, Vol. 1.*, Tübingen : J. C. B. Mohr, 1921.

Weiner, Myron, *Party Politics in India : The Development of a Multi Party System*, Princeton, New Jersey : Princeton Univ. Press, 1957.

Young, Oran R., "The Impact of General Systems Theory on Political Science," in Society for the Adavancement of General Systems Research, *General Systems, Vol. 9*, 1964.

■ 표 차례

■ 그림 차례